ESG 부동산 경제학

표지 그림 해설 (의미)

1. 환경 (E): 기후 위기 속의 에너지 전환

상징 요소: 강렬하고 거대한 붉은 태양과 이를 마주하는 피라미드

- 태양의 극심한 열기와 압도적인 크기는 부동산 부문이 직면한 기후 변화 리스크와 에너지 위기의 심각성을 상징한다.
- 경제적 가치: 건물이 E 요소를 잘 갖추면 운영 비용(OPEX)이 절감되고, 미래의 탄소세 등 규제 리스크가 최소화되어 자산의 시장 가치(프리미엄)가 상승한다.

2. 사회 (S): 빛을 담는 내부 공간과 골격

상징 요소: 유리 내부로 스며든 빛과 그 빛을 이용하는 내부 구조

- 유리를 통해 들어오는 태양광은 건물의 내부 구조와 공간을 밝힌다.
- 경제적 가치: 쾌적하고 건강한 공간(S)은 임차인 만족도를 높여 공실률을 낮추고 장기 임대 계약을 유도한다.

3. 거버넌스 (G): 유리 외벽의 투명한 책임

상징 요소: 투명하게 내부를 드러내는 유리 외벽

- 건물의 유리 외벽은 ESG의 거버넌스 (G), 즉 투명성과 책임성을 완벽하게 나타낸다.
- 경제적 가치: 이러한 ESG 공시는 투자자들에게 신뢰를 제공하며, 자산의 리스크 관리 수준을 보여준다.

4. 통합적 경제 가치: 정점 (The Apex)

상징 요소: 모든 면이 한 곳으로 모이는 피라미드의 꼭대기

- E, S, G 세 가지 면(Faces)이 모두 성공적으로 통합되어야만 피라미드의 정점에 도달할 수 있다. 이 정점은 '리스크 회복탄력성'과 '최고 시장 가치(Prime Value)'를 상징한다.
- 경제적 가치: ESG를 핵심 전략으로 통합한 부동산 자산은 시장 변동성과 기후 리스크에 강한 방어적 자산이 되며, 투자 포트폴리오에서 높은 선호도를 얻어 가치 프리미엄을 확보하게 된다.

부동산 가치와 패시브 & 아스인 하우스 미래 투자전략

ESG 부동산 경제학

Real Estate Value and Passive & Asin House Future Investment Strategy
ESG Real Estate Economics

박 운 선 Woonseon Park 저자

좋은땅

프롤로그

급변하는 시대의 흐름 속에서 부동산은 더 이상 단순한 물리적 공간이나 경제적 이윤 추구의 대상이 아니다. 우리는 지금, 기후변화의 위협과 사회적 불균등 심화라는 거대한 전환점에 직면해 있으며, 이는 부동산 산업의 역할과 책임에 대한 근본적인 성찰을 요구하고 있다. 환경(Environmental), 사회(Social), 지배구조(Governance)를 아우르는 ESG 원칙은 이러한 시대적 요구에 부응하며, 부동산의 가치를 재정의하고 지속 가능한 미래를 위한 새로운 패러다임을 제시한다.

이 책은 바로 그 변화의 최전선에 서 있는 독자 여러분을 위한 나침반이 되고자 한다. 우리는 이 책을 통해 부동산 경제학의 전통적인 지평을 넘어, ESG라는 새로운 렌즈를 통해 부동산 시장의 복잡한 메커니즘을 심층적으로 분석하고자 한다. 친환경 건축물이 창출하는 경제적 가치, 사회적 책임을 다하는 개발 프로젝트의 파급 효과, 그리고 투명한 지배구조가 가져오는 신뢰와 투자 유치의 힘을 다각도로 조명할 것이다.

또한, 인공지능, 빅데이터, 사물인터넷, 블록체인 등 첨단 디지털 기술이 ESG 부동산 관리 및 가치평가에 어떻게 혁신적인 변화를 가져올 수 있는지를 탐구하며, 글로벌 시장의 최신 동향과 정책 프레임워크를 비교 분석하여 국내 부동산 시장에 적용 가능한 실질적인 통찰을 제공할 것이다. 이 모든 탐구는 부동산 투자자, 개발업자, 정책 입안자, 그리고 미래를 준비하는 학생들까지, 부동산 시장의 모든 참여자들이 지속 가능한 가치를 창출하는 데 필요한 구체적인 전략과 지혜를 얻을 수 있도록 돕기 위함이다.

'ESG 부동산 경제학'의 여정은 과거를 진단하고 현재를 이해하며, 더 나아가 미래를 함께 그려 나가는 과정이 될 것이다. 이 책이 여러분의 지속 가능한 자산 관리와 책임 있는 투자를 위한 소중한 동반자가 되기를 진심으로 바란다.

독자에게 보내는 책

부동산 산업에서 ESG의 중요성과 미래 역할

현대 사회와 경제는 유례없는 속도로 변화하고 있다. 그 중심에는 기후변화라는 인류의 거대한 도전, 불평등 심화라는 사회적 과제, 그리고 기업의 투명성과 책임성이라는 시대적 요구가 자리 잡고 있다. 이러한 변화의 흐름 속에서 환경(Environmental), 사회(Social), 지배구조(Governance)를 아우르는 ESG 원칙은 더 이상 기업 경영과 투자 결정의 부수적인 고려사항이 아닌, 지속 가능한 성장과 장기적인 가치 창출을 위한 핵심 패러다임으로 확고히 자리매김하고 있다.

특히 부동산 산업은 우리 삶의 터전이자 국가 경제의 중요한 축으로서, 전 세계 에너지 소비의 약 40%, 탄소 배출량의 약 30%를 차지하며 기후변화에 지대한 영향을 미치고 있다. 동시에 도시의 발전과 주거 환경은 사회적 포용성과 직접적으로 연결되어 있다. 이러한 막중한 영향력으로 인해, 부동산 부문의 ESG 통합은 단순한 규제 준수를 넘어, 산업의 근본적인 체질을 개선하고 미래 사회에 긍정적인 영향을 미칠 수 있는 변혁의 기회로 인식되고 있다.

본 저서 《ESG 부동산 경제학》은 이러한 시대적 요구에 부응하고자 기획되었다. 기존 부동산 경제학의 이론적 토대 위에 ESG라는 새로운 관점을 접목하여, 부동산의 가치가 단순히 경제적 효율성만을 의미하는 것이 아님을 다양한 관점에서 조명한다. 친환경 건물의 시장 가치 프리미엄, 사회적 책임 프로젝트의 파급 효과, 그리고 투명한 지배구조가 투자 유치에 미치는 영향 등을 심층적으로 분석하며, ESG가 부동산의 본질적인 가치를 구성하는 핵심 요소임을 실증적으로 제시하고자 한다.

또한, 인공지능, 빅데이터, 사물인터넷, 블록체인 등 첨단 디지털 기술이 ESG 부동산 관리 및 가치평가에 어떻게 혁신적인 변화를 가져오는지 탐구하고, 글로벌 주요국들의 ESG 부동산 정책 동향을 비교 분석하여 국내 시장에 적용 가능한 실질적인 시사점을 도출한다. 궁극적으로는 부동산 투자자, 개발업자, 정책 입안자, 그리고 일반 개인 투자자 등 모든 시장 참여자들이 ESG 원칙을 효과적으로 이해하고 실천하여 지속 가능한 가치를 창출할 수 있는 구체적인 전략과 가이드라인을 제공하는 데 목적을 둔다.

이 책이 독자 여러분께 ESG와 부동산 경제의 복잡한 상호관계를 깊이 있게 이해하고, 이를 바탕으로 미래 사회의 변화를 선도하며 지속 가능한 가치를 창출하는 데 필요한 통찰력과 지혜를 얻을 수 있는 길잡이가 되기를 진심으로 바란다.

목차

프롤로그 ·········· 4
독자에게 보내는 책 - 부동산 산업에서 ESG의 중요성과 미래 역할 ·········· 6

제1부 부동산 경제학의 기초 이론

제1장 부동산 경제학의 개론 ·········· 18
1.1. 부동산 경제학의 정의와 학문적 위상 ·········· 19
1.2. 부동산 시장의 구조와 특성 ·········· 23
1.3. 부동산 경제학의 연구 방법론 ·········· 27
1.4. 미래 부동산 시장의 변화와 핵심 기술 ·········· 31

제2장 부동산 수요 이론 ·········· 33
2.1. 수요의 기본 원리 ·········· 34
2.2. 주택 수요 결정 요인 ·········· 37
2.3. 상업용 부동산 수요 분석 ·········· 40
2.4 부동산 시장의 미래 전망 ·········· 44

제3장 부동산 공급 이론 ·········· 46
3.1. 공급의 경제학적 기초 ·········· 47
3.2. 주택 공급 전략 ·········· 51
3.3. 상업용 부동산 공급 ·········· 53
3.4. 미래 주택 공급 전략의 변화 ·········· 56

제4장 부동산 시장 균형 ·········· 58
4.1. 균형 가격 형성 메커니즘 ·········· 59
4.2. 시장 불균형 요인 ·········· 62

     4.3. 균형 회복 전략 ··· 65
     4.4. 미래의 지속 가능한 부동산 시장 ··························· 68

제5장 부동산 가격 결정 이론 ·· 70
     5.1. 가격 형성 이론 ··· 71
     5.2. 가격 평가 기법 ··· 73
     5.3. 가격 변동성 분석 ·· 77
     5.4. 미래 부동산 시장의 변화와 가치 평가 ···················· 80

제2부 ESG의 개념 및 부동산 분야 적용

제6장 ESG와 부동산 개요 ·· 84
     6.1. ESG의 개념과 부동산 시장에서의 중요성(잠재력) ······ 85
     6.2. 헤도닉 가격 모형과 ESG 요인의 통합 가능성 ·········· 87
     6.3. ESG 부동산 경제학 목적과 의의 ··························· 91
     6.4. ESG 경영의 중요성과 시장의 역할 ························ 93

제7장 헤도닉 가격 모형의 배경과 응용 ··························· 96
     7.1. 헤도닉 가격 구조의 기본 원리 ······························ 97
     7.2. 기존 가치평가 방법론의 한계 및 개선 필요성 ········· 100
     7.3. ESG 요인을 반영한 모델 개선 방향 ······················ 103
     7.4. 헤도닉 가격 모델의 미래와 ESG 통합 ··················· 107

제8장 ESG와 부동산 가치평가 ····································· 109
     8.1. 환경 요인(E)이 부동산 가치에 미치는 영향 ············ 110
     8.2. 사회적 책임(S)과 지배구조(G) 요소의 통합적 가치 분석 ··· 113
     8.3. 데이터 기반 ESG 평가 지표 개발 ························ 116
     8.4. 부동산 가치 평가에 ESG 통합적용 ······················· 119

제9장 글로벌 경쟁 연구: ESG와 부동산 시장 ································· 121
 9.1. LEED 인증 기반의 시장 가치 분석 ································· 122
 9.2. 지역별 ESG 적용 우수 연구 ······································· 124
 9.3. 데이터 분석 결과와 시사점 ······································· 128
 9.4. 지속 가능성과 ESG 경영 ··· 131

제3부 ESG를 고려한 부동산 가치평가 및 투자

제10장 지속 가능한 투자 전략 개발 ······································· 134
 10.1. ESG 포트폴리오 설계 방법론 ····································· 135
 10.2. 투자 자산의 ESG 성과 관리 및 장기 운영 전략 ····················· 138
 10.3. 투자자 관점에서 본 ESG 적용 효과 ······························· 141
 10.4. ESG 혁신 기술을 활용한 미래 ESG 전략 ··························· 145

제11장 토지입지 분석과 ESG 통합 전략 ···································· 148
 11.1. 토지입지의 중요성과 ESG 요소 ··································· 149
 11.2. ESG를 고려한 토지 가치평가 방법론 ······························ 152
 11.3. 지속 가능한 토지이용계획과 ESG ································· 155
 11.4. ESG 토지입지 분석의 미래 전망 ·································· 158

제12장 토지 ESG 개발 사례 연구 ··· 160
 12.1. ESG 원칙에 따른 토지 개발 사례 ·································· 161
 12.2. 환경보호구역 토지의 ESG 가치평가 ······························· 163
 12.3. 오염토지 정화 및 재개발의 ESG 효과 분석 ························ 165
 12.4. ESG 부동산 경제학의 미래와 토지의 역할 ························· 168

제13장 주택 ESG 가치 제고 사례 연구 ····································· 169
 13.1. 친환경 주택단지 개발과 ESG 성과 ································ 170
 13.2. 사회적 가치를 고려한 주택 공급 사례 ···························· 172

  13.3. 노후주택 개선사업의 ESG 통합 효과 · 175
  13.4. ESG 주택의 미래 전망 · 178

제14장 건물 ESG 설계·평가 사례 연구 · 179
  14.1. 그린빌딩 인증 건물의 시장가치 분석(LEED, BREAM 등) · · · · · · · · · · · 180
  14.2. 건물 에너지 효율화와 ESG 투자수익률 · 182
  14.3. 건물 사용자의 건강과 복지를 고려한 ESG 설계 · 185
  14.4. ESG 통합 건축의 가치와 전망 · 188

제15장 상가 ESG 경영지원 사례 연구 · 190
  15.1. 친환경 상업시설 개발 및 운영 사례 · 191
  15.2. 지역사회 연계 상가의 ESG 가치 창출 · 193
  15.3. 상가 임차인의 ESG 경영지원 방안 · 196
  15.4. ESG 상가의 미래 전망 · 198

제4부 도시 개발 및 재생과 ESG

제16장 오피스텔 ESG 적용 사례 분석 · 202
  16.1. 스마트 오피스텔의 ESG 적용 사례 · 203
  16.2. 오피스텔 커뮤니티 활성화와 사회적 가치 · 205
  16.3. 직주근접 오피스텔의 환경적 이점 분석 · 208
  16.4. 오피스텔 ESG 미래 전망: 사회적 변화 · 211

제17장 임야 ESG 가치 사례 분석 · 213
  17.1. 산림탄소상쇄제도와 임야의 ESG 가치 · 214
  17.2. 지속 가능한 임업 경영과 ESG 투자 · 216
  17.3. 임야의 생태관광자원 활용과 지역경제 활성화 · 218
  17.4. 임야 ESG 경영의 미래 비전 · 220

제18장 재개발 ESG 전략 사례 분석 ······ 221
- 18.1. ESG를 고려한 도시 재개발 성공 사례 ······ 222
- 18.2. 재개발 과정에서의 주민 참여와 사회적 책임 ······ 224
- 18.3. 재개발 사업의 환경영향 최소화 전략 ······ 226
- 18.4. ESG 재개발의 미래 전망 ······ 229

제19장 재건축 ESG 효율 사례 분석 ······ 230
- 19.1. 친환경 재건축 단지 설계 및 시공 사례 ······ 231
- 19.2. 재건축 조합의 투명한 운영과 지배구조 ······ 234
- 19.3. 재건축 사업의 에너지 절감 및 자원순환 효과 ······ 237
- 19.4. 재건축 사업의 ESG 통합을 위한 제언 ······ 239

제20장 ESG 부동산 금융 사례 분석 ······ 242
- 20.1. 부동산 ESG 금융 상품 동향 분석 ······ 243
- 20.2. 프롭테크를 활용한 ESG 투자 플랫폼 사례 ······ 245
- 20.3. 기타 부동산 유형의 ESG 적용 및 가치평가 ······ 248
- 20.4. ESG 부동산 경제학의 미래 전망 ······ 251

제5부 ESG 관련 기술 혁신 및 데이터 활용

제21장 기술 혁신과 데이터 활용 ······ 254
- 21.1. 빅데이터와 AI를 활용한 ESG 평가 전망 ······ 255
- 21.2. IoT 기반 스마트 빌딩 기술과 지속 가능성 ······ 258
- 21.3. 디지털 트윈 기술을 활용한 지속 가능 도시 개발 ······ 260
- 21.4. 미래 ESG 기술 트렌드와 디지털 전환 ······ 263

제22장 정책 및 프레임워크 ······ 265
- 22.1. 주요국의 ESG 관련 부동산 산업동향 분석 ······ 266

22.2. 지속 가능한 도시 개발을 위한 정책 제언 ································ 268
22.3. 공공민간 협력(PPP) 모델 구축 및 활성화 ································ 272
22.4. ESG 경영 평가와 미래 발전 방향 ·· 275

제6부 미래 토지와 ESG 의사소통

제23장 미래 도시와 의사소통 할 수 있는 행위 ······················· 278
23.1. 순탄소 마이너스(Net Zero) 목표와 도시화 전략 ···················· 279
23.2. 협력 관계를 계약하는 개발 프로세스 ······································ 281
23.3. 가능한 도시 부동산 구축 ··· 284
23.4. 미래 도시의 지속 가능한 발전 방향 ·· 288

제24장 윤리적 투자와 사회적 책임 ·· 291
24.1. ESG 투자에서 윤리적 고려사항과 과제 ·································· 292
24.2. 이해관계자 관리 및 투명성 확보 방안 ···································· 295
24.3. 사회적 책임을 실현하는 부동산 프로젝트 ······························· 297
24.4. ESG 경영, 투자, 부동산 개발의 미래와 데이터 활용 ············· 300

제25장 개인 투자자를 위한 가이드라인 ···································· 303
25.1. 개인 맞춤형 ESG 투자 전략 수립 방법론 ······························· 304
25.2. 소규모 투자자를 위한 실행 가능한 프레임워크 제공 ············· 307
25.3. 장기적인 자산 관리에서의 ESG 활용 방안 ···························· 310
25.4. ESG 투자의 미래와 전략 ·· 313

제7부 ESG 부동산 시장 전략

제26장 부동산 시장에서의 ESG 통합 전략 ······························· 316
26.1. 지역 특성을 반영한 맞춤형 ESG 적용 방법론 ······················· 317

26.2. 친환경 건축물 확대를 통한 자산 가치 증대 · 320

26.3. 데이터 기반 시장 분석을 통한 투자 최적화 · 322

26.4. 미래 부동산 시장과 ESG 통합 전략 · 326

제27장 디지털 기술을 활용한 부동산 가치평가 · 327

27.1. AI 기반 부동산 가치 예측 모델링 · 328

27.2. IoT 센서를 활용한 실시간 시장 데이터 수집 · 330

27.3. 블록체인 기술을 통한 거래 투명성 강화 · 333

27.4. 부동산 시장의 미래: AI, IoT, 블록체인, ESG 통합 · · · · · · · · · · · · · · · 336

제8부 지속 가능한 도시 개발 및 미래 전망

제28장 지속 가능한 도시 개발을 위한 실천 전략 · 340

28.1. 스마트 시티 프로젝트와 ESG 통합 · 341

28.2. 재생 가능 에너지 인프라 구축 방안 · 343

28.3. 지역사회 참여를 통한 도시 생태계 조성 · 346

28.4. 지속 가능한 도시 개발의 미래: 스마트 기술과 지역사회 참여 · · · · · · · 350

제29장 인재 육성과 조직 문화 혁신 · 352

29.1. 조직 차원의 ESG 도입 전략 · 353

29.2. 인재 육성과 조직 문화 혁신 · 356

29.3. 디지털 트랜스포메이션 로드맵 · 359

29.4. ESG 경영과 디지털 전환의 중요성 · 362

제30장 글로벌 트렌드와 미래 전망 · 364

30.1. 주요국 AI 및 ESG 자산관리 정책 분석 · 365

30.2. 글로벌 프롭테크 생태계 동향 · 367

30.3. 미래 자산경영의 진화 방향 · 370

30.4. 지속 가능한 미래를 위한 ESG 부동산 경제학의 발전 방향 · · · · · · · · · 373

제9부　ESG 부동산 경제학 혁신: 연구논문 모델 개발

제31장 ESG 부동산 경제 혁신: 부동산 가치 창출을 위한 이론적 고찰
및 실증적 접근 ·· 378
    31.1. 서론 ··· 379
    31.2. 이론적 배경: ESG와 현대 부동산 경제학································ 382
    31.3. ESG 부동산 가치평가 및 시장 분석 방법론 ···························· 388
    31.4. 지속 가능한 ESG 부동산 투자 및 개발 전략 ·························· 399
    31.5. 결론 및 정책 제언 ··· 404

제32장 ESG 관점에서 본 패시브하우스의 지속 가능성 연구 :
친환경 건축기술과 사회적 창출을 중심으로······················· 409
    32.1. 서론 ··· 409
    32.2. 본론 ··· 411
    32.3. 결론(요약 및 시사점) ·· 420

제33장 ESG 아스인하우스의 철학과 현대 건축 문제에 대한 해결 방안:
지속 가능한 건강 주거의 미래 ·· 421
    33.1. 서론 ··· 421
    33.2. 본론 ··· 423
    33.3. 아스인하우스 국제 인증 기준 분석 ··· 427
    33.4. 아스인하우스 실현을 위한 설계 및 시공 방안 ······················· 432
    33.5. 결론 및 제언 ··· 435

제34장 박운선 삶의 3축 균형론: 가지(枝) 모델 ······························ 438
    34.1. 논문 요약 ··· 438
    34.2. 서론 ··· 439
    34.3. 이론적 배경 및 개념도 ··· 440
    34.4. 연구 가설 및 방법론 ·· 442

34.5. 시뮬레이션 결과 분석 ··· 443
34.6. 고찰 ·· 446
35.7. 결론 및 정책 제언 ·· 447

에필로그 - 지속 가능한 미래를 향한 새로운 길 ························· 449
참고문헌 ·· 451
부록 ··· 460
외국어 용어 정의 ··· 463

| 제1부 |

부동산 경제학의 기초 이론

제1장
부동산 경제학의 개론

제2장
부동산 수요 이론

제3장
부동산 공급 이론

제4장
부동산 시장 균형

제5장
부동산 가격 결정 이론

제1장

부동산 경제학의 개론

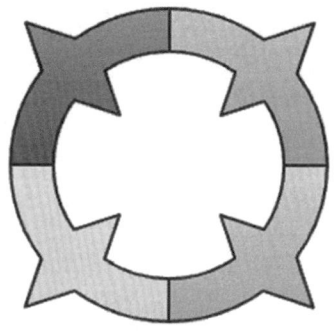

부동산 경제학의 ESG 통합(ESG Integration in Real Estate Economics)

ESG 부동산 경제학은 환경(Environmental), 사회(Social), 지배구조(Governance)와 같은 비재무적 요소를 부동산 분야에 접목하여 부동산의 가치를 평가하고 투자 및 개발 관리에 있어 지속 가능한 발전을 추구하고 인간 생활과 경제활동의 근간이 되는 부동산을 둘러싼 다양한 현상을 분석하고 이해하려는 학문이다. 이는 단순한 물리적 자산으로서의 토지와 건물을 넘어, 부동산이라는 특수한 재화가 시장에서 어떻게 배분되고, 그 가치가 어떻게 결정되며, 국가 경제와 사회 전체에 어떠한 영향을 미치는지를 경제학적 원리를 통해 탐구한다. 현대 사회에서 부동산은 주거 공간이자 생산 시설일 뿐만 아니라, 중요한 투자 수단이자 국가 경제의 핵심 동력으로 그 중요성이 더욱 커지고 있다. 특히, 전 세계적으로 지속 가능한 발전과 사회적 책임에 대한 인식이 확산되면서, 환경(Environmental), 사회(Social), 지배구조(Governance)를 포괄하는 ESG 원칙이 부동산 경제학의 새로운 연구 지평을 열고 실천적 과제를 제시하고 있다. 본 장에서는 부동산 경제학의 기본적인 정의와 학문적 위상을 정립하고, 부동산 시장이 지닌 고유한 구조와 특성을 심층적으로 분석하며, 부동산 현상을 탐구하기 위한 다양한 연구 방법론을 고찰함으로써, ESG 시대에 부응하는 부동산 경제학의 역할과 발전 방향을 제시하고자 한다.

1.1. 부동산 경제학의 정의와 학문적 위상

부동산 경제학은 토지 및 그 정착물인 부동산을 대상으로 인간의 합리적인 선택과 희소한 자원의 배분 문제를 다루는 경제학의 한 분야이다. 즉, 부동산의 생산, 분배, 소비와 관련된 다양한 경제 활동과 시장 현상을 경제학적 이론과 분석 도구를 활용하여 체계적으로 연구하는 학문이라 할 수 있다. 이는 부동산 시장의 수요와 공급 메커니즘, 가격 결정 과정, 부동산 개발 및 투자 분석, 정부의 부동산 정책 효과, 그리고 부동산 시장과 거시경제 변수 간의 상호 연관성 등을 포괄적으로 탐구한다.

부동산 경제학의 연구 대상은 매우 광범위하다. 주거용 부동산(아파트, 단독주택 등), 상업용 부동산(오피스, 상가, 호텔 등), 산업용 부동산(공장, 물류창고 등)과 같은 다양한 유형의 건물뿐만 아니라, 토지 자체의 효율적 이용과 개발, 그리고 부동산 관련 금융 상품(리츠, MBS 등) 및 서비스(중개, 감정평가, 관리, 컨설팅 등)까지 아우른다. 나아가 도시화, 지역 개발, 주거 복지, 환경 문제 등 부동산과 관련된 복잡한 사회경제적 이슈들도 중요한 연구 주제로 다루어진다.

부동산 경제학의 궁극적인 학문적 목표는 부동산 자원의 효율적 배분과 부동산 시장의 안정적이고 지속 가능한 발전을 통해 국민 경제의 성장과 사회 전체의 후생 증진에 기여하는 것이다. 이를 위해 부동산 시장의 작동 원리를 과학적으로 규명하고, 시장 실패의 원인을 진단하며, 합리적인 정책 대안을 모색한다. 또한, 부동산 투자, 개발, 관리 등과 관련된 의사결정에 필요한 이론적 기반과 실증적 분석 결과를 제공함으로써 시장 참여자들의 합리적 선택을 지원하는 실천적 역할도 수행한다.

경제학의 분과 학문으로서 부동산 경제학은 미시경제학, 거시경제학, 계량경제학 등 경제학의 핵심 이론과 방법론을 부동산이라는 특수한 대상에 적용하는 응용경제학의 성격을 지닌다. 미시경제학적 관점에서는 개별 경제주체(가계, 기업)의 부동산 수요 및 공급 행동, 시장 균형, 가격 결정 과정을 분석하며, 거시경제학적 관점에서는 부동산 시장이 이자율, 물가, 고용, 국민소득 등 거시경제 변수와 어떻게 상호작용하는지를 연구한다. 계량경제학은 부동산 시장 데이터를 활용하여 이론적 모델을 검증하고 정책 효과를 측정하는 데 필수적인 분석 도구를 제공한다.

부동산은 경제적 측면 외에도 법률, 행정, 도시계획, 건축, 지리, 환경 등 다양한 학문 분야와 밀접하게 연관되어 있어, 부동산 경제학은 본질적으로 학제적(interdisciplinary) 성격을 띤다. 토지이용규제는 법학과 행정학, 도시 공간 구조는 도시계획학과 지리학, 건물 설계와 안전은 건축공학, 그리고 최근 강조되는 환경 문제는 환경학 및 환경경제학과 깊은 관련을 맺는다. 따라서 부동산 경제학은 이러한 인접 학문과의 적극적인 교류와 융합을 통해 현실 문제 해결 능력을 높이고 학문적 깊이를 더해가는 종합응용과학이라 할 수 있다.

부동산은 단일한 가치로 평가되기 어려운 다면적 가치를 지닌다. 시장에서의 교환가치, 사용가치, 투자 가치와 같은 경제적 가치 외에도, 안정적인 주거 환경 제공, 공동체 형성 기반, 지역 정체성 부여 등 사회적 가치를 내포한다. 또한, 생태계 보전, 경관 유지, 자연재해 완충 기능 등 환경적 가치도 중요하다. ESG 패러다임의 확산은 이러한 비재무적 가치, 특히 환경적·사회적 가치를 부동산 평가와 의사결정에 적극적으로 통합할 것을 요구하며, 이는 부동산 경제학의 새로운 연구 과제가 되고 있다.

부동산 시장은 정보의 비대칭성, 외부효과의 존재, 공공재적 성격 등으로 인해 시장 스스로 효율적인 자원 배분을 달성하지 못하는 '시장 실패'가 발생하기 쉬운 영역이다. 이로 인해 정부의 적극적인 시장 개입과 정책적 노력이 요구되는 경우가 많으며, 따라서 부동산 경제학은 현실의 부동산 문제를 진단하고 효과적인 정책 대안을 제시하는 정책 지향적(policy-oriented) 학문으로서의 성격이 강하다. 주택 공급 정책, 토지이용 규제, 부동산 세제, 금융 정책 등의 효과를 분석하고 개선 방안을 제언하는 것은 부동산 경제학의 중요한 사회적 책무 중 하나이다.

부동산은 개인에게는 가장 큰 규모의 자산 중 하나이며, 기업에게는 필수적인 생산요소이고, 국가 경제 전체에서도 막대한 비중을 차지한다. 따라서 부동산 시장의 동향, 가격 변동, 투자 수익률 등에 대한 과학적 분석과 예측은 개인, 기업, 정부 모두의 합리적인 의사결정에 매우 중요하다. 이처럼 부동산 경제학은 감정평가, 부동산 개발, 투자 분석, 금융, 컨설팅 등 다양한 실무 분야에 직접적으로 응용될 수 있는 실용적인 지식과 정보를 제공하는 학문이다.

부동산 시장의 기본적인 경제 원리는 국제적으로 보편성을 가지지만, 각국의 법률 제도, 조세 체계, 문화적 배경, 경제 발전 단계, 지리적 특성 등에 따라 시장의 구체적인 모습과 당면 과제는 매우 다르게 나타난다. 따라서 부동산 경제학 연구는 국제적인 이론과 선진 사례를 참고하되, 해당 국가나 지역의 고유한 제도적·사회경제적 맥락을 충분히 고려하여 현실 적합성을 높여야 한다.

ESG(환경, 사회, 지배구조) 원칙이 전 세계적으로 기업 경영과 투자의 핵심 기준으로 부상하면서, 부동산 경제학의 연구 영역 또한 확장되고 있다. 부동산 부문은 에너지 소비와 탄소 배출의 주요 원천이며, 도시 환경과 사회적 삶의 질에 지대한 영향을 미치기 때문에 ESG 통합의 중요성이 특히 크다. 이에 따라 부동산 경제학은 전통적인 경제적 효율성 분석을 넘어, 환경적 지속 가능성, 사회적 책임, 투명한 지배구조를 부동산 가치평가, 투자 결정, 정책 수립에 통합하는 새로운 이론적 틀과 방법론을 개발하고 있다. 이는 부동산 경제학이 시대적 요구에 부응하여 진화하고 있음을 보여준다.

> **국내외 사례 연구: 부동산 경제학의 실증적 적용**
>
> **미국 사례:**
> 미국 연방준비제도(Fed)는 금리 정책을 통해 주택 시장의 투기적 거품을 관리한다. 2008년 서브프라임 모기지 위기 이후, Fed는 Dodd-Frank Act(2010)를 도입하여 부동산 금융 규제를 강화하고 위험 관리를 체계화했다.
>
> **유럽 사례:**
> 독일은 「에너지 절약법(EnEV)」을 통해 건물의 에너지 효율성을 법제화했다. 이 정책은 탄소 배출 감소와 동시에 장기적 유지·보수 비용 절감으로 부동산 가치 상승을 유도한 성공적인 정책 사례다.
>
> **한국 사례:**
> 서울시의 「공공주택 특별법」은 민간 개발사와의 협력을 통해 저소득층 주택 공급을 확대했다. 이 정책은 주택 수요 충족과 사회적 형평성 강화를 동시에 달성한 혁신적인 모델로 평가받는다.

◎ 응용과 적용

1. 부동산 정책 효과 측정 및 예측

계량경제학을 활용해 부동산 시장 데이터를 분석하여, 주택 공급 정책이나 세금 정책 등의 정책 효과를 과학적으로 분석하고 미래를 예측하는 데 활용된다.

2. ESG 기준의 투자 및 가치 평가

환경, 사회, 지배구조(ESG) 요소를 부동산 가치 평가에 통합하여, 에너지 효율성, 친환경 건축물 등 비재무적 가치를 고려한 투자 결정을 내리고, 지속 가능한 도시 개발에 기여한다.

1.2. 부동산 시장의 구조와 특성

　부동산 시장은 일반적인 상품 시장과는 다른 독특한 구조와 여러 가지 고유한 특성을 지니고 있으며, 이러한 점들이 시장의 작동 방식과 참여자들의 행동에 큰 영향을 미친다. 부동산 시장의 구조와 특성에 대한 정확한 이해는 부동산 현상을 올바르게 분석하고 미래를 예측하는 데 필수적이며, 특히 ESG 요소가 부동산 시장에 미치는 영향을 파악하는 데 중요한 기초가 된다.

　부동산 시장은 특정 지역 내에서 부동산의 소유권이 이전되거나 사용권(임차권 등)이 설정되는 교환의 장(場)을 의미한다. 이는 단순히 물리적인 거래 장소만을 지칭하는 것이 아니라, 수요자와 공급자 간의 상호작용을 통해 가격이 결정되고 자원이 배분되는 추상적인 메커니즘까지 포괄한다. 부동산 시장은 공간과 자산을 배분하고, 가격을 창조하며, 시장 정보를 제공하고, 토지 이용의 형태를 결정하는 등 다양한 경제적·사회적 기능을 수행한다.

　부동산 시장에는 다양한 이해관계를 가진 참여자들이 존재한다. 주요 참여자로는 부동산을 구매하거나 임차하려는 수요자(개인, 가구, 기업, 정부 등), 부동산을 판매하거나 임대하려는 공급자(토지 소유주, 개발업자, 건설사, 기존 주택 소유자 등)가 있다. 또한, 토지를 매입하여 건물을 신축하거나 개량하여 시장에 공급하는 생산자(개발업자 및 건설업자), 투자 목적으로 부동산을 보유하는 자산가(개인 및 기관 투자자), 그리고 토지이용계획, 건축 규제, 조세, 공공주택 공급 등을 통해 시장에 개입하는 정부 및 공공기관이 있다. 이 외에도 금융기관, 부동산 중개업자, 감정평가사 등도 중요한 시장 참여자이다.

　부동산 시장은 거래되는 부동산의 종류, 거래 목적, 지역적 범위 등에 따라 다양한 하위 시장(sub-markets)으로 세분화된다. 용도에 따라 주거용, 상업용, 공업용, 농업용, 특수목적용 부동산 시장 등으로 나뉘며, 권리 형태에 따라 매매 시장, 임대차 시장, 분양 시장 등으로 구분된다. 또한, 부동산 시장은 부동성이라는 특성으로 인해 특정 지역에 국한되는 국지적 시장(local market)의 성격이 강하며, 국제 시장, 전국 시장, 지역 시장, 특정 근린 지역 시장 등 다양한 공간적 범위로 분석될 수 있다.

부동산은 일반 재화와 구별되는 여러 가지 고유한 특성을 지니며, 이는 부동산 시장의 작동 방식에 결정적인 영향을 미친다. 첫째, 개별성(heterogeneity) 또는 비대체성은 모든 토지와 건물이 물리적으로 고유하여 완전히 동일한 부동산은 존재하지 않음을 의미한다. 이로 인해 부동산은 표준화가 어렵고, '일물일가(一物一價)의 법칙'이 적용되기 어려우며, 거래 시 개별 물건에 대한 상세한 정보가 매우 중요하다. ESG 측면에서는 각 부동산의 고유한 환경적 조건이나 사회적 맥락을 고려한 맞춤형 ESG 전략이 요구된다.

둘째, 부동성(immobility) 또는 위치의 고정성은 부동산이 물리적으로 이동할 수 없다는 특성이다. 이로 인해 부동산 시장은 특정 지역에 국한되는 국지적 시장을 형성하며, 주변 환경 변화(예: 교통망 확충, 혐오시설 입지)나 외부효과에 민감하게 영향을 받는다. 또한, 지역별 수급 불균형이 발생하기 쉽고, 이는 지역 간 가격 격차를 유발한다. ESG 관점에서 부동성은 기후변화로 인한 특정 지역의 물리적 리스크(홍수, 해수면 상승 등)에 직접 노출됨을 의미하며, 해당 지역의 환경 규제나 사회적 요구에 직접적인 영향을 받게 된다.

셋째, 내구성(durability) 또는 영속성은 토지가 물리적으로 파괴되지 않으며, 건물 역시 적절한 유지관리를 통해 장기간 사용될 수 있음을 의미한다. 이로 인해 부동산은 장기적인 투자 대상이 되며, 감가상각의 개념이 중요하게 다뤄진다. 또한, 신규 공급보다는 기존 재고의 역할이 크고, 수급 조절이 단기적으로 어렵다는 특징을 가진다. ESG 측면에서 내구성은 건물의 생애주기(Life Cycle) 동안의 환경 영향(에너지 소비, 탄소 배출 등)을 고려하는 전 과정 평가(LCA)의 중요성을 부각시키며, 장기적인 관점에서 지속 가능한 자재 사용과 유지관리 전략을 요구한다.

넷째, 고가성(high value)는 부동산이 일반적으로 다른 재화에 비해 가격이 매우 높아 거래에 상당한 자금이 소요됨을 의미한다. 이로 인해 구매 시 금융기관의 대출에 의존하는 경우가 많으며, 정부의 금융 정책이나 조세 정책에 민감하게 반응한다. 또한, 거래 빈도가 낮고, 투자 회수 기간이 길다는 특징을 가진다. 고가성은 ESG 투자에 있어 초기 투자 비용 부담을 야기할 수 있으나, 장기적인 운영비 절감 효과나 자산 가치 상승 잠재력을 고려한 투자 결정이 필요함을 시사한다.

다섯째, 정보의 비대칭성(information asymmetry)는 부동산의 개별성이 강하고 거래가 비공개적으로 이루어지는 경우가 많아, 시장 참여자 간에 정보 격차가 존재하기 쉽다는 특성이다. 매도자와 매수자, 임대인과 임차인 간에 보유한 정보의 양과 질이 달라 합리적인 의사결정을 저해하고 시장의 효율성을 떨어뜨릴 수 있다. 특히 ESG 성과와 같은 비재무적 정보는 더욱 불투명할 수 있어 '그린워싱(Greenwashing)'의 우려가 존재한다. 프롭테크의 발전은 이러한 정보 비대칭성을 완화하는 데 기여하고 있다.

이 외에도 부동산 시장은 거래의 비공개성 및 높은 거래 비용, 다양한 법적 규제 및 정부 정책의 강력한 영향, 수요 변화에 대한 공급의 단기적 비탄력성으로 인한 수급 조절의 곤란성, 그리고 긍정적 또는 부정적 외부효과의 존재 등 여러 복합적인 특성을 나타낸다. 특히 외부효과는 ESG의 환경적, 사회적 측면과 밀접하게 연관되어, 부동산 개발이나 이용이 주변 환경과 지역사회에 미치는 영향을 고려하는 것이 중요해진다.

이러한 부동산 시장의 구조와 특성은 시장의 경기 변동, 자본 시장과의 연계성, 국제화 경향, 기술 발전(예: 프롭테크)의 영향, 그리고 사회적 가치 및 환경적 지속 가능성에 대한 요구 증대 등 다양한 동태적 변화와 맞물려 더욱 복잡한 양상을 보인다. 따라서 부동산 시장을 분석하고 이해하기 위해서는 이러한 다면적인 요소들을 종합적으로 고려하는 시각이 필요하며, 이는 효과적인 ESG 통합 전략 수립의 전제가 된다.

> **국내외 사례 연구: 지역성과 정보 비대칭성이 미치는 영향**
>
> **미국 사례:**
> 미국 샌프란시스코는 높은 주택 가격과 제한된 토지 공급으로 인해 극심한 주택 부족 문제를 겪고 있다. 이는 지역적 특성과 규제가 결합된 결과이다. 예를 들어, 엄격한 건축 규제와 환경 보호 정책은 새로운 주택 공급을 제한하며 가격 상승을 초래했다.
>
> **한국 사례:**
> 서울 강남구는 교육 인프라와 교통 접근성이 뛰어나 높은 주거 선호도를 보인다. 그러나 이러한 지역적 특성은 강남구 내 특정 아파트 단지에 대한 과도한 투기 수요를 유발하며 가격 거품 형성을 초래하기도 했다.

◎ 응용과 적용

1. 정보 비대칭성 및 ESG

낡은 상가 건물을 매입하려는 투자자가 있다고 가정해 보자. 건물주(매도자)는 에너지 효율 등급이나 내부 유해물질(석면 등) 관련 정보를 충분히 공개하지 않는다. 매수자는 자체적으로 ESG 관련 실사를 진행하여 건물의 실제 에너지 효율이 낮고 보수 비용이 많이 들 것이라는 사실을 뒤늦게 파악하게 된다. 결국, 처음 예상했던 투자 수익률이 낮아지거나 거래 가격을 재협상해야 하는 상황이 발생한다. 이는 부동산 시장의 '정보 비대칭성'과 최근 중요해지는 'ESG' 요소가 거래에 미치는 영향을 보여주는 사례다.

2. 부동성 및 정부 정책

수도권 외곽의 특정 토지를 매입한 개발업자가 있었다. 해당 토지 인근에 신규 광역철도역이 신설될 예정이라는 정부 계획이 발표되면서 토지 가치가 급등했다. 하지만 정부가 계획을 수정하여 철도 노선을 다른 지역으로 변경하자, 해당 토지의 가치는 크게 하락했다. 이는 부동산이 '부동성'이라는 특성 때문에 정부의 정책 변화나 사회적 요인에 직접적으로 큰 영향을 받을 수 있다는 점을 보여 주는 사례다.

1.3. 부동산 경제학의 연구 방법론

부동산 경제학은 복잡하고 다면적인 부동산 현상을 과학적으로 분석하고 이해하기 위해 다양한 연구 방법론을 활용한다. 이러한 방법론들은 이론적 토대를 구축하고, 현실 세계의 데이터를 통해 가설을 검증하며, 실제 문제 해결에 기여하는 정책적 시사점을 도출하는 데 목적을 둔다. 연구 대상의 특성과 연구 목적에 따라 적절한 방법론을 선택하고 적용하는 것이 중요하다.

이론적 접근은 경제학의 기본 원리와 모델을 바탕으로 부동산 시장의 작동 원리, 참여자들의 행동 양식, 가격 결정 메커니즘 등을 논리적으로 설명하고 예측하는 데 중점을 둔다. 대표적으로 수요-공급 모형은 시장 균형을 설명하는 기초가 되며, 입지 이론(튀넨, 알론소, 크리스탈러 등)은 공간적 측면에서의 부동산 가치와 이용 패턴을 분석한다. 지대 이론(리카도, 마르크스, 마셜 등)은 토지 사용의 대가인 지대 결정 요인을 탐구한다. 특히, 헤도닉 가격 모형은 부동산의 다양한 특성(물리적, 입지적, 최근에는 ESG 관련 특성 포함)이 가격에 미치는 영향을 계량적으로 분리하여 추정하는 데 널리 활용된다. 이 외에도 탐색 이론, 포트폴리오 이론, 게임 이론 등이 특정 부동산 시장 현상을 분석하는 데 응용된다.

실증 분석은 실제 부동산 시장에서 수집된 데이터를 이용하여 이론적 가설을 검증하거나, 변수들 간의 관계를 통계적으로 분석하고, 시장 동향을 예측하는 방법론이다. 기술통계 분석은 데이터의 기본적인 특성을 요약하며, 회귀 분석은 독립변수가 종속변수에 미치는 영향을 추정하여 가격 결정 요인, 수요·공급 함수 추정, 정책 효과 분석 등에 활용된다. 시계열 분석은 시간의 흐름에 따른 데이터 변화를 분석하여 미래 값을 예측하며, 공간 계량경제 모형은 부동산 데이터의 지리적 상호 의존성을 고려한 분석을 가능하게 한다. 이산선택 모형, 생존 분석 등도 특정 의사결정 과정이나 사건 발생 시간 분석에 사용된다.

최근에는 빅데이터 분석 및 머신러닝/인공지능(AI) 기법의 활용이 두드러진다. 방대한 양의 정형 및 비정형 부동산 데이터를 실시간으로 수집하고 분석하여 시세 예측, 맞춤형 매물 추천, 도시 변화 감지 등 기존 방법론의 한계를 넘어서는 정교한 분석과 예측이 가능해지고 있다. 특히 ESG 관련 비정형 데이터를 분석하거나, 복잡한 상호작용을 모델링하여 ESG 요소가 부동산 가치 및 리스크에 미치는 영향을 심층적으로 규명하는 데 유용하게 활용될 수 있다.

사례 연구는 특정 지역, 부동산 개발 프로젝트, 정책 사례 등 구체적인 대상을 심층적으로 조사하고 분석하여 문제의 원인과 결과를 파악하고, 일반화 가능한 교훈이나 시사점을 도출하는 연구 방법이다. 단일 사례 연구 또는 다중 사례 비교 연구를 통해 이론적 접근이나 실증 분석 결과를 보완하고, 현실 맥락에서의 적용 가능성을 탐색하는 데 유용하다. 특히 새롭게 등장하는 현상이나 복잡한 사회경제적 과정(예: 도시재생 프로젝트의 성공 요인, 특정 ESG 정책의 효과)을 이해하는 데 효과적이다.

실험 연구는 연구자가 특정 변수를 통제하고 조작하여 그 효과를 관찰하는 방법론으로, 부동산 경제학 분야에서는 실제 시장 대상의 대규모 실험이 어려워 실험실 실험이나 현장 실험 형태로 제한적으로 활용된다. 시뮬레이션은 현실 세계의 복잡한 시스템을 컴퓨터 모델로 구현하여 다양한 조건 변화에 따른 시스템의 반응을 모의실험하는 방법으로, 도시 성장 모델, 교통 흐름 모델, 부동산 시장 동태 모델 등을 구축하여 정책 효과를 예측하거나 미래 시나리오를 분석하는 데 활용된다. 특히 디지털 트윈 기술은 ESG 관련 시뮬레이션을 가능하게 한다.

질적 연구는 수치화된 데이터보다는 심층 면접, 관찰, 문헌 분석 등을 통해 현상에 대한 깊이 있는 이해와 해석을 추구한다. 시장 참여자들의 인식, 태도, 경험, 의사결정 과정 등을 심층적으로 파악하여 양적 연구 결과를 보완하거나 새로운 연구 가설을 탐색하는 데 기여한다. ESG 관련 이해관계자들의 다양한 의견을 수렴하고 사회적 수용성을 평가하는 데 유용하게 활용될 수 있다. 또한, 양적 연구와 질적 연구를 결합하는 혼합 연구 방법은 각 방법론의 장점을 활용하고 단점을 보완하여 연구 문제에 대한 포괄적 이해를 도모한다.

부동산 경제학 연구는 개인의 사생활 정보나 기업의 민감한 정보를 다룰 수 있으므로 연구 윤리 준수가 매우 중요하다. 데이터 수집 및 활용 과정에서의 개인정보 보호, 연구 결과의 객관적이고 공정한 해석, 이해상충 방지 등을 위해 노력해야 한다.

ESG 요소를 부동산 경제학 연구에 통합하기 위해서는 기존 방법론을 확장하거나 새로운 접근법을 모색할 필요가 있다. ESG 데이터의 객관적인 측정 및 계량화, ESG 성과와 재무적 성과 간의 복잡한 인과관계 규명, ESG 투자의 장기적 효과 분석, 그리고 다양한 학문 분야와의 융합을 통한 학제 간 연구가 필수적이다.

결론적으로, 부동산 경제학은 이론적 접근, 실증 분석, 사례 연구 등 다양한 연구 방법론을 종합적으로 활용하여 부동산 시장의 복잡한 현상을 이해하고 예측하며, 합리적인 정책 대안을 제시하고자 한다. 특히 ESG라는 새로운 패러다임의 등장으로 인해 기존 연구 방법론을 창의적으로 적용하고 발전시키는 동시에, 데이터 기반의 정교한 분석과 학제 간 융합 연구의 중요성이 더욱 커지고 있다.

국내외 사례 연구

미국 사례:
미국 MIT 부동산연구소는 AI 기반 플랫폼을 활용해 주택 시장 데이터를 실시간으로 수집하고 분석했으며, 이를 통해 주택 가격 변동성과 정책 효과를 예측했다. 이 연구는 금리 변화가 주택 수요에 미치는 영향을 정량적으로 평가하여 정책 입안자들에게 중요한 통찰을 제공했다.

> **유럽 사례:**
> 독일 프라이부르크는 헤도닉 가격 모형을 활용하여 도시 내 친환경 건축물의 경제적 가치를 평가했다. 이 연구는 LEED 인증 건물이 일반 건물보다 평균 15% 높은 임대료를 기록한다는 결과를 도출하여 친환경 정책의 경제적 타당성을 입증했다.
>
> **한국 사례:**
> 서울시에서는 빅데이터와 GIS(지리정보시스템)를 결합하여 도시 내 주택 공급 부족 문제를 해결하기 위한 정책 시뮬레이션을 수행했다. 이를 통해 특정 지역에서 주택 공급 확대가 주변 지역 가격 안정화에 기여한다는 결과를 얻었다.

◎ 응용과 적용: 부동산 경제학 연구 방법론

1. 시뮬레이션 기반 ESG 부동산 투자 전략 수립

시뮬레이션 모델을 활용해 물리적, 입지적 특성 외에 ESG 요소를 포함하여 부동산 가격을 예측한다. 만약, 신축 건물에 에너지 효율 시스템을 도입할 경우, 임대료 상승 및 공실률 감소 효과를 예측하여 투자 가치를 평가할 수 있다.

2. 빅데이터 및 AI 기반 부동산 시장 분석

방대한 양적·비정형 데이터를 실시간으로 수집 및 분석하여 시장 변화를 감지하고, 맞춤형 매물을 추천해 준다.

예시로는 특정 지역의 상업용 부동산에 대한 소셜 미디어 언급량, 검색 트렌드, 유동 인구 데이터를 분석하여 상권 활성화 가능성을 예측하고, 신규 매장 입점 후보지를 추천해 준다.

1.4. 미래 부동산 시장의 변화와 핵심 기술

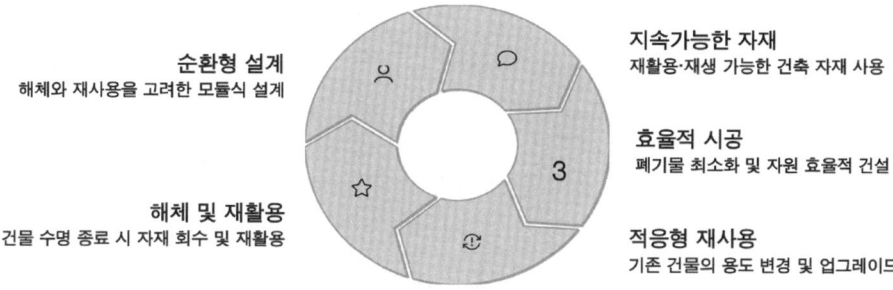

- 순환형 설계: 폐기물 최소화 및 자원 효율성 극대화
- 지속 가능한 건축: 재활용/재생 가능한 건축자재 사용
- 효율적 시공: 재료 효율적 활용 및 자원 효율적 건설
- 폐기물 최소화 및 재활용: 건설 폐기물 최소화 및 재활용
- 폐기물 재활용: 자원 효율성 증진 및 업그레이드

미래 부동산 시장은 디지털 기술 및 ESG(환경, 사회, 지배구조) 원칙과 결합하여 급변할 것으로 전망된다. 이러한 변화를 이끄는 주요 기술 및 동향은 다음과 같다.

- 디지털 기술 및 AI/머신러닝: AI와 머신러닝은 데이터 수집 및 분석 속도를 혁신적으로 향상하여 부동산 가격 예측의 정확도를 높이고 더욱 정교한 시장 예측 및 정책 설계를 가능하게 한다. 사물 인터넷(IoT)과 인공지능(AI)을 활용한 데이터 분석은 정보 비대칭성을 줄여 거래 효율성을 증대할 것이다.
- 블록체인 기술: 거래 데이터를 투명하게 관리하여 정보 비대칭성 문제를 완화하고, 새로운 형태의 자산 관리 모델을 제시할 것으로 기대된다.
- 친환경 건축 및 순환 경제: 기후 위기에 대응하기 위한 친환경 건축 규제 및 탄

소 중립(Net Zero) 목표는 미래 부동산 개발의 필수 기준으로 자리 잡고 있다. 순환 경제 원칙은 자원과 자재의 지속적인 재사용 및 재활용을 통해 자원 효율성을 극대화하고, 폐기물 최소화에 기여하여 환경적 혜택과 함께 장기적인 비용 절감 및 자원 확보에 기여할 것이다.

이러한 변화는 미래 부동산 시장에 새로운 표준을 제시하며, 지속 가능한 도시 개발을 촉진할 것이다.

제2장

부동산 수요 이론

주거용 및 상업용 부동산 수요의 차이
(Differences in Demand for Residential and Commercial Real Estate)

부동산 수요 이론은 특정 기간 동안 주어진 가격 수준에서 소비자들이 구매하거나 임차하고자 하는 부동산의 양과 그 결정 요인들을 분석하는 경제학의 한 분야이다. 부동산은 인간 생활의 필수적인 요소이자 중요한 경제적 자원이므로, 부동산 수요의 특성과 변동 요인을 이해하는 것은 부동산 시장을 분석하고 예측하며, 관련 정책을 수립하는 데 있어 매우 중요하다. 특히 주거용 부동산과 상업용 부동산은 그 수요의 성격과 결정 요인에서 차이를 보이므로, 이를 구분하여 살펴보는 것이 필요하다. 또한, 최근 ESG에 대한 사회적 관심이 높아지면서 친환경적이고 사회적 가치를 중시하는 부동산에 대한 수요 변화도 중요한 연구 주제로 부상하고 있다.

2.1. 수요의 기본 원리

경제학에서 수요(Demand)란 소비자들이 특정 재화나 서비스를 일정 기간 동안 특정 가격으로 구매하고자 하는 욕구와 구매력을 갖춘 유효수요(effective demand)를 의미한다. 부동산 수요 역시 특정 지역의 부동산에 대해 소비자들이 일정 기간 동안 주어진 가격 수준에서 구매하거나 임차하고자 하는 양을 나타낸다.

수요의 법칙(Law of Demand)은 다른 모든 조건이 일정하다고 가정할 때(ceteris paribus), 어떤 재화의 가격이 상승하면 그 재화에 대한 수요량은 감소하고, 가격이 하락하면 수요량은 증가하는 역(-)의 관계를 말한다. 이는 가격 변화에 따른 소비자의 구매력 변화(소득효과)와 다른 재화와의 상대적 가격 변화에 따른 선택 변화(대체효과)로 설명된다. 부동산 시장에서도 일반적으로 이 법칙이 적용된다.

수요곡선(Demand Curve)은 특정 재화의 각 가격 수준에 대응하는 수요량을 그림으로 나타낸 것으로, 일반적으로 우하향하는 형태를 보인다.

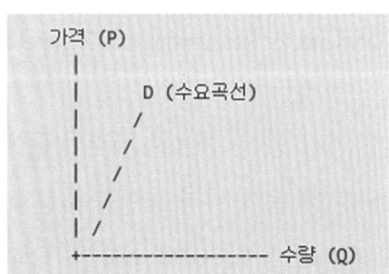

- (P): 상품의 가격을 나타낸다.
- (Q): 상품의 수요량을 나타낸다.
- (D): 우하향하는 형태를 띠고 있으며, 가격이 하락하면 수요량이 증가하고, 가격이 상승하면 수요량이 감소하는 일반적인 수요의 법칙을 보여준다.

부동산 시장의 수요곡선 역시 우하향하지만, 부동산의 이질성, 국지성 등으로 인해 일반 상품 시장보다 그 형태나 기울기가 다양하게 나타날 수 있다. 가격 변동에 따른 수요량의 변화는 동일한 수요곡선상의 이동으로, 가격 이외 요인(소득, 인구, 선호 등) 변화에 따른 수요량 자체의 변화는 수요곡선 자체의 이동으로 나타난다.

부동산 수요에 영향을 미치는 가격 이외의 주요 요인으로는 소득 수준, 인구 및 가구 특성, 소비자 선호 및 가치관 변화, 관련재(대체재, 보완재)의 가격, 미래에 대한 예상(가격 상승/하락, 정책 변화 등), 금리 및 대출 가능성, 그리고 부동산 관련 조세 등이 있다. 최근에는 ESG 요소, 즉 친환경성, 사회적 가치, 건전한 지배구조 등이 소비자 선호에 영향을 미치는 중요한 변수로 부상하고 있다.

수요의 탄력성은 어떤 변수가 변할 때 수요량이 얼마나 민감하게 반응하는지를 나타내는 척도이다. 수요의 가격탄력성은 가격 변화율에 대한 수요량 변화율로, 부동산 수요는 단기에는 비탄력적, 장기에는 비교적 탄력적인 경향을 보인다. 수요의 소득탄력성은 소득 변화율에 대한 수요량 변화율로, 부동산은 대체로 정상재의 성격을 띤다. 수요의 교차탄력성은 한 재화의 가격 변화가 다른 재화의 수요량에 미치는 영향을 나타낸다.

부동산 수요는 일반 상품 수요와 다른 몇 가지 특수성을 지닌다. 생산요소로서의 토지나 상업용 부동산 수요는 최종 생산물 수요에서 파생되는 파생수요(derived demand)의 성격을 가지며, 주거용 부동산은 직접적인 사용 효용을 위한 본원적 수요(direct demand)의 성격을 갖는다. 또한, 부동산은 내구재이므로 신규 수요 외에 교체 및 개량 수요가 중요하며, 사용가치와 투자 가치를 동시에 추구하는 수요가 혼재한다. 위치에 대한 강한 선호와 정부 정책에 대한 높은 민감성도 주요 특징이다.

부동산 수요를 정확히 예측하는 것은 개발업자, 투자자, 정부 모두에게 중요하지만, 다양한 요인의 복합적 작용과 시장 불확실성으로 인해 쉽지 않다. 계량 모형, 전문가 의견 조사, 시나리오 분석 등 다양한 방법이 활용된다. 소비자 잉여는 소비자가 지불할 용의가 있는 최대 가격과 실제 지불 가격의 차이를 의미하며, 시장 수요곡선은 개별 수요곡선의 수평 합으로 도출된다.

네트워크 효과, 정보의 양과 질, 시장 참여자들의 심리적 요인, 계절적 변동성 등도 부동산 수요에 영향을 미친다. 특히 팬데믹이나 기후변화와 같은 외부 충격은 부동산 수요 패턴에 급격한 변화를 가져올 수 있다. 기후변화는 특정 지역의 부동산 수요를 감소시키거나 친환경 주택 수요를 증가시키는 요인이 되며, 사회적 가치를 중시하는 소비 트렌드는 사회적 책임 프로젝트에 대한 선호를 높인다.

부동산 개발 및 관리 회사의 투명하고 윤리적인 지배구조 또한 소비자나 임차인의 신뢰를 얻어 수요에 긍정적인 영향을 미칠 수 있다. 전통적인 수요 이론은 합리적 경제 주체를 가정하지만, 실제 시장에서는 정보 부족, 심리적 편향 등으로 비합리적 의사결정이 나타날 수 있어 행동경제학적 접근이 이를 보완할 수 있다.

결론적으로, 수요의 기본 원리는 부동산 시장 이해의 출발점이다. 가격, 소득, 인구, 선호 등 다양한 요인이 복합적으로 작용하여 부동산 수요를 결정하며, 부동산의 고유한 특성으로 인해 일반 상품과 다른 양상을 보인다. 최근에는 ESG와 같은 새로운 가치 기준이 부동산 수요에 미치는 영향이 커지고 있어 이에 대한 심층 분석이 요구된다.

AI 기반 부동산 수요 예측 및 정책 시뮬레이션 활용방안

- **AI 기반 예측 모델 개발**: AI와 머신러닝 기술을 활용하여 지역별 인구 변화, 소득 수준, 금리 변화를 분석하고 이를 기반으로 정확한 부동산 수요 예측 모델을 구축할 수 있다.
- **정책 시뮬레이션 도구 활용**: 정부는 다양한 시나리오에 따라 정책 효과(예: 세금 혜택)의 영향을 사전에 평가하고 최적의 정책 설계를 지원할 수 있다.

◎ **응용과 적용: 부동산 수요 결정 요인과 사례**

사례 1: 역세권 오피스텔 분양 성공 사례
- 배경: 교통 요건이 뛰어난 역세권에 위치한 오피스텔 분양을 앞두고 시장 분석을 진행했다.

- 실무적용: 주변 시세와 임대료를 고려하여 적정 분양가를 설정했다. 직장인, 신혼부부 등 잠재 수요층의 소득 수준과 선호(소비자 선호)를 파악하고, 직장 접근성 및 편의시설 등 부동산의 고유한 특성을 적극적으로 홍보했다.
- 결과: 높은 수요층의 유입으로 단기간 내에 완판되었다.

사례 2: ESG 요소를 적용한 친환경 주택의 시장 변화
- 배경: 최근 ESG 경영과 친환경에 대한 소비자 인식이 높아지는 시장 상황이다.
- 실무적용: 기존 주택과 차별화되도록 고단열, 태양광 발전, 친환경 마감재 등을 적용한 주택을 기획했다. 에너지 절감 효과와 친환경적 가치를 강조하며 마케팅을 진행했다.
- 결과: 친환경 가치를 중시하는 새로운 수요층(ESG 요소)을 효과적으로 공략하여 경쟁력을 확보했다.

2.2. 주택 수요 결정 요인

주택은 인간 생활의 기본적인 필수품이자 가장 중요한 자산 중 하나로, 주택 수요는 개인의 삶의 질과 국가 경제에 지대한 영향을 미친다. 주택 수요는 매우 다양한 요인들에 의해 복합적으로 결정되며, 이러한 요인들은 경제적, 사회·인구학적, 정책적, 그리고 최근에는 ESG 관련 요인들로 구분하여 살펴볼 수 있다.

경제적 요인으로는 주택 가격, 실질 소득, 금융 비용(이자율), 주택 관련 세금, 전반적인 경기 상황, 그리고 주택 이외 대체 투자 자산의 수익률 등이 있다. 주택 가격은 수요의 법칙에 따라 수요량과 반비례 관계를 가지지만, 투기적 수요 발생 시 예외가 나타날 수 있다. 실질 소득 증가는 구매력 향상으로 이어져 수요를 증가시킨다. 이자율은 주택담보대출을 통한 구매가 일반적이므로 수요에 큰 영향을 미치며, 각종 세금은 보유 및 거래 비용을 통해 수요를 조절한다.

사회·인구학적 요인으로는 인구 규모 및 증가율, 가구 수 및 가구 구성 변화(1인 가구 증가, 핵가족화 등), 연령 구조 변화(청년층, 고령층 수요 특성), 교육 환경, 라이프스타일 및 가치관 변화(직주근접, 친환경 선호 등), 사회적 이동성 및 도시화, 그리고 문화적 배경 등이 주택 수요의 양과 질에 영향을 미친다. 특히 1인 가구 증가는 소형 주택 수요 증가의 주요 원인이 되고 있다.

정책적 요인으로는 정부의 주택 공급 정책(신도시 개발, 공공주택 공급), 금융 정책 및 규제(LTV, DTI, DSR 등), 조세 정책(세율 조정, 감면 혜택), 지역 개발 계획(교통망 확충, 산업단지 조성), 그리고 임대차 시장 정책(전월세 상한제 등) 등이 주택 수요에 직접적이고 강력한 영향을 미친다.

최근 지속 가능성에 대한 인식이 높아지면서 ESG 요소가 주택 수요 결정에 미치는 영향력이 점차 커지고 있다. 환경(E)적 측면에서는 에너지 효율성, 친환경 자재 사용, 실내 공기 질, 자연 친화적 입지, 기후변화 적응성 등이 중요한 고려사항이다. 사회(S)적 측면에서는 안전 및 보안, 건강 및 웰빙 시설, 커뮤니티 활성화, 사회적 약자 배려 설계(유니버설 디자인), 지역사회 기여 등이 수요에 영향을 미친다. 지배구조(G) 측면에서는 주택 공급자의 투명성과 신뢰도, ESG 정보 공개 수준 등이 중요하다.

기타 요인으로는 주택의 물리적 특성(크기, 구조, 향, 층 등), 입지 조건(교통, 편의시설, 주변 환경), 미래 개발 호재, 그리고 건설사의 광고 및 마케팅 활동 등이 있다. 이러한 요인들은 독립적으로 작용하기보다는 서로 복잡하게 상호작용하며, 단기적 요인과 장기적 요인으로 구분될 수 있다. 또한, 모든 소비자가 동일한 요인에 동일하게 반응하지 않아 수요의 이질성이 나타난다.

주택 점유 형태(자가 vs 임차) 결정, 주거 이동 결정 요인, 해외 주택 수요 등도 주택 수요의 중요한 측면이다. 코로나19 팬데믹은 재택근무 확산 등으로 주택 수요 패턴에 큰 변화를 가져왔으며, 기후변화는 특정 지역의 입지 선호도 변화를 야기하고 있다. 공유 주거 확산, 스마트홈 기술 발전, 주택 시장 정보 투명성 증대, 정부의 주거복지 정책 강화, 노후 주택 증가에 따른 개량 수요 등도 주택 수요에 영향을 미치는 최근의 주요 트렌드이다.

주택 시장의 심리적 요인, 즉 시장 참여자들의 낙관적 또는 비관적 전망, 가격 변동에 대한 기대 심리 등도 주택 수요에 큰 영향을 미치는 비경제적 요인이다. '패닉 바잉'이나 '거래 절벽'과 같은 현상이 이러한 심리적 요인을 반영한다.

결론적으로, 주택 수요는 경제적, 사회·인구학적, 정책적 요인들이 복합적으로 작용하여 결정되며, 최근에는 ESG 관련 요소들이 새로운 중요 변수로 부상하고 있다. 이러한 다양한 요인들에 대한 깊이 있는 이해는 주택 시장의 변동을 예측하고, 효과적인 주택 정책을 수립하며, 개인의 합리적인 주거 선택을 돕는 데 필수적이다.

국내외 사례 연구: 국내외 주택 수요 분석

미국 사례:
미국 연방준비제도(Fed)는 2008년 글로벌 금융위기 이후 금리를 낮추고 양적 완화를 통해 주택 시장 회복을 지원했다. 그 결과 주거 환경에서 모기지 대출이 활성화되었으며, 중산층과 젊은 세대의 주택 구매력이 크게 증가했다.

유럽 사례:
독일 베를린은 도시화와 인구 증가로 인해 임대료가 급등하며 임대 시장 과열 문제를 겪었다. 이에 독일 정부는 임대료 상한제를 도입하여 과도한 임대료 상승을 억제하고 안정적인 주거 환경을 조성했다.

한국 사례:
서울 강남구는 학군과 교통 접근성 등 입지적 요인으로 인해 높은 주거 선호도를 보이며, 지속적으로 높은 주택 수요를 기록하고 있다. 그러나 고가 아파트 중심의 시장 구조는 중저소득층의 접근성을 제한하여 사회적 불평등 문제를 초래하고 있다.

◎ **응용과 적용: 주택 수요는 다양한 요인들의 복합적인 작용으로 결정**

먼저, 정책적 요인의 변화는 주택 수요를 변동시킨다. 정부가 특정 지역을 신도시로 지정하고 공공주택 공급을 확대하는 정책을 발표하면 해당 지역의 주택 가격은 상승 압력을 받게 된다. 이때 실수요자들은 대출 규제(LTV, DTI 등) 완화 여부에 따라 구매력이 달라지며, 이는 주택 매매 수요에 직접적인 영향을 미친다. 한편, 투자자들은 정책 발표 전후로 해당 지역의 미래 가치를 예측하여 투기적 수요를 일으키기도 한다.

더불어, 사회문화적/심리적 요인도 주택 시장을 변화시킨다. 최근 1인 가구와 딩크족(DINK, Double Income, No Kids) 등 소규모 가구의 증가 추세에 맞춰 건설사들은 소형 평형 아파트나 오피스텔 등 1~2인 가구에 특화된 주거 상품을 공급하고 있다. 또한, 코로나19 팬데믹 이후 재택근무가 확산되면서 도심 외곽의 넓은 주택이나 쾌적한 환경을 갖춘 주택에 대한 선호도가 높아졌다. 이러한 사회적 변화와 개인의 주거 이동 결정 요인, 그리고 시장 참여자들의 심리적 기대감(패닉 바잉 등)이 결합되어 특정 주택 유형이나 지역의 수요를 크게 변동시키고 있다.

2.3. 상업용 부동산 수요 분석

상업용 부동산은 기업의 생산 및 판매 활동, 서비스 제공 등 영리적 목적을 위해 사용되는 부동산으로, 오피스 빌딩, 상가(리테일), 호텔, 물류센터 등이 대표적인 유형이다. 상업용 부동산에 대한 수요는 해당 부동산을 이용하여 사업을 영위하려는 기업들의 활동 수준과 밀접하게 연관되어 있으며, 주택 수요와는 다른 독특한 결정 요인과 특성을 보인다. ESG 원칙은 상업용 부동산 시장에서도 점차 중요한 고려사항으로 부상하고 있다.

상업용 부동산 수요는 대부분 최종 생산물이나 서비스에 대한 수요에서 파생되는 파생수요(derived demand)의 성격을 강하게 띤다. 따라서 전반적인 경기 상황, 특정 산업의 성장 전망 등이 상업용 부동산 수요에 큰 영향을 미친다. 경기 호황기에는 기업 활동이 활발해져 수요가 늘고, 침체기에는 감소하는 경향이 나타난다.

산업 구조 변화 역시 상업용 부동산의 유형별 수요에 큰 영향을 미친다. 예를 들어, 제조업 중심에서 서비스업 중심으로 산업 구조가 변화하면 오피스 수요가 증가하고, IT 산업이나 바이오 산업과 같은 신성장 산업의 발전은 특정 유형의 연구시설이나 특화된 오피스 공간 수요를 창출한다. 전자상거래의 급성장은 물류센터 수요를 폭발적으로 증가시킨 반면, 전통적인 오프라인 상가의 수요는 위축시키는 요인이 되었다.

기업의 경영 전략과 입지 선택 또한 중요한 수요 결정 요인이다. 기업들은 임대료, 인력 확보 용이성, 교통 접근성, 시장 접근성, 집적 이익, 정부 인센티브 등을 종합적으로 고려하여 사업장 입지를 결정하며, 기업의 확장, 축소, 이전 등의 전략 변화는 특정 지역이나 유형의 상업용 부동산 수요에 직접적인 영향을 미친다. 정보통신기술의 발달은 재택근무 확산, 공유 오피스 등장 등 업무 환경 변화를 가져와 전통적인 오피스 수요를 변화시키고 있다.

유형별로 살펴보면, 오피스 부동산 수요는 고용 수준, GDP 성장률, 서비스업 비중, 기업 투자, 공실률, 임대료 수준 등이 주요 결정 요인이다. 상가(리테일) 부동산 수요는 가계 소득 및 소비 지출, 소비자 신뢰 지수, 인구 통행량, 전자상거래 침투율 등에 영향을 받는다. 물류센터 부동산 수요는 전자상거래 시장 성장률, 수출입 물동량, 교통망 접근성 등이 중요하며, 호텔 부동산 수요는 국내외 관광객 수, 비즈니스 출장 수요, 국제회의 개최 등에 따라 변동한다.

글로벌화와 해외 직접투자(FDI), 정부의 특정 산업 육성 정책이나 토지이용 규제, 그리고 금리 수준 및 자금 조달 비용 등 금융 환경도 상업용 부동산 수요에 영향을 미치는 중요한 거시적 요인들이다.

최근 기업들의 ESG 경영이 확산되면서, 임차인으로서 상업용 부동산을 선택할 때도 ESG 요소를 중요하게 고려하는 경향이 나타나고 있다. 환경(E) 측면에서는 에너지 효율 및 친환경 인증(LEED, BREEAM 등), 신재생에너지 사용, 탄소 배출량 감축 등이, 사회(S) 측면에서는 근로자 건강 및 안전, 접근성 및 편의시설, 다양성 및 포용성, 지역사회와의 연계 등이 중요하게 평가된다. 지배구조(G) 측면에서는 건물 소유주 및 관리 회사의 투명한 운영과 정보 공개, 윤리적 임대 관행 등이 임차인의 신뢰를 얻는 데 기여한다.

공실률과 임대료는 시장의 수급 상황을 나타내는 중요한 지표이자 가격 변수로서 수요에 영향을 미친다. 또한, 상업용 부동산은 안정적인 임대 수입과 자산 가치 상승을 기대할 수 있는 투자 대상으로서의 매력도 가지고 있어, 기관 투자자들의 투자 수요도 시장에 큰 영향을 미친다. 공유 경제 확산에 따른 공유 오피스, 공유 주방 등의 수요 증가, 데이터센터 수요 급증, 노후 상업용 부동산의 용도 변경 및 재개발 수요, 글로벌 공급망 재편에 따른 물류 부동산 수요 변화 등도 최근 주목할 만한 트렌드이다.

결론적으로, 상업용 부동산 수요는 경기 상황, 산업 구조, 기업 활동, 기술 발전 등 거시적 요인과 함께 각 부동산 유형별 특성에 따라 다양하게 결정된다. 최근에는 ESG 원칙이 기업 경영의 중요한 요소로 자리 잡으면서, 친환경적이고 사회적 가치를 고려하며 투명하게 운영되는 상업용 부동산에 대한 선호도가 높아지고 있으며, 이는 향후 시장의 중요한 트렌드가 될 것으로 전망된다.

국내외 사례 연구: 국내외 상업용 부동산 수요 분석

미국 사례:
미국 뉴욕 맨해튼은 금융 및 IT 산업 중심지로서 고급 사무실 공간에 대한 지속적인 높은 수요를 기록하고 있다. 특히 팬데믹 이후 하이브리드 근무 형태가 확산되며 프리미엄 오피스 건물은 여전히 높은 임대료와 낮은 공실률을 기록하고 있다.

유럽 사례:
영국 런던은 브렉시트 이후에도 글로벌 금융 허브로서의 위치를 유지하며, 금융권과 테크 기업들의 사무실 수요가 꾸준히 이어지고 있다. 또한 전자상거래 확대와 함께 물류 창고 및 유통 센터에 대한 투자도 급증하고 있다.

한국 사례:
서울 강남구는 IT 및 스타트업 기업들의 집결지로서 고급 오피스 빌딩에 대한 높은 수요를 기록하고 있다. 또한 수도권 외곽에서는 전자상거래 확대로 인해 대형 물류 센터 개발 프로젝트가 활발히 진행되고 있다.

◎ 응용과 적용

1. 기업과 사회 변화가 부동산 시장을 주도

A건설사는 노후된 오피스 빌딩을 재건축하면서 에너지 효율을 높이는 LEED 또는 녹색건축인증을 획득했다. 그 결과, ESG 투자를 중시하는 기관투자자들의 임대 선호도가 높아져 높은 임대료와 안정적인 수익을 확보했다. 이는 환경을 고려한 투자가 자산 가치를 높이는 실무 사례가 되고 있다.

2. 산업 변화에 따른 공간 재구성

코로나19 이후 재택근무가 확산되면서 오피스 공실률이 높아졌다. 이에 B부동산 개발사는 기존 대형 오피스 공간을 유연한 좌석 배치와 다양한 편의시설을 갖춘 공유 오피스로 전환하고 있다. 1인 기업 및 스타트업에게 저렴한 비용으로 사무 공간을 제공하며 새로운 수요를 창출하고, 공실 문제를 해결하고 있다.

2.4 부동산 시장의 미래 전망

1) 디지털 기술과 ESG 원칙의 도입

　부동산 시장은 디지털 기술과 ESG(환경, 사회, 지배구조) 원칙을 도입하여 새로운 패러다임으로 진입하고 있다. 특히, 주택 및 상업용 부동산 시장 모두에 이러한 변화가 일어나고 있다.

- AI와 빅데이터 활용: AI와 빅데이터 기술을 활용하여 실시간 데이터 분석을 통해 정확한 수요를 예측하고 투자 리스크를 줄이며 정책 수립에 필요한 중요한 정보를 제공하고 있다.
- ESG 경영: 기후 변화와 탄소 중립(Net Zero) 목표에 맞춰 친환경 건축물과 지속 가능한 도시 개발 프로젝트에 대한 수요가 창출되고 있다. 특히, 상업용 부동산 시장에서는 스마트 빌딩 기술을 갖춘 공간에 대한 새로운 형태의 프리미엄 시장이 형성될 것으로 전망된다.

2) 부동산 수요의 변화 요인

- 인구 구조 변화: 고령화, 1~2인 가구 증가, 저출산 등의 인구 통계학적 변화가 주택 유형(소형 주택, 공유 주택 등) 및 규모, 설계에 대한 수요를 다양하게 변화시키고 있다.
- 일과 주거의 의미 변화: 하이브리드 및 원격 근무가 정착함에 따라 일과 업무 공간의 경계가 모호해지고, 주거 내 업무 공간, 공유 오피스 등 새로운 공간에 대한 수요가 증가하고 있다.
- 지속 가능성: 에너지 효율, 사회적 가치 등을 고려하는 부동산에 대한 가치 인식

이 더욱 확대되고 있다.
- 기술 융합 가속화: IoT, AI, 로보틱스 등 첨단 기술이 통합된 스마트 빌딩, 자율주행 연계 시설, 데이터 기반 공간 등 새로운 유형의 부동산이 등장할 것으로 예상된다.

3) 도시 및 주거 환경의 변화

- 도시화와 메가시티: 도시화 진행과 함께 메가시티의 성장이 지속될 것으로 전망된다.
- 접근성 향상: 디지털 연결성 향상은 물론, 복합 용도 개발 및 '15분 도시'와 같은 개념의 확산으로 일과 주거, 상업, 여가가 통합된 생활권에 대한 선호도가 높아질 것으로 예상된다.
- 공유 경제 확산: 소유보다는 접근성을 더욱 중시하는 경향이 강화될 것으로 보인다.

제3장

부동산 공급 이론

지속 가능성 원칙에 기반한 부동산 공급 이해
(Understanding Real Estate Supply Based on Sustainability Principles)

부동산 공급 이론은 특정 기간 동안 주어진 가격 수준에서 생산자들이 시장에 제공하고자 하는 부동산의 양과 그 결정 요인들을 분석하는 분야이다. 부동산은 생산에 장기간이 소요되고, 물리적으로 이동이 불가능하며, 정부의 규제를 많이 받는 등 독특한 특성을 지니고 있어 공급 역시 일반 상품과는 다른 양상을 보인다. 주택과 상업용 부동산은 그 공급의 주체, 목적, 과정 등에서 차이가 있으며, 최근에는 ESG 원칙을 반영한 지속 가능한 공급 전략이 중요하게 부각되고 있다.

3.1. 공급의 경제학적 기초

경제학에서 공급(Supply)이란 생산자들이 특정 재화나 서비스를 일정 기간 동안 특정 가격으로 판매하고자 하는 의사와 능력을 의미하며, 시장에 실제로 제공할 의사가 있는 유효공급(effective supply)을 뜻한다. 부동산 공급 역시 특정 지역의 부동산에 대해 개발업자나 소유주들이 일정 기간 동안 주어진 가격 수준에서 판매하거나 임대하고자 하는 양을 나타낸다.

공급의 법칙(Law of Supply)은 다른 모든 조건이 일정하다고 가정할 때, 어떤 재화의 가격이 상승하면 그 재화에 대한 공급량은 증가하고, 가격이 하락하면 공급량은 감소하는 정(+)의 관계를 말한다. 이는 가격 상승이 생산자에게 더 높은 이윤을 가져다줄 가능성을 높여 생산을 늘릴 유인을 제공하기 때문이다. 부동산 시장에서도 일반적으로 이 법칙이 적용된다.

공급곡선(Supply Curve)은 특정 재화의 각 가격 수준에 대응하는 공급량을 그림으로 나타낸 것으로, 일반적으로 우상향하는 형태를 보인다.

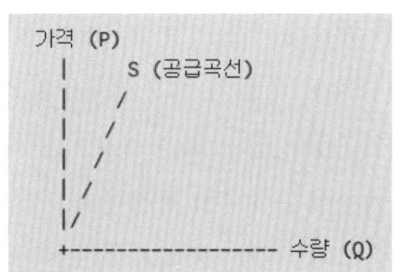

- (P): 상품의 가격을 나타낸다.
- (Q): 상품의 공급량을 나타낸다.
- (S): 우상향하는 형태를 띠고 있으며, 가격이 상승하면 기업의 이윤이 증가하여 공급량이 증가하고, 가격이 하락하면 공급량이 감소하는 일반적인 공급의 법칙을 보여준다.

부동산 공급곡선은 단기적으로는 매우 비탄력적(수직에 가까운 형태)이지만, 장기적으로는 신규 건설 등을 통해 공급량 조절이 가능해지므로 단기보다는 탄력적인 형태를 띤다. 가격 변동에 따른 공급량의 변화는 동일한 공급곡선상의 이동으로, 가격 이외 요인(생산요소 가격, 기술, 규제 등) 변화에 따른 공급량 자체의 변화는 공급곡선 자체의 이동으로 나타난다.

부동산 공급에 영향을 미치는 가격 이외의 주요 요인으로는 생산요소 가격(토지 가격, 건축자재 가격, 인건비 등), 건축 기술 수준, 정부 정책 및 규제(토지이용 규제, 건축 허가, 환경 규제 등), 개발업자의 미래에 대한 기대, 금리 및 자금 조달 환경, 타 산업의 수익성, 그리고 자연재해 및 기후 조건 등이 있다. 특히 최근 건설 원자재 가격 급등은 생산 비용을 증가시켜 공급에 부정적인 영향을 미치고 있다.

공급의 가격탄력성은 가격이 1% 변할 때 공급량이 몇 % 변하는지를 나타내며, 부동산 공급은 생산 기간이 길고 용도 변경이 어려워 단기적으로 매우 비탄력적인 특성을 보인다. 즉, 가격이 급등해도 단기간에 공급량을 크게 늘리기 어렵다. 장기적으로는 신규 택지 개발 등을 통해 공급량 조절이 가능해져 탄력성이 커진다. 생산 기간, 추가 생산 비용, 기존 재고 수준, 용도 변경의 용이성, 정부 규제 등이 공급 탄력성에 영향을 미친다.

부동산 공급은 일반 상품 공급과 다른 여러 특수성을 지닌다. 단기적 공급의 비탄력성, 공급되는 부동산의 이질성, 공급의 국지성(부동성으로 인해), 공급의 내구성(장기간 존재), 공급의 불가분성(일정 규모 이하로 나누기 어려움), 그리고 공급의 공공성 및 외부효과 유발 가능성 등이 주요 특징이다.

생산자 잉여는 생산자가 실제로 받은 가격과 최소한 받아야겠다고 생각한 가격(생산 비용) 간의 차이를 의미한다. 시장 공급곡선은 개별 생산자들의 공급곡선을 수평으로 합하여 도출된다. 부동산 공급은 토지 매입, 인허가, 설계, 자금 조달, 시공, 마케팅, 분양/임대 등 복잡하고 장기적인 개발 과정을 거치며, 각 단계별 리스크가 공급 결정에 영향을 미친다.

부동산 시장의 총공급은 신규 공급뿐만 아니라 기존 재고 부동산의 양에 의해서도 결정된다. 공급 예측은 시장 안정화 정책, 도시 계획 등에 중요하지만, 건설 기간, 인허가 불확실성 등으로 인해 어렵다. 정부는 택지 공급 확대, 공공주택 건설, 규제 조정을 통해 공급을 조절하며, 건설 산업의 노동집약적, 하도급 구조, 경기 민감성 등도 공급에 영향을 미친다.

환경 규제 강화는 단기적으로 건축 비용을 상승시켜 공급을 위축시킬 수 있으나, 장기적으로는 지속 가능한 공급 기반 마련에 기여한다. 가용 토지의 제약, 특히 도시 지역의 토지 부족은 공급의 근본적인 제약 요인이 된다. 건설자재, 장비, 인력 등의 원활한 공급망 관리가 중요하며, BIM, 프리패브 등 건설 기술 혁신은 공급 효율화를 가져올 수 있다. 사회적 요구 변화(1인 가구 증가 등)는 다양한 유형의 주택 공급을 요구한다.

결론적으로, 부동산 공급은 가격, 생산요소 비용, 기술 수준, 정부 정책 등 다양한 요인에 의해 결정되며, 단기적으로 비탄력적이고 장기적으로 탄력성이 증가하는 특징을 보인다. 부동산의 고유한 특성으로 인해 공급 과정은 복잡하고 장기적이며, 최근에는 ESG 원칙을 고려한 지속 가능한 공급 방식이 중요하게 대두되고 있다.

국내외 사례 연구: 국내외 부동산 공급 분석

미국 사례:
미국 캘리포니아주는 주택 부족 문제를 해결하기 위해 용도지역제를 완화하고 공공주택 건설 프로젝트를 확대했다. 그러나 높은 건설 비용과 환경 규제로 인해 실제 주택 공급 증가는 제한적이었다.

유럽 사례:
독일 베를린은 임대료 상승 문제를 해결하기 위해 대규모 공공임대주택 프로젝트를 추진했다. 이 과정에서 정부는 세금 감면과 금융 지원을 통해 민간 개발사와 협력하여 주택 공급을 확대했다.

> **한국 사례:**
> 서울시는 재개발 및 재건축 규제를 완화하여 도심 내 주택 공급을 촉진하고 있다. 특히 역세권 청년주택 프로젝트는 교통 접근성이 좋은 지역에서 저렴한 임대료로 주거 공간을 제공하며 주택 수요와 공급 간 불균형 문제를 완화하는 데 기여하고 있다.

◎ 응용과 적용: 부동산 공급, 단기 및 장기 특성

적용예시 1. 단기적 공급의 비탄력성

부동산 공급은 단기적으로 매우 비탄력적이다. 즉, 가격이 올라도 공급량을 즉시 늘리기 어렵다. 이는 아파트의 공급량을 늘릴 수 없고, 재개발 사업도 시간이 오래 걸리기 때문이다. 따라서 단기적으로는 늘어난 수요를 충족할 수 있는 공급이 제한적이며, 이로 인해 인플레이션으로 인한 가격 상승 압력이 더 커지는 현상이 발생한다. 서울 강남의 재개발 지역 아파트 가격이 급등한 것을 그 사례로 들 수 있다.

적용예시 2. 장기적 공급의 탄력성 및 ESG 원칙

장기적으로는 신규 택지 개발, 용적률 완화 등을 통해 공급량 조절이 가능하여 탄력성이 증가한다. 최근에는 ESG(환경, 사회, 지배구조) 원칙을 고려한 공급 방식이 중요해지고 있다.

특정 신도시 개발 계획 발표 후, 장기적으로는 택지 공급과 신규 건설을 통해 대규모 주택 공급이 이루어질 수 있다. 이때 건설사들은 단순한 주택 공급을 넘어 친환경 자재 사용, 에너지 효율을 높인 설계 등 ESG 원칙을 반영하여 지속 가능한 도시를 조성하는 것을 목표로 삼고 있다. 이는 장기적으로 기업 가치를 높이고 시장의 요구에 부응하는 방식이다.

3.2. 주택 공급 전략

주택은 국민의 기본적인 주거 안정을 위한 필수재이자 중요한 경제 자산으로, 안정적이고 지속 가능한 주택 공급은 국가 경제와 사회 발전에 매우 중요하다. 주택 공급 전략은 단순히 양적인 확대를 넘어, 질적 개선, 다양한 수요 충족, 환경적 지속 가능성, 사회적 포용성 등을 종합적으로 고려해야 한다. 정부, 민간 건설사, 금융기관 등 다양한 주체들이 각자의 역할과 책임을 다하며 협력하는 것이 효과적인 주택 공급 전략의 핵심이다.

주택 공급의 주체는 공공 부문(중앙정부, 지자체, LH 등)과 민간 부문(건설사, 시행사 등), 그리고 주택협동조합 및 사회적 경제 주체 등으로 나뉜다. 공공 부문은 주로 주거 취약계층 지원 및 시장 안정화를 목표로 하며, 민간 부문은 이윤 추구를 목적으로 시장 수요에 반응한다. 공급 유형으로는 신규 건설, 재고 주택 활용, 재개발·재건축, 리모델링 및 증축, 용도 변경 등이 있다.

민간 부문의 주택 공급 결정 요인으로는 예상 수익성(분양가, 건축비, 금융비용 등 고려), 토지 확보의 용이성 및 가격, 건축 비용(자재비, 인건비), 금융 조달 환경(PF 대출 조건 등), 정부 규제 및 인허가(용적률, 건축 심의 등), 시장 수요 전망, 그리고 기술 수준 등이 중요하다.

정부의 주택 공급 정책 방향은 안정적인 택지 공급, 공공주택 공급 확대, 민간 건설시장 활성화 지원, 도심 공급 활성화(재개발·재건축 규제 합리화 등), 주택 품질 향상 및 다양화 유도, 그리고 주택 시장 모니터링 및 예측 강화 등을 포함한다.

최근에는 ESG 요소를 고려한 주택 공급 전략이 중요해지고 있다. 환경(E)적 측면에서는 제로에너지빌딩(ZEB) 및 패시브하우스 공급 확대, 친환경 건축자재 사용, 탄소 저감 공법 적용, 생태 면적률 확보, 기존 노후 주택의 그린 리모델링 활성화, 건설 폐기물 최소화 등이 강조된다. 사회(S)적 측면에서는 저렴한 주택(Affordable Housing) 공급 확대, 유니버설 디자인 적용, 커뮤니티 활성화 공간 제공, 안전하고 건강한 주거 환경 조성, 지역사회와의 상생, 건설 현장 안전 관리 강화 등이 중요하다. 지배구조(G) 측면에서는 공급자의 투명하고 공정한 분양 및 계약 과정, 하자 보수 책임 강화, ESG 경영 정보 공개, 윤리 경영 등이 요구된다.

스마트 기술(IoT, AI 등)을 활용한 스마트홈 및 스마트 단지 공급 확대, 다양한 수요(1인 가구, 고령 가구 등)에 부응하는 맞춤형 공급, 공공-민간 협력(PPP) 모델 활성화, ESG 연계 금융 상품 등 금융 지원 다변화도 중요한 전략이다. 또한, 주택 공급 관련 통계 및 정보 시스템 개선, 기존 도시 인프라와의 연계, 해외 성공 사례 벤치마킹, 장기적 비전 수립, 도시재생과 연계한 공급, 임대주택 시장의 질적 향상, 건설 인력 양성 및 기술 개발 지원, 미분양 주택 관리 방안, 주택 정책 거버넌스 개선, 소규모 주택정비사업 활성화 등도 고려되어야 한다.

결론적으로, 효과적인 주택 공급 전략은 양적 확대와 질적 개선을 동시에 추구하며, 경제적 효율성뿐만 아니라 환경적 지속 가능성과 사회적 포용성을 균형 있게 고려해야 한다. 정부, 민간, 금융 등 각 주체의 긴밀한 협력과 혁신적인 노력을 통해 다양한 주거 수요를 충족시키고 국민의 주거 안정을 실현해 나가야 한다.

상업용 부동산 시장의 미래와 지속 가능한 발전을 위한 전략

상업용 부동산 시장은 경제 변화, 기술 발전, 정책, 그리고 사회적 요인에 의해 복합적으로 변화하고 있으며, 미래에는 친환경 기술과 ESG를 기반으로 한 스마트하고 지속 가능한 도시 생태계 구축이 중요해질 것이다.

미래에는 스마트 빌딩 기술, IoT, AI, 빅데이터 활용이 상업용 부동산 시장의 핵심이 될 것이며, 이는 효율성 증대와 최적의 투자 전략 수립에 기여할 것이다. 또한, ESG 인증 프로그램 도입을 통해 지속 가능한 친환경 건축물을 추진하고 자산 가치를 높이는 것이 중요해질 것으로 예상된다. 상업용 부동산 수요는 단순한 경제적 성과를 넘어 환경적, 사회적 가치를 포괄하는 방향으로 발전하여, 글로벌 경쟁력을 강화하고 지속 가능한 도시 생태계가 구축될 것이다.

◎ 응용과 적용: 맞춤형 친환경 주택 확대

적용예시 1. 다양한 수요 맞춤형 공급(ESG 요소 포함)

단순히 주택 수를 늘리는 것이 아니라, 각 계층(청년, 신혼부부, 고령자 등)의 특성과 환경(친환경 자재, 제로에너지) 및 사회적 가치(커뮤니티 시설, 돌봄 서비스 등)를 고려한 주택 공급 전략이 중요하다.

3기 신도시나 특정 지역에 청년, 신혼부부 등을 대상으로 공유 오피스, 공유 주방, 돌봄 시설 등을 갖춘 특화주택을 공급하는 경우, 이는 거주자의 특성에 맞춰 주거 만족도를 높이고, 지역 사회와의 연결성을 강화한다.

적용예시 2. 민관 협력 및 기술 활용(거버넌스 개선)

주택 공급은 정부, 지자체, 민간, 금융기관 등 여러 주체가 협력하여, 스마트 기술을 활용하여 효율적이고 투명하게 추진해야 한다.

도심 내 노후 지역을 재개발할 때, 공공기관이 사업을 주도하고 민간 건설사가 창의적인 설계와 시공을 담당하며, 스마트홈(IoT) 기술을 적용하여 주택 품질을 높이는 사업이다. 이를 통해 사업 속도를 높이고, 거주 편의성을 극대화한다.

3.3. 상업용 부동산 공급

상업용 부동산은 기업의 경제활동을 지원하고 도시 기능을 유지하는 데 필수적인 요소로, 오피스, 리테일(상가), 물류센터, 호텔 등 다양한 유형을 포함한다. 상업용 부동산 공급은 해당 시장의 수요 전망, 투자 수익성, 개발 비용, 정부 규제 등 복합적인 요인에 의해 결정되며, 주택 공급과는 다른 특성을 지닌다. 최근에는 기술 발전, 소비 패턴 변화, 그리고 ESG 경영 확산 등이 상업용 부동산 공급 전략에 새로운 변화를 요구하고 있다.

상업용 부동산 공급의 주체는 주로 민간 개발업자 및 건설사, 기관 투자자(리츠, 부동산 펀드 등), 자가 사용 목적의 기업 등이며, 공공 부문은 제한적인 역할을 수행한다. 공급 결정 요인으로는 시장 수요 전망(임차 수요, 공실률), 예상 임대료 및 매각 가격, 개발 비용(토지비, 건축비, 금융비용 등), 자금 조달 환경(PF 조건, 금리), 정부 규제 및 인센티브(용적률, 세제 혜택 등), 거시경제 환경, 그리고 경쟁 환경 등이 복합적으로 작용한다.

유형별 상업용 부동산 공급 특성을 보면, 오피스 빌딩은 도심 업무지구에 대규모로 공급되며 교통, 건물 등급, 편의시설이 중요하다. 리테일 부동산은 입지, 상권, 앵커 테넌트가 중요하며 온라인 시장 성장으로 체험형 공간 공급이 늘고 있다. 물류센터는 교통망 접근성과 현대적 설비가 필수적이며 전자상거래 성장으로 수요가 급증하고 있다. 호텔은 관광지나 도심에 입지하며 객실 규모, 부대시설, 브랜드가 중요하다.

상업용 부동산 공급은 신규 개발 외에 기존 건물의 리모델링, 증축, 용도 변경 등 재고 활용도 중요한 부분을 차지한다. 공급은 기획에서 완공까지 장기간이 소요되어 시장 수요 변화에 즉각 대응하기 어려워 공급 과잉이나 부족 현상이 주기적으로 나타날 수 있다.

ESG 요소를 고려한 상업용 부동산 공급 전략이 중요해지고 있다. 환경(E) 측면에서는 그린 빌딩 건설 확대(LEED, BREEAM 등 친환경 인증), 신재생에너지 설비 도입, 물 효율성 증대, 친환경 자재 사용, 기후변화 적응형 설계 등이 강조된다. 사회(S) 측면에서는 근로자 및 이용객의 건강과 안전 증진(WELL 인증 등), 접근성 및 포용성 강화(유니버설 디자인), 지역사회와의 연계, 공급망 내 ESG 관리 등이 중요하다. 지배구조(G) 측면에서는 개발업자 및 건물 소유주의 투명한 사업 추진 및 정보 공개, 윤리적 계약 관행, ESG 리스크 관리 시스템 구축 등이 요구된다.

스마트 빌딩 기술(IoT, AI 등) 도입을 통한 운영 효율화, 데이터 기반의 공급 결정, 미래 수요 변화에 대응 가능한 유연한 공간 설계, 오피스·리테일·주거 등을 결합한 복합 용도 개발도 중요한 공급 전략이다. 또한, 노후 상업용 부동산의 가치 제고(Value-add) 전략, 데이터센터·R&D 시설 등 특수 목적용 부동산 공급 증가, 공급자 금융의 역할, 글로벌 표준 및 인증 활용, 건설 기술 혁신을 통한 생산성 향상, 공급망 리스크 관리, 정책 변화에 대한 선제적 대응, 장기적 관점의 공급 계획, 그리고 다양한 이해관계자와의 협력 강화가 필요하다.

결론적으로, 상업용 부동산 공급은 시장 수요, 수익성, 개발 비용, 정부 정책 등 다양한 요인의 영향을 받으며, 각 유형별로 고유한 특성을 지닌다. 최근에는 기술 발전과 함께 ESG 경영이 중요해지면서, 친환경적이고 사회적 가치를 고려하며 스마트 기술을 접목한 지속 가능한 상업용 부동산 공급 전략이 미래 시장의 핵심 경쟁력이 될 것이다.

지역경제 활성화를 위한 스마트 전략 및 정책 제안

- **스마트 데이터 플랫폼 구축**: AI와 빅데이터 기술을 활용하여 지역별 경제 성장률, 교통 인프라 변화 등을 분석하고 이를 기반으로 최적의 투자 전략을 설계할 수 있다.
- **ESG 인증 프로그램 도입**: 친환경 건축물 인증 제도를 통해 지속 가능한 상업용 부동산 개발을 촉진하고 자산 가치를 높일 수 있다.
- **지역 맞춤형 정책 설계**: 정부는 특정 지역에서 세금 혜택이나 인센티브 제공을 통해 비즈니스 허브 조성을 지원할 수 있다.

◎ **응용과 적용: 부동산 개발, 지속 가능한 미래 전략**

적용예시 1. 리테일 부동산의 '테넌트 믹스(Tenant Mix)' 최적화
- **배경**: 온라인 쇼핑의 확대로 오프라인 리테일 시장의 경쟁이 심화되고 있다. 단순 임대에서 벗어나, 고객 유입을 극대화하는 전략이 필요하다.
- **적용**: 한 상업용 부동산 개발사는 신규 쇼핑몰 개발 시, 초기부터 스마트 기술

(빅데이터 분석)을 활용하여 타겟 고객층의 소비 패턴을 파악했다. 이를 바탕으로, 단순 의류 매장 대신 체험형 콘텐츠(키즈 카페, VR 게임존 등)와 유명 F&B 브랜드를 전략적으로 유치하여 '테넌트 믹스'를 구성하였다.
- 결과: 쇼핑몰 방문객 수가 증가하고 체류 시간이 길어져, 임대료 및 매출 증대로 이어졌다. 이는 ESG 경영 측면에서 지역 사회와 상생하는 가치를 창출한 사례로 평가받고 있다.

적용예시 2. 데이터센터 개발의 'ESG' 고려
- 배경: 디지털 전환 가속화로 데이터센터 수요가 급증하고 있으나, 막대한 전력 소비와 탄소 배출 문제로 인해 환경 규제가 강화되고 있다.
- 적용: 한 부동산 개발사는 신규 데이터센터 부지 선정 단계부터 에너지 효율(LEED, BREEAM 등 친환경 인증)을 최우선으로 고려했다. 또한, 재생에너지 발전 시설을 구축하고, 서버의 열을 재활용하는 시스템을 도입하는 등 친환경 설계를 적용했다. 더불어, 지역 주민과의 협력을 통해 개발 정보 및 환경 영향을 투명하게 공개했다.
- 결과: 초기 개발 비용은 다소 증가했지만, 정부의 정책적 인센티브와 장기적인 운영 비용 절감 효과를 얻었다. 이는 기업의 사회적 책임(S)과 지배구조(G)를 모두 만족시키는 지속 가능한 공급 전략으로 시장에서 높은 평가를 받고 있다.

3.4. 미래 주택 공급 전략의 변화

전반적으로 미래 주택 공급 전략은 디지털 기술과 ESG 원칙이 도입되어 더욱 정교해지고 있다. AI와 빅데이터 기술을 활용하여 수요를 예측하고 최적의 입지를 분석함으로써 효율적인 개발 계획을 수립하여 투자 리스크를 줄이고 있다. 또한 자원 활용도를 극대화하고 있다.

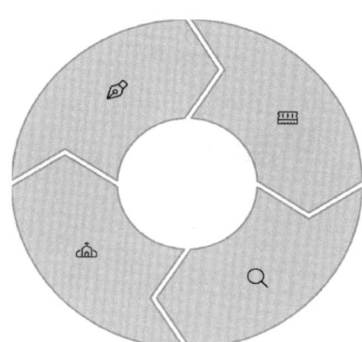

특히, 탄소 중립(Net Zero) 목표 달성을 위해 친환경 건축물과 스마트 빌딩 기술을 갖춘 신규 프로젝트가 확산될 것이다. 이를 통해 지속 가능한 도시 생태계가 구축될 것이다.

구체적인 미래 주택 공급 전략의 변화는 다음과 같다.

- 지속 가능성: 친환경 건축, 에너지 효율 증대 등을 통해 지속 가능성을 강화하고 보존하는 방향으로 나아갈 것이다.
- 커뮤니티 조성: 주민들의 삶의 질을 향상하고 공동체를 강화하는 커뮤니티 조성 개발이 확대될 것이다.
- 기술 특화: 스마트 도시 기술을 통해 데이터 기반의 서비스와 관리 효율성을 극대화하는 방향으로 나아갈 것이다.
- 유연성 증대: 다양한 수요에 맞춘 유연한 건축 계획과 주거 모델을 도입하여 맞춤형 주택 공급을 확대할 것이다.

스마트 도시 플랫폼을 통해 지역별 수요 공급 데이터를 실시간으로 분석하여 최적의 개발 전략을 수립할 수 있으며, 프리미엄 상업 공간은 투자 리스크를 최소화하고 있다.

제4장

부동산 시장 균형

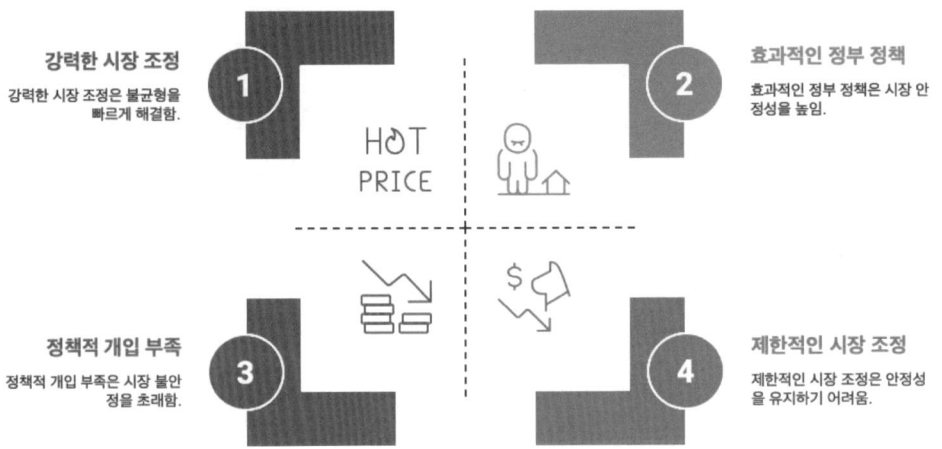

부동산 시장 균형 및 불균형
(Real Estate Market Balance and Imbalance)

    부동산 시장 균형은 특정 시점에서 부동산에 대한 수요량과 공급량이 일치하여 시장 가격이 안정적으로 형성되는 상태를 의미한다. 그러나 부동산 시장은 그 특수성으로 인해 완전한 균형 상태를 지속하기 어려우며, 다양한 요인에 의해 불균형이 발생하고 다시 균형을 찾아가는 역동적인 과정을 반복한다. 본 장에서는 부동산 시장의 균형 가격 형성 메커니즘을 이해하고, 시장 불균형을 야기하는 요인들을 분석하며, 시장 안정을 위한 균형 회복 전략을 모색하고자 한다.

4.1. 균형 가격 형성 메커니즘

부동산 시장에서의 균형 가격은 수요곡선과 공급곡선이 교차하는 지점에서 결정된다. 이 지점에서 수요량과 공급량이 일치하며, 시장 참여자들은 주어진 가격에 만족하여 거래를 형성한다. 만약 시장 가격이 균형 가격보다 높으면 초과 공급이 발생하여 가격 하락 압력이 작용하고, 반대로 시장 가격이 균형 가격보다 낮으면 초과 수요가 발생하여 가격 상승 압력이 작용한다. 이러한 가격 조정을 통해 시장은 점진적으로 균형 상태를 찾아가게 된다.

그러나 부동산 시장은 일반 상품 시장과 달리 완전경쟁시장의 가정이 충족되기 어렵다. 부동산의 개별성, 부동성, 고가성, 거래 비용, 정보의 비대칭성 등은 가격 발견 과정을 복잡하게 만들고 균형 달성을 지연시키는 요인으로 작용한다. 특히, 부동산 공급은 단기적으로 매우 비탄력적이어서 수요 변화에 신속하게 대응하기 어렵기 때문에, 단기적으로는 가격 변동성이 크게 나타날 수 있다.

부동산 시장의 균형은 정태적이기보다는 동태적인 성격을 갖는다. 소득 변화, 인구구조 변화, 기술 발전, 정부 정책 변화 등 외부 충격이 발생하면 수요나 공급 곡선이 이동하게 되고, 새로운 균형점을 찾아가는 과정이 시작된다. 이 과정에서 시장 참여자들의 기대 심리 또한 중요한 역할을 한다. 예를 들어, 향후 가격 상승이 예상되면 현재의 수요가 증가하여 실제 가격 상승을 부추길 수 있다.

부동산 시장은 또한 다양한 하위 시장(주거용, 상업용, 지역별 등)으로 구성되며, 각 하위 시장마다 독자적인 수요와 공급 상황에 따라 서로 다른 균형 가격과 거래량을 보일 수 있다. 이러한 하위 시장 간의 상호 연관성도 전체 시장 균형에 영향을 미친다.

정보의 역할은 부동산 시장 균형에서 매우 중요하다. 정보가 투명하고 효율적으로 유통될수록 시장 참여자들은 합리적인 의사결정을 내릴 수 있고, 시장은 보다 신속하게 균형에 도달할 수 있다. 프롭테크의 발전은 부동산 관련 정보 접근성을 높여 시장의 효율성을 증진시키는 데 기여하고 있다.

부동산 시장의 균형 분석에서는 단기 균형과 장기 균형을 구분하여 살펴보는 것이 일반적이다. 단기적으로는 기존 재고량이 고정되어 있고 신규 공급이 제한적이므로 수요 변화가 주로 가격 변동으로 나타난다. 반면, 장기적으로는 신규 건설을 통해 공급량 조절이 가능해지므로 수요 변화에 대해 공급이 보다 탄력적으로 반응하며 새로운 균형을 형성한다.

외부효과 또한 부동산 시장 균형에 영향을 미친다. 긍정적 외부효과(예: 공원 조성, 교통망 개선)는 주변 부동산 가치를 상승시키고 수요를 증가시키는 반면, 부정적 외부효과(예: 혐오시설 입지)는 가치를 하락시키고 수요를 감소시켜 균형점에 영향을 준다. ESG 관점에서 이러한 외부효과를 내부화하려는 노력이 중요해진다.

정부의 시장 개입은 부동산 시장 균형에 직접적인 영향을 미친다. 세금 부과, 보조금 지급, 가격 통제, 공급 규제 등 다양한 정책 수단은 수요나 공급 곡선을 이동시키거나 시장의 가격 조정 기능을 변화시켜 균형 상태를 변화시킨다. 정부 개입의 목표는 시장 실패를 보완하고 사회적 후생을 증진하는 것이지만, 때로는 의도치 않은 부작용을 초래할 수도 있다.

부동산 시장의 효율성은 정보의 완전성, 거래 비용의 최소화, 자원의 최적 배분 등을 통해 평가될 수 있다. 효율적인 시장일수록 자원은 가장 생산적인 용도로 배분되고, 가격은 자산의 내재 가치를 정확히 반영하며, 시장 참여자들은 공정한 거래를 할 수 있다.

결론적으로, 부동산 시장의 균형 가격은 수요와 공급의 상호작용을 통해 결정되지만, 부동산의 고유한 특성과 다양한 외부 요인으로 인해 복잡하고 동태적인 과정을 거친다. 시장의 효율성과 안정성을 높이기 위해서는 이러한 균형 메커니즘에 대한 깊이 있는 이해가 선행되어야 한다.

> **부동산 시장 변화와 전망**
>
> 부동산 시장에서 균형 가격 형성 메커니즘은 디지털 기술과 ESG(환경, 사회, 지배구조) 원칙의 도입으로 인해 더욱 정교해질 것이다. AI와 빅데이터 기술은 실시간으로 시장 데이터를 분석하여 보다 정확한 가격 예측과 정책 설계를 가능하게 할 것이다. 또한 탄소 중립(Net Zero) 목표는 친환경 건축물과 지속 가능한 도시 개발 프로젝트에 대한 새로운 형태의 수요와 공급 구조를 창출할 전망이다.

◎ 응용과 적용: 부동산 시장 균형과 외부 효과

적용예시 1. 초과 공급과 가격 하락 압력(수요-공급 불균형)

부동산 시장에서 공급이 수요보다 많으면 초과 공급이 발생하며, 이는 가격 하락 압력으로 작용한다.

신도시 개발로 대규모 아파트 단지가 한꺼번에 분양될 경우, 인근 지역의 수요 대비 공급 물량이 많아져서 분양가와 주변 아파트 매매가가 예상보다 낮게 형성되거나 하락세를 보일 수 있다. 이는 수요에 비해 공급이 많아져서 시장 가격이 균형 가격보다 낮아졌기 때문이며, 건설사는 미분양 물량 해소를 위해 가격 할인을 고려하게 된다.

적용예시 2. 외부 효과와 부동산 가치(시장 실패)

부동산 시장은 공공재나 도로 개설 같은 긍정적 외부 효과로 가치가 상승하기도 하고, 혐오 시설 입지 같은 부정적 외부 효과로 가치가 하락하기도 한다.

특정 지역에 신규 지하철역이 개통되거나 대형 공원이 조성될 예정이라는 발표가 나면, 해당 지역의 부동산 가치는 상승하고 매매가와 전세가도 오르는 경향을 보인다. 반면, 지역 내에 쓰레기 소각장이나 고압 송전탑이 들어설 계획이 발표되면, 주민들의 반발과 함께 해당 부동산의 선호도가 떨어져서 가치 하락으로 이어질 수 있다. 이는 시장 참여자들의 심리에 직접적인 영향을 미치는 외부 효과의 사례다.

4.2. 시장 불균형 요인

부동산 시장은 다양한 내부 및 외부 요인으로 인해 균형 상태에서 벗어나 초과 수요나 초과 공급 상태, 즉 시장 불균형을 경험하게 된다. 이러한 불균형은 가격 급등락, 거래량 변동, 공실률 변화 등 다양한 형태로 나타나며, 시장의 불안정성을 야기할 수 있다.

가장 대표적인 불균형 요인은 수요와 공급의 단기적 불일치이다. 부동산 수요는 소득, 금리, 인구 이동, 정책 변화 등에 따라 비교적 단기간에 변동할 수 있지만, 부동산 공급은 토지 확보, 인허가, 건설 등에 장기간이 소요되어 단기적으로 비탄력적이다. 따라서 갑작스러운 수요 증가는 단기적인 공급 부족과 가격 급등을 초래할 수 있으며, 반대로 수요 감소는 미분양 증가와 가격 하락으로 이어질 수 있다.

정부의 정책 변화 또한 시장 불균형을 야기하는 주요 원인이다. 예를 들어, 갑작스러운 대출 규제 강화는 유효수요를 위축시켜 시장을 급랭시킬 수 있으며, 반대로 과도한 규제 완화는 투기 수요를 자극하여 가격 거품을 형성할 수 있다. 조세 정책, 토지이용 규제, 주택 공급 계획 등의 변화도 시장의 수급 균형에 큰 영향을 미친다.

시장 참여자들의 비합리적인 기대 심리나 군중 행동도 불균형을 심화하는 요인이 될 수 있다. 가격 상승에 대한 기대감이 확산되면 실제 가치와 무관하게 투기적 수요가 몰리면서 가격이 과도하게 상승하는 '버블'이 형성될 수 있다. 반대로, 시장 침체에 대한 우려가 커지면 거래가 급감하고 가격이 급락하는 '패닉 셀링' 현상이 나타날 수도 있다.

정보의 비대칭성과 불완전성도 시장 불균형을 초래한다. 특정 개발 호재나 규제 완화 정보가 일부에게만 알려지거나, 시장 상황에 대한 정확한 정보가 부족할 경우,

시장 참여자들은 잘못된 의사결정을 내릴 수 있으며 이는 시장의 과잉 반응이나 과소 반응으로 이어져 불균형을 야기한다.

외부 경제 충격 또한 부동산 시장의 균형을 깨뜨릴 수 있다. 글로벌 금융위기, 팬데믹, 전쟁, 유가 급등 등 예측하기 어려운 외부 사건들은 경제 전반에 영향을 미쳐 소득 감소, 실업 증가, 금융시장 불안 등을 야기하고, 이는 부동산 수요와 공급에 직접적인 타격을 주어 시장 불균형을 심화시킨다.

부동산 시장 내부의 구조적인 문제도 불균형의 원인이 될 수 있다. 예를 들어, 특정 지역에 대한 과도한 개발 집중은 해당 지역의 공급 과잉과 인근 지역의 공급 부족을 동시에 야기할 수 있다. 또한, 건설 산업의 하도급 구조나 자재 수급 불안정 등은 안정적인 공급을 저해하는 요인이 된다.

금리 변동은 부동산 시장 불균형에 매우 큰 영향을 미친다. 금리 인상은 주택담보대출 이자 부담을 가중시켜 구매 수요를 위축시키고, 부동산 개발 프로젝트의 자금 조달 비용을 상승시켜 공급에도 부정적인 영향을 미친다. 반대로 저금리 기조는 부동산 투자 수요를 자극하고 개발을 촉진하여 시장 과열을 유발할 수 있다.

계절적 요인이나 특정 시점의 정책 변화(예: 부동산 대책 발표 직전)에 따른 단기적인 수급 불일치도 시장 불균형의 한 형태로 나타날 수 있다. 예를 들어, 이사철에 주택 수요가 일시적으로 집중되거나, 정책 변화를 예상한 매물 잠김 현상 등이 발생할 수 있다.

최근에는 기후변화와 같은 환경적 요인도 새로운 시장 불균형 요인으로 작용할 가능성이 제기되고 있다. 특정 지역의 자연재해 위험 증가나 환경 규제 강화는 해당 지역 부동산의 가치를 하락시키고 수요를 위축시켜 지역적 불균형을 초래할 수 있다. 반면, 친환경 부동산에 대한 선호도 증가는 관련 시장의 초과 수요를 야기할 수 있다.

결론적으로, 부동산 시장의 불균형은 수요와 공급의 시차, 정부 정책, 시장 참여자의 심리, 정보 부족, 외부 충격 등 다양한 요인이 복합적으로 작용한 결과이다. 이러한 불균형 요인들에 대한 정확한 진단과 이해는 시장 안정화 정책 수립의 기초가 된다.

AI 기반 부동산 시장 예측 및 지속 가능성 강화 방안

AI 기반 데이터 분석 플랫폼 구축:
AI와 빅데이터 기술을 활용하여 지역별 인구 변화, 소득 수준, 금리 변화를 분석하고 이를 기반으로 정확한 부동산 수급 상황을 예측할 수 있다.

부동산 시장은 수요와 공급의 불균형으로 인해 가격 변동성, 공실률 등의 문제가 발생하며, 이는 경제적, 정책적, 구조적, 외부적 요인에 의해 심화된다. 미래에는 AI, 빅데이터, ESG 원칙 등을 활용하여 불균형 문제를 완화하고 지속 가능한 시장을 구축할 것으로 예측된다.

◎ **응용과 적용: 부동산 시장 불균형의 원인과 사례**

부동산 시장은 다양한 내·외부 요인으로 인해 공급과 수요의 불일치(불균형)가 발생하는데, 주요 원인은 다음과 같다.

- 공급의 비탄력성: 주택 건설에는 긴 시간이 소요되므로 수요가 급증해도 공급이 즉시 늘어나기 어렵다.
- 정부 정책: 대출 규제 완화나 강화 등 정부 정책 변화는 수요를 급격하게 변화시켜 시장 불안정성을 초래한다.
- 비이성적 심리: 투기적 심리가 확산되면 실제 가치와 무관하게 가격이 급등하는 '버블'이 형성될 수 있다.
- 정보 비대칭성: 개발 호재 등 특정 정보가 일부에게만 알려져 시장 참여자들의 잘못된 의사결정을 유도할 수 있다.
- 외부 경제 충격: 금리 변동, 팬데믹 등 외부 요인은 부동산 시장 전반에 영향을 미쳐 시장 불균형을 심화시킬 수 있다.

- 환경 요인: 기후 변화나 자연재해 위험 증가는 특정 지역의 부동산 가치를 하락시키고 수요를 감소시킬 수 있다.

적용예시 1. 급격한 공급 부족(전세 대란)
- 원인: 정부의 전월세 상한제 및 계약갱신청구권 도입 등으로 임대 물량이 줄어들고, 저금리로 인한 투자 수요 증가가 맞물려 전세 물량이 급감했다.
- 결과: 전세 물량 부족으로 전세가가 급등했고, 일부 세입자들은 어쩔 수 없이 매매로 전환하여 매매가 상승을 부추기는 현상이 나타났다.

적용예시 2. 개발 호재에 따른 과열(신규 지하철 개통 예정지)
- 원인: 신규 지하철 개통 발표와 같은 대형 개발 호재가 발표되자, 주변 지역에 대한 기대감이 높아지며 투자자들이 몰리기 시작했다.
- 결과: 실제 가치 상승 여부와는 무관하게 투기성 매수세가 유입되며 땅값과 집값이 단기간에 급등했고, 이후 개발이 지연되거나 불확실성이 커지자 가격이 하락하는 '버블'이 발생했다.

4.3. 균형 회복 전략

부동산 시장의 불균형 상태가 지속되면 가격 변동성이 커지고 자원 배분의 비효율성이 발생하는 등 부정적인 영향이 나타나므로, 시장 기능을 통해 자율적으로 균형을 회복하거나 정부의 적절한 정책 개입을 통해 균형 상태로 유도하려는 노력이 필요하다.

가장 기본적인 균형 회복 메커니즘은 시장의 가격 조정 기능이다. 초과 수요 상태에서는 가격이 상승하여 수요를 억제하고 공급을 유인하며, 초과 공급 상태에서는 가격이 하락하여 수요를 촉진하고 공급을 위축시켜 점진적으로 균형에 도달하게 된다. 그러나 부동산 시장은 가격 경직성과 공급의 비탄력성으로 인해 이러한 자율적인 가격 조정 기능이 원활하게 작동하지 않는 경우가 많다.

정부의 정책적 개입은 시장의 자율적인 균형 회복 기능을 보완하거나 촉진하는 역할을 한다. 수요 측면에서는 금융 규제(LTV, DTI, DSR 조정), 세제 조정(취득세, 양도세 등), 금리 정책 등을 통해 유효수요를 조절할 수 있다. 예를 들어, 시장 과열 시에는 대출 규제를 강화하고 세금을 중과하여 투기 수요를 억제하며, 시장 침체 시에는 규제를 완화하고 세금 감면 혜택을 제공하여 거래를 활성화할 수 있다.

공급 측면에서는 신규 택지 공급 확대, 공공주택 건설, 재개발·재건축 규제 합리화, 인허가 절차 간소화 등을 통해 공급량을 조절할 수 있다. 장기적인 관점에서 안정적인 주택 공급 기반을 마련하고, 특정 지역의 수급 불균형을 해소하기 위한 맞춤형 공급 전략이 필요하다.

시장 정보의 투명성을 높이고 정보 비대칭성을 완화하는 것도 중요한 균형 회복 전략이다. 부동산 실거래가 공개 시스템 확대, 정확한 시장 동향 분석 정보 제공, 프롭테크를 활용한 정보 유통 채널 다양화 등은 시장 참여자들의 합리적인 의사결정을 지원하고 시장의 과도한 변동성을 줄이는 데 기여한다.

시장 참여자들의 기대 심리를 안정시키는 것도 중요하다. 정부 정책의 일관성과 예측 가능성을 높이고, 시장 상황에 대한 정확한 정보를 제공함으로써 비합리적인 투기 심리 확산을 방지하고 시장의 자율적인 조정 기능을 강화할 수 있다.

금융 시스템의 안정성 확보 또한 부동산 시장 균형 회복의 전제 조건이다. 과도한 가계 부채 증가를 억제하고, 부동산 프로젝트 파이낸싱(PF) 시장의 리스크를 관리하며, 금융기관의 건전성을 유지하는 것은 부동산 시장의 급격한 변동이 금융 시스템 전체의 위기로 확산되는 것을 방지하는 데 중요하다.

장기적인 관점에서 도시 계획 및 국토 균형 발전 전략과 연계하여 부동산 시장의 구조적인 불균형을 해소하려는 노력이 필요하다. 특정 지역에 대한 과도한 개발 집중을 지양하고, 교통망 확충 및 생활 인프라 개선을 통해 지역 간 격차를 줄이며, 다양한 지역에서 양질의 주택과 일자리가 공급될 수 있도록 유도해야 한다.

ESG 관점에서는 지속 가능한 부동산 시장을 위한 균형 회복 전략이 요구된다. 친환경 건축물 공급 확대 및 그린 리모델링 지원, 기후변화 적응형 도시 계획 수립, 사회적 약자를 위한 주거 지원 강화 등은 환경 및 사회적 가치를 고려한 시장 안정화 방안이 될 수 있다. 또한, ESG 관련 정보 공개를 강화하여 투자자들이 관련 리스크와 기회를 정확히 평가하고 의사결정에 반영하도록 유도해야 한다.

부동산 시장의 경기 순환 국면에 따라 맞춤형 정책 대응도 필요하다. 시장 확장기에는 과열을 방지하기 위한 선제적인 안정화 조치를, 시장 수축기에는 급격한 침체를 막고 연착륙을 유도하기 위한 부양책을 적절히 구사해야 한다.

결론적으로, 부동산 시장의 균형 회복은 시장의 자율적인 조정 기능과 정부의 정책적 노력이 조화를 이룰 때 효과적으로 달성될 수 있다. 단기적인 시장 안정화 대책과 함께 장기적인 구조 개선 노력을 병행하고, ESG와 같은 새로운 패러다임을 반영한 지속 가능한 균형 전략을 모색하는 것이 중요하다.

사회적 책임 및 지배구조의 중요성

미래에는 ESG(환경, 사회, 지배구조) 성과가 높은 기업에 대한 선호도가 증가할 것이다. AI와 빅데이터 기술의 발전으로 사회적 요인 및 지배구조 데이터를 분석하고 이를 투자 결정에 반영하는 시스템이 보편화될 것이다.

◎ 응용과 적용: 부동산 시장 균형을 위한 정책

1. 주택 공급 확대 및 불균형 해소

공급 측면에서 신규 택지 확보, 재개발/재건축 활성화, 공공주택 건설 등을 통해 장기적인 주택 공급 기반을 마련하여 지역별 수급 불균형을 해소해야 한다.

2. 적용예시

1) 서울시가 주택난 해소를 위해 추진하는 신속통합기획(신통기획)은 재개발/재건축 사업 절차를 단축하여 주택 공급 속도를 높이는 대표적인 사례다. 이를 통해 용적률 상향 등 인센티브를 제공하고 공공의 지원을 받아 사업을 신속하게 진행함으로써 도심 내 주택 공급을 확대하고 지역별 불균형을 완화하는 데 기여하고 있다.

- 시장 과열/침체 시 정책 대응: 시장 과열기에는 대출 규제(LTV, DTI 등), 세금(취득세, 양도세) 강화로 투기 수요를 억제하고, 시장 침체기에는 규제 완화 및 세금 감면 혜택으로 거래를 활성화해야 한다.

2) 2021년 부동산 시장 과열 당시 정부는 다주택자 양도소득세 중과, 종합부동산세율 인상 등 강력한 세금 정책을 시행하여 투기 억제에 나섰다. 이후 2023년 시장 침체기에는 부동산 거래 활성화를 위해 규제 지역을 해제하고, 특례보금자리론과 같은 저금리 대출 상품을 도입하여 실수요자의 주택 구매를 지원했다.

4.4. 미래의 지속 가능한 부동산 시장

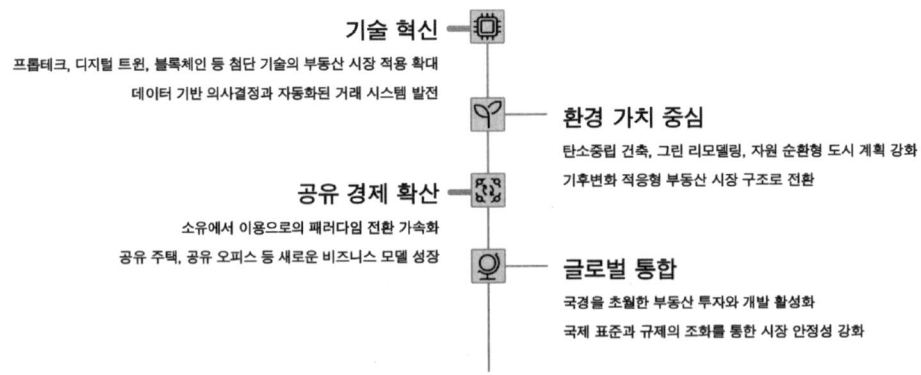

1) 기술 혁신

디지털 기술(AI, 빅데이터)과 ESG(환경, 사회, 지배구조) 원칙, 탄소 중립 및 넷 제로(Net Zero)와 같은 글로벌 의제가 부동산 시장에 도입되면서 시장의 불균형 문제가 완화될 가능성이 높다. 이러한 기술은 실시간 데이터 분석을 통해 정확한 가격 예측과 정책 설계를 가능하게 하여 투자 리스크를 줄이고 효율성을 극대화한다.

2) 친환경 기술과 공유 경제

탄소 중립 목표는 친환경 건축물과 스마트 빌딩 기술을 갖춘 개발 프로젝트가 확산될 것으로 전망된다. 미래의 지속 가능한 부동산 시장은 이러한 기술 혁신, 친환경 가치, 공유 경제, 그리고 글로벌 통합 등 다양한 변화 요인으로 형성될 것이다. 이러한 변화에 선제적으로 대응하고 적용하는 시장 참여자들이 새로운 균형 환경에서 경쟁 우위를 가질 것이다.

3) 글로벌 통합

글로벌 통합은 국가 간의 자본, 기술, 인적 자원 등이 활발하게 교류됨을 의미한다. 이는 부동산 시장의 경계를 허물고 국제적인 투자와 협력을 촉진한다. 그 결과, 부동산 시장의 성장과 안정성이 강화될 것이다.

제5장

부동산 가격 결정 이론

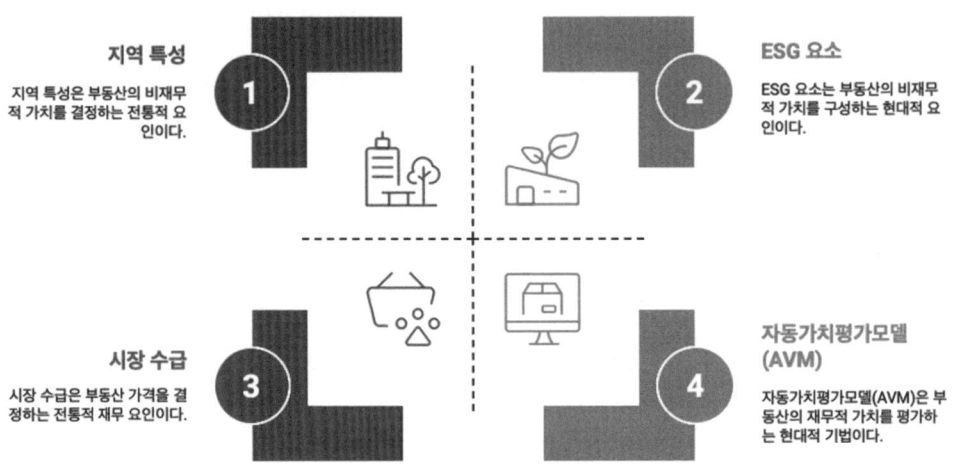

부동산 가격 결정의 영향 요인
(Factors influencing real estate price decisions)

　부동산 가격 결정 이론은 부동산이라는 특수한 자산의 가치가 시장에서 어떻게 형성되고 변동하는지를 설명하는 경제학의 핵심 분야이다. 부동산 가격은 단순한 시장 수급뿐만 아니라 거시경제 상황, 정부 정책, 지역적 특성, 그리고 최근에는 ESG와 같은 비재무적 요인에 의해서도 복합적으로 영향을 받는다. 본 장에서는 전통적인 가격 형성 이론을 살펴보고, 다양한 가격 평가 기법을 소개하며, 부동산 가격 변동성의 원인과 분석 방법을 고찰함으로써 합리적인 가격 이해와 예측의 기초를 마련하고자 한다.

5.1. 가격 형성 이론

부동산 가격은 기본적으로 시장에서의 수요와 공급의 상호작용에 의해 결정된다. 수요가 공급을 초과하면 가격이 상승하고, 공급이 수요를 초과하면 가격이 하락하는 것이 일반적인 원리이다. 그러나 부동산 시장은 그 특수성으로 인해 가격 형성 과정이 일반 상품 시장보다 복잡하다. 부동산의 개별성, 부동성, 내구성, 고가성 등은 가격 결정에 독특한 영향을 미친다.

리카도(Ricardo)의 차액지대론은 토지의 비옥도나 위치의 차이가 생산성의 차이를 가져오고, 이것이 지대와 토지 가격의 차이를 발생시킨다고 설명한다. 한계지에서는 지대가 발생하지 않으며, 이보다 우등한 토지에서는 한계지와의 생산성 차이만큼 지대가 발생하고, 이 지대가 자본화되어 토지 가격을 형성한다는 것이다. 이는 입지 조건이 부동산 가격에 미치는 영향을 설명하는 고전적인 이론이다.

알론소(Alonso)의 입찰지대이론은 도시 토지 이용과 지가 패턴을 설명하는 데 중요한 기여를 했다. 이 이론에 따르면, 각 토지 이용 주체는 도심으로부터의 거리에 따라 운송비를 절감할 수 있는 정도와 토지 이용의 집약도에 따라 최대한 지불할 용의가 있는 지대(입찰지대)를 제시하며, 가장 높은 입찰지대를 제시하는 주체에게 토지가 배분된다. 이로 인해 도심에 가까울수록 지가가 높고, 외곽으로 갈수록 지가가 낮아지는 지가구배 현상이 나타난다.

헤이그(Haig)의 마찰비용이론은 도시 토지 이용의 효율성을 교통비와 지대의 합인 마찰비용의 최소화 관점에서 설명한다. 즉, 토지 이용자는 교통비와 지대를 상호 대체 관계로 인식하며, 두 비용의 합이 최소가 되는 지점에 입지하려 한다는 것이다. 이는 교통망 발달이 부동산 가격 및 입지 패턴에 미치는 영향을 이해하는 데 도움을 준다.

현대 부동산 가격 이론에서는 정보의 역할과 시장 참여자들의 기대 심리가 중요하게 고려된다. 효율적 시장 가설(Efficient Market Hypothesis)은 부동산 가격이 이용 가능한 모든 정보를 신속하고 정확하게 반영한다고 가정하지만, 실제 부동산 시장은 정보의 비대칭성과 불완전성으로 인해 비효율적인 측면이 존재한다. 투자자들의 미래 가격 변동에 대한 기대는 현재의 수요와 공급에 영향을 미쳐 가격 변동을 증폭시키거나 완화하는 역할을 한다.

부동산 가격은 또한 거시경제 변수(금리, 물가, 경제성장률 등), 정부 정책(대출 규제, 세금, 공급 계획 등), 그리고 사회·인구학적 변화(인구구조, 가구 변화, 라이프스타일 변화 등)에 민감하게 반응한다. 이러한 외부 요인들은 부동산의 수요와 공급에 영향을 미쳐 가격 수준과 변동성에 큰 변화를 가져온다.

최근에는 ESG 요소가 부동산 가격 형성에 미치는 영향에 대한 관심이 높아지고 있다. 친환경 건축물 인증, 에너지 효율성, 사회적 책임 이행 수준, 투명한 지배구조 등이 부동산의 비재무적 가치를 구성하며, 이것이 시장에서 가격 프리미엄이나 디스카운트 형태로 반영될 수 있다는 연구들이 제시되고 있다. 이는 전통적인 가격 이론에 새로운 차원을 더하는 것이다.

부동산 가격은 단순한 교환가치를 넘어 사용가치, 투자 가치, 그리고 공공 가치 등 다양한 가치 측면을 복합적으로 반영한다. 따라서 부동산 가격을 이해하기 위해서는 이러한 다양한 가치 개념과 그 형성 요인들을 종합적으로 고려하는 시각이 필요하다.

부동산 시장의 국지성 또한 가격 형성에 중요한 영향을 미친다. 각 지역 시장은 고유한 수급 상황, 입지 조건, 개발 호재, 규제 환경 등을 가지며, 이에 따라 지역별로 가격 수준과 변동 패턴이 다르게 나타난다. 전국적인 평균 가격 변동률만으로는 특정 지역 시장의 가격 움직임을 정확히 파악하기 어렵다.

결론적으로, 부동산 가격 형성 이론은 고전적인 지대 이론에서부터 현대적인 정보경제학적 접근, 그리고 최근의 ESG 가치 통합 논의에 이르기까지 다양하게 발전해왔다. 이러한 이론들은 복잡한 부동산 가격 결정 과정을 이해하고, 합리적인 가치 판단의 기초를 제공한다.

> **행동경제학적 접근**
>
> - 투기적 수요: 특정 지역에서 발생하는 투기적 거래는 가격 거품을 형성하며 시장 불안을 초래할 수 있다.
> - 심리적 요인: 매수자와 매도자의 심리는 시장 참여를 촉진하거나 억제하며, 이는 단기적인 가격 변동성을 유발한다.
> - 정보 비대칭: 매수자와 매도자가 동일한 정보를 공유하지 못할 경우 비효율적인 거래가 발생하며, 이는 왜곡된 가격 형성을 초래할 수 있다.

◎ 응용과 적용: 부동산 가격 결정 요인 분석

1. 입지 분석의 중요성

공인중개사는 역세권 신축 아파트 분양을 앞두고 주변 상권, 교통 편의성, 학군 등을 분석하여 예상 프리미엄을 제시한다. 이는 리카르도의 차액지대론과 알론소의 입찰지대론을 바탕으로 한, 비물질적 가치(편의성, 접근성 등)가 가격에 반영되는 사례다.

2. 정책 및 외부 요인 대응

정부는 부동산 대출 규제를 강화하고, B 건설회사는 자금 조달에 어려움을 겪고 분양가를 재조정하고 있다. 이처럼 금리, 정부 정책, 사회적 변화(ESG 등)와 같은 외부 요인들이 부동산 가격 변동성에 직접적인 영향을 미친다.

5.2. 가격 평가 기법

부동산 가격 평가는 특정 시점에서 부동산의 경제적 가치를 화폐액으로 표시하는 과정으로, 거래, 투자, 담보, 과세, 보상 등 다양한 의사결정에 필수적인 정보를 제공한다. 부동산 가격 평가는 그 목적과 대상 부동산의 특성에 따라 다양한 기법이 활용되며, 최근에는 ESG 요소를 반영한 새로운 평가 접근법도 모색되고 있다.

전통적인 부동산 감정평가 3방식은 시장접근법(거래사례비교법), 수익접근법(수익환원법), 비용접근법(원가법)이다. 시장접근법은 대상 부동산과 유사한 부동산의 최근 거래 사례를 수집하여, 사정보정, 시점수정, 지역요인 비교, 개별요인 비교 등의 과정을 거쳐 대상 부동산의 가치를 산정하는 방법이다. 시장에서의 실제 거래 가격을 기준으로 하므로 현실성이 높다는 장점이 있으나, 유사 사례 확보가 어렵거나 시장이 불안정할 경우 적용이 제한될 수 있다.

수익접근법은 대상 부동산이 장래 산출할 것으로 기대되는 순수익이나 현금흐름을 적절한 환원율이나 할인율로 환원 또는 할인하여 현재가치를 구하는 방법이다. 주로 임대용이나 상업용 부동산과 같이 수익 창출을 목적으로 하는 부동산 평가에 유용하다. 순수익을 정확히 예측하고 적정한 환원율/할인율을 결정하는 것이 핵심 과제이다.

비용접근법은 대상 부동산을 재생산하거나 재취득하는 데 소요되는 원가(재조달원가)를 구하고, 여기에 감가수정(물리적, 기능적, 경제적 감가)을 하여 현재가치를 산정하는 방법이다. 주로 신축 건물이거나 시장에서 거래 사례나 임대 사례를 찾기 어려운 특수 목적용 부동산(학교, 공공청사 등) 평가에 적용된다. 재조달원가 산정과 감가수정의 정확성이 중요하다.

헤도닉 가격 모형(Hedonic Pricing Model)은 부동산이 가진 여러 가지 특성들(예: 면적, 방 수, 건축 연도, 입지, 환경 조건 등)이 각각 가격에 미치는 영향을 계량적으로 분석하여 부동산 가치를 추정하는 방법이다. 이질적인 부동산의 가치를 객관적으로 비교하고, 특정 속성의 암묵적 가치를 파악하는 데 유용하다. 최근에는 친환경 인증 여부, 에너지 효율 등급 등 ESG 관련 특성이 가격에 미치는 영향을 분석하는 데 활발히 활용되고 있다.

자동가치평가모델(AVM: Automated Valuation Model)은 빅데이터와 인공지능(AI) 기술을 활용하여 부동산 가치를 자동으로 추정하는 시스템이다. 대량의 거래 데이터, 매물 정보, 공공 데이터 등을 학습하여 특정 부동산의 시세를 신속하게 제공할 수 있다. 금융기관의 담보 평가, 부동산 플랫폼의 시세 정보 제공 등에 활용이 확대되고 있으나, 모델의 투명성, 정확성, 그리고 특수한 상황에 대한 대처 능력 등은 지속적인 개선 과제이다.

ESG 요소를 부동산 가격 평가에 통합하려는 노력은 주로 기존 평가 방법에 ESG 관련 변수를 추가하거나 가중치를 조정하는 방식으로 이루어진다. 예를 들어, 시장접근법에서는 거래 사례 선정 시 ESG 성과가 유사한 사례를 우선적으로 고려하거나, 비교 과정에서 ESG 요인을 개별요인으로 반영할 수 있다. 수익접근법에서는 친환경 건물의 운영비 절감 효과나 임대료 프리미엄을 순수익 추정에 반영하거나, ESG 리스크를 할인율에 조정하여 반영할 수 있다. 비용접근법에서는 친환경 자재 사용이나 에너지 효율 설비 설치에 따른 추가 비용을 재조달원가에 포함하고, 기능적 감가나 경제적 감가 요인으로 ESG 관련 노후화나 시장 선호도 변화를 고려할 수 있다.

국제적으로는 GRESB(Global Real Estate Sustainability Benchmark)와 같은 ESG 평가 시스템이 부동산 자산 및 포트폴리오의 지속 가능성 성과를 평가하고, 이를 투자 결정 및 가치평가에 활용하는 기준으로 자리 잡고 있다. 이러한 평가는 단순한 환경 성과를 넘어 사회적 책임, 지배구조의 건전성까지 포괄적으로 고려한다.

부동산 가격 평가는 주관적 판단이 개입될 여지가 있으므로, 평가 과정의 투명성과 평가 결과의 신뢰성을 확보하는 것이 매우 중요하다. 감정평가 기준 및 윤리 규정을 준수하고, 충분한 시장 조사와 합리적인 분석 근거를 제시해야 한다.

부동산의 유형(주거용, 상업용, 토지 등)과 평가 목적에 따라 적합한 평가 기법을 선택하고, 필요한 경우 여러 기법을 병용하여 상호 검증하는 것이 바람직하다. 예를 들어, 개발 예정 토지의 경우 시장접근법과 함께 개발법(수익방식의 일종)을 적용하여 잠재적 개발 가치를 평가할 수 있다.

결론적으로, 부동산 가격 평가 기법은 전통적인 3방식에서부터 현대적인 계량 모형, AI 기반 자동 평가, 그리고 ESG 통합 평가에 이르기까지 다양하게 발전하고 있다. 정확하고 신뢰할 수 있는 가격 평가는 부동산 시장의 효율성과 안정성을 높이는 데 기여하며, 합리적인 자원 배분을 가능하게 한다.

국내외 사례 연구: 국내외 가격 평가 기법 활용 사례

미국 사례:
미국 뉴욕 맨해튼에서는 상업용 오피스 빌딩의 가치를 평가하기 위해 DCF 모델이 널리 활용된다. 특히 대형 금융 기관들은 미래 현금흐름과 자본화율을 기반으로 투자 결정을 내리며, 이는 장기적인 수익성을 보장하는 데 중요한 역할을 한다.

유럽 사례:
영국 런던에서는 비교사례 분석과 헤도닉 가격 모형이 주택 시장에서 널리 활용된다. 특히 LEED 인증 친환경 건축물은 일반 건축물보다 평균 15% 높은 거래가를 기록했으며, ESG 요소가 가격 형성에 미치는 영향을 입증했다.

한국 사례:
서울 강남구에서는 아파트 실거래가 데이터를 기반으로 한 비교사례 분석이 주택 시장에서 가장 널리 사용된다. 또한 최근에는 AI와 빅데이터 기술을 활용하여 실시간으로 시장 데이터를 분석하고 보다 정밀한 가격 예측을 제공하는 플랫폼이 도입되고 있다.

◎ **응용과 적용: 부동산 가치평가: ESG와 AI 활용**

부동산 가치평가에 미래 기술을 더하는데, ESG 요소와 AI 자동 평가를 활용한다. ESG 요소를 반영하여 건물 매매 시 친환경 건축 인증을 받은 건물의 에너지 효율이 높아 유지 관리 비용이 절감될 수 있다. 이러한 장점을 평가에 반영하여 일반 건물보다 높은 임대 수익이나 매각 가격을 산정할 수 있어, 행사는 합리적인 가격을 책정하고, 투자자는 의사결정을 신속하게 내릴 수 있도록 돕는다.

AI 자동 평가를 활용하여 시장에 나온 방대한 빅데이터(실거래가, 매물 정보 등)와 AI 기술을 사용해 신규 아파트 단지의 적정 분양가를 빠르게 예측할 수 있다.

5.3. 가격 변동성 분석

부동산 가격 변동성은 일정 기간 동안 부동산 가격이 얼마나 크게 변화하는지를 나타내는 척도로, 시장의 안정성과 리스크를 판단하는 중요한 지표이다. 부동산 가격은 다양한 경제적, 사회적, 정책적 요인에 의해 끊임없이 변동하며, 이러한 변동의 원인과 패턴을 분석하는 것은 투자자, 정책 입안자, 그리고 일반 가계 모두에게 중요하다.

부동산 가격 변동의 주요 원인으로는 거시경제 환경 변화를 들 수 있다. 금리 변동은 부동산 구매 및 개발 자금 조달 비용에 직접적인 영향을 미쳐 가격 변동을 야기한다. 일반적으로 금리 인상은 가격 하락 요인으로, 금리 인하는 가격 상승 요인으로 작용한다. 경제 성장률, 물가 상승률, 실업률 등도 가계 소득과 소비 심리에 영향을 미쳐 부동산 수요를 변화시키고 가격 변동을 초래한다.

정부의 부동산 정책 변화는 가격 변동성의 중요한 원천이다. 대출 규제(LTV, DTI, DSR) 강화 또는 완화, 부동산 관련 세금(취득세, 양도세, 종합부동산세)의 세율 조정, 주택 공급 계획 발표 등은 시장 참여자들의 기대 심리를 변화시키고 단기적으로 가격 급등락을 유발할 수 있다. 정책의 빈번한 변경이나 예측 불가능성은 시장의 불확실성을 높여 가격 변동성을 더욱 키울 수 있다.

부동산 시장의 수급 불균형 또한 가격 변동성의 핵심 요인이다. 수요는 비교적 단기간에 변동할 수 있지만 공급은 장기간이 소요되어 비탄력적이므로, 수요와 공급의 시차가 발생하여 가격 변동이 크게 나타난다. 특정 지역의 개발 호재로 인한 급격한 수요 증가는 단기적인 가격 급등을, 반대로 대규모 신규 공급은 일시적인 가격 하락을 가져올 수 있다.

시장 참여자들의 투자 및 투기 행태도 가격 변동성에 영향을 미친다. 가격 상승 기대감이 높을 때는 가수요가 발생하여 가격을 더욱 끌어올리고, 시장 침체 우려가 커지면 매물이 급증하여 가격 하락을 심화시키는 등 심리적 요인이 가격 변동을 증폭시킬 수 있다. 정보의 비대칭성은 이러한 투기적 행태를 조장하고 시장 불안정을 야기하는 원인이 되기도 한다.

부동산 가격 변동성을 분석하는 방법으로는 주로 통계적 기법이 활용된다. 가격 지수의 변동률, 표준편차, 변동계수 등을 통해 과거 가격 변동의 크기와 추세를 파악할 수 있다. 시계열 분석 모형(ARIMA, VAR 등)을 이용하여 가격 변동 패턴을 분석하고 미래 가격을 예측하려는 시도도 이루어진다. GARCH 모형과 같은 조건부 이분산 모형은 가격 변동성의 시간에 따른 변화를 분석하는 데 활용된다.

부동산 가격 변동은 지역별, 부동산 유형별로 다르게 나타날 수 있다. 특정 지역의 산업 구조 변화, 인구 유출입, 교통망 개선 등 지역 고유의 요인이 해당 지역 부동산 가격 변동성에 영향을 미치며, 주택, 상가, 오피스 등 부동산 유형에 따라서도 경기 민감도나 정책 반응도가 달라 가격 변동 패턴에 차이를 보인다.

글로벌 경제 상황 및 국제 자본 이동도 국내 부동산 가격 변동성에 영향을 미칠 수 있다. 해외 경제 위기나 국제 금리 변동은 국내 금융 시장을 통해 부동산 시장에 파급 효과를 가져올 수 있으며, 외국인 투자 자금의 유출입은 특정 지역이나 고급 부동산 시장의 가격 변동을 야기할 수 있다.

최근에는 ESG 요소가 부동산 가격 변동성에 미치는 영향에 대한 연구도 진행되고 있다. 기후변화로 인한 자연재해 빈도 증가나 환경 규제 강화는 특정 부동산의 가치 하락 리스크를 높여 가격 변동성을 키울 수 있다. 반면, ESG 성과가 우수한 부동산은 장기적으로 안정적인 가치를 유지하며 변동성이 낮을 수 있다는 기대도 존재한다.

부동산 가격 변동성은 투자자에게는 위험이자 기회가 될 수 있으며, 정책 입안자에게는 시장 안정화 정책의 필요성을 제기한다. 과도한 가격 변동성은 가계 부채 문제, 금융 시스템 불안정, 건설 경기 위축 등 국민 경제 전반에 부정적인 영향을 미칠 수 있으므로, 정부는 시장 상황을 면밀히 모니터링하고 적절한 정책 대응을 통해 변동성을 관리하려는 노력을 기울인다.

결론적으로, 부동산 가격 변동성은 다양한 요인이 복합적으로 작용한 결과이며, 이에 대한 정확한 분석과 이해는 합리적인 투자 의사결정과 효과적인 시장 안정화 정책 수립에 필수적이다. ESG와 같은 새로운 요인들이 가격 변동성에 미치는 영향을 지속적으로 연구하고 반영하는 노력 또한 필요하다.

사례 연구: 부동산 가격 변동성 사례

미국 사례:
2008년 글로벌 금융위기 당시 미국 서브프라임 모기지 사태는 부동산 거품이 붕괴되면서 주택 가격이 급격히 하락했다. 이 사건은 금융 시스템 전반에 걸쳐 심각한 영향을 미쳤으며, 이후 Dodd-Frank Act를 통해 금융 규제를 강화하고 시장 안정화를 도모했다.

유럽 사례:
영국 런던의 부동산 시장은 브렉시트 이후 불확실성이 증가하면서 단기적인 가격 하락을 경험했다. 그러나 이후 글로벌 금융 허브로서의 위치를 유지하며 외국인 투자 유입이 지속되어 다시 안정세를 회복했다.

◎ **응용과 적용: 부동산 변동성의 원인과 관리**

적용예시 1. 금리 변동과 부동산 시장
한국은행이 금리를 인상하면 부동산 구매 시 대출 이자 부담이 커져 구매 심리가 위축된다. 이로 인해 주택 거래량이 줄고, 가격 상승률이 둔화되거나 하락할 수 있다. 반대로, 개발 사업 자금 비용이 증가하여 신규 공급이 줄어들 수도 있다.

적용예시 2. 정책 변화와 지역 부동산 시장

정부가 특정 지역을 신도시 개발 예정지로 발표하면 개발 기대감으로 해당 지역의 투자 수요가 급증하여 단기적으로 부동산 가격이 급등할 수 있다. 하지만, 실제 개발 착수까지 시간이 걸리고 공급 물량이 늘어나면 장기적으로는 가격 변동성이 안정화될 수 있다.

5.4. 미래 부동산 시장의 변화와 가치 평가

초연결 인프라

5G/6G 네트워크, IoT 센서, 스마트 그리드 등 첨단 디지털 인프라가 구축된 스마트 시티는 생활 편의성과 업무 효율성을 높여 부동산 가치 상승 요인으로 작용할 수 있다.

디지털 연결성이 좋은 지역은 원격근무, 디지털 비즈니스 등 새로운 활동 패턴을 지원하여 선호도가 높아질 것으로 예상된다.

지속가능한 환경

에너지 효율적 건축, 재생에너지 활용, 폐기물 관리 등 친환경 요소를 갖춘 스마트 시티는 장기적으로 운영비용 절감과 환경 리스크 감소를 통해 부동산 가치를 유지하는 데 유리하다.

기후변화에 대응한 회복력 있는 도시 설계는 미래 부동산 가치의 중요한 요소가 될 것이다.

사회적 연결성

공유 공간, 커뮤니티 중심 설계, 혼합용도 개발 등을 통해 사회적 상호작용을 촉진하는 스마트 시티는 삶의 질을 높이고 지역 활력을 유지하여 부동산 가치에 긍정적 영향을 미칠 수 있다.

디지털 기술을 활용한 시민 참여와 협력적 도시 거버넌스도 중요한 요소이다.

1) 초연결 인프라

5G, 6G 네트워크, IoT, AI, 메타버스 등 초연결 기술을 기반으로 한 디지털 환경이 구축되면서 스마트 기기가 상호 연결되는 상호작용적 업무 및 생활 방식을 만들어

내고, 부동산 상품과 서비스는 혁신적으로 변화한다. 디지털 전환으로 인해 새로운 형태의 콘텐츠가 창출되고, 콘텐츠와 결합된 새로운 비즈니스 모델이 등장하며 새로운 수요를 만들어 낼 것이다.

2) 지속 가능한 환경

에너지 효율적 건축, 제로에너지 건물, 폐기물 관리 등 친환경 요소가 강화되어 지속 가능한 환경을 구현한다. 이에 따라 ESG를 통해 친환경적이고 지속 가능한 부동산 가치를 평가하는 데 중점을 두게 된다. 정부 차원의 탄소 중립 목표에 대한 정책적 지원은 부동산 시장의 지속 가능한 발전에 긍정적인 영향을 미칠 것이다.

3) 사회적 연결성

골목 상권, 커뮤니티 중심 설계, 문화·예술 공간 확장을 통해 사회적 관계를 형성하고, 스마트 기기는 삶의 질을 높인다. 또한, 새로운 형태의 비대면 생활 방식은 가상공간을 활용한 다양한 커뮤니티 활동을 가능하게 할 것이다.

4) 부동산 가격 결정 요인의 변화

미래 부동산 시장에서는 기존의 수요-공급, 입지, 행동경제학적 요인, 정책 외에 디지털 기술과 ESG 원칙이 더욱 중요해질 것이다. 이에 따라 스마트 도시로의 발전은 부동산 가치 평가에 새로운 기준을 제시할 것으로 예상된다. 전통적인 입지 중심의 가치 평가를 넘어서, 디지털 인프라의 품질, 데이터 활용 수준, 환경 지속 가능성, 스마트 서비스 접근성 등이 중요한 요소로 부상하고 있다.

5) 디지털 기술의 활용과 정책 설계

AI와 빅데이터 기술은 실시간 시장 데이터를 분석해 정확한 가격을 예측하고 정책을 설계하는 데 활용된다. AI 기반 예측 모델과 정책 시뮬레이션 도구를 활용하면 부동산 시장의 변화를 예측하고 최적의 정책을 수립하여 투자 리스크를 줄이고 효율성을 극대화할 수 있을 것이다.

6) 지속 가능성과 새로운 시장의 창출

탄소 중립 목표와 관련된 친환경 건축물 및 지속 가능한 도시 개발 프로젝트는 새로운 형태의 프리미엄 시장을 창출할 것으로 전망된다. ESG 원칙이 도입됨에 따라 부동산 가치 평가는 더욱 정교해지고, 지속 가능한 환경을 고려한 부동산의 가치는 더욱 높아질 것이다.

| 제2부 |

ESG의 개념 및 부동산 분야 적용

제6장
ESG와 부동산 개요

제7장
헤도닉 가격 모형의 배경과 응용

제8장
ESG와 부동산 가치평가

제9장
글로벌 경쟁 연구: ESG와 부동산 시장

제6장

ESG와 부동산 개요

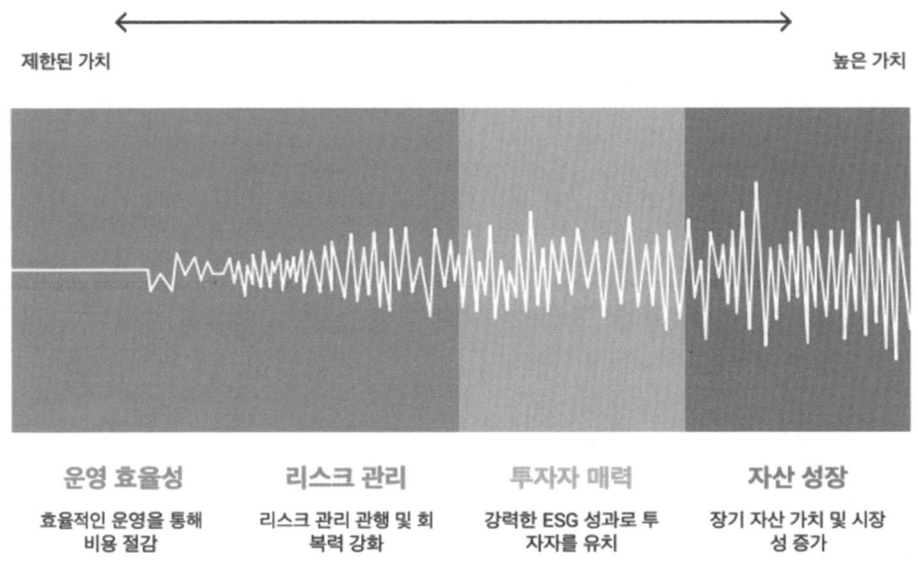

부동산에서 ESG 통합을 통한 가치 증대 이해
(Understanding Value Creation through ESG Integration in Real Estate)

ESG(환경·사회·지배구조)는 더 이상 기업 경영과 투자의 부수적인 고려사항이 아닌, 지속 가능한 성장과 장기적인 가치 창출을 위한 핵심 패러다임으로 자리매김하고 있다. 부동산 산업은 자원 집약적이고 사회적 영향력이 크기 때문에 ESG 원칙의 통합이 특히 중요하며, 이는 부동산의 가치평가, 투자 전략, 개발 및 운영 방식 전반에 걸쳐 근본적인 변화를 요구하고 있다. 본 장에서는 ESG의 기본 개념과 부동산 시장에서의 중요성을 살펴보고, 전통적인 가치평가 방법론인 헤도닉 가격 모형과

ESG 요소를 통합할 수 있는 가능성을 탐색하며, 본 책이 추구하는 연구의 목적과 의의를 명확히 하고자 한다.

6.1. ESG의 개념과 부동산 시장에서의 중요성(잠재력)

ESG는 환경(Environmental), 사회(Social), 지배구조(Governance)의 세 가지 비재무적 요소를 의미하며, 기업의 지속 가능성을 평가하는 핵심 기준으로 활용된다. 환경(E) 요소는 기후변화 대응, 탄소 배출 감축, 에너지 효율화, 자원 재활용, 생물다양성 보전 등을 포함한다. 사회(S) 요소는 인권 존중, 노동 관행 개선, 산업 안전, 공급망 관리, 지역사회 공헌, 소비자 보호 등을 다룬다. 지배구조(G) 요소는 이사회의 독립성과 다양성, 감사 기능의 전문성, 투명한 의사결정, 주주 권리 보호, 윤리 경영 등을 포괄한다.

부동산 시장에서 ESG의 중요성은 날로 커지고 있다. 건물 부문은 전 세계 에너지 소비의 약 40%, 탄소 배출량의 약 30%를 차지하는 것으로 알려져, 기후변화 대응에 있어 부동산 산업의 책임과 역할이 매우 크다. 친환경 건축물 확대, 에너지 효율 개선, 신재생에너지 사용은 탄소 중립 목표 달성을 위한 필수 과제이다.

사회적 측면에서도 부동산은 중요한 역할을 한다. 저렴하고 안전한 주택 공급, 포용적인 도시 환경 조성, 지역사회와의 상생, 건물 사용자의 건강과 복지 증진 등은 부동산 개발 및 운영 과정에서 고려해야 할 핵심적인 사회적 가치이다. 투명하고 윤리적인 지배구조는 부동산 투자 및 개발 사업의 신뢰도를 높이고 장기적인 안정성을 확보하는 데 기여한다.

ESG를 부동산 시장에 통합함으로써 얻을 수 있는 잠재력은 다양하다. 첫째, 운영 비용 절감이다. 에너지 효율적인 건물은 냉난방비, 전력비 등 운영 비용을 크게 줄일 수 있다. 둘째, 자산 가치 증대이다. 친환경 인증을 받거나 ESG 성과가 우수한 부동산은 시장에서 높은 임대료와 매매가를 형성하는 경향이 있다. 셋째, 리스크 관리 강화이다. 기후변화로 인한 물리적 리스크(자연재해 등)나 전환 리스크(환경 규제 강화 등)에 선제적으로 대응함으로써 자산 가치 하락 위험을 줄일 수 있다.

넷째, 투자 유치 확대이다. 글로벌 기관 투자자들을 중심으로 ESG 투자가 확대되면서, ESG 성과가 우수한 부동산 자산은 매력적인 투자 대상으로 부상하고 있다. 다섯째, 기업 평판 제고이다. ESG 경영을 적극적으로 실천하는 기업은 사회적으로 긍정적인 이미지를 구축하고 브랜드 가치를 높일 수 있다. 여섯째, 규제 준수 및 선제적 대응이다. 강화되는 환경 및 사회 관련 규제에 미리 대비함으로써 법적 리스크를 줄이고 시장 변화에 유연하게 대처할 수 있다.

부동산 시장 참여자들(투자자, 개발업자, 임차인, 정부 등)의 ESG에 대한 인식과 요구 수준이 높아짐에 따라, ESG는 부동산의 경쟁력을 결정하는 핵심 요소가 되고 있다. 과거에는 선택 사항으로 여겨졌던 ESG가 이제는 부동산의 가치를 평가하고 투자 결정을 내리는 데 있어 필수적으로 고려해야 할 기준으로 변화하고 있는 것이다.

이러한 변화는 부동산 시장에 새로운 도전과 기회를 동시에 제공한다. 전통적인 개발 방식과 운영 관행에서 벗어나 ESG 가치를 적극적으로 수용하고 혁신을 추구하는 기업만이 미래 시장에서 지속적인 성장을 담보할 수 있을 것이다.

결론적으로, ESG는 부동산 시장의 지속 가능한 발전을 위한 핵심 동력이며, 환경 보호, 사회적 책임 이행, 투명한 경영을 통해 장기적인 경제적 가치를 창출할 수 있는 무한한 잠재력을 지니고 있다.

지속 가능한 발전을 위한 ESG 원칙 활용 방안

ESG 원칙을 효과적으로 수행하기 위해 다음과 같은 방법을 활용할 수 있다.

- **지속 가능한 개발**: LEED 인증을 유지하거나 에너지를 고려한 설계를 통해 초기 에너지는 확장 가능하도록 운영 비용과 가치 있는 가치 상승 효과를 얻을 수 있다.

- **AI 기반 데이터 분석**: AI와 빅데이터를 활용하여 지역별 ESG 성과와 데이터를 분석하고 이를 바탕으로 투자 전략을 최적화할 수 있다.
- **체인 거래 기반 플랫폼**: 블록체인을 활용하여 축소 거래 기록의 블록과 보안을 강화하는 거래 과정을 실체화할 수 있으며, 이를 통해 효율적으로 보관할 수 있다.
- **스마트 모듈 관리**: IoT 센서를 통해 내부 에너지 소비를 감시하고 최적화하여 운영 구조와 환경을 작동할 가능성을 동시에 할 수 있다. 이러한 방안은 기업과 개인 모두에게 새로운 기회를 제공하며, 소수 시장에서 ESG 원칙을 소유하는 중요한 도구로 작용할 것이다.

◎ 응용과 적용: 부동산의 미래, ESG 경영이 결정한다.

1. 에너지 효율화 투자

노후 오피스 빌딩 소유주가 건물 에너지 효율 개선 공사를 통해 냉난방비와 전력 비용을 절감하고, 친환경 인증을 취득하여 임대료와 매매가를 높이는 사례는 환경(E)과 경제적 이익을 동시에 확보하는 ESG 경영의 대표적인 예시다.

2. 사회적 책임 실천

주택 개발 회사가 단순히 이윤 추구를 넘어, 커뮤니티 시설 확충, 안전한 주거 환경 조성, 근로자 인권 보호 등을 고려한 프로젝트를 추진하여 긍정적인 기업 이미지를 구축하고 장기적인 투자 가치와 신뢰를 얻는 사례는 사회(S)적 가치를 높여 경쟁력을 강화하는 ESG 경영의 또 다른 예시다.

6.2. 헤도닉 가격 모형과 ESG 요인의 통합 가능성

헤도닉 가격 모형(Hedonic Pricing Model)은 이질적인 재화의 가격이 그 재화가 가진 여러 가지 속성들의 암묵적인 시장 가치의 합으로 결정된다고 보고, 각 속성이 가격에 미치는 영향을 계량적으로 분리하여 추정하는 방법론이다. 부동산의 경우, 건물의 물리적 특성(면적, 층수, 방의 개수, 건축 연도 등), 입지적 특성(도심 접근성, 교통 편의성, 학군, 공원 인접성 등), 그리고 주변 환경 특성 등이 가격 결정에 영향을 미치는 주요 속성으로 간주되어 왔다.

전통적인 헤도닉 가격 모형 연구는 주로 관찰 가능하고 계량화하기 쉬운 물리적·입지적 특성에 초점을 맞추어 왔으나, 최근 ESG의 중요성이 부각되면서 이러한 비재무적 요소를 헤도닉 가격 모형에 통합하려는 시도가 활발하게 이루어지고 있다. 즉, 부동산이 가진 환경적 성능, 사회적 기여도, 지배구조의 건전성 등이 시장에서 어떠한 가치로 평가받고 가격에 반영되는지를 분석하는 것이다.

환경(E) 요소의 통합 가능성은 비교적 명확하다. 예를 들어, 건물의 에너지 효율 등급, 친환경 건축물 인증(LEED, BREEAM, G-SEED 등) 획득 여부, 태양광 패널 설치 유무, 단열 성능, 창호 종류, 주변 녹지 면적, 대기오염도 등을 헤도닉 변수로 포함하여 이러한 환경적 특성이 주택 가격이나 임대료에 미치는 영향을 추정할 수 있다. 다수의 선행 연구에서 친환경 인증 건물이 일반 건물에 비해 유의미한 가격 프리미엄을 갖는다는 결과가 보고된 바 있다.

사회(S) 요소의 경우, 정량화가 다소 어렵지만 다양한 방식으로 헤도닉 모형에 통합될 수 있다. 예를 들어, 범죄율이 낮은 안전한 지역, 우수한 공공 서비스(학교, 병원, 문화시설 등) 접근성, 지역사회 커뮤니티 시설 유무, 사회적 약자를 위한 배려 설계(유니버설 디자인) 적용 여부, 건물 내 보육시설이나 헬스케어 시설 유무 등을 변수화하여 분석할 수 있다. 또한, 특정 개발 프로젝트가 지역사회 고용 창출이나 지역 경제 활성화에 기여하는 정도를 나타내는 지표도 고려될 수 있다.

지배구조(G) 요소는 주로 부동산을 개발하거나 관리하는 기업 또는 부동산 투자신탁(REITs)의 특성과 관련될 수 있다. 해당 기업의 ESG 경영 평가 등급, 정보 공개 수준, 이사회 구성의 다양성, 주주 친화 정책 등이 간접적으로 해당 기업이 공급하거나 운용하는 부동산의 시장 평판과 가치에 영향을 미칠 수 있다. 다만, 개별 부동산 자산의 가격에 직접적인 영향을 미치는 지배구조 변수를 설정하고 측정하는 것은 상대적으로 더 복잡한 과제일 수 있다.

헤도닉 가격 모형을 통해 ESG 요인의 가치를 추정하는 것은 몇 가지 중요한 의미를 가진다. 첫째, ESG 성과가 실제 시장에서 경제적 가치로 인정받고 있음을 실증적으로 보여줄 수 있다. 이는 기업들이 ESG 경영에 투자할 경제적 유인을 제공한다. 둘째, 다양한 ESG 요소들 중에서 어떤 요소가 부동산 가치에 더 큰 영향을 미치는지를 파악하여, 효율적인 ESG 투자 우선순위를 설정하는 데 도움을 줄 수 있다. 셋째, 정부 정책 입안자들에게 ESG 관련 정책(예: 친환경 건축 보조금, 탄소세)의 효과를 예측하고 평가하는 데 필요한 기초 자료를 제공할 수 있다.

그러나 헤도닉 가격 모형을 ESG 분석에 적용하는 데에는 몇 가지 어려움과 한계점도 존재한다. ESG 관련 데이터의 부족 및 표준화 미흡, 특정 ESG 요소의 정량화 및 측정의 어려움, 누락 변수 편의(omitted variable bias) 발생 가능성, 그리고 ESG 요소와 다른 특성 간의 복잡한 상호작용을 모델링하는 것 등이 대표적인 과제이다. 이러한 한계를 극복하기 위해서는 신뢰할 수 있는 ESG 데이터 구축, 정교한 계량경제학적 방법론 적용, 그리고 다양한 학문 분야와의 융합 연구가 필요하다.

결론적으로, 헤도닉 가격 모형은 ESG 요인이 부동산 가격에 미치는 영향을 분석하고 그 경제적 가치를 정량화하는 데 매우 유용한 분석 도구이다. 데이터 및 방법론상의 과제를 극복하고 ESG 변수를 성공적으로 통합한다면, 부동산 시장의 지속가능한 발전을 위한 보다 과학적이고 합리적인 의사결정을 지원할 수 있을 것이다.

헤도닉 가격과 ESG 통합 투자 전략

헤도닉 가격 모형과 ESG 요소의 통합은 단순히 관계되는 가치평가 방법론의 개선에 그치지 않고, SDGs(기록 가능한 개발 목표)를 촉진하며 시장에서 중요한 혁신 도구로서의 역할을 유지한다. **투자자는 ESG 지역 중심 투자 전략**에 헤도닉 가격 모델을 활용하여 안전한 건물이나 사회 가치가 높은 프로젝트를 우선적으로 선택할 수 있다.

> 스마트 교육은 IoT 센서를 통해 에너지 소비 데이터를 수집하고 이를 분석하여 관련 내용을 관리할 수 있다. 이러한 데이터는 헤도닉 가격 모형의 입력으로 활용되어 자산 가치를 더욱 정확하게 평가할 수 있다. 또한, 지역의 의사결정 지원을 통해 특정 지역의 의사결정 지원을 통해 특정 지역의 의사결정을 활용하여 특정 시장에 영향을 미칠 수 있는지 분석하고 이를 바탕으로 효율적인 부분을 설계할 수 있다.

◎ 응용과 적용: ESG 부동산 가치평가 모델

ESG 부동산 가치평가 모델을 통해 친환경 아파트의 가치 상승을 분석한다. 한 건설사가 친환경 건축 인증(BREEAM, LEED 등)을 받은 아파트를 분양하려는 배경이 있고, 헤도닉 가격 모형을 활용해, 친환경 인증이라는 '환경(E)' 요인이 인근 비인증 아파트 대비 어느 정도의 가격 프리미엄을 형성하는지 분석한다. 이를 통해 분양가를 책정하고 마케팅 전략을 수립한다. 그 결과, 친환경 인증이 에너지 효율, 쾌적성 등과 결합되어 실제로 시장 가치를 높인다는 것을 데이터로 증명하고, 친환경 건축의 경제적 타당성을 확보한다.

또한, ESG 투자 상품을 개발한다. 한 자산운용사가 ESG 기준에 부합하는 부동산에 투자하는 펀드(REITs)를 개발하려는 배경이 있다. 헤도닉 모형을 활용해 '지배구조(G)' 요인을 활용한다.

명확한 정보 공개나 윤리적 경영을 하는 기업의 부동산이 그렇지 않은 기업의 부동산보다 시장에서 더 높은 가치를 갖는지 정량적으로 분석하고, 이를 통해 ESG 요소를 반영한 부동산 포트폴리오를 구성하여 투자자에게 신뢰할 수 있는 ESG 투자 상품을 제공한다.

6.3. ESG 부동산 경제학 목적과 의의

《ESG 부동산 경제학》은 급변하는 글로벌 경제 환경 속에서 지속 가능한 발전의 핵심 요소로 부상한 ESG 원칙을 부동산 경제학의 이론과 실제에 접목시키고자 하는 목표를 가지고 저술되었다. 전통적인 부동산 경제학이 주로 시장의 효율성과 가격 결정 메커니즘에 초점을 맞추었다면, 본 책은 여기에 환경적 책임, 사회적 포용성, 그리고 투명한 지배구조라는 새로운 가치 차원을 통합하여 부동산 시장을 보다 다각적이고 미래지향적인 관점에서 분석하고자 한다.

본 책의 구체적인 목적은 다음과 같다. 첫째, ESG의 기본 개념과 원칙을 명확히 이해하고, 이것이 부동산 산업의 가치사슬 전반(기획, 개발, 투자, 금융, 운영, 관리, 중개, 평가 등)에 걸쳐 어떠한 영향을 미치며 새로운 기회와 도전 과제를 제시하는지를 심층적으로 탐구한다. 둘째, 헤도닉 가격 모형 등 기존의 경제학적 분석 도구를 활용하여 ESG 요소가 부동산의 물리적 가치, 시장 가격, 임대료, 공실률, 투자 수익률 등 경제적 성과 지표에 미치는 영향을 정량적으로 분석하고 실증적으로 규명하고자 한다.

셋째, LEED, BREEAM, G-SEED, GRESB 등 국내외 주요 ESG 관련 인증 및 평가 시스템을 소개하고, 이러한 시스템을 통해 ESG 성과를 객관적으로 측정하고 관리하며 시장에서 차별화된 경쟁력을 확보할 수 있는 방안을 모색한다. 넷째, 글로벌 선진 시장의 ESG 부동산 정책 동향, 투자 트렌드, 우수 적용 사례 등을 비교 분석하여 국내 부동산 시장 참여자들에게 실질적인 시사점과 벤치마킹 전략을 제공한다.

다섯째, 부동산 투자자, 개발업자, 금융기관, 정책 입안자, 그리고 개인에 이르기까지 다양한 시장 주체들이 각자의 위치에서 ESG 원칙을 효과적으로 이해하고 실천하며, 이를 통해 지속 가능한 가치를 창출할 수 있는 구체적인 전략과 실행 가이드라인을 제시하는 것을 목표로 한다. 여섯째, 빅데이터, 인공지능(AI), 사물인터넷(IoT), 디지털 트윈, 블록체인 등 첨단 디지털 기술이 ESG 부동산 관리 및 가치평가에 어떻게 활용될 수 있는지 그 가능성을 탐색하고, 프롭테크 생태계의 발전 방향을 전망한다.

본 책이 갖는 학문적·실무적 의의는 다음과 같다. 학문적으로는 전통적인 부동산 경제학의 이론적 지평을 ESG라는 새로운 패러다임으로 확장하고, 비재무적 요소가 부동산 가치에 미치는 영향을 체계적으로 분석하는 새로운 연구 분야를 개척하는 데 기여할 수 있다. 또한, 경제학, 경영학, 도시계획학, 환경공학 등 다양한 학문 분야와의 융합 연구를 촉진하는 계기가 될 수 있다.

실무적으로는 부동산 시장의 다양한 참여자들에게 ESG 통합의 필요성과 구체적인 실행 방법을 제시함으로써, 실제 의사결정 과정에서 ESG를 효과적으로 고려하고 지속 가능한 경영 및 투자 전략을 수립하는 데 실질적인 도움을 줄 수 있다. 이는 개별 기업의 경쟁력 강화뿐만 아니라, 부동산 산업 전체의 지속 가능한 발전과 국가 경제의 친환경·포용적 전환에도 기여할 것으로 기대된다.

궁극적으로 본 책은 독자들이 ESG와 부동산 경제의 복잡한 상호관계를 깊이 있게 이해하고, 이를 바탕으로 미래 사회의 변화를 선도하며 지속 가능한 가치를 창출하는 데 필요한 통찰력과 지혜를 얻을 수 있도록 돕고자 한다. 단순한 이론서가 아닌, 현실 문제 해결에 기여하고 미래를 준비하는 실용적인 지침서가 되는 것이 본 책의 가장 큰 바람이다.

ESG 기반 헤도닉 가격 모형 활용 전략

- **ESG 기반 지역 투자 건축가**: 투자자는 헤도닉 가격 모델을 활용하여 안전한 건물이나 사회 기여가 높은 프로젝트를 먼저 선택할 수 있다.
- **스마트 기술 패치**: IoT 센서를 통해 에너지 인덱스를 분석하고 최적화하여 운영 구조와 환경에 참여할 가능성을 동시에 사용할 수 있다.
- **설계 지원**: 부분은 본 연구 결과는 특정 지역의 가능성이 있는 부분에서 자산 시장에 영향을 분석하고 효과적인 역할을 설계할 수 있다.

> 궁극적으로 ESG 원칙과 헤도닉 가격 모델의 접목을 통해 발전과 경제적 성과를 동시에 달성할 수 있는 방안을 제시하며, 소수 시장에 대해 혁신적인 가능성을 이끌어 낼 수 있다는 것이다.

◎ 응용과 적용: 친환경 빌딩 투자와 ESG 리스크 관리

적용예시 1. 친환경 오피스 빌딩 개발

ESG 원칙을 부동산 개발에 적용하여 에너지 효율을 극대화하고, 친환경 건축 자재를 사용하여 LEED, BREEAM 등 국제 친환경 인증을 획득하는 프로젝트가 추진되고 있다.

이러한 프로젝트는 건물의 가치를 높이고 임대 경쟁력을 강화하며, 투자 유치에 긍정적인 영향을 미치고 있다.

적용예시 2. 빅데이터 및 AI 기반 ESG 리스크 관리 시스템 구축

부동산 자산의 ESG 관련 리스크(탄소 배출, 환경 규제, 안전 사고)를 평가하기 위해 빅데이터와 AI 기술을 활용하는 시스템이 구축되고 있다.

이 시스템을 통해 자산별 ESG 등급을 정량적으로 분석하고, 잠재적 리스크를 예측하여 선제적으로 대응함으로써 지속 가능한 자산 관리 및 운영 전략을 수립하고 있다.

6.4. ESG 경영의 중요성과 시장의 역할

1) ESG의 중요성 증대 현상

ESG 요소는 기업 가치 평가와 투자 전략에서 점점 더 중요한 역할을 하는 현상이

나타나고 있다. 특히, 투자자들은 탄소 중립(Net Zero) 목표에 집중하며 ESG 성과를 주요 투자 기준으로 삼고 있다. 이러한 현상은 글로벌 투자 시장에서 더욱 두드러지고 있다.

2) 기술을 활용한 ESG 평가 및 관리 현황

인공지능(AI), 빅데이터, 블록체인, IoT 센서 등의 기술은 ESG 성과를 정확하게 평가하고 관리하는 데 중요한 역할을 한다.
AI와 빅데이터는 ESG 데이터를 분석하여 투자 결정을 지원하고, 기업의 탄소 배출량을 정확히 측정하여 탄소 중립 목표 달성을 돕고 있다. 블록체인은 계약 거래의 투명성과 신뢰성을 높여 거래 비용을 절감하는 데 기여하고 있다. IoT 센서는 에너지 데이터를 수집하고 분석하여 ESG 평가에 활용하는 환경을 조성하고 있다.

3) 부동산 시장에서의 ESG

기후 변화 대응, 사회적 책임 이행, 투명한 지배 구조 구축은 지속 가능한 부동산 시장의 핵심 요소가 되고 있다.
탄소 중립 목표는 2050년 탄소 중립 목표 달성을 위해 부동산 부문의 역할이 더욱 중요해지는 상황이다.

4) 미래 사회에서의 ESG 역할과 기술의 활용 전망

ESG는 기업과 투자자에게 필수적인 요소가 될 것이다. AI, 빅데이터 등 첨단 기술은 이를 효과적으로 평가하고 관리하는 데 핵심적인 역할을 수행할 것이다. 특히, 부동산 시장과 같은 특정 산업에서는 ESG가 지속 가능한 성장의 중요한 토대가 될 것이다.

5) 정량적 가치 분석 및 지속 가능한 미래

정량적 가치 분석은 할인율과 같은 가격 모델을 활용한 ESG 가치의 정량적 분석으로, ESG 경영의 경제적 타당성을 입증하고 효율적인 자원 배분을 가능하게 한다. 지속 가능한 미래는 부동산 시장의 모든 참여자가 ESG 원칙을 이해하고 실천함으로써 환경 보호, 사회적 포용, 경제적 번영의 조화를 이루어 나갈 수 있다.

50%	70%	30%
탄소 감축	ESG 투자	운영비 절감
2030년까지 부동산 부문 온실가스 감축 목표	2025년까지 ESG 고려한 부동산 투자 비중 전망	친환경 건축물의 평균 에너지 비용 절감률

제7장

헤도닉 가격 모형의 배경과 응용

부동산 평가 방법의 한계
(Limitations of Real Estate Valuation Methods)

헤도닉 가격 모형(Hedonic Pricing Model)은 상품의 가격이 그 상품을 구성하는 다양한 개별 특성들의 암묵적인 가치(implicit prices)의 합으로 결정된다는 가정에 기초한 분석 방법론이다. 특히 부동산과 같이 표준화되기 어렵고 다양한 속성을 지닌 이질적인 재화의 가치를 평가하고, 각 속성이 가격에 미치는 영향을 분리하여 추정하는 데 널리 활용된다. 본 장에서는 헤도닉 가격 모형의 이론적 배경과 기본 원리를 살펴보고, 전통적인 부동산 가치평가에서의 응용 사례와 한계를 검토하며, 최근 중요성이 커지고 있는 ESG 요소를 헤도닉 가격 모형에 통합하여 분석 모델을 개선할 수 있는 방향을 모색하고자 한다.

7.1. 헤도닉 가격 구조의 기본 원리

헤도닉 가격 모형의 핵심 아이디어는 소비자가 상품을 구매할 때 상품 그 자체가 아니라 상품이 제공하는 효용을 발생시키는 여러 가지 특성들의 묶음(bundle of characteristics)을 구매한다는 랭카스터(Lancaster)의 소비자 이론에 뿌리를 두고 있다. 즉, 상품의 가격은 해당 상품이 지닌 개별 특성들의 시장 가치를 반영한다는 것이다.

부동산의 경우, 주택 가격은 단순히 주택이라는 단일 상품의 가격이 아니라, 그 주택이 제공하는 다양한 서비스와 효용의 원천이 되는 특성들, 예를 들어 주택의 크기(면적), 방의 개수, 건축물의 질, 특정 설비(주차장, 엘리베이터 등)의 유무, 그리고 무엇보다 중요한 입지적 조건(도심 접근성, 교통 편의성, 교육 환경, 주변 자연환경 등)에 대한 시장의 평가가 종합적으로 반영된 결과로 이해할 수 있다.

헤도닉 가격 함수는 일반적으로 다음과 같은 형태로 표현된다: $P = f(X_1, X_2, X_3, \cdots X_n)$. 여기서 P는 부동산 가격(또는 임대료)을 나타내고, $X_1, X_2, \cdots X_n$은 해당 부동산이 지닌 n개의 다양한 특성 변수들(예: 면적, 층수, 건축 연도, 지하철역까지의 거리, 공원 접근성, 친환경 인증 여부 등)을 의미한다. f는 이들 특성과 가격 간의 함수 관계를 나타낸다.

이러한 헤도닉 가격 함수를 추정하기 위해서는 다수의 부동산 거래 데이터(가격 및 특성 정보 포함)를 수집하고, 회귀분석(Regression Analysis)과 같은 통계적 방법을 사용한다. 회귀분석을 통해 각 특성 변수(X)의 계수(coefficient)를 추정하게 되는데, 이 계수 값은 해당 특성이 한 단위 변화할 때 부동산 가격에 미치는 한계적인 영향, 즉 해당 특성의 암묵적 가격(implicit price 또는 hedonic price)을 의미한다.

예를 들어, 헤도닉 가격 함수 추정 결과, '방의 개수' 변수의 계수가 1,000만 원으로 나왔다면, 다른 모든 조건이 동일할 때 방이 하나 더 많을수록 주택 가격이 평균적으로 1,000만 원 더 높게 형성된다고 해석할 수 있다. 이처럼 헤도닉 가격 모형은 부동산을 구성하는 다양한 질적 특성들의 가치를 화폐 단위로 정량화하여 보여줄 수 있다는 장점이 있다.

헤도닉 가격 함수의 구체적인 형태는 선형, 로그 선형, 제곱 선형, Box-Cox 변환 등 다양하게 설정될 수 있으며, 이론적 근거나 데이터의 특성에 따라 적절한 함수 형태를 선택하는 것이 중요하다. 또한, 모형의 설명력을 높이고 추정치의 편의(bias)를 줄이기 위해서는 관련 있는 주요 특성 변수들을 최대한 포함하고, 변수 간 다중공선성(multicollinearity) 문제나 내생성(endogeneity) 문제 등을 적절히 통제해야 한다.

헤도닉 가격 모형은 부동산 시장 분석, 감정평가, 환경 가치 추정, 공공 정책 효과 분석 등 다양한 분야에서 응용되고 있다. 예를 들어, 특정 공공시설(공원, 도서관 등) 건설이 주변 주택 가격에 미치는 영향을 분석하거나, 대기오염이나 소음과 같은 환경적 비선호 시설이 주택 가격에 미치는 부정적인 영향을 화폐 가치로 추정하는 데 활용될 수 있다.

최근에는 ESG 요소가 부동산 가치에 미치는 영향에 대한 관심이 높아지면서, 헤도닉 가격 모형에 친환경 인증, 에너지 효율 등급, 사회적 편의시설 접근성 등 ESG 관련 변수를 포함하여 분석하는 연구가 활발히 진행되고 있다. 이를 통해 ESG 성과가 우수한 부동산이 시장에서 실제로 프리미엄을 받는지, 또는 ESG 리스크가 높은 부동산이 가격 할인을 받는지 등을 실증적으로 검증할 수 있다.

결론적으로, 헤도닉 가격 구조의 기본 원리는 부동산과 같이 이질적인 상품의 가격이 그 상품을 구성하는 다양한 특성들의 시장 가치의 합으로 표현될 수 있다는 것이며, 이를 통해 각 특성의 경제적 가치를 추정하고 부동산 시장을 보다 깊이 있게 이해할 수 있는 분석적 틀을 제공한다.

> **헤도닉 가격 모형의 거래 시장 참여 관계**
>
> 시장에서 거래되는 헤도닉 가격 모형은 주택 및 내부 가치평가에 사용된다. 예를 들어, 독립된 아파트 시장을 대상으로 한 연구에서 특정 사람에게 초점을 맞추고, 이러한 연구는 박운선(2012)의 연구와 마찬가지로 매매가와 임대료에 영향을 미치는 요인을 분석하며, 투자자와 고립된 사람들에게 중요한 정보를 제공하고, 지역별 가치 차이를 설명하는 데 기여한다. 또한 환경적 요인을 포함한 연구에서도 헤도닉 가격 모형이 활용되고 있다. 이는 LEED 인증 건물 주택이 일반 건물보다 더 가치 있다는 점을 뒷받침하여(Eichholtz et al., 2010). 환경적 지속 가능성이 가치에 긍정적인 영향을 미치는 점을 입증하며 ESG 요소를 통합한 가치평가 모델 개발에도 기여하고 있다.

◎ 응용과 적용: 주택 가격에 영향을 주는 요인 분석

적용예시 1. 공원 인접 아파트의 가치 평가

어떤 아파트 단지가 공원 바로 옆에 위치해 있다고 가정해 보자. 회귀분석 모형을 이용하면, 이 공원이 아파트 가격에 얼마나 영향을 미치는지 분석할 수 있다. 예를 들어, 회귀분석 결과 '공원 접근성'이라는 변수의 계수가 1,000만 원으로 나왔다면, 공원에 인접하지 않은 비슷한 조건의 아파트에 비해 공원에 인접한 아파트의 가격이 평균적으로 1,000만 원 더 높다고 해석할 수 있다. 이를 통해 공원이 아파트의 가치를 높이는 긍정적인 요인임을 수치로 증명할 수 있다.

적용예시 2. 친환경 인증 주택의 프리미엄 분석

최근 ESG 경영이 중요해지면서 친환경 건축물에 대한 관심이 높아졌다. 회귀분석 모형을 활용하여 친환경 인증을 받은 주택이 시장에서 어느 정도의 프리미엄을 형성하는지 분석할 수 있다. 친환경 인증 등급, 에너지 효율 등급 등을 변수로 포함하여 주택 거래 데이터를 분석하면, 친환경 인증을 받은 주택이 그렇지 않은 주택에 비해 시장에서 더 높은 가격에 거래되는지 여부를 실증적으로 검증할 수 있다. 이를 통해 친환경 건축의 경제적 가치를 평가할 수 있다.

7.2. 기존 가치평가 방법론의 한계 및 개선 필요성

전통적인 부동산 가치평가 방법론인 시장접근법, 수익접근법, 비용접근법은 각각의 장점과 함께 뚜렷한 한계점을 가지고 있으며, 특히 ESG와 같은 비재무적 요소를 체계적으로 반영하는 데 어려움을 겪고 있다. 이러한 한계는 부동산 가치를 보다 정확하고 포괄적으로 평가하기 위한 개선의 필요성을 제기한다.

시장접근법(거래사례비교법)은 실제 시장 거래 가격을 기반으로 하므로 현실성이 높다는 장점이 있지만, 유사한 거래 사례를 충분히 확보하기 어렵거나 시장이 비정상적인 상황(예: 급등기, 급락기, 거래 절벽)에서는 적용이 제한된다. 또한, 거래 사례 부동산과 대상 부동산 간의 특성 차이를 조정하는 과정에서 평가자의 주관이 개입될 여지가 크며, 특히 눈에 보이지 않는 ESG 관련 특성의 차이를 객관적으로 비교하고 조정하는 것은 더욱 어렵다.

수익접근법(수익환원법)은 장래 기대수익을 기반으로 가치를 평가하므로 투자 결정에 유용하지만, 미래 순수익 및 현금흐름을 정확하게 예측하는 것이 매우 어렵다는 근본적인 한계가 있다. 특히, 친환경 설비 도입으로 인한 장기적인 에너지 비용 절감 효과나 임차인의 생산성 향상 효과, 또는 기후변화 리스크로 인한 미래 현금흐름 변동 가능성 등 ESG 관련 요소를 미래 수익 추정에 정량적으로 반영하는 것은 복잡한 과제이다. 또한, 적정한 환원율이나 할인율을 결정하는 데 있어서도 시장 상황과 함께 ESG 리스크 프리미엄을 어떻게 고려할 것인지에 대한 표준화된 방법론이 부족하다.

비용접근법(원가법)은 신축 건물이거나 특수 목적용 부동산 평가에는 유용할 수 있으나, 시장성이나 수익성을 직접적으로 반영하지 못한다는 단점이 있다. 또한, 물리적 감가 외에 기능적 감가(설계 불량, 설비 노후화 등)나 경제적 감가(주변 환경 변화, 시장 수요 감소 등)를 정확히 측정하고 반영하는 것이 어렵다. ESG 측면에서 보면, 친환경 자재 사용이나 고효율 설비 설치로 인해 초기 건축 비용(재조달원가)이 증가할 수 있지만, 이것이 반드시 시장 가치 상승으로 이어지지 않을 수도 있으며, 반대로 ESG 기준에 미달하는 기존 건물은 더 큰 경제적 감가를 겪을 수 있다.

이러한 전통적인 평가 방법들은 대부분 관찰 가능한 물리적, 경제적 특성에 초점을 맞추고 있어, 최근 중요성이 커지고 있는 환경적 지속 가능성, 사회적 책임, 투명한 지배구조와 같은 ESG 요소의 가치를 체계적으로 포착하고 반영하는 데 한계를 드러낸다. 예를 들어, 동일한 물리적 조건과 임대 수익을 가진 두 건물이 있더라도, 하나는 친환경 인증을 받고 에너지 효율이 높은 반면 다른 하나는 그렇지 않다면, 두 건물의 장기적인 자산 가치와 리스크 프로파일은 다를 수밖에 없다. 그러나 기존 평가 방법론만으로는 이러한 차이를 충분히 설명하거나 정량화하기 어렵다.

또한, 기존 평가 방법들은 종종 과거 데이터에 의존하거나 단기적인 시장 상황을 반영하는 경향이 있어, 기후변화와 같이 장기적이고 구조적인 변화를 야기하는 ESG 리스크를 적절히 평가하지 못할 수 있다. 이는 자산 가치의 과대평가나 과소평가를 초래하여 투자자들의 합리적인 의사결정을 저해하고 시장의 비효율성을 야기할 수 있다.

따라서 기존 가치평가 방법론의 한계를 극복하고, ESG 요소를 보다 객관적이고 체계적으로 통합할 수 있는 개선된 평가 프레임워크와 방법론 개발이 시급하다. 헤도닉 가격 모형은 이러한 개선 노력에 있어 중요한 역할을 할 수 있으며, ESG 관련 데이터를 적극적으로 활용하고 새로운 분석 기법을 도입하여 평가의 정확성과 포괄성을 높여야 한다.

결론적으로, 전통적인 부동산 가치평가 기법들은 ESG 시대의 요구를 충분히 반영하지 못하는 한계를 가지고 있으며, 지속 가능한 가치평가를 위해서는 ESG 요소를 명시적으로 고려하고 그 영향을 정량화할 수 있는 혁신적인 접근 방식이 필요하다.

> **관련 연구: 서울 아파트 시장**
>
> 서울시 아파트 시장을 대상으로 한 연구에서 헤도닉 가격 모형이 기존 모형보다 우수한 결과를 보였다(박운선, 2012). 이 연구는 개별 아파트에 대해 바닥수, 분리법, 공립적인 부분 등을 중심으로 매매가와 연관 관계를 분석했으며, 공원 접근성과 LEED 인증 여부와 같은 환경적 요인이 매매가에 미치는 긍정적인 영향을 규명했다. 기존 모형에서는 ESG의 가치가 관련되어 있음이 입증되었다.
>
> 강남구와 도봉구처럼 지역별로 다른 하위시장을 설정하여 분석한 결과 박운선은 가구 구성원과 함께 지역 외부에 영향을 미치는 요인을 고려했다. 예를 들어, 강남구에서는 반대편 매매가가 큰 영향을 미쳤지만 도봉구에서는 상대적으로 낮은 영향을 미치며 이러한 요소를 배제할 수 있음을 보였다. 이러한 결과는 헤도닉 가격 모델이 지역 유사성을 반영할 수 있었음을 보여 준다.

◎ 응용과 적용: ESG를 고려한 부동산 가치 평가 혁신

적용예시 1. 친환경 건축물에 대한 가치 평가의 어려움

A 빌딩은 신축 당시 고효율 에너지 설비 및 친환경 건축 자재를 사용하였고, B 빌딩보다 초기 건축 비용이 더 많이 들었다. B 빌딩은 일반적인 건축 방식으로 지어졌다.

현재 시장에서 두 빌딩의 임대료와 수익률은 비슷하게 형성된다. A 빌딩의 장기적인 에너지 비용 절감 효과와 친환경 인증이 가져다주는 미래 가치는 수익 환원법 같은 전통적인 방식으로는 제대로 평가받지 못하고 있다. 투자자들은 두 빌딩의 장기적인 가치와 리스크 프로파일이 다름에도 불구하고, 현재의 재무 지표만으로 A 빌딩의 추가적인 가치를 인정하지 못하는 경향이 있다.

적용예시 2. 물리적 감가상각 외 ESG 요소 반영의 필요성

오래된 상업용 건물은 노후화로 인해 물리적 감가상각(건물 불량, 설비 노후 등)이 진행된다. 전통적인 비용 접근법은 재건축 비용을 산정해 가치를 평가하지만, 이 건물에 ESG 관련 리스크(예: 건물 안전 문제, 사회적 책임 미흡 등)가 존재함에도 불구하고 이러한 요소는 가치에 반영되지 않는다.

이로 인해 투자자들이 건물의 잠재적 리스크를 간과하고 합리적인 의사결정을 내리기 어려운 상황이 발생한다. 이는 결국 자산 가치를 과대평가하거나 비효율적인 거래를 초래할 수 있다. ESG 요소를 체계적으로 평가하여 반영할 수 있는 새로운 접근 방식이 필요하다.

7.3. ESG 요인을 반영한 모델 개선 방향

부동산 가치평가에 ESG 요인을 효과적으로 통합하기 위해서는 기존의 헤도닉 가격 모형을 개선하고 확장하는 노력이 필요하다. 이는 단순히 ESG 관련 변수를 추가하는 것을 넘어, 데이터 수집 및 처리, 변수 선택 및 측정, 모델링 기법, 그리고 결과 해석에 이르기까지 전 과정에 걸친 혁신을 요구한다.

첫째, **신뢰할 수 있는 ESG 데이터의 확보 및 표준화**가 선행되어야 한다. 현재 ESG 관련 데이터는 출처가 다양하고 측정 기준이 통일되지 않아 비교 가능성과 신뢰성이 낮은 경우가 많다. 따라서 정부, 공공기관, 민간 기업, 연구기관 등이 협력하여 건물 에너지 소비량, 탄소 배출량, 친환경 인증 정보, 안전 관리 기록, 지역사회 기여도 등 ESG 관련 데이터를 체계적으로 수집, 관리하고 표준화된 형태로 공개하는 시스템을 구축해야 한다. GRESB, LEED, G-SEED와 같은 기존 인증 및 평가 데이터를 적극 활용하고, IoT 센서나 빅데이터 분석을 통해 실시간으로 생성되는 데이터를 통합하는 방안도 모색해야 한다.

둘째, **ESG 특성 변수의 정교한 정의 및 측정**이 중요하다. 환경(E), 사회(S), 지배구조(G) 각 영역에서 부동산 가치에 실질적인 영향을 미치는 핵심 변수들을 식별하고, 이를 객관적이고 계량 가능한 지표로 변환해야 한다. 예를 들어, '에너지 효율성'은 단순히 에너지 소비량뿐만 아니라 에너지원 구성(신재생에너지 비율), 단열 성능, 고효율 설비 유무 등을 종합적으로 고려한 지표로 개발될 수 있다. '사회적 가치'는 건물 내 편의시설, 유니버설 디자인 적용 수준, 지역사회 개방도, 입주민 만족도 조사 결과 등을 활용하여 측정할 수 있다.

셋째, **헤도닉 가격 모형의 함수 형태 및 추정 방법 개선**이 필요하다. ESG 요소는 부동산 가격에 비선형적이거나 상호작용적인 영향을 미칠 수 있으므로, 단순한 선형 모델보다는 유연한 함수 형태(예: 비선형 모델, 분위 회귀분석, 공간 계량 모형)를 적용하는 것이 바람직하다. 공간 계량 모형은 특정 지역의 ESG 수준이 인근 지역 부동산 가격에 미치는 공간적 파급효과(spillover effect)를 분석하는 데 유용하다. 또한, 머신러닝(Machine Learning) 기법(예: 랜덤 포레스트, 그래디언트 부스팅, 신경망)을 활용하면 복잡한 변수 간 관계를 효과적으로 모델링하고 예측 정확도를 높일 수 있다.

넷째, **시간적 동태성 및 이질성 고려**가 중요하다. ESG 요소가 부동산 가치에 미치는 영향은 시간의 흐름에 따라 변화할 수 있으며(예: 환경 규제 강화, 사회적 인식 변화), 부동산 유형(주거용, 상업용, 산업용 등)이나 지역적 특성에 따라서도 다르게 나타날 수 있다. 따라서 패널 데이터 분석이나 시변계수 모형(time-varying coefficient model)을 활용하여 ESG 효과의 동태적 변화를 포착하고, 하위 시장별로 세분화된 분석을 통해 이질적인 영향을 규명해야 한다.

다섯째, **인과관계 추론의 강화**가 필요하다. ESG 성과와 부동산 가치 간의 상관관계는 관찰될 수 있지만, 이것이 반드시 인과관계를 의미하지는 않는다. 누락 변수 편의나 역인과관계(reverse causality) 가능성을 배제하기 위해 도구 변수(Instrumental Variable) 추정, 이중차분법(Difference-in-Differences), 회귀불연속 설계(Regression Discontinuity Design) 등 인과관계 추론에 보다 강건한 계량경제학적 방법론을 적극적으로 활용해야 한다.

여섯째, **정성적 분석과의 결합**을 통해 모델의 설명력을 높여야 한다. 계량 모형 분석 결과만으로는 설명하기 어려운 ESG 요소의 영향이나 시장 참여자들의 인식 변화 등을 파악하기 위해, 전문가 심층 인터뷰, 설문조사, 사례 연구 등 정성적인 연구 방법을 병행하여 분석 결과의 현실 적합성과 정책적 함의를 풍부하게 할 수 있다.

일곱째, '**그린워싱(Greenwashing)' 문제에 대한 고려**가 필요하다. 기업이나 자산이 실제 ESG 성과보다 과장된 친환경 이미지를 내세우는 경우, 이를 식별하고 평가에서 제외하거나 페널티를 부과하는 방안을 모델에 반영해야 한다. 이는 신뢰할 수 있는 제3자 인증 정보나 실제 운영 데이터 기반의 검증을 통해 이루어질 수 있다.

여덟째, **미래 리스크 및 기회 요인의 통합**이다. 기후변화 시나리오 분석(예: NGFS 시나리오)을 헤도닉 모형과 연계하여, 미래의 물리적 리스크(홍수, 폭염 등)나 전환 리스크(탄소세 도입 등)가 특정 지역이나 유형의 부동산 가치에 미칠 장기적인 영향을 예측하고, 이를 현재 가치평가에 반영하는 방안을 모색해야 한다. 반대로, ESG 관련 기술 혁신이나 새로운 시장 기회(예: 탄소배출권 거래)가 창출할 수 있는 잠재적 가치도 고려해야 한다.

아홉째, **모델의 투명성 및 해석 가능성 확보**이다. 복잡한 머신러닝 모델을 사용하더라도, 어떤 ESG 요소가 왜, 얼마나 부동산 가치에 영향을 미치는지를 설명할 수 있도록 모델의 해석 가능성을 높이는 노력이 필요하다(예: SHAP 값 활용). 이는 평가 결과에 대한 시장의 수용성을 높이고 실제 의사결정에 유용하게 활용되기 위한 전제 조건이다.

결론적으로, ESG 요인을 반영한 헤도닉 가격 모형의 개선은 데이터, 변수, 모델링, 해석 등 다방면에 걸친 노력을 통해 이루어질 수 있다. 이러한 개선을 통해 부동산의 지속 가능한 가치를 보다 정확하게 평가하고, ESG 투자 및 정책 결정의 과학적 근거를 마련하는 데 기여할 수 있을 것이다.

> ### 전시 연구: ESG 기반 헤도닉 가격 모형 적용
>
> 서울시 아파트 시장을 대상으로 LEED 인증 여부가 매매가에 미치는 영향을 분석했다(박운선, 2012). 결과적으로 LEED 인증을 받은 아파트는 비인증 아파트보다 평균 10% 높은 매매가를 기록했으며, 공원 친화적인 매매가에 긍정적인 영향을 미칠 수 있었다. 이는 ESG 요소가 가치 평가에서 중요하게 작용할 수 있음을 입증한다.
>
> 지역별로 하위 시장(하위 시장)을 설정하여 분석한 결과에 따라 독립적인 구성원을 추가하는 기능을 제공한다.
>
> 예를 들어, 특정 동네에서는 먼지가 많은 건축가가 아파트 가격에 큰 영향을 미치지만 도봉구에서는 상대적으로 낮은 영향을 끼치게 된다. ESG 요인은 지역별 시장에서 독립할 수 있는 구성원을 제공한다는 것을 보여 준다.

◎ 응용과 적용: ESG 데이터를 활용한 부동산 가치 평가

적용예시. ESG 데이터 활용 및 모델 개선을 통한 정확한 가치 평가

어떤 건설사는 친환경 인증(녹색건축인증)을 받은 아파트를 신축했다. 기존 헤도닉 가격 모델에서는 단순히 인증 유무만 반영했지만, 개선된 모델에서는 건축물의 에너지 효율 등급, 신재생에너지 설비 설치 여부, 단지 내 녹지 공간 비율 등을 구체적인 변수로 활용한다. 이를 통해 단순히 '친환경 아파트'라는 추상적인 가치가 아닌, 실제 ESG 요소가 부동산 가치에 미치는 영향을 공간적 파급 효과까지 고려하여 더 정확하게 평가하고, 분양가 및 담보 가치를 산정하는 데 활용할 수 있다.

7.4. 헤도닉 가격 모델의 미래와 ESG 통합

현재: ESG 인식 단계

현재 부동산 시장은 ESG의 중요성을 인식하는 단계에 있다.

일부 선도적인 투자자와 개발자들이 ESG 요소를 고려하기 시작했지만, 아직 체계적인 가치 평가와 의사결정 통합은 제한적이다.

헤도닉 모형을 통한 ESG 가치 분석은 초기 단계에 있으며, 데이터와 방법론의 한계로 인해 완전한 ESG 가치 포착에는 한계가 있다.

단기: ESG 통합 단계

향후 5년 내에는 ESG 데이터의 표준화와 가용성이 크게 개선되고, 헤도닉 모형과 같은 분석 도구도 더욱 정교해질 것으로 예상된다.

이에 따라 ESG 요소가 부동산 가치 평가와 투자 의사결정에 보다 체계적으로 통합될 것이며, 금융기관과 투자자들은 ESG 성과에 따른 차별화된 조건(그린 모기지, ESG 연계 대출 등)을 제공할 것이다.

중장기: ESG 주류화 단계

10년 후에는 ESG가 부동산 가치 평가와 시장 작동의 핵심 요소로 완전히 주류화될 것이다.

기후변화와 사회적 요구의 심화로 ESG 성과는 부동산의 시장 경쟁력과 장기적 생존을 결정하는 핵심 요인이 될 것이며, 이에 따라 ESG 통합 헤도닉 모형은 표준적인 가치 평가 도구로 자리잡을 것이다.

특히 디지털 트윈, AI, 블록체인 등 첨단 기술과의 융합을 통해 실시간으로 ESG 성과와 가치 영향을 모니터링하고 예측하는 시스템이 보편화 될 것이다.

1) 헤도닉 가격 모델(Hedonic Pricing Model)의 미래와 ESG 통합

헤도닉 가격 모델은 주택 및 자산 가치 평가에 있어 기존 모델보다 정확하고 유용한 정보를 제공하는 데 유리한 모델이다. 미래에는 가치 평가의 핵심 도구가 될 잠재력이 있다. ESG(환경, 사회, 지배구조) 요소를 반영하여 평가의 신뢰도를 높일 수 있다.

2) 헤도닉 가격 모델과 ESG 데이터의 활용

AI 및 빅데이터 기술의 발전에 힘입어 ESG 데이터 수집 및 분석 시스템이 보편화 될 것이다. 사물인터넷(IoT) 센서를 활용한 건물 에너지 데이터 분석 및 모니터링은 헤도닉 가격 모델을 통해 가치 평가를 더욱 가능하게 할 것이다. 이러한 데이터 기반 방식은 글로벌 투자자들이 ESG 성과를 주요 투자 기준으로 삼고 있어, 앞으로 국

제적으로도 활용이 높아질 것으로 예상된다.

3) 부동산 가치 평가의 미래

부동산 가치 평가의 미래는 ESG 통합을 통해 발전할 것이다. 단순히 평가 방법을 바꾸는 것을 넘어, 부동산 시장과 산업 전반의 지속 가능한 전환을 촉진하는 중요한 동인이 될 것이다. 특히 한국과 같이 부동산이 경제와 사회에서 차지하는 비중이 큰 국가에서는 ESG 통합 부동산 가치 평가의 발전이 국가 전체의 지속 가능한 발전에 기여할 수 있을 것이다.

4) ESG 통합 단계의 발전

- 현재: ESG 인식 단계. 부동산 시장 참여자들이 ESG의 중요성을 인식하기 시작하는 단계.
- 단기: ESG 통합 단계. ESG 데이터의 활용이 증가하고, ESG 관련 투자 상품이 등장하며 ESG 평가가 확산되는 단계.
- 중장기: ESG 주류화 단계. ESG가 부동산 가치 평가의 주요 요소로 자리 잡고, 부동산 시장의 필수적인 요소로 간주되는 단계.

제8장

ESG와 부동산 가치평가

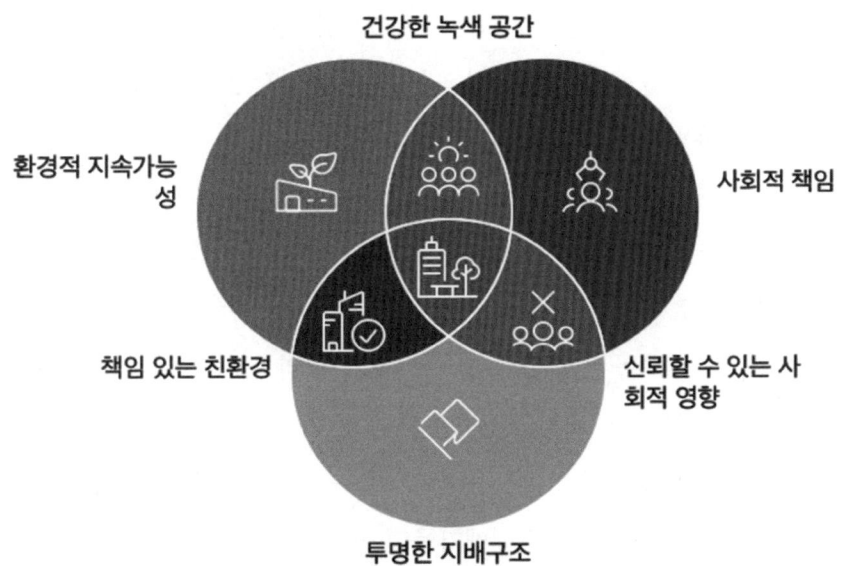

부동산 가치평가에서 ESG 요소의 시너지 효과
(The Synergy of ESG Factors in Real Estate Valuation)

　부동산 가치평가는 거래, 투자, 개발, 금융 등 다양한 의사결정의 기초가 되는 핵심 과정이다. 전통적인 가치평가는 주로 물리적 특성, 입지, 시장 상황, 예상 수익 등 경제적 요인에 초점을 맞추어 왔으나, ESG 패러다임의 확산은 이러한 평가 방식에 근본적인 변화를 요구하고 있다. 환경적 지속 가능성, 사회적 책임, 그리고 투명한 지배구조와 같은 비재무적 ESG 요소들이 부동산의 장기적인 가치와 리스크에 미치는 영향이 중요하게 인식되면서, 이를 가치평가에 통합하려는 노력이 전 세계적으로로 이루어지고 있다. 본 장에서는 환경(E), 사회(S), 지배구조(G) 각 요소가 부동산 가치에 미치는 구체적인 영향을 분석하고, 이러한 요소들을 통합적으로 평가하기 위한 데이터 기반의 ESG 평가 지표 개발 방안을 모색하고자 한다.

8.1. 환경 요인(E)이 부동산 가치에 미치는 영향

환경(Environmental) 요인은 부동산 가치평가에 있어 가장 직접적이고 가시적인 영향을 미치는 ESG 요소 중 하나이다. 기후변화의 심각성에 대한 인식이 높아지고 관련 규제가 강화됨에 따라, 건물의 에너지 효율성, 탄소 배출량, 친환경 인증 여부, 재생에너지 사용, 수자원 및 폐기물 관리 수준, 그리고 기후변화에 대한 적응력 등이 부동산의 시장 가치와 투자 매력도를 결정하는 중요한 변수로 부상하고 있다.

건물의 에너지 효율성은 운영 비용 절감과 직결되어 가치에 긍정적인 영향을 미친다. 에너지 효율이 높은 건물은 냉난방비, 전력비 등 유지관리 비용을 절감시켜 순영업이익(NOI)을 증대하고, 이는 곧 자산 가치 상승으로 이어진다. LEED, BREEAM, G-SEED 등 공신력 있는 친환경 건축물 인증을 획득한 건물은 시장에서 일반 건물에 비해 높은 임대료와 매매가를 형성하는 경향이 있으며, 공실률 또한 낮게 나타나는 경우가 많다. 이는 임차인들이 에너지 비용 절감 효과와 함께 쾌적하고 건강한 업무 및 주거 환경을 선호하기 때문이다.

탄소 배출량 감축 노력 또한 중요한 가치평가 요소이다. 각국 정부가 탄소 중립 목표를 설정하고 탄소세 도입이나 배출권 거래제 시행을 확대함에 따라, 탄소 배출량이 많은 건물은 잠재적인 규제 리스크와 추가 비용 발생 가능성을 안게 된다. 반면, 저탄소 또는 제로에너지빌딩(ZEB)은 이러한 리스크에서 비교적 자유로우며, 오히려 탄소 배출권 판매 등을 통해 추가 수익을 창출할 수도 있다.

재생에너지 사용은 건물 운영의 지속 가능성을 높이고 에너지 비용 변동성을 줄여 가치 안정성에 기여한다. 건물 옥상이나 부지에 태양광 발전 설비를 설치하거나 지열 에너지를 활용하는 것은 장기적으로 에너지 자립도를 높이고 화석연료 가격 변동에 따른 리스크를 완화하는 효과가 있다.

수자원 관리 및 폐기물 저감 노력도 부동산 가치에 영향을 미친다. 절수형 설비 도입, 중수도 시스템 운영, 체계적인 폐기물 분리 및 재활용 시스템 구축 등은 운영비용 절감과 함께 환경 부하를 줄여 건물의 지속 가능한 이미지를 제고한다. 이는 환경 의식이 높은 임차인이나 투자자들에게 매력적인 요소로 작용할 수 있다.

기후변화로 인한 물리적 리스크(홍수, 폭염, 해수면 상승 등)에 대한 건물의 적응력 또한 중요한 가치 결정 요인이다. 자연재해 발생 빈도와 강도가 증가함에 따라, 이러한 리스크에 취약한 지역에 위치하거나 적절한 방재 설비를 갖추지 못한 부동산은 자산 가치 하락, 보험료 상승, 사용 제한 등의 위험에 직면할 수 있다. 반면, 기후변화 적응형 설계를 도입하거나 안전한 입지에 위치한 부동산은 상대적으로 높은 가치를 인정받을 수 있다.

주변 자연환경과의 조화 및 생태적 가치도 부동산 가치에 영향을 미친다. 공원, 숲, 강 등 녹지 공간에 대한 접근성은 주거 환경의 쾌적성을 높이고 심리적 안정감을 제공하여 주택 가격에 긍정적인 영향을 미치는 것으로 알려져 있다. 또한, 생물다양성 보전 노력이나 도시 열섬 현상 완화에 기여하는 조경 설계 등도 부동산의 환경적 가치를 높이는 요소이다.

환경오염 문제 또한 부동산 가치에 직접적인 영향을 미친다. 토양오염이나 대기오염, 소음 등이 심각한 지역의 부동산은 건강 문제 유발 가능성 등으로 인해 시장에서 낮은 평가를 받을 수밖에 없다. 오염된 토지를 정화하고 재개발하는 프로젝트는 환경 개선과 함께 새로운 가치를 창출하는 기회가 될 수 있다.

결론적으로, 환경 요인은 부동산의 운영 효율성, 시장 경쟁력, 리스크 관리, 그리고 장기적인 자산 가치 유지에 있어 핵심적인 역할을 수행한다. 따라서 부동산 가치 평가 시 이러한 다양한 환경적 측면을 종합적으로 고려하고 정량화하려는 노력이 필수적이다.

> **전시 연구: LEED 인증 건축물과 공원 기반**
>
> LEED 인증 건물의 효과를 분석하는 연구에서는 먼지 설계가 임대와 매매가 모두에 긍정적인 영향을 미친다고 입증했다(Eichholtz et al., 2010). 또한 서울시 내 공원 투자를 분석한 연구에서는 공원과 가까운 아파트 단지가 아닌 단지 평균 7% 높은 매매가를 기록했다(박운선, 2012). 환경 요인은 단순히 외부 효과로 작용하는 것이 아니라 자산 가치평가의 핵심으로 자리 잡고 있다.

◎ 응용과 적용: 환경 요인이 부동산 가치에 미치는 영향

1. 건물의 에너지 효율 개선을 통한 가치 증대

- 예시: 오래된 상업용 건물을 리모델링하여 에너지 효율을 극대화하는 '그린 리모델링'을 진행하고 있다. 기존의 노후된 냉난방 시스템을 고효율 시스템으로 교체하고, 옥상에 태양광 발전 설비를 설치하여 건물 자체적으로 에너지를 생산하고 있다.
- 결과: 공용 부분의 전기료 등 관리비가 크게 절감되어 입주자의 만족도가 높아지고, 건물 운영 비용이 줄어들어 순수익이 증가하고 있다. 또한, 에너지 효율 등급 인증을 통해 건물 가치가 상승하고 매각 시 더 높은 가격을 받고 있다.

2. 기후변화 리스크 관리를 통한 부동산 가치 보호

- 예시: 해수면 상승이나 집중호우에 취약한 해안가 또는 저지대에 위치한 주거용 부동산에 대한 투자 시, 단순히 입지적 장점만을 고려하지 않고 예상되는 기후변화 리스크를 면밀히 분석하고 있다. 침수 방지 시설 설치, 방재 설비 보강 등 기후변화 적응형 설계를 도입하여 건물의 물리적 손상 위험을 최소화하고 있다.

- 결과: 잠재적 재해 위험으로부터 자산 가치를 보호하고, 향후 발생할 수 있는 추가적인 비용을 예방하여 장기적인 자산 안정성을 확보하고 있다. 이러한 노력은 투자자들에게 신뢰를 주어 투자 유치에도 긍정적인 영향을 미치고 있다.

8.2. 사회적 책임(S)과 지배구조(G) 요소의 통합적 가치 분석

사회적 책임(Social) 요소와 지배구조(Governance) 요소는 환경 요소만큼 직접적으로 계량화하기는 어렵지만, 부동산의 장기적인 가치와 지속 가능성에 미치는 영향력은 결코 작지 않다. 이들 요소는 부동산을 둘러싼 다양한 이해관계자(임차인, 직원, 지역사회, 투자자 등)와의 관계, 그리고 부동산 개발 및 운영의 투명성과 책임성을 반영하며, 이는 곧 자산의 평판, 안정성, 그리고 성장 잠재력과 직결된다.

사회적 책임(S) 요소는 부동산이 지역사회와 입주민, 그리고 건물 운영에 관여하는 모든 사람들에게 미치는 영향을 포괄한다. 안전하고 건강한 실내 환경 조성(예: 양호한 공기 질, 자연 채광, 인체공학적 설계), 범죄 예방 환경 설계(CPTED)를 통한 보안 강화, 장애인 및 노약자를 위한 유니버설 디자인 적용, 건물 내 보육시설이나 헬스케어 시설과 같은 편의시설 제공 등은 입주민과 근로자의 만족도, 건강, 생산성을 높여 부동산의 매력도를 증진시킨다.

지역사회와의 긍정적인 관계 구축 또한 중요한 사회적 가치이다. 개발 과정에서 지역 주민의 의견을 적극적으로 수렴하고, 공공 공간 제공, 지역 주민 고용, 지역 소상공인 지원 등 지역사회에 기여하는 활동은 프로젝트의 사회적 수용성을 높이고 긍정적인 평판을 형성한다. 이는 장기적으로 안정적인 운영 환경을 조성하고 잠재적인 갈등 요소를 줄이는 데 기여한다. 저렴한 주택(Affordable Housing) 공급이나 도시재생 프로젝트를 통해 주거 취약계층을 지원하고 지역 활성화에 기여하는 것 또한 중요한 사회적 책임 이행 사례이다.

공급망 관리에서의 사회적 책임도 간과할 수 없다. 건설 자재 조달이나 건물 관리 서비스 위탁 과정에서 협력업체 직원들의 노동 인권 존중, 공정한 거래 관행 확립, 안전한 작업 환경 보장 등은 기업의 사회적 책임을 이행하는 중요한 부분이며, 이는 공급망 리스크를 줄이고 기업 평판을 유지하는 데 도움이 된다.

지배구조(G) 요소는 주로 부동산을 개발, 투자, 운영하는 기업 또는 조직의 의사 결정 체계, 투명성, 책임성, 윤리성과 관련된다. 투명하고 공정한 정보 공개는 투자자들의 신뢰를 얻는 데 필수적이다. ESG 경영 전략, 목표, 성과, 그리고 관련 리스크를 정기적으로 공개하고, 이해관계자들과 적극적으로 소통하는 기업은 시장에서 긍정적인 평가를 받을 가능성이 높다.

이사회의 독립성, 다양성, 전문성은 건전한 지배구조의 핵심 요소이다. ESG 관련 전문성을 갖춘 이사들이 참여하여 장기적인 관점에서 지속 가능성 전략을 수립하고 감독하는 것은 기업 가치 제고에 중요하다. 또한, 효과적인 내부 통제 시스템, 리스크 관리 체계, 그리고 윤리 강령 및 부패 방지 정책을 마련하고 철저히 시행하는 것은 운영상의 비효율과 법적 리스크를 줄이는 데 기여한다.

주주 및 투자자의 권익 보호 또한 중요한 지배구조 요소이다. 공정한 배당 정책, 의결권 행사 보장, 이해상충 방지 노력 등은 투자자들의 신뢰를 확보하고 장기적인 투자 유치를 가능하게 한다.

사회적 요소와 지배구조 요소는 상호 밀접하게 연관되어 부동산 가치에 영향을 미친다. 예를 들어, 투명하고 윤리적인 지배구조를 가진 기업은 사회적 책임을 다하는 프로젝트를 추진할 가능성이 높으며, 이는 다시 기업 평판과 브랜드 가치를 높여 긍정적인 선순환을 만들어낼 수 있다.

결론적으로, 사회적 책임과 건전한 지배구조는 단기적인 재무 성과로 직접 연결되지 않을 수 있지만, 장기적으로는 부동산 자산의 평판 리스크를 줄이고, 이해관계자와의 긍정적인 관계를 구축하며, 운영의 안정성과 효율성을 높여 지속 가능한 가치 창출의 기반을 마련한다. 따라서 가치평가 시 이러한 정성적인 요소들을 정량적인 지표와 함께 종합적으로 고려하는 분석적 틀이 필요하다.

사건 연구: 사회적 권리와 지배구조의 경제적 효과

한연합 재개발 프로젝트는 지역사회와의 협력을 통해 공공 공간을 확보하고 저소득층 주택 공급을 강화했다. 그 결과 이 프로젝트는 유사한 다른 프로젝트보다 더 낮은 비용으로 더 빠르게 완료되어 뛰어난 성과를 기록했다(박운선, 2012). 이러한 사회적 책임은 가치에 긍정적인 영향을 미칠 수 있음을 보여준다.

글로벌 모범 사례는 미국 내 확고한 의사결정 구조와 투명한 경영이 ESG 평가에서 높은 점수를 가질 수 있다고 밝힌다. 이러한 요소를 갖춘 소형 건물은 다른 건물보다 공실률이 낮고 시장에서 경쟁 우위를 확보한다(Eichholtz et al., 2010).

◎ 응용과 적용: 부동산의 사회적 책임과 지배구조의 중요성

1. 사회적 책임(S)

부동산 개발 시, 단순히 건물을 짓는 것에 그치지 않고 지역사회와의 상생을 추구하는 노력을 기울인다.

예를 들어, 저렴한 주택(Affordable Housing) 공급을 통해 주거 취약계층을 지원하거나, 범죄 예방 환경 설계(CPTED)를 적용해 입주민의 안전을 확보하는 등의 활동을 포함한다.

2. 지배구조(G)

투명하고 윤리적인 경영을 통해 부동산 자산의 가치를 높인다.

예를 들어, 투자자와의 소통을 강화하고 공정한 배당 정책을 실행하여 신뢰를 얻거나, 리스크 관리 시스템을 구축하여 장기적인 안정성을 확보하는 등의 활동이 있다.

8.3. 데이터 기반 ESG 평가 지표 개발

ESG 요소를 부동산 가치평가에 객관적이고 체계적으로 통합하기 위해서는 신뢰할 수 있는 데이터에 기반한 ESG 평가 지표의 개발이 필수적이다. 과거에는 ESG 성과 측정이 정성적인 판단에 의존하거나 표준화된 지표가 부족하여 평가의 일관성과 비교 가능성이 낮았으나, 최근에는 국제적으로 통용되는 다양한 ESG 보고 기준과 평가 프레임워크가 등장하면서 데이터 기반 평가의 중요성이 더욱 커지고 있다.

데이터 기반 ESG 평가 지표 개발의 첫 단계는 평가 목적과 대상 부동산의 특성에 맞는 핵심 ESG 이슈를 식별하는 것이다. 모든 ESG 요소가 모든 부동산에 동일한 중요도를 갖는 것은 아니므로, 산업별 특성(예: 상업용 오피스, 물류센터, 주거용 아파트), 지역적 맥락(예: 기후 조건, 사회적 현안), 그리고 투자자의 관심사를 고려하여 핵심 성과 지표(KPIs)를 선정해야 한다.

다음으로, 선정된 KPI에 대한 정량적·정성적 데이터를 수집하고 관리하는 체계적인 시스템 구축이 필요하다. 환경(E) 지표의 경우, 건물 에너지 소비량(단위 면적당), 온실가스 배출량, 용수 사용량, 폐기물 재활용률, 친환경 인증 등급, 신재생에너지 사용 비율 등을 정량적으로 측정할 수 있다. 사회(S) 지표는 직원 만족도 조사 결과, 안전사고 발생 건수, 지역사회 투자 금액, 입주민 편의시설 만족도, 다양성 및 포용성 관련 지표(예: 여성 임원 비율) 등으로 구성될 수 있다. 지배구조(G) 지표는 이사회 구성의 독립성, ESG 관련 위원회 운영 여부, 정보 공개 수준(예: 지속가능경영보고서 발간), 윤리 강령 준수 여부 등을 평가할 수 있다.

수집된 데이터는 신뢰성과 정확성을 확보하기 위해 검증 과정을 거쳐야 하며, 필요한 경우 제3자 기관의 인증을 받는 것도 고려할 수 있다. 데이터의 일관성과 비교 가능성을 높이기 위해서는 GRESB(Global Real Estate Sustainability Benchmark), GRI(Global Reporting Initiative), SASB(Sustainability Accounting Standards Board), TCFD(Task Force on Climate-related Financial Disclosures) 등 국제적으로 인정받

는 보고 표준 및 프레임워크를 준수하는 것이 권장된다. 이러한 표준들은 각 산업별로 중요한 ESG 이슈와 관련 지표를 제시하고 있어, 기업들이 체계적으로 ESG 성과를 관리하고 보고하는 데 도움을 준다.

개발된 ESG 평가 지표는 가중치 부여 방식을 통해 종합적인 ESG 점수 또는 등급으로 산출될 수 있다. 각 지표의 중요도, 데이터의 신뢰성, 산업 특성 등을 고려하여 합리적인 가중치를 설정하는 것이 중요하다. 이렇게 산출된 ESG 점수는 개별 부동산 자산의 지속 가능성 수준을 평가하고, 포트폴리오 내 자산 간 비교 분석을 가능하게 하며, 투자 의사결정의 중요한 참고 자료로 활용될 수 있다.

디지털 기술의 발전은 데이터 기반 ESG 평가 지표 개발 및 활용을 더욱 용이하게 만들고 있다. IoT 센서를 통해 건물 운영 데이터를 실시간으로 수집하고, 빅데이터 분석 기술을 활용하여 방대한 양의 ESG 관련 정보를 처리하며, AI 기반 예측 모델을 통해 미래 ESG 리스크와 기회를 전망할 수 있다. 블록체인 기술은 ESG 데이터의 투명성과 신뢰성을 높이는 데 기여할 수 있다.

그러나 데이터 기반 ESG 평가 지표 개발에는 여전히 몇 가지 도전 과제가 남아 있다. ESG 데이터의 범위와 정의에 대한 국제적 합의 부족, 기업들의 자발적 공개에 따른 데이터 가용성 및 품질의 한계, 정성적인 ESG 요소의 계량화 어려움, 그리고 평가 방법론의 다양성으로 인한 비교 가능성 저하 등이 대표적이다. 이러한 문제를 해결하기 위해서는 정부, 산업계, 학계, 그리고 국제기구 간의 긴밀한 협력을 통해 ESG 데이터 표준화, 정보 공개 의무화, 그리고 평가 방법론의 투명성 제고를 위한 노력이 지속되어야 한다.

결론적으로, 데이터 기반 ESG 평가 지표는 부동산의 비재무적 가치를 객관적으로 측정하고 가치평가에 통합하는 핵심 도구이다. 신뢰할 수 있는 데이터와 정교한 분석 방법론을 통해 ESG 성과를 정확히 평가하고, 이를 투자 및 경영 의사결정에 적극적으로 반영함으로써 부동산 시장의 지속 가능한 발전을 촉진할 수 있을 것이다.

> **전시 연구: GRESB(Global Real Estate Sustainability Benchmark)**
>
> GRESB는 축소 및 축소 및 축소 가능성을 평가하기 위해 글로벌 표준으로 자리 잡았다. 이 지표는 환경(E), 사회(S), 지배구조(G) 세 가지 축을 기본으로 자산 자체와 자산 이외의 가능성을 평가한다. GRESB는 에너지 효율, 탄소 효과 기대 목표 달성 여부, 지역 사회 기여도 등을 평가 항목으로 삼아 이를 통해 주요 투자자들이 보유할 자산에 대한 정보를 얻도록 돕는다.
>
> 예를 들어, GRESB 점수가 높은 기업은 작은 위험과 높은 수익을 보이는 경향이 있다. ESG 성과가 인정되는 시장에서 경제적 가치를 창출할 수 있음을 증명하는 기업으로 여겨질 수 있다.

◎ 응용과 적용: 부동산 가치 증진을 위한 ESG 평가

적용예시 1. 오피스 빌딩 매입
- 한 자산운용사는 강남의 오피스 빌딩 매입 시 ESG 평가를 진행했다.
- 환경 (E): 건물 에너지 소비량을 측정하고 탄소 배출량을 분석했다.
- 사회 (S): 입주사 직원 만족도와 사회 공헌 활동 참여 여부를 확인했다.
- 지배구조 (G): ESG 위원회 운영 현황과 지속 가능 경영 보고서 발간 여부를 검토했다.
- 결과: ESG 점수가 높은 빌딩을 우선적으로 매입하는 의사결정을 했다.

적용예시 2. 물류센터 ESG 개선
- 한 물류센터 운영사는 ESG 경영을 도입했다.
- 환경(E): 물류센터 지붕에 태양광 발전 설비를 설치하여 재생 에너지를 활용하고, 포장재 재활용률을 높였다.
- 사회(S): 직원들의 안전 교육을 강화하고, 지역 사회 봉사 활동을 정기적으로 실시했다.

- 지배구조(G): 관련 규정을 준수하고, 정보를 투명하게 공개했다.
- 결과: 이러한 ESG 개선 활동을 통해 물류센터의 가치를 높였고, 이는 투자 유치 및 금융 기관 대출 심사에서 긍정적인 요소로 작용했다.

8.4. 부동산 가치 평가에 ESG 통합적용

가치 창출 증명
ESG 성과와 재무적 가치 간의 상관관계에 대한 실증적 증거가 축적되면서, ESG는 단순한 사회적 책임이 아닌 장기적 가치 창출의 핵심 요소로 인식될 것이다.

데이터 중심 접근
객관적이고 신뢰할 수 있는 데터에 기반한 ESG 평가가 표준되며, 디지털 기술의 발전은 더 정교하고 실시간적인 평가를 능하게 할 것이다.

통합적 가치 관점
재무적 가치와 비재무적 가치 통합적으로 고려하는 평가 패다임이 확립되어, 부동산의 진한 가치와 리스크를 더 정확히 반영하게 될 것이다.

글로벌 표준화
국제적인 ESG 평가 표준과 방론이 발전하여 일관성과 비교능성이 향상되고, 이는 글로벌 부동산 시장의 효율성을 높일 이다.

1) 부동산 가치 평가의 변화

부동산 가치 평가는 단순한 금전적 가치를 넘어, 환경적 지속 가능성, 사회적 책임, 투명한 지배구조를 통합한 진정한 가치를 반영하는 방향으로 진화하고 있다.

2) ESG 평가의 중요성

- 환경적 지속 가능성(E): 넷제로(Net Zero)와 같은 글로벌 시스템 강화는 자산

및 에너지 효율을 높여 부동산 가치에 영향을 준다. IoT 기술과 빅데이터를 활용한 건물의 에너지 데이터 수집 및 분석을 통해 더욱 정밀한 평가가 가능해질 것이다.
- 사회적 책임(S) 및 지배구조(G): 부동산의 가치와 지속 가능성은 사회적 책임과 지배구조에 의해 결정된다. 사회적 책임은 지역 사회 기여와 사용자 만족을 통해 매력을 높이고, 지배구조는 투명하고 공정한 의사결정을 통해 신뢰를 구축한다.

3) 미래 전망

미래에는 부동산 개발 및 운영에서 사회적 책임과 지배구조의 중요성이 더욱 커질 것이다. AI와 빅데이터를 활용한 건물의 에너지 데이터 수집 및 분석하는 시스템이 보편화될 것이다. 투자자들은 ESG 경영을 주요 투자 기준으로 삼을 것이며, ESG 평가가 부동산 산업의 미래를 형성하는 핵심 요소로 자리 잡을 것이다.

제9장

글로벌 경쟁 연구: ESG와 부동산 시장

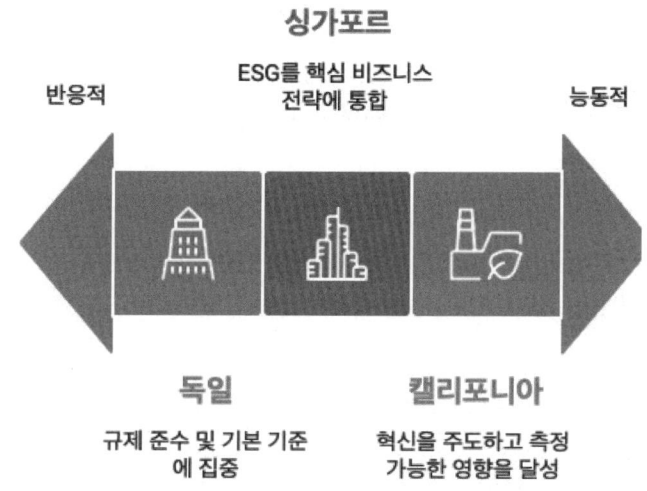

글로벌 부동산 시장에서 ESG 채택 단계 이해
(Understanding ESG Adoption Stages in the Global Real Estate Market)

　ESG 원칙은 전 세계 부동산 시장의 투자, 개발, 운영 방식에 근본적인 변화를 가져오고 있으며, 국가별·지역별로 다양한 정책적 대응과 시장 반응이 나타나고 있다. 글로벌 경쟁 환경 속에서 ESG를 선도적으로 도입하고 우수한 성과를 보이는 부동산 자산과 기업은 경쟁 우위를 확보하고 새로운 성장 기회를 창출할 수 있다. 본 장에서는 친환경 건축물 인증의 대표 격인 LEED 인증 부동산의 시장 가치를 분석하고, 주요 지역별 ESG 적용 우수 사례를 통해 성공 요인을 탐색하며, 데이터 분석 결과를 바탕으로 국내 부동산 시장에 대한 시사점을 도출하고자 한다.

9.1. LEED 인증 기반의 시장 가치 분석

LEED(Leadership in Energy and Environmental Design)는 미국 그린빌딩위원회(USGBC)에서 개발하고 시행하는 세계적으로 널리 인정받는 친환경 건축물 인증 시스템 중 하나이다. LEED 인증은 건물의 설계, 시공, 운영 전 과정에 걸쳐 에너지 효율, 수자원 절약, 실내 환경 질, 지속 가능한 부지 개발, 친환경 자재 사용 등 다양한 환경 성과를 종합적으로 평가하여 등급(Certified, Silver, Gold, Platinum)을 부여한다.

다수의 국제적인 연구 결과에 따르면, LEED 인증을 받은 부동산은 비인증 건물에 비해 시장에서 높은 가치를 인정받는 경향이 뚜렷하게 나타난다. 첫째, LEED 인증 건물은 에너지 및 수자원 사용 효율이 높아 운영 비용(냉난방비, 전력비, 수도 요금 등)을 절감하는 효과가 있다. 이는 건물의 순영업이익(NOI)을 증가시켜 자산 가치 상승에 직접적으로 기여한다. 둘째, LEED 인증 건물은 쾌적하고 건강한 실내 환경을 제공하여 임차인의 만족도와 생산성을 높일 수 있으며, 이는 우량 임차인 유치 및 장기 임대 계약 유지에 유리하게 작용한다. 결과적으로 LEED 인증 건물은 일반 건물보다 높은 임대료를 받거나 낮은 공실률을 기록하는 경우가 많다.

셋째, LEED 인증은 건물의 환경적 성능에 대한 객관적인 증거를 제공함으로써 투자자들에게 매력적인 투자 대상으로 인식된다. ESG 투자를 중시하는 기관 투자자들은 포트폴리오에 LEED 인증과 같은 친환경 자산을 편입함으로써 투자 리스크를 줄이고 장기적인 수익 안정성을 높이려는 경향이 있다. 넷째, LEED 인증은 기업의 사회적 책임(CSR) 이미지를 제고하고 브랜드 가치를 높이는 데 기여한다. 친환경 건물을 소유하거나 임차하는 것은 기업이 환경 보호에 적극적으로 참여하고 있음을 보여주는 상징적인 지표가 될 수 있다.

Eichholtz, Kok, and Quigley(2010)의 연구는 미국의 상업용 오피스 시장에서 에너지 스타(Energy Star) 인증을 받거나 LEED 인증을 받은 건물이 그렇지 않은 건물에 비해 임대료는 약 3~8%, 매매가격은 약 16% 더 높게 형성된다는 실증 분석 결과를 제시했다. 이러한 '그린 프리미엄(Green Premium)'은 건물의 에너지 효율성, 시장의 관심도, 그리고 임차인의 지불 의사 등이 복합적으로 작용한 결과로 해석될 수 있다.

국내에서도 G-SEED(녹색건축인증제도)와 같은 친환경 건축물 인증 제도가 운영되고 있으며, 인증 건물의 시장 가치에 대한 연구가 진행되고 있다. 아직 LEED만큼 풍부한 실증 데이터가 축적되지는 않았지만, 국내 시장에서도 친환경 건축물에 대한 관심이 높아지고 정부의 관련 정책 지원이 강화됨에 따라 인증 건물의 시장 가치 프리미엄이 점차 가시화될 것으로 예상된다.

그러나 LEED 인증과 같은 친환경 인증이 항상 직접적인 가격 프리미엄으로 이어지는 것은 아니며, 시장 상황, 부동산 유형, 지역적 특성, 그리고 인증 등급 등에 따라 그 효과는 다르게 나타날 수 있다. 또한, 인증 획득에 소요되는 초기 투자 비용과 실제 운영 성과 간의 관계, 그리고 인증의 실질적인 환경 개선 효과에 대한 검증도 지속적으로 이루어져야 할 과제이다.

결론적으로, LEED 인증을 비롯한 친환경 건축물 인증은 부동산의 환경적 성능을 객관적으로 평가하고 시장 가치를 높이는 중요한 수단이다. ESG 투자 확대와 함께 친환경 부동산에 대한 수요는 지속적으로 증가할 것으로 예상되며, 이는 부동산 개발 및 투자 전략에 있어 친환경 요소를 우선적으로 고려해야 할 필요성을 강조한다.

행사 연구: 미국과 한국의 LEED 인증 효과

미국 사례:
미국 내 LEED 인증 건물의 경제적 효과를 분석한 연구가 있다. 이 연구에서 LEED 인증 건물이 비인증 건물보다 평균 18% 높은 임대료를 보였다. 일부 지역에서는 약 12% 높은 가격에 거래 제공되었다(Eichholtz et al., 2010). 또한 공실률이 인증 건물보다 20% 낮아 수익 창출이 가능했다.

> **한국 사례:**
> 서울시 내 LEED 인증 교육을 대상으로 한 연구를 진행했다. 이 연구에서 LEED 인증 지역이 비인증 지역보다 10~15% 높은 비율을 기록했다. 높은 임차인의 그룹과 재계약 또한 설명되었다(박운선, 2012). 한국에서도 독일 설계자는 시장에서 경쟁을 강화하는 주요 요인임을 보여 주었다.

◎ 응용과 적용: LEED, 친환경 투자의 핵심 가치

적용예시 1. 운영 비용 절감 및 자산 가치 증대

A사 신축 오피스 빌딩은 고효율 냉난방 시스템, LEED 조명, 빗물 재활용 시스템을 도입했다. 초기 투자 비용이 다소 발생했지만, 운영 단계에서 에너지 및 수도 사용량이 크게 절감되어 매년 수억 원의 운영 비용(NOI)을 절약했다. 또한, LEED 인증으로 인해 건물의 가치가 상승하여 매각 시 일반 건물보다 높은 가격을 받을 수 있었다.

적용예시 2. 투자 유치 및 기업 이미지 제고

B사는 LEED 인증을 받은 물류 창고를 소유하고 있다. 최근 ESG 투자를 중시하는 기관 투자자들이 B사 물류 창고 포트폴리오를 높게 평가하며 투자를 진행하고 있다. 이는 친환경 자산 편입을 통해 투자 리스크를 줄이고 장기적 수익 안정성을 확보하려는 투자자들의 요구와 부합하기 때문이다. 결과적으로 B사는 LEED 인증을 통해 투자 유치에 성공하고, 친환경 경영을 실천하는 기업 이미지를 구축하여 브랜드 가치를 높일 수 있었다.

9.2. 지역별 ESG 적용 우수 연구

전 세계적으로 ESG 원칙을 부동산 시장에 성공적으로 적용하여 경제적, 환경적,

사회적 가치를 동시에 창출하고 있는 다양한 우수 사례들이 나타나고 있다. 이러한 사례들은 각 지역의 고유한 특성과 도전 과제를 반영하며, 다른 지역에 적용 가능한 중요한 교훈과 시사점을 제공한다.

유럽은 ESG 부동산 분야에서 가장 선도적인 지역 중 하나로 평가받는다. 특히 북유럽 국가들은 강력한 환경 규제와 높은 시민 의식을 바탕으로 제로에너지빌딩(ZEB) 보급, 친환경 교통 시스템 구축, 순환 경제 기반의 도시 개발 등을 적극적으로 추진하고 있다. 독일 프라이부르크의 보봉(Vauban) 지구는 자동차 없는 친환경 주거 단지의 성공 모델로 널리 알려져 있으며, 네덜란드 암스테르담은 'The Edge'와 같은 초고효율 스마트 빌딩을 통해 지속 가능한 건축의 새로운 기준을 제시하고 있다. 영국 런던은 대규모 도시재생 프로젝트인 '킹스크로스 센트럴(King's Cross Central)' 개발 과정에서 역사 건축물 보존과 친환경 설계, 그리고 지역사회와의 상생을 성공적으로 결합한 사례로 주목받는다.

북미 지역에서는 미국 캘리포니아주가 건물 에너지 효율 기준(Title 24)을 통해 선도적인 친환경 건축 정책을 시행하고 있으며, 뉴욕시는 'OneNYC 2050' 계획을 통해 기후변화 대응과 사회적 형평성 증진을 위한 통합적인 도시 발전 전략을 추진하고 있다. 캐나다 밴쿠버는 '가장 친환경적인 도시(Greenest City)'를 목표로 건물, 교통, 폐기물 등 다양한 분야에서 혁신적인 ESG 정책을 도입하고 있다.

아시아 태평양 지역에서도 ESG 부동산에 대한 관심과 투자가 빠르게 증가하고 있다. 싱가포르는 '녹색 건물 마스터플랜(Green Building Masterplan)'을 통해 신축 및 기존 건물의 친환경 성능을 높이고 있으며, 스마트 네이션 비전을 통해 도시 전체의 지속 가능성을 제고하고 있다. 일본은 고령화 사회에 대응하여 커뮤니티 기반의 헬스케어 부동산 개발이나 유니버설 디자인 적용 확대 등 사회적(S) 가치 창출에 중점을 둔 ESG 프로젝트들이 활발하다. 호주는 NABERS(National Australian Built Environment Rating System)와 같은 건물 에너지 효율 평가 시스템을 통해 상업용 건물의 환경 성과를 투명하게 공개하고 개선을 유도하고 있다.

국내에서도 서울시의 '2050 온실가스 감축 추진계획'이나 각 지자체의 스마트 시티 조성 사업 등을 통해 ESG 원칙을 도시 개발 및 부동산 관리에 통합하려는 노력이 이루어지고 있다. 공공기관 주도의 제로에너지빌딩 시범 사업, 민간 건설사의 친환경 아파트 단지 개발, 그리고 사회적 기업에 의한 공유 주택 공급 등 다양한 형태의 ESG 적용 사례들이 나타나고 있다.

이러한 지역별 우수 사례 연구를 통해 얻을 수 있는 시사점은 다음과 같다. 첫째, 정부의 명확한 비전 제시와 일관된 정책 지원이 ESG 부동산 시장 활성화의 중요한 동력이 된다. 둘째, 기술 혁신과 함께 금융 인센티브, 규제 합리화 등 시장 친화적인 접근 방식이 효과적이다. 셋째, 개발 초기 단계부터 다양한 이해관계자(지역사회, 전문가, 시민단체 등)의 참여를 보장하고 소통을 강화하는 것이 프로젝트의 성공 가능성을 높인다. 넷째, ESG 성과를 객관적으로 측정하고 투명하게 공개하는 시스템 구축이 시장의 신뢰를 확보하고 지속적인 개선을 유도하는 데 필수적이다.

결론적으로, 전 세계 다양한 지역의 ESG 적용 우수 사례들은 각기 다른 환경과 조건 속에서도 지속 가능한 부동산 개발과 운영이 가능함을 보여준다. 이러한 사례들을 면밀히 분석하고 국내 현실에 맞게 창의적으로 적용하려는 노력이 국내 ESG 부동산 시장의 발전을 이끌어낼 수 있을 것이다.

전시 연구: 유럽과 아시아의 ESG 적용

유럽 사례:
유럽은 탄소 전망과 에너지 개선을 중심으로 한 ESG 전략을 추진하고 있다. 독일의 융합은 "녹색 교육" 관계를 통해 모든 새로운 구성원에 대해 에너지 자원을 강화하고, 도시 전체의 탄소 가능성에 대해 이야기한다. 또한, 암스테르담에서는 폐기된 순환경제(Circular Economy) 개념을 도입하여 건축 자재를 폐기하고 재사용을 촉진하고 있다.

아시아 사례:
아시아에서는 소홀한 도시화와 인구 증가에 따라 ESG 전략이 주로 개인 책임과 관련 문제를

> 해결하는 데 초점을 두고 있다. 일본 도쿄에서는 공유화 문제를 해결하기 위해 통합자 기반을 단지 개발하고 해결하고, 사회적 요구를 가능하게 하는 동시에 임대 수익을 제공한다. 한국 서울에서는 지역 사회 협력을 통해 저소득층 구성원을 개선하는 프로젝트를 실행하고, 이러한 프로젝트는 신뢰할 수 있는 것을 제공한다.

◎ 응용과 적용: 친환경 건축, 건물 가치를 높이는 방법

친환경 건축은 운영 단계에서 에너지 사용량을 크게 절감하여 매년 수억 원의 운영 비용(NOI)을 절약할 수 있다. 또한, LEED 인증으로 인해 건물의 가치가 상승하여 매각 시 일반 건물보다 높은 가격을 받게 된다.

적용예시 1. BEMS 도입 대형 상업 시설

서울의 한 대형 쇼핑몰(C사)이 건물 에너지 관리 시스템(BEMS)을 도입하고 고성능 외피와 태양광 발전 패널을 설치했다. C사는 이를 통해 연간 에너지 소비량을 20% 이상 절감하여 운영 비용을 크게 낮췄다. 에너지 절감 성과는 건물 임대료가 인근 유사 시설 대비 5~10% 높게 책정되었으며, 매각 시에도 친환경 프리미엄이 붙어 높은 자산 가치로 평가받았다.

적용예시 2. 친환경 아파트 단지 개발사

신도시에서 친환경 아파트 단지(D사)를 개발한 D사는 국토교통부 제로에너지 건축물 인증을 획득했다. 이 인증은 연기금 및 글로벌 ESG 펀드 등 장기 투자를 지향하는 기관들의 주요 평가 기준이 되었다. 기관들은 D사의 친환경 단지가 미래 탄소 배출 규제에 대한 리스크가 낮고, 입주민들의 관리비 절감 효과로 주거 만족도가 높아 공실률이 낮을 것이라 예측했다.

9.3. 데이터 분석 결과와 시사점

ESG 요소가 부동산 시장 가치에 미치는 영향을 실증적으로 분석한 다양한 연구들은 구체적인 데이터 분석 결과를 통해 중요한 시사점을 제공한다. 이러한 분석은 주로 헤도닉 가격 모형, 포트폴리오 분석, 사례 연구 등 다양한 방법론을 활용하며, 친환경 인증, 에너지 효율성, 사회적 책임 활동, 지배구조 수준 등이 부동산의 임대료, 매매가격, 공실률, 투자 수익률 등에 어떠한 영향을 미치는지를 정량적으로 규명하고자 한다.

다수의 연구에서 친환경 건축물 인증(LEED, BREEAM 등)은 부동산 가치에 긍정적인 영향을 미치는 것으로 나타났다. 예를 들어, 인증 건물이 비인증 건물에 비해 높은 임대료 프리미엄과 매매가 프리미엄을 가지며, 공실률은 낮고 임차 기간은 길다는 분석 결과가 일관되게 보고되고 있다. 이러한 '그린 프리미엄'의 크기는 지역, 부동산 유형, 인증 등급, 시장 상황 등에 따라 다르게 나타나지만, 전반적으로 친환경 성능이 시장에서 경제적 가치로 인정받고 있음을 시사한다.

에너지 효율성 또한 중요한 가치 결정 요인으로 분석된다. 에너지 효율이 높은 건물은 운영 비용 절감 효과가 커서 투자자들에게 매력적이며, 이는 자산 가치 상승으로 이어진다. 건물 에너지 성능 공개 제도(Benchmarking)를 시행하는 도시에서는 에너지 효율이 낮은 건물의 가치가 상대적으로 하락하는 '브라운 디스카운트(Brown Discount)' 현상이 관찰되기도 한다.

사회적(S) 요소와 관련해서는, 안전하고 쾌적한 환경, 우수한 편의시설 접근성, 그리고 지역사회와의 긍정적인 관계 등이 부동산 가치에 긍정적인 영향을 미치는 것으로 나타난다. 예를 들어, 범죄율이 낮은 지역이나 공원 및 녹지 공간이 풍부한 지역의 주택 가격이 높게 형성되는 경향이 있으며, 건물 내 보육시설이나 피트니스센터와 같은 편의시설은 임차인 유치에 유리하게 작용한다.

지배구조(G) 요소는 주로 부동산 투자 신탁(REITs)이나 부동산 개발 기업의 성과 분석을 통해 그 영향력이 평가된다. 투명한 정보 공개, 우수한 리스크 관리 시스템, 그리고 이사회의 독립성과 전문성을 갖춘 기업은 장기적으로 안정적인 재무 성과를 달성하고 투자자들로부터 높은 신뢰를 받는 경향이 있다.

이러한 데이터 분석 결과는 다음과 같은 중요한 시사점을 제공한다. 첫째, ESG는 더 이상 비용 요인이 아니라 가치 창출의 핵심 동력으로 인식되어야 한다. ESG 성과가 우수한 부동산은 시장에서 실질적인 경제적 이점을 누릴 수 있으며, 이는 장기적인 투자 수익률 제고로 이어진다. 둘째, 투자자들은 부동산 투자 의사결정 시 ESG 요소를 적극적으로 고려해야 한다. ESG 리스크를 관리하고 ESG 성과가 우수한 자산을 포트폴리오에 편입함으로써 투자 안정성을 높이고 지속 가능한 수익을 추구할 수 있다.

셋째, 부동산 개발업자와 건물 소유주는 ESG 원칙을 사업 전략에 적극적으로 통합해야 한다. 친환경 설계 및 건설, 에너지 효율 개선, 사회적 가치 창출, 투명한 운영 등을 통해 자산 가치를 높이고 시장 경쟁력을 강화할 수 있다. 넷째, 정부 정책 입안자들은 ESG 부동산 시장 활성화를 위한 지원 정책과 함께, ESG 정보 공개 표준화 및 검증 시스템 구축, 그리고 관련 규제 정비 등을 통해 시장의 투명성과 효율성을 높여야 한다.

그러나 ESG 데이터 분석에는 여전히 몇 가지 과제가 남아있다. ESG 데이터의 가용성과 품질, 측정 방법의 표준화, 그리고 인과관계 규명의 어려움 등은 분석 결과의 신뢰성에 영향을 미칠 수 있다. 따라서 지속적인 데이터 인프라 구축 노력과 함께, 보다 정교하고 강건한 분석 방법론 개발이 필요하다.

결론적으로, 데이터 분석 결과는 ESG가 부동산 시장에서 실질적인 경제적 가치를 가지며, 지속 가능한 발전을 위한 중요한 고려사항임을 명확히 보여준다. 이러한 실증적 근거를 바탕으로 모든 시장 참여자들이 ESG 통합을 위한 적극적인 노력을 기울일 때, 부동산 시장은 보다 효율적이고 안정적이며 지속 가능한 방향으로 발전해 나갈 수 있을 것이다.

> **관련 연구: 데이터 기반 ESG 분석**
>
> **LEED 인증 구축:**
> 미국 내 LEED 인증 구축 데이터를 분석한 결과 비인증 건축물에 비해 18% 높은 비율과 약 12% 높은 가격을 기록했다(Eichholtz et al., 2010). 이는 환경적 요인이 시장에서 중요한 경쟁 요인임을 드러낸다.
>
> **아파트 시장:**
> 서울시 내 아파트 데이터를 분석한 결과, 공원과 같은 환경적 요인이 매매가 상승에 긍정적인 영향을 미치게 된다. 또한 특정 지역의 개인 권리 활동이 권위 있는 프로젝트는 더 높은 매매가와 재산을 기록하며 소수자를 포함한다(박운선, 2012).

◎ 응용과 적용: ESG, 부동산 시장의 새로운 가치 창출 동인

적용예시 1. E(환경) + G(지배구조)

한 시행사가 신축 오피스 빌딩을 건설하며 에너지 효율을 극대화하여 녹색 건축 인증 최고 등급을 받아냈다. 이는 운영 비용을 절감하여 임차인을 유지하기 쉽게 만들어주었고, 투자자들에게는 안정적인 임대수익과 자산 가치 상승을 통해 높은 신뢰를 주었다.

적용예시 2. S(사회) + E(환경)

한 건물주가 노후된 상가 건물의 리모델링을 하면서, 공용 공간을 주민들이 활용할 수 있게 하였다.

9.4. 지속 가능성과 ESG 경영

ESG는 가치 창출의 핵심 동력	통합적 접근의 중요성	한국 시장의 기회와 과제
ESG는 더 이상 비용 요인이 아닌 부동산 가치 창출의 핵심 동력으로 자리 잡았다. 다양한 실증 연구와 시장 데이터는 ESG 성과가 우수한 부동산이 프리미엄을 형성하고 장기적으로 안정적인 수익을 창출함을 보여준다. 경쟁이 심화되는 글로벌 부동산 시장에서 ESG는 중요한 차별화 요소이다.	ESG를 단순한 마케팅 도구나 규제 대응 수단으로 보는 시각에서 벗어나, 기업 전략과 투자 의사결정 과정에 통합적으로 반영하는 접근이 필요하다. 환경적, 사회적, 지배구조적 요소를 균형 있게 고려하여 지속가능한 가치를 창출하는 것이 장기적 성공의 열쇠이다.	국내 부동산 시장은 ESG 도입 초기 단계로, 선진국과의 격차가 존재하지만 빠르게 변화하고 있다. 정부의 2050 탄소중립 목표와 강화되는 글로벌 ESG 규제는 도전 요인이자 혁신의 기회이다. 선제적으로 ESG를 도입하는 기업과 투자자가 미래 시장을 선도할 것이다.

1) ESG는 가치 창출의 핵심 동력

ESG는 더 이상 단순한 비금전적 요인이 아니며, 부동산의 가치 창출에 핵심 동력으로 자리 잡고 있다. 더불어, 여러 선행 연구에서 ESG 경영이 부동산 가치에 긍정적인 영향을 미치는 것으로 나타나고 있다. 경쟁에서 우위를 점하기 위해 부동산 시장에서 ESG는 중요한 차별화 요소로 작용하고 있다.

2) 투자적 접근의 중요성

ESG를 단순한 마케팅 도구나 규제 대응으로 보던 시각에서 벗어나, 이제는 기업의 존속과 가치 실현에 필수적인 경영 전략으로 자리 잡고 있다. 현금 흐름, 사회적, 지배 구조적 요소를 균형 있게 고려하여 지속 가능한 가치를 창출하는 것이 중요하게 인식되고 있다.

3) 한국 시장의 기회와 과제

국내 부동산 시장은 ESG 도입 단계에 있으며, 아직까지는 초기 단계이다. 하지만, 글로벌 기준은 빠르게 도입되고 있다. 2050년 탄소 중립 목표 달성을 위해 금융권 ESG 규제가 더욱 엄격해지고 있으며, 앞으로도 ESG를 만족하는 기업과 부동산 시장을 선도할 것이다.

ESG 경영은 더 이상 단순한 사회 공헌 활동이 아니다. ESG는 기업의 생존을 위한 필수적인 요소로 간주되고 있다. 기업들은 에너지 효율 개선, 친환경 시설 도입, 신재생 에너지 사용 등을 통해 ESG 경영을 실천하고 있다.

특히, 'Net Zero' 목표 달성으로 에너지 절감을 추구하며, 지속 가능한 자산에 대한 수요가 증가하고 있다. 더불어 IoT 센서를 활용해 에너지 모니터링 기능이 도입되면서, 기업들은 LEED와 같은 인증 기준에 더욱 쉽게 부합할 수 있게 되었다.

ESG는 부동산 시장에서 기업의 경영 역량을 확보하는 중요한 도구다. 기업의 부동산 투자 의사 결정 시 ESG 요소는 중요하게 고려되고 있으며, ESG 경영은 부동산 시장에서 성공을 위한 필수적인 평가 항목으로 자리 잡고 있다.

| 제3부 |

ESG를 고려한 부동산 가치평가 및 투자

제10장
지속 가능한 투자 전략 개발

제11장
토지입지 분석과 ESG 통합 전략

제12장
토지 ESG 개발 사례 연구

제13장
주택 ESG 가치 제고 사례 연구

제14장
건물 ESG 설계·평가 사례 연구

제15장
상가 ESG 경영지원 사례 연구

제10장

지속 가능한 투자 전략 개발

지속 가능한 투자 전략 개요
(Sustainable Investment Strategy Overview)

　지속 가능한 발전 목표(SDGs)와 ESG(환경·사회·지배구조) 원칙이 글로벌 투자 시장의 핵심 패러다임으로 부상함에 따라, 부동산 투자 분야에서도 장기적인 가치 창출과 사회적 책임을 동시에 추구하는 지속 가능한 투자 전략 개발의 중요성이 그어느 때보다 강조되고 있다. 이는 단순히 윤리적인 고려를 넘어, 투자 리스크를 효과적으로 관리하고 안정적인 수익을 확보하며, 나아가 긍정적인 사회·환경적 임팩트를 창출하기 위한 필수적인 접근 방식이다. 본 장에서는 지속 가능한 ESG 투자 포트폴리오 설계 방법론을 살펴보고, 투자 자산의 ESG 성과를 관리하고 장기적으로 운영하기 위한 전략을 모색하며, 투자자 관점에서 ESG 적용의 실질적인 효과와 고려사항을 분석하고자 한다.

10.1. ESG 포트폴리오 설계 방법론

ESG 부동산 투자 포트폴리오는 전통적인 위험-수익률 분석에 더하여 환경(E), 사회(S), 지배구조(G) 요소를 체계적으로 통합하여 설계된다. 이는 장기적인 관점에서 재무적 성과와 비재무적 가치를 동시에 최적화하는 것을 목표로 한다.

첫 번째 단계는 **투자 목표 및 ESG 원칙 설정**이다. 투자자는 자신의 재무적 목표(예: 수익률 극대화, 안정적 현금흐름 확보)와 함께 추구하고자 하는 ESG 가치(예: 탄소 배출 감축 기여, 지역사회 발전, 주거 복지 향상)를 명확히 정의해야 한다. 이는 포트폴리오 구성의 기본 방향을 설정하고 투자 대상 자산 선정 기준을 마련하는 데 중요하다.

두 번째 단계는 ESG 스크리닝(Screening)이다. 이는 투자 대상 자산이나 기업을 ESG 기준에 따라 선별하는 과정으로, 크게 네거티브 스크리닝, 포지티브 스크리닝, 그리고 규범 기반 스크리닝으로 나눌 수 있다. 네거티브 스크리닝은 특정 산업(예: 화석연료, 무기, 도박)이나 ESG 성과가 매우 낮은 자산을 투자 대상에서 제외하는 방식이다. 포지티브 스크리닝은 각 산업 내에서 ESG 성과가 우수한 자산(Best-in-Class)을 선별하여 투자하는 방식이다. 규범 기반 스크리닝은 국제적으로 합의된 규범(예: UN 글로벌 콤팩트, OECD 다국적기업 가이드라인)을 위반하는 자산을 배제하는 방식이다.

세 번째 단계는 ESG 통합(Integration)이다. 이는 투자 분석 및 의사결정 과정 전반에 걸쳐 ESG 요소를 체계적으로 고려하는 방식이다. 부동산 자산의 가치평가 시 친환경 인증 여부, 에너지 효율성, 안전 관리 수준, 지역사회 평판 등을 정량적·정성적으로 분석하여 투자 매력도를 평가한다. 헤도닉 가격 모형이나 현금흐름할인법(DCF) 모델에 ESG 변수를 포함하여 가치를 조정할 수 있다.

네 번째 단계는 테마 투자(Thematic Investing)이다. 이는 특정 ESG 테마(예: 친환경 빌딩, 재생에너지 인프라, 스마트 시티, 사회적 주택, 헬스케어 부동산)에 집중적으로 투자하는 방식이다. 이러한 투자는 특정 사회·환경 문제 해결에 직접적으로 기여하면서 동시에 관련 산업의 성장 잠재력으로부터 수익을 얻을 수 있는 기회를 제공한다.

다섯 번째 단계는 임팩트 투자(Impact Investing)이다. 이는 측정 가능한 긍정적인 사회·환경적 임팩트 창출을 주요 목표로 하면서 동시에 재무적 수익도 추구하는 투자 방식이다. 부동산 부문에서는 저소득층을 위한 저렴한 주택 공급, 낙후된 지역의 도시재생 프로젝트, 지역사회 커뮤니티 시설 개발 등이 임팩트 투자의 예가 될 수 있다.

여섯 번째 단계는 적극적 소유권 행사(Active Ownership) 및 주주 관여(Engagement)이다. 이는 투자한 부동산 자산이나 기업의 ESG 성과 개선을 위해 의결권 행사, 경영진과의 대화, 주주 제안 등의 방법을 통해 적극적으로 영향력을 행사하는 방식이다. 이를 통해 투자 대상의 장기적인 가치를 높이고 ESG 리스크를 줄일 수 있다.

포트폴리오 설계 시에는 자산 배분 전략도 중요하다. 다양한 지역, 부동산 유형, 그리고 ESG 테마에 분산 투자함으로써 특정 리스크에 대한 노출을 줄이고 포트폴리오 전체의 안정성을 높일 수 있다. 또한, 유동성, 투자 기간, 위험 감수 수준 등 투자자의 특성을 고려하여 맞춤형 포트폴리오를 구성해야 한다.

ESG 포트폴리오의 성과 측정은 전통적인 재무적 수익률과 함께 ESG 성과 지표(예: 탄소 배출량 감축률, 에너지 사용량 절감률, 직원 만족도, 지역사회 기여도)를 종합적으로 평가해야 한다. GRESB와 같은 글로벌 ESG 평가 데이터를 활용하여 포트폴리오의 ESG 수준을 벤치마크와 비교하고 개선 영역을 파악할 수 있다.

결론적으로, ESG 포트폴리오 설계는 투자 목표 설정부터 스크리닝, 통합, 테마 투자, 임팩트 투자, 그리고 적극적 소유권 행사에 이르기까지 체계적인 접근 방식을 요구한다. 이를 통해 투자자는 재무적 성과와 사회·환경적 가치를 동시에 추구하는 지속 가능한 투자를 실현할 수 있다.

지속 가능한 투자를 위한 ESG 전략

- **ESG 데이터 기반 의사결정**: 투자자는 AI와 빅 데이터 기술을 활용하여 ESG 성과 데이터를 분석하고 이를 기반으로 최적의 포트폴리오를 구성할 수 있다.
- **내부 투자**: 초기 투자기 LEED 인증을 받았거나 에너지 효율이 높은 건물을 우선적으로 포함하여 자산 가치를 증진할 수 있다.
- **지역 사회 협력 모델 교체**: 개발자는 지역 주민들과 협력하여 공공 공간을 확보하고 이를 통해 프로젝트의 기반을 다지고 시장 경쟁력을 강화할 수 있다.
- **ESG 포트폴리오 설계**: ESG 포트폴리오는 하이브리드 선택에 그치지 않고 경제적 성과를 낼 수 있는 발전 목표(SDGs)를 동시에 사용하여 효과가 있는 전략이다. 이를 통해 투자자는 자신과 경쟁할 수 있을 것이다. 예를 들어, 이를 통해 투자자는 지속 가능한 투자를 통해 경제적 가치와 사회적 가치를 동시에 추구할 수 있다. 또한 이를 통해 투자자는 지속 가능한 발전을 통해 우위를 확보할 수 있다.

◎ 응용과 적용: ESG 투자의 실제 적용과 사례

적용예시 1. ESG 스크리닝 및 통합

이 사례는 투자 대상을 선정할 때 단순히 재무적 성과만을 고려하는 것이 아니라, 환경(E), 사회(S), 지배구조(G) 요소를 평가하여 투자 결정을 내리는 방식이다.

ESG 스크리닝 및 통합은 투자 대상 선정 시 재무적 성과 외에 ESG 요소를 종합적으로 평가하는 방식이다. 예를 들어, 낡은 건물을 리모델링할 때 친환경 건축 자재를 사용하고 에너지 효율을 높여 ESG 요소를 반영하면, 임차인 만족도와 자산 가치가 함께 상승하는 효과를 얻을 수 있다.

적용예시 2. 적극적 소유권 행사 및 임팩트 투자

이 사례는 투자한 기업의 ESG 성과 개선을 위해 주주로서 적극적으로 의견을 행사하거나 경영진과 소통하는 방식이다.

적극적 소유권 행사 및 임팩트 투자는 주주가 기업의 ESG 성과 개선을 위해 적극적으로 경영에 참여하는 방식이다. 더 나아가, 저소득층 주택 공급과 같은 사회적 가치를 창출하는 프로젝트에 투자하여 사회에 긍정적인 영향을 미치는 동시에 안정적인 수익을 추구하는 것을 목표로 한다.

10.2. 투자 자산의 ESG 성과 관리 및 장기 운영 전략

ESG 부동산 투자 포트폴리오를 성공적으로 운용하기 위해서는 단순히 ESG 기준에 부합하는 자산을 편입하는 것을 넘어, 투자 기간 동안 해당 자산의 ESG 성과를 지속적으로 관리하고 개선하며 장기적인 가치를 창출하려는 노력이 필수적이다. 이는 자산 관리(Asset Management) 단계에서의 적극적인 ESG 통합 전략을 의미한다.

첫째, **명확한 ESG 목표 설정 및 성과 측정 시스템 구축**이 필요하다. 투자 대상 자산별로 구체적이고 측정 가능한 ESG 목표(예: 연간 에너지 소비량 5% 감축, 폐기물 재활용률 70% 달성, 입주민 만족도 90점 이상 유지)를 설정하고, 이를 달성하기 위한 실행 계획을 수립해야 한다. 또한, IoT 센서, 건물 관리 시스템(BMS), ESG 데이터 관리 플랫폼 등을 활용하여 관련 성과를 정기적으로 모니터링하고 측정하는 시스템을 구축해야 한다.

둘째, **에너지 효율 개선 및 친환경 설비 투자**는 환경(E) 성과 관리의 핵심이다. 노후된 냉난방 설비, 조명, 단열재 등을 고효율 제품으로 교체하고, 건물 에너지 관리 시스템(BEMS)을 도입하여 에너지 사용을 최적화한다. 태양광 발전, 지열 시스템 등 신재생에너지 설비를 설치하여 에너지 자립도를 높이고 탄소 배출량을 줄이는 노력도 중요하다. 정기적인 에너지 감사를 통해 개선 기회를 발굴하고 지속적인 성능 향상을 추구해야 한다.

셋째, **수자원 관리 및 폐기물 저감 노력**도 중요하다. 절수형 설비 설치, 빗물 재활용 시스템 도입, 스마트 관수 시스템 등을 통해 물 사용량을 줄이고, 입주민 및 이용객을 대상으로 분리수거 교육을 강화하며, 폐기물 발생량 자체를 줄이기 위한 노력을 기울여야 한다. 건설 폐기물의 경우 재활용률을 높이고 친환경적인 처리 방식을 선택해야 한다.

넷째, **입주민 및 이용객의 건강과 복지 증진**을 위한 사회(S)적 노력이 필요하다. 실내 공기 질 관리 시스템 운영, 자연 채광 극대화, 친환경 마감재 사용, 녹지 공간 및 휴게시설 확충, 안전 관리 강화 등을 통해 쾌적하고 건강하며 안전한 환경을 제공해야 한다. WELL 인증과 같은 건강 건축물 인증을 획득하는 것도 좋은 방법이다. 또한, 입주민 대상 커뮤니티 프로그램 운영, 지역사회 연계 활동 지원 등을 통해 사회적 유대감을 강화하고 긍정적인 사회적 임팩트를 창출할 수 있다.

다섯째, **임차인 및 공급업체와의 협력 강화**가 중요하다. '그린 리스(Green Lease)'와 같이 임대인과 임차인이 건물의 지속 가능한 운영 목표(예: 에너지 절감, 폐기물 감축)를 공유하고 협력하는 계약을 체결할 수 있다. 또한, 건물 관리 용역업체나 자재 공급업체 선정 시 ESG 기준을 적용하고, 이들의 ESG 성과 개선을 지원함으로써 공급망 전체의 지속 가능성을 높일 수 있다.

여섯째, **ESG 관련 리스크의 선제적 관리**가 필요하다. 기후변화로 인한 물리적 리스크(홍수, 폭염 등)에 대비하기 위해 건물 자체의 회복탄력성을 높이는 조치(예: 방수 설비 강화, 비상 발전 시스템 구축)를 취하고, 관련 보험 가입을 검토해야 한다. 또한, 환경 규제 강화, 탄소 가격 변동 등 전환 리스크에 대한 시나리오 분석을 통해 잠재적 영향을 평가하고 대응 전략을 마련해야 한다.

일곱째, **투명한 ESG 성과 공개 및 이해관계자 소통**이 중요하다. 투자 자산의 ESG 목표, 실행 계획, 그리고 실제 성과를 담은 보고서를 정기적으로 발간하고, 투자자, 임차인, 지역사회 등 주요 이해관계자들과 적극적으로 소통해야 한다. 이는 신뢰를 구축하고, 개선을 위한 피드백을 얻으며, ESG 경영의 투명성을 높이는 데 기여한다.

여덟째, **기술 혁신의 적극적인 도입**이 필요하다. AI, IoT, 빅데이터, 디지털 트윈 등 첨단 기술을 활용하여 건물 운영을 최적화하고, ESG 데이터를 효율적으로 관리하며, 새로운 서비스 모델을 개발함으로써 자산 가치를 지속적으로 향상해야 한다.

아홉째, **장기적인 자본 개선 계획(Capital Improvement Plan)** 수립 시 ESG 요소를 우선적으로 고려해야 한다. 단순한 시설 유지·보수를 넘어, 에너지 효율 개선, 친환경 설비 도입, 안전성 강화, 편의시설 확충 등 장기적인 자산 가치 증대와 지속 가능성 향상에 기여하는 투자를 계획하고 실행해야 한다.

결론적으로, 투자 자산의 ESG 성과 관리 및 장기 운영 전략은 단기적인 비용 절감을 넘어, 자산의 근본적인 경쟁력을 강화하고, 미래의 불확실성에 대비하며, 지속 가능한 가치를 창출하는 핵심적인 과정이다. 이를 위해서는 체계적인 목표 설정, 지속적인 모니터링과 개선, 이해관계자와의 협력, 그리고 기술 혁신의 적극적인 활용이 요구된다.

지속 가능한 성장을 위한 기업 전략

- **환경 데이터 기반 의사결정**: IoT 센서를 활용해 타워의 에너지 요소 데이터를 모니터링하고 분석하여 환경적 위치를 모니터링할 수 있다.
- **사회적 책임 프로젝트 확장**: 지역 사회와 협력해 공공 공간을 받아들이거나 하위 프로그램을 확장함으로써 신뢰를 얻을 수 있다.
- **완전한 시스템 시스템 시작**: 기업은 소수와 하위성을 강조하는 경영 방식을 채택하여 투자자를 강화하고 준수할 수 있다.

◎ 응용과 적용: 데이터 기반 건물 운영 효율화

적용예시 1. 건물 에너지 효율 개선 및 친환경 기술 도입

노후된 오피스 빌딩의 냉난방 설비와 조명 시스템은 에너지 효율이 높은 시스템으로 교체되었다. 또한, 건물 옥상에 태양광 발전 패널을 설치하여 전력 자립도를 높이고 있다. IoT 기반의 BMS(건물 관리 시스템)를 도입하여 건물 전체의 에너지 사용량을 실시간으로 모니터링하고 있다. 이를 통해 최적의 환경을 유지하며, 연간 에너지 소비 목표를 10% 이상 감축하고 있다.

적용예시 2. 입주민 건강 증진 및 사회적 가치 창출

오피스 빌딩의 공용 공간에는 공기 청정 시스템이 설치되어 있다. 옥상에는 정원을 조성하여 입주민을 위한 휴식 공간을 마련했다. 건물에서 발생하는 폐기물을 줄이기 위해 분리수거 교육을 실시하며, 재활용률 목표(예: 70%)를 설정하여 입주 기업 및 주민들의 참여를 유도하고 있다. 이러한 노력으로 WELL 인증을 취득하여 건물 가치를 높이고 있으며, 동시에 입주민 만족도를 향상시키고 있다.

10.3. 투자자 관점에서 본 ESG 적용 효과

부동산 투자자들이 ESG 원칙을 투자 결정 및 자산 관리에 적극적으로 적용하는 것은 단순히 윤리적 책임을 이행하는 것을 넘어, 실질적인 재무적·비재무적 효과를 가져다주는 전략적인 선택으로 인식되고 있다. ESG 적용은 투자 포트폴리오의 위험 조정 수익률을 개선하고, 장기적인 가치 안정성을 높이며, 변화하는 시장 환경에 대한 적응력을 강화하는 데 기여할 수 있다.

첫째, **운영 효율성 증대 및 비용 절감 효과**이다. 에너지 효율이 높은 친환경 건물은 냉난방비, 전력비 등 운영 비용을 절감시켜 순영업이익(NOI)을 개선한다. 수자원 관리 효율화나 폐기물 감축 노력 또한 관련 비용을 줄이는 데 기여한다. 이러한 운영 비용 절감은 부동산 자산의 현금흐름을 개선하고 투자 수익률을 직접적으로 높이는 효과를 가져온다.

둘째, **임대료 프리미엄 및 공실률 감소 효과**이다. ESG 성과가 우수한 건물, 특히 친환경 인증을 받거나 쾌적하고 건강한 실내 환경을 제공하는 건물은 임차인들에게 높은 선호도를 보인다. 이는 일반 건물에 비해 높은 임대료를 책정하거나, 낮은 공실률을 유지하고, 우량 임차인을 장기간 유치하는 데 유리하게 작용하여 임대 수입의 안정성과 성장성을 높인다.

셋째, **자산 가치 상승 및 매각 용이성 증대 효과**이다. 운영 효율성 개선과 임대 수입 증가는 장기적으로 부동산 자산의 시장 가치를 높이는 요인이 된다. 또한, ESG에 대한 시장의 관심과 요구가 높아짐에 따라, ESG 성과가 우수한 자산은 매각 시 더 넓은 잠재 매수자 풀을 확보하고 유리한 조건으로 거래될 가능성이 커진다. 반대로, ESG 기준에 미달하는 자산은 '브라운 디스카운트'를 겪거나 매각에 어려움을 겪을 수 있다.

넷째, **리스크 관리 강화 효과**이다. ESG는 다양한 잠재적 리스크를 식별하고 관리하는 데 중요한 프레임워크를 제공한다. 기후변화로 인한 물리적 리스크(자연재해, 자산 손상)나 전환 리스크(환경 규제 강화, 탄소 가격 상승, 기술 변화)에 선제적으로 대응함으로써 자산 가치 하락 위험을 줄일 수 있다. 또한, 사회적 갈등이나 평판 손상 리스크, 그리고 지배구조 관련 법적·운영적 리스크를 예방하고 완화하는 데도 기여한다.

다섯째, **자본 접근성 개선 및 자금 조달 비용 절감 효과**이다. 글로벌 기관 투자자들과 금융기관들은 투자 대상의 ESG 성과를 중요한 평가 기준으로 삼고 있으며, ESG 우수 기업이나 자산에 대해서는 보다 유리한 조건으로 자금을 제공하는 경향이 있다. 그린본드, 지속가능연계대출(SLL) 등 ESG 관련 금융 상품 시장이 확대되면서, ESG 성과가 좋은 부동산 프로젝트는 자금 조달에 있어 경쟁 우위를 가질 수 있다.

여섯째, **브랜드 가치 및 평판 제고 효과**이다. ESG 경영을 적극적으로 실천하고 그 성과를 투명하게 공개하는 부동산 투자자나 운용사는 시장에서 긍정적인 평판을 구축하고 브랜드 가치를 높일 수 있다. 이는 우수 인재 유치, 파트너십 강화, 그리고 고객 충성도 확보에도 긍정적인 영향을 미친다.

일곱째, **장기적인 투자 안정성 및 지속 가능성 확보**이다. ESG는 단기적인 시장 변동에 일희일비하기보다는 장기적인 관점에서 자산의 내재 가치와 지속 가능한 성장 잠재력에 초점을 맞춘다. 따라서 ESG를 고려한 투자는 미래의 불확실성에 대한 회복탄력성을 높이고, 장기적으로 안정적인 투자 성과를 달성하는 데 기여할 수 있다.

물론, ESG 적용에는 초기 투자 비용 증가, ESG 데이터의 부족 및 표준화 미흡, 그리고 단기적인 성과 변동성 등의 어려움이 따를 수 있다. 그러나 장기적인 관점에서 볼 때, ESG 통합은 단순한 비용이 아니라 미래 가치를 창출하고 리스크를 관리하는 현명한 투자 전략으로 인식되어야 한다.

투자자들은 자신의 투자 철학과 목표에 부합하는 ESG 전략을 수립하고, 신뢰할 수 있는 데이터를 기반으로 투자 대상을 신중하게 선별하며, 투자 후에도 적극적인 관여를 통해 ESG 성과 개선을 유도하는 노력이 필요하다.

결론적으로, 투자자 관점에서 ESG 적용은 운영 효율성 증대, 임대 수입 및 자산 가치 상승, 리스크 관리 강화, 자본 접근성 개선, 브랜드 가치 제고, 그리고 장기적인 투자 안정성 확보 등 다양한 긍정적인 효과를 가져다준다. 이는 ESG가 부동산 투자의 새로운 표준으로 자리매김하고 있음을 명확히 보여주는 증거이다.

> **관련 연구: ESG 적용 효과의 실증적 사례**
>
> **미국 사례:**
> LEED 인증 건물과 동일한 철거 자산을 포함하여 자기자본으로 구성된 투자자금은 비(非)ESG 포트폴리오 대비 20% 높은 수익률을 얻었고, 공실률은 약 25% 낮았다(Eichholtz et al., 2010). 이는 ESG 요인이 경제적 성과에 긍정적인 영향을 미칠 수 있음을 보여 준다.
>
> **한국 사례:**
> 시민참여와 지역사회 협력을 통해 공개 공간을 조성하고 저소득층 및 신혼부부에게 상위층 주택을 제공한다. 이러한 사회적 책임 활동은 지역의 신뢰를 확보하고 프로젝트 실행 속도를 높이며, 매매가와 모든 권한을 부여하는 것보다 높은 결과를 가져온다.

◎ 응용과 적용: 부동산 ESG 투자, 지속 가능성으로 수익과 가치 상승

1. 운영 효율성 증대 및 비용 절감

친환경 건축물을 도입함으로써 냉난방비, 전력비 등 운영 비용을 절감하고, 임대료를 높여 수익성을 개선할 수 있다. 또한, 에너지 효율이 높은 건물은 임차인에게 인기가 높아 안정적인 현금 흐름을 확보할 수 있다.

2. 리스크 관리 강화

ESG 관련 규제 변화(예: 탄소세)에 선제적으로 대응하여 자산 가치 하락 위험을 줄일 수 있다. 예를 들어, 친환경 인증을 받은 건물은 규제 변화에 따른 불이익을 피하면서 장기적인 투자 안정성을 확보할 수 있다.

10.4. ESG 혁신 기술을 활용한 미래 ESG 전략

기술 혁신의 가속화

AI, IoT, 블록체인, 디지털 트윈 등 첨단 기술의 발전은 부동산 자산의 ESG 성과를 더욱 정확하게 측정하고 최적화하는 데 기여할 것이다. 이는 실시간 모니터링, 예측 분석, 자동화된 의사결정 등을 통해 구현될 것이다.

규제 환경의 강화

기후변화 대응을 위한 글로벌 규제 환경은 더욱 강화될 전망이다. 건물 에너지 효율 기준 상향, 탄소 가격제 확대, ESG 정보 공시 의무화 등은 부동산 투자자들에게 ESG 통합의 필요성을 더욱 증가시킬 것이다.

ESG 데이터의 표준화 및 투명성 증가

현재 ESG 데이터의 일관성과 비교 가능성이 부족한 문제는 점차 개선될 것으로 예상된다. 글로벌 표준의 정립, 제3자 검증 확대, 그리고 디지털 기술을 활용한 데이터 수집 자동화 등을 통해 ESG 정보의 신뢰성과 접근성이 높아질 것이다.

1) 기술 혁신 가속화

- 현상: AI, IoT, 블록체인, 디지털 트윈 등 첨단 기술의 발전은 부동산 자산의 ESG 성과를 더욱 객관적으로 측정하고 평가하는 데 기여하고 있다. 센서 모니터링, 예측 분석, 자동화된 측정·검증 등을 통해 그 효과를 확인할 수 있다.
- 개선 방향: 현재 부동산 자산의 ESG 성과를 더욱 객관적으로 측정하고 평가하는 데 기여하고 있다. 이는 센서 모니터링, 예측 분석, 자동화된 측정 및 검증 등의 기술을 활용하여 효과를 확인할 수 있다.

2) 규제 환경 강화

- 현상: 기업들은 환경 및 대응을 위한 규제 환경 강화에 더욱 집중하고 있다. 건물 에너지 효율 측정 의무와 에너지 성능 공개 의무 등의 규제가 더욱 강화될 것이다.
- 개선 방향: 기업들은 환경 규제 강화에 더욱 집중하고 있다. 건물 에너지 효율 측정 의무, 에너지 성능 공개 의무 등의 규제가 강화될 것이다.

3) ESG 데이터의 표준화 및 투명성 증가

- 현상: 현재 ESG 데이터는 연관성과 비교 가능성이 부족하여 발생하는 문제를 점차 개선할 것으로 예상된다. 글로벌 표준의 정립, 제3자 검증 확대, 그리고 다양한 예측 기술을 활용한 데이터 수집 파형의 변화 등을 통해 ESG 정보의 신뢰성과 접근성이 높아질 것이다.
- 개선 방향: 현재 ESG 데이터는 연관성과 비교 가능성이 부족하여 문제가 발생하고 있지만, 점차 개선될 것으로 예상된다. 글로벌 표준의 정립, 제3자 검증 확대, 그리고 다양한 예측 기술을 활용한 데이터 수집 등을 통해 ESG 정보의 신뢰성과 접근성이 높아질 것이다.

4) AI와 빅데이터 기반의 미래 ESG 전략

- 현상: AI와 빅데이터 기술은 미래 ESG 가치를 실현하고, 투자 및 관리 전략을 고도화하는 핵심적인 역할을 할 것이다. 인공지능(AI)과 빅데이터 기술의 발전은 ESG 데이터를 분석하는 데 도움을 주며, 온디맨드 관리 정책 수립을 통해 부동산 시장을 지원하고 있다. 또한, AI 기반 예측 모델 및 정확한 가격 예측, 탄소

거래가 가능해질 것이다. 이를 통해 실시간 시장 데이터 분석과 탄소 중립, 지속 가능한 도시 개발 프로젝트를 결합하여 새로운 형태의 프리미엄 시장이 창출될 것으로 기대하고 있다.

- 개선 방향: AI와 빅데이터 기술은 미래 ESG 가치를 실현하고 투자 및 관리 전략을 고도화하는 데 핵심적인 역할을 할 것이다. 이 기술의 발전은 ESG 데이터를 분석하여 온디맨드 관리 정책을 수립하는 데 도움을 주어 부동산 시장을 지원하고 있다. 또한, AI 기반 예측 모델 및 정확한 가격 예측, 탄소 거래가 가능하게 하여, 실시간 시장 데이터 분석과 탄소 중립, 지속 가능한 도시 개발 프로젝트를 결합한 새로운 형태의 프리미엄 시장이 창출될 것으로 기대하고 있다.

제11장

토지입지 분석과 ESG 통합 전략

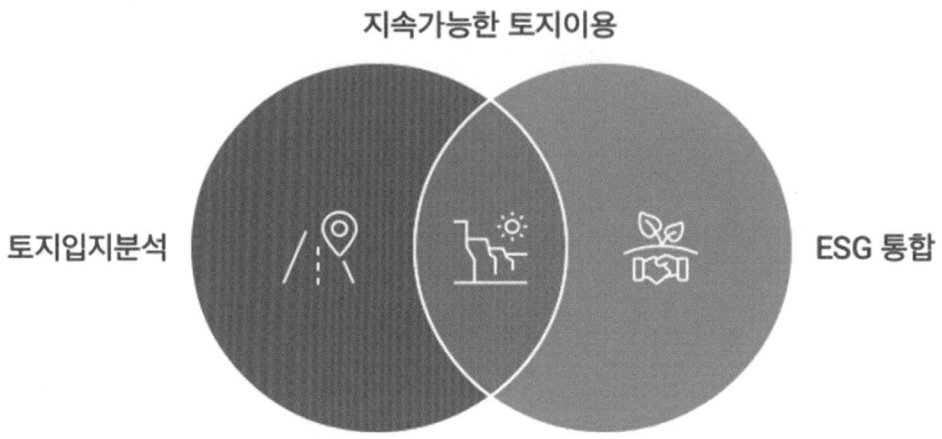

지속 가능한 개발을 위한 토지 위치와 ESG의 시너지
(The Synergy of Land Location and ESG for Sustainable Development)

 토지는 모든 부동산 활동의 근간이 되는 가장 기본적인 생산요소이자 공간 자원이다. 토지의 입지적 특성은 해당 토지의 이용 방식, 가치, 그리고 개발 잠재력에 결정적인 영향을 미친다. 전통적인 토지입지 분석은 주로 경제적 효율성과 시장 접근성에 초점을 맞추어 왔으나, ESG 패러다임의 확산은 토지 이용 및 가치평가에 있어 환경적 지속 가능성, 사회적 형평성, 그리고 장기적인 관점의 책임 있는 관리를 중요한 고려사항으로 부각시키고 있다. 본 장에서는 토지입지의 중요성과 ESG 요소와의 연관성을 살펴보고, ESG를 고려한 토지 가치평가 방법론을 모색하며, 지속 가능한 토지이용계획 수립에 있어 ESG 원칙을 어떻게 통합할 것인지에 대한 전략을 논의하고자 한다.

11.1. 토지입지의 중요성과 ESG 요소

토지입지는 특정 토지가 지리적으로 어디에 위치하는가를 의미하며, 이는 해당 토지의 접근성, 주변 환경, 그리고 잠재적 이용 가치를 결정하는 핵심 요인이다. 좋은 입지는 높은 지가와 임대료를 형성하고, 다양한 경제활동을 유치하며, 도시의 성장과 발전에 중요한 역할을 한다. 전통적으로 토지입지 분석은 도심으로부터의 거리, 교통망 접근성, 주요 시설(학교, 병원, 상업시설 등)과의 인접성, 그리고 특정 산업의 집적 이익 등을 중심으로 이루어져 왔다.

ESG 관점에서 토지입지의 중요성은 더욱 확장된다. 환경(E)적 측면에서 토지입지는 생태계 보전, 자연재해 위험, 에너지 효율, 그리고 탄소 배출과 밀접하게 연관된다. 예를 들어, 생태적으로 민감한 지역이나 자연보호구역 인근의 토지는 개발이 제한되거나 엄격한 환경 기준을 준수해야 하며, 이는 토지 가치와 이용 방식에 영향을 미친다. 또한, 홍수, 산사태, 해수면 상승 등 기후변화로 인한 물리적 리스크에 취약한 입지의 토지는 장기적으로 가치가 하락할 가능성이 크다. 반면, 대중교통 접근성이 뛰어나 차량 이용을 줄일 수 있는 입지나, 신재생에너지 발전 잠재력이 높은 입지의 토지는 환경적으로 긍정적인 평가를 받을 수 있다.

사회(S)적 측면에서 토지입지는 주거 환경의 질, 사회기반시설 접근성, 지역사회 통합, 그리고 사회적 형평성과 관련된다. 모든 계층의 사람들이 안전하고 건강하며 저렴한 비용으로 양질의 주거 및 생활공간을 누릴 수 있도록 하는 것은 토지이용계획의 중요한 사회적 목표이다. 특정 입지가 저소득층 주거 지역으로 고립되거나, 필수적인 공공 서비스(교육, 의료, 문화시설 등)에 대한 접근성이 현저히 떨어지는 경우 사회적 불평등을 심화시킬 수 있다. 따라서 토지입지 분석 시 다양한 사회 계층의 요구를 고려하고, 포용적인 커뮤니티 형성을 지원하는 방향으로 토지 이용을 유도하는 것이 중요하다.

지배구조(G) 측면에서 토지입지 결정 및 개발 과정의 투명성과 공정성은 매우 중요하다. 토지이용계획 수립, 개발 인허가, 토지 수용 및 보상 등의 과정에서 지역 주민 및 이해관계자의 의견을 충분히 수렴하고, 모든 절차를 투명하게 공개하며, 부패나 특혜 시비를 방지하는 것은 토지 관련 분쟁을 예방하고 사회적 신뢰를 구축하는 데 필수적이다.

결론적으로, 토지입지는 단순한 지리적 위치를 넘어 환경적 지속 가능성, 사회적 형평성, 그리고 투명한 관리 체계와 불가분의 관계를 맺고 있다. ESG 시대의 토지입지 분석은 이러한 다차원적인 가치를 종합적으로 고려하여, 경제적 효율성뿐만 아니라 장기적인 사회·환경적 편익을 극대화하는 방향으로 이루어져야 한다.

다음은 토지 입지 선정 시 ESG 요소의 중요성을 보여주는 가상의 사례다.

◎ 주요 사례: 스마트 물류센터 입지 선정

어떤 기업이 최첨단 스마트 물류센터를 건설한다고 가정해 보자. 과거에는 단순히 교통 접근성이 좋고, 부지가 넓으며, 가격이 저렴한 곳을 우선적으로 고려했을 것이다. 그러나 ESG 요소를 고려한 입지 선정은 다음과 같은 추가적인 사항을 검토하게 한다.

1. **환경(E)**
    - **친환경 에너지원 활용 가능성:** 물류센터 지붕에 태양광 패널 설치가 용이한지, 지열 등 친환경 에너지를 활용할 수 있는 주변 인프라가 있는지 확인한다.
    - **생태계 영향 최소화:** 주변에 보호해야 할 습지나 산림 등 생태 민감 지역이 없는지, 있다면 건설이 생태계에 미치는 영향을 최소화할 방안을 모색한다.
    - **수자원 관리:** 물류센터 운영에 필요한 용수를 효율적으로 사용하고, 폐수 처리가 친환경적으로 이루어질 수 있는 입지인지 고려한다.
    - **기후 변화 리스크:** 과거 홍수나 가뭄 피해 이력이 없는지, 미래 기후 변화로 인

한 자연재해 위험이 낮은 지역인지 분석한다.

2. 사회(S)
- **지역 사회 기여:** 물류센터 건설 및 운영으로 인한 일자리 창출 효과와 지역 주민 고용 우선 정책을 수립할 수 있는지 검토한다.
- **주민 편익 증진:** 물류센터 건설 시 발생하는 교통량 증가로 인한 지역 주민 불편을 최소화할 방안(예: 대체 도로 건설, 소음 저감 시설)을 마련하고, 지역 사회와의 상생을 위한 교육, 문화 시설 기부 등 사회 공헌 활동을 연계할 수 있는 입지를 찾는다.
- **노동 환경 개선:** 물류센터 내 근로자들을 위한 쾌적한 작업 환경, 안전 시설, 복지 시설 등이 충분히 확보될 수 있는 공간인지 확인한다.

3. 지배구조(G)
- **투명한 인허가 과정:** 토지 매입 및 개발 인허가 과정에서 발생할 수 있는 비리나 불공정 관행이 없는지 사전에 철저히 검토하고, 모든 절차를 투명하게 진행한다.
- **이해관계자 소통:** 지역 주민, 지자체 등 이해관계자들과의 충분한 소통과 협의를 통해 갈등을 최소화하고, 모든 정보를 공개하는 프로세스를 구축할 수 있는 입지를 선정한다.

이처럼 ESG 요소를 종합적으로 고려하여 물류센터 입지를 선정한다면, 단기적인 경제적 이익뿐만 아니라 장기적인 기업 가치 상승과 지속 가능한 성장을 동시에 추구할 수 있다. 예를 들어, 친환경 물류센터는 기업의 이미지 제고에 기여하고, 지역 사회와 상생하는 물류센터는 주민 반발을 줄여 사업의 안정성을 확보하며, 투명한 절차는 기업의 신뢰도를 높이는 결과를 가져올 것이다.

11.2. ESG를 고려한 토지 가치평가 방법론

전통적인 토지 가치평가는 주로 시장 비교 방식(거래사례비교법), 수익 방식(수익환원법), 또는 개발 가능성을 고려한 잠재적 가치평가에 의존해왔다. 그러나 이러한 방법들은 토지가 지닌 환경적·사회적 가치나 ESG 관련 리스크를 충분히 반영하지 못하는 한계가 있다. ESG를 고려한 토지 가치평가 방법론은 이러한 비재무적 요소들을 평가 과정에 체계적으로 통합하여 보다 포괄적이고 장기적인 관점에서 토지의 진정한 가치를 평가하고자 한다.

환경(E) 요소를 토지 가치평가에 반영하기 위해서는 해당 토지의 생태적 중요성, 환경오염 상태, 자연재해 취약성, 친환경 개발 잠재력 등을 정량적·정성적으로 평가해야 한다. 예를 들어, 생태 보전 가치가 높은 지역의 토지는 개발 제한으로 인해 시장 가치가 낮게 평가될 수 있지만, 생태계 서비스(탄소 흡수, 수자원 함양, 생물다양성 유지 등)의 가치를 화폐화하여 평가에 반영할 수 있다. 조건부가치측정법(CVM)이나 여행비용법(TCM)과 같은 환경 가치 추정 기법이 활용될 수 있다. 반대로, 오염된 토지의 경우 정화 비용을 추정하여 토지 가치에서 차감해야 하며, 기후변화로 인한 침수 위험 지역의 토지는 미래 예상 피해액이나 보험료 상승분을 고려하여 가치를 조정할 수 있다. 친환경 개발(예: 제로에너지 커뮤니티, 생태 면적률 확보)을 통해 얻을 수 있는 인센티브나 장기적인 운영비 절감 효과도 가치평가에 긍정적으로 반영될 수 있다.

사회(S) 요소를 반영하기 위해서는 해당 토지 이용이 지역사회에 미치는 사회적 영향, 공공 서비스 접근성, 사회적 형평성 기여도 등을 평가해야 한다. 예를 들어, 특정 토지 개발이 저렴한 주택 공급 확대, 지역 고용 창출, 커뮤니티 시설 확충 등 긍정적인 사회적 편익을 가져온다면, 이러한 사회적 가치를 사회적 투자수익률(SROI) 분석 등을 통해 정량화하여 토지 가치에 가산할 수 있다. 반대로, 특정 시설 입지가 주변 지역 주민들의 생활 환경을 악화시키거나 사회적 갈등을 유발할 가능성이 있다면, 이는 토지 가치에 부정적인 영향을 미치는 요인으로 고려되어야 한다. 토지이용의 포용성, 즉 다양한 계층의 사람들이 해당 토지와 그 위의 시설을 얼마나 공평하게 이용할 수 있는지도 중요한 평가 기준이 된다.

지배구조(G) 요소는 주로 토지 개발 및 관리 주체의 투명성, 책임성, 그리고 이해관계자와의 소통 노력과 관련된다. 토지이용계획 변경이나 개발 인허가 과정이 투명하고 공정하게 이루어지는지, 지역 주민의 의견 수렴 절차가 충분히 보장되는지, 그리고 개발 이익이 지역사회에 적절히 환원되는지 등이 토지의 장기적인 가치 안정성에 영향을 미칠 수 있다. 이러한 지배구조 관련 리스크가 낮고 사회적 신뢰가 높은 프로젝트의 토지는 상대적으로 높은 가치를 인정받을 수 있다.

ESG를 고려한 토지 가치평가는 전통적인 평가 방법에 새로운 차원을 더하는 것이다. 헤도닉 가격 모형에 ESG 관련 변수(예: 공원 접근성, 대기오염도, 범죄율, 친환경 인증 여부)를 포함하여 그 암묵적 가치를 추정하거나, 다기준 의사결정 분석(MCDA)을 활용하여 경제적, 환경적, 사회적 가치를 종합적으로 평가하는 방법도 활용될 수 있다. 중요한 것은 평가 목적과 대상 토지의 특성에 맞는 적절한 방법론을 선택하고, 신뢰할 수 있는 데이터를 기반으로 객관적이고 투명한 평가를 수행하는 것이다.

결론적으로, ESG를 고려한 토지 가치평가는 단순한 시장 가격 추정을 넘어, 토지가 지닌 다면적인 가치를 종합적으로 인식하고 지속 가능한 토지 이용을 유도하는 중요한 수단이다. 이는 토지 자원의 효율적 배분과 장기적인 사회·환경적 편익 증진에 기여할 것이다.

◎ 주요 사례: 왜 ESG를 고려해야 하는가?

1. 환경(E) 요소

특정 지역에 친환경 에너지 발전 시설을 건설할 토지를 평가할 때, 단순히 주변 시세만 보는 것이 아니라 해당 토지가 탄소 흡수원 역할을 하거나 생물 다양성 보전 가치가 있다면, 이러한 환경적 가치를 토지 가치에 긍정적으로 반영한다. 반대로, 오염된 토지나 기후 변화에 취약한 토지는 미래 예상 피해액을 반영하여 가치를 조정할 수 있다.

2. 사회(S) 요소

주택 개발을 위한 토지를 평가할 때, 단순히 용적률이나 건폐율만 보는 것이 아니라 개발이 저렴한 주택 공급 확대, 지역 고용 창출, 커뮤니티 시설 확충 등 지역 사회에 긍정적인 영향을 미친다면 이러한 사회적 가치를 토지 가치에 가산한다. 반대로, 특정 시설 건설이 주변 주민의 생활환경을 악화시키거나 사회적 갈등을 유발할 가능성이 있다면 토지 가치에 부정적인 영향을 미치는 요소로 고려한다.

3. 지배구조(G) 요소

대규모 복합 개발 프로젝트의 토지를 평가할 때, 개발 이익이 지역 사회에 적절히 환원되는지, 투명한 의사결정 과정을 거치는지, 그리고 개발 과정에서 발생할 수 있는 리스크를 얼마나 공정하게 관리하는지 등을 평가하여 토지 가치에 반영한다. 신뢰도가 높은 프로젝트는 가치가 더 높게 평가될 수 있다.

ESG를 고려한 토지 가치평가는 단순한 시장 가치를 넘어 토지의 다면적인 가치를 통합적으로 인식하고, 지속 가능한 토지 이용을 통해 효율적인 자원 배분과 장기적인 사회·환경적 편익 증진에 기여하는 중요한 방법론이다. 이는 토지 평가의 새로운 기준이자 미래 지향적인 접근 방식이다.

11.3. 지속 가능한 토지이용계획과 ESG

지속 가능한 토지이용계획은 현재 세대의 필요를 충족하면서 미래 세대의 필요를 충족할 능력을 저해하지 않는 방식으로 토지 자원을 배분하고 관리하는 것을 목표로 한다. 이는 경제적 효율성, 환경 보전, 그리고 사회적 형평성이라는 세 가지 축을 균형 있게 고려하는 통합적인 접근을 요구하며, ESG 원칙은 이러한 지속 가능한 토지이용계획 수립 및 실행의 핵심적인 가이드라인을 제공한다.

환경(E)적 측면에서 지속 가능한 토지이용계획은 생태계 보호 및 생물다양성 증진, 기후변화 완화 및 적응, 자원 효율성 극대화, 그리고 환경오염 최소화를 목표로 한다. 이를 위해 개발제한구역(그린벨트)이나 자연보호구역과 같이 생태적으로 중요한 지역은 보전하고, 훼손된 생태계는 복원하는 노력이 필요하다. 도시 지역에서는 압축적이고 효율적인 토지 이용(Compact City)을 통해 무분별한 외연 확산을 억제하고, 대중교통 중심 개발(TOD)을 통해 차량 의존도를 낮추며, 도시 내 녹지 공간과 바람길을 확보하여 열섬 현상을 완화하고 대기 질을 개선해야 한다. 또한, 신재생에너지 발전 시설 입지를 위한 토지를 확보하고, 홍수나 가뭄 등 기후변화 관련 재해에 취약한 지역은 개발을 제한하거나 방재 시설을 강화하는 계획을 수립해야 한다.

사회(S)적 측면에서 지속 가능한 토지이용계획은 모든 시민에게 공평한 기회를 제공하고 삶의 질을 향상하는 것을 목표로 한다. 다양한 소득 계층을 위한 저렴하고 양질의 주택 공급을 위해 적절한 토지를 배분하고, 주거, 업무, 상업, 여가 기능이 혼합된 복합용도개발(Mixed-Use Development)을 통해 직주근접을 실현하며, 보행 친화적인 환경을 조성해야 한다. 학교, 병원, 공원, 문화시설 등 필수적인 공공 서비스 시설에 대한 접근성을 모든 지역 주민에게 공평하게 보장하고, 사회적 약자(고령자, 장애인, 저소득층 등)의 필요를 고려한 포용적인 도시 설계를 지향해야 한다. 또한, 토지이용계획 수립 과정에 지역 주민들의 적극적인 참여를 보장하고, 개발로 인한 이익이 지역사회에 환원될 수 있는 메커니즘을 마련하여 사회적 형평성과 공동체 의식을 높여야 한다.

지배구조(G) 측면에서 지속 가능한 토지이용계획은 계획 수립 및 실행 과정의 투명성, 책임성, 그리고 효율성을 확보하는 것을 목표로 한다. 토지이용 관련 정보(예: 도시계획도, 용도지역 정보, 개발 허가 현황)를 시민들에게 투명하게 공개하고, 계획 변경이나 주요 개발 사업 결정 과정에 다양한 이해관계자의 의견을 수렴하며, 공청회나 주민설명회 등을 통해 충분한 소통 기회를 제공해야 한다. 계획의 수립, 집행, 평가 전 과정에 걸쳐 명확한 책임 소재를 규정하고, 계획의 실효성을 높이기 위한 지속적인 모니터링 및 평가 시스템을 운영해야 한다. 또한, 토지 관련 비리나 부패를 방지하기 위한 강력한 내부 통제 시스템과 외부 감사 제도를 마련하고, 토지 관련 분쟁 발생 시 공정하고 신속하게 해결할 수 있는 조정 및 중재 메커니즘을 구축하는 것이 중요하다.

ESG 원칙을 통합한 지속 가능한 토지이용계획은 스마트 시티 기술과 결합될 때 더욱 효과적으로 실현될 수 있다. IoT 센서를 통해 도시의 환경 데이터(대기 질, 소음, 교통량 등)를 실시간으로 모니터링하고, 빅데이터 분석을 통해 도시 문제의 원인을 진단하며, AI 기반 시뮬레이션을 통해 다양한 토지이용 시나리오의 효과를 예측할 수 있다. 디지털 트윈 기술은 도시 전체를 가상으로 복제하여 정책 실험을 가능하게 하고, 시민들이 가상현실(VR)이나 증강현실(AR)을 통해 도시 계획 과정에 참여하고 의견을 제시하는 새로운 소통 방식을 제공할 수 있다.

결론적으로, ESG를 통합한 지속 가능한 토지이용계획은 단순한 물리적 공간 배분을 넘어, 환경 보호, 사회적 포용, 그리고 경제적 활력이 조화롭게 공존하는 미래 도시를 만들어가는 핵심 전략이다. 이를 위해서는 장기적인 비전과 함께 과학적인 분석, 시민 참여, 그리고 기술 혁신이 뒷받침되어야 하며, 모든 이해관계자의 협력과 노력이 필요하다.

◎ 주요 사례: 스마트 도시와 지속 가능한 토지 이용 계획

1. 싱가포르의 스마트 네이션 이니셔티브

싱가포르는 스마트 네이션 이니셔티브를 통해 도시 전반에 걸쳐 지속 가능성을 추구하고 있다.

- 환경: 센서를 통해 실시간으로 에너지 소비량과 공기 질을 모니터링하고, 효율적인 에너지 관리 시스템을 구축하여 탄소 배출량을 줄인다. 빗물 재활용 시스템과 녹지 공간 확대를 통해 도시의 환경 부하를 최소화한다.
- 사회: 스마트 교통 시스템을 도입하여 대중교통 이용률을 높이고 교통 체증을 줄인다. 또한, 인구 밀집 지역에 스마트 기술을 활용한 공공 주택을 건설하여 주거 문제를 해결하고, 고령층을 위한 스마트 헬스케어 서비스를 제공하여 삶의 질을 향상시킨다.
- 지배구조: 정부는 데이터 기반의 의사결정 시스템을 구축하여 도시 계획의 투명성과 효율성을 높이고, 시민들이 도시 개발 과정에 참여할 수 있는 플랫폼을 제공한다.

2. 스웨덴 말뫼의 서쪽 항구(Western Harbour) 개발

스웨덴 말뫼의 서쪽 항구는 지속 가능한 도시 개발의 모범 사례로 꼽힌다.

- 환경: 100% 재생 에너지 사용, 폐기물 재활용률 극대화, 자전거 및 보행자 중심의 교통 시스템 구축 등을 통해 탄소 중립 도시를 목표로 한다.
- 사회: 다양한 계층의 주민들이 거주할 수 있는 혼합 용도 개발(Mixed-Use Development)을 통해 주거, 상업, 교육, 문화 시설이 조화롭게 배치되어 있다. 또한, 공공 공간을 충분히 확보하여 주민들의 교류를 촉진하고 있다.

- 지배구조: 개발 초기부터 주민들과의 활발한 소통을 통해 계획을 수립하고, 개발 과정에 다양한 이해관계자의 의견을 수렴하여 투명하고 민주적인 의사결정 과정을 거쳤다.

지속 가능한 토지 이용 계획은 단순한 물리적 공간 배분을 넘어, 환경 보호, 사회적 포용, 그리고 경제적 활력이 조화롭게 공존하는 미래 도시를 만들어가는 통합적인 접근이 필요하다. 이를 위해서는 장기적인 비전과 함께 과학적인 분석, 시민 참여, 그리고 기술 혁신이 뒷받침되어야 하며, 모든 이해관계자의 협력과 노력이 필수적이다.

11.4. ESG 토지입지 분석의 미래 전망

기술 혁신	정책 및 시장 변화
• 인공지능과 기계학습 기반 토지 적합성 분석	• ESG 성과 공시 의무화 확대
• 디지털 트윈 기술을 활용한 도시 시뮬레이션	• 탄소 가격제와 연계된 토지 가치 평가
• 블록체인 기반 토지 거래 및 이력 관리	• 생물다양성과 생태계 서비스 가치 통합
• 실시간 환경 모니터링 및 데이터 통합	• 사회적 영향 평가의 표준화 및 의무화
	• 기후 리스크에 따른 보험료 차등화

기술 혁신 분야에서는 환경성과 경제성을 통합한 토지 분석이 이루어지고, 디지털 트윈 기술을 활용한 시뮬레이션이 진행되며, 블록체인 기반의 거래와 이력 관리가 가능해지고, 센서 및 위성 모니터링 기술이 발전하고 있다.

정책 및 시장 변화 분야에서는 탄소 상쇄 등과 연계된 투자가 확대되고, 다양한 정책 및 인센티브 제도가 도입되며, 기후 변화에 대한 규제 강화와 관련된 정보가 공개되고, 기후 리스크 대응 의무가 확대되고 있다.

ESG 토지입지 분석은 기술 발전, 정책 변화, 시장 요구에 따라 더욱 정교하고 통합적으로 발전할 것으로 전망되고, 빅데이터와 인공지능 기술의 발전으로 분석이 더욱 정확하고 예측력이 높아지고 있다.

미래에는 ESG 토지입지 분석이 단순한 리스크 관리 도구를 넘어, 환경 보전, 사회적 포용, 장기적인 가치 창출이라는 복합적인 목표를 달성하기 위한 전략적 의사결정 프레임워크로 자리 잡을 것으로 보인다.

제12장

토지 ESG 개발 사례 연구

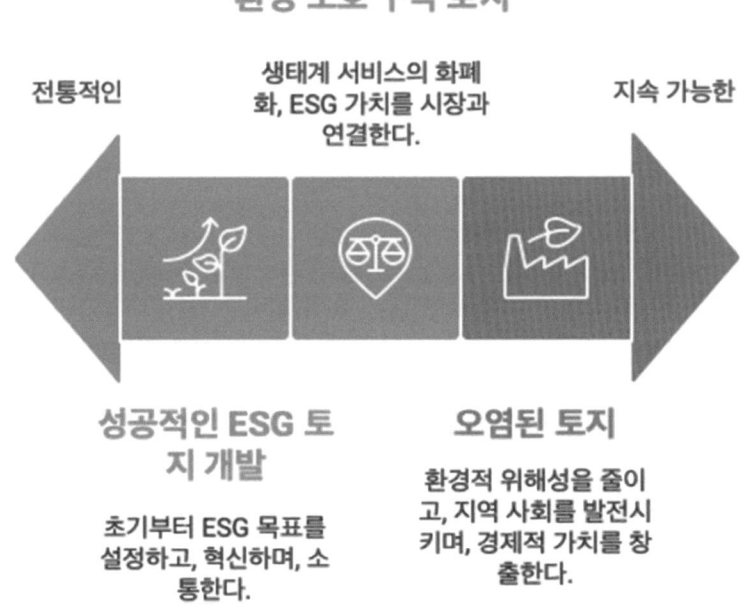

지속 가능성을 높이는 관점에서 토지 개발 이해하기
(Understanding Land Development from a Sustainability Perspective)

토지는 모든 부동산 활동의 기초가 되는 자원으로, 그 이용 및 관리 방식은 환경, 사회, 경제 전반에 걸쳐 광범위한 영향을 미친다. ESG 원칙을 토지 개발 및 가치평가에 적용하는 것은 지속 가능한 발전을 위한 핵심 과제이며, 다양한 실제 사례를 통해 그 효과와 시사점을 확인할 수 있다. 본 장에서는 ESG 원칙에 따른 토지 개발 성공 사례, 환경보호구역 토지의 ESG 가치평가, 그리고 오염토지 정화 및 재개발의 ESG 효과를 구체적인 사례를 통해 분석함으로써 토지 관련 ESG 부동산 경제학의 실제 적용 방안을 모색하고자 한다.

12.1. ESG 원칙에 따른 토지 개발 사례

ESG 원칙을 성공적으로 적용한 토지 개발 사례는 경제적 수익성과 함께 환경적·사회적 가치를 동시에 창출하며 지속 가능한 개발의 모범을 보여준다. 이러한 사례들은 초기 계획 단계부터 환경 보호, 지역사회와의 상생, 그리고 투명한 사업 추진을 핵심 가치로 설정하고 이를 일관되게 실행한다는 공통점을 가진다.

대표적인 해외 사례로 독일 프라이부르크의 보봉(Vauban) 생태 주거 단지를 들 수 있다. 과거 프랑스 군부대 주둔지였던 이곳은 주민 참여형 도시 계획을 통해 자동차 없는 친환경 주거 단지로 탈바꿈했다. 모든 건물은 패시브하우스 기준으로 건설되어 에너지 소비를 최소화하고, 태양광 발전 시설을 통해 필요한 에너지를 자체 생산하며, 빗물 재활용 시스템과 유기농 커뮤니티 가든 등을 운영한다. 보행자와 자전거 중심의 교통 체계를 구축하고, 단지 내 상업시설과 커뮤니티 시설을 통해 주민들의 편의를 도모하며 강력한 공동체를 형성했다. 보봉 지구는 환경적 지속 가능성(E)과 사회적 포용성(S), 그리고 주민 주도의 투명한 의사결정(G)이 성공적으로 결합된 대표적인 ESG 토지 개발 사례로 평가받는다.

국내에서는 경기도 시흥시의 '배곧신도시 생명공원' 조성 사례를 들 수 있다. 과거 염전과 갯벌이었던 지역을 개발하는 과정에서, 환경 훼손을 최소화하고 기존 생태계를 보전하려는 노력이 기울여졌다. 넓은 면적의 공원과 녹지를 조성하고, 해수와 담수가 만나는 기수역을 활용한 생태 체험 공간을 마련하여 시민들에게 휴식과 교육의 장을 제공하고 있다. 이는 개발 과정에서 환경 보호(E)와 지역 주민의 삶의 질 향상(S)을 동시에 고려한 사례로 볼 수 있다.

또 다른 사례로, 사회적 기업이나 비영리 단체가 주도하는 커뮤니티 랜드 트러스트(Community Land Trust, CLT) 모델을 들 수 있다. CLT는 지역사회가 토지를 공동으로 소유하고 관리하며, 그 위에 저렴한 주택이나 커뮤니티 시설을 공급하는 방식으로 운영된다. 이는 토지 가격 상승으로 인한 젠트리피케이션을 방지하고, 지역 주민들에게 안정적인 주거 환경과 공공 서비스를 제공하여 사회적 형평성(S)을 높이는 데 기여한다. CLT 운영의 투명성과 민주적인 의사결정 구조(G) 또한 중요한 특징이다.

이러한 성공 사례들은 ESG 원칙에 따른 토지 개발이 단순한 비용 증가 요인이 아니라, 장기적으로 자산 가치를 높이고, 지역사회의 지지를 얻으며, 새로운 시장 기회를 창출할 수 있음을 보여준다. 개발 초기 단계부터 ESG 목표를 명확히 설정하고, 혁신적인 친환경 기술을 도입하며, 다양한 이해관계자와의 적극적인 소통과 협력을 통해 프로젝트를 추진하는 것이 성공의 핵심 요인이다.

◎ 주요 사례

1. 독일 프라이부르크의 보봉(Vauban) 생태 주거 단지

과거 군부대 주둔지였던 이곳은 주민 참여형 도시 계획을 통해 친환경 주거 단지로 탈바꿈했다. 패시브하우스 기준의 건물, 태양광 발전, 에너지 및 폐기물 재활용 시스템, 유기농 커뮤니티 가든 운영 등을 통해 지속 가능한 생활 방식을 구현한다. 보행자와 자전거 중심의 교통 체계와 상업/커뮤니티 시설을 통해 주민 편의를 증진하고 강력한 공동체를 형성했다. 이는 환경(E), 사회(S), 투명한 의사결정(G)이 성공적으로 결합된 대표적인 ESG 토지 개발 사례로 평가된다.

2. 국내 시흥시의 '배곧신도시 생명공원' 조성 사례

과거 염전과 갯벌이었던 지역을 개발하면서 환경 훼손을 최소화하고 해수와 담수가 만나는 기수역을 보전하여 넓은 생태 공간과 녹지를 조성했다. 어린이 교육과 주민들의 삶의 질 향상을 동시에 고려한 개발 과정은 환경 보호(E)와 주민 삶의 질 향상(S)을 보여준다.

3. 커뮤니티 랜드 트러스트(CLT) 모델

사회적 기업이나 비영리 단체가 주도하여 토지를 공동으로 소유하고 관리하는 모델이다. CLT는 지역 사회를 위한 주택 공급 방식을 운영하며, 지가 상승으로 인한 젠트리피케이션을 방지하여 지역 주민들에게 안정적인 주거 환경과 공공 서비스를 제공한다. CLT 운영의 투명하고 민주적인 의사결정 과정(G)이 중요한 특징이다.

결론적으로, 이러한 성공 사례들은 ESG 원칙에 따른 토지 개발이 단순한 비용 증가 요인이 아니라, 장기적으로 자산 가치를 높이고 지역 사회의 지지를 얻으며 새로운 시장 기회를 창출할 수 있음을 보여준다.

개발 초기 단계부터 ESG 목표를 명확히 설정하고, 혁신적인 친환경 기술을 도입하며, 다양한 이해관계자와의 적극적인 소통과 협력을 통해 프로젝트를 추진하는 것이 성공의 핵심 요인이다.

12.2. 환경보호구역 토지의 ESG 가치평가

환경보호구역(예: 국립공원, 생태·경관보전지역, 상수원보호구역 등)으로 지정된 토지는 개발 행위가 엄격히 제한되어 전통적인 시장 가치평가 방법으로는 그 가치가 낮게 평가되거나 제대로 인식되지 못하는 경우가 많다. 그러나 ESG 관점에서 이러한 토지는 생물다양성 보전, 탄소 흡수, 수자원 함양, 자연경관 제공, 생태 관광 자원 등 매우 중요한 환경적·사회적 가치를 지니고 있으며, 이를 적절히 평가하고 보상하는 체계 마련이 시급하다.

환경보호구역 토지의 ESG 가치를 평가하기 위해서는 해당 토지가 제공하는 다양한 생태계 서비스(Ecosystem Services)의 가치를 화폐화하려는 노력이 필요하다. 예를 들어, 산림 지역의 탄소 흡수량과 그 경제적 가치를 추정하거나, 습지가 제공하는 수질 정화 기능의 가치를 대체 비용법(replacement cost method)을 통해 평가할 수 있다. 아름다운 자연경관이 제공하는 심미적 가치나 휴양 가치는 조건부가치측정법(CVM)이나 여행비용법(TCM)을 통해 추정할 수 있다.

이러한 비시장적 가치평가는 환경보호구역 토지의 진정한 가치를 드러내고, 보전 정책의 경제적 타당성을 확보하며, 토지 소유주에게 적절한 보상이나 인센티브를 제공하는 근거를 마련하는 데 기여한다. 예를 들어, '생태계 서비스 지불제(Payment for Ecosystem Services, PES)'는 환경보호구역 토지 소유주가 생태계 보전 활동을 통해 공익적 가치를 창출하는 것에 대해 정부나 수혜자가 경제적 보상을 제공하는 제도로, ESG 가치를 실제 시장 메커니즘과 연결하는 효과적인 수단이 될 수 있다.

사회적(S) 측면에서 환경보호구역은 지역 주민들에게 깨끗한 환경과 휴식 공간을 제공하고, 생태 관광을 통해 지역 경제 활성화에 기여하며, 전통문화 보존의 장이 되기도 한다. 이러한 사회적 편익 또한 가치평가에 반영될 수 있다. 지배구조(G) 측면에서는 환경보호구역 지정 및 관리 과정의 투명성, 지역 주민 참여 보장, 그리고 이해관계자 간 갈등 조정 메커니즘의 효율성 등이 중요한 평가 요소가 된다.

국제적으로는 TEEB(The Economics of Ecosystems and Biodiversity) 프로젝트와 같이 생태계와 생물다양성의 경제적 가치를 평가하고 이를 정책 결정에 통합하려는 노력이 활발히 이루어지고 있다. 국내에서도 환경보호구역의 공익적 가치를 평가하고, 사유지 매수 제도나 생태계 서비스 지불제 시범 사업 등을 통해 토지 소유주의 재산권 제한에 대한 보상을 강화하려는 움직임이 나타나고 있다.

결론적으로, 환경보호구역 토지의 ESG 가치평가는 전통적인 시장 가치평가의 한계를 넘어, 해당 토지가 지닌 다층적인 환경적·사회적 가치를 종합적으로 인식하고 이를 보전·관리하기 위한 합리적인 정책 수립의 기초를 제공한다. 이는 지속 가능한 국토 관리와 자연자본 보전을 위한 중요한 과제이다.

◎ 주요 사례

국내외적으로 환경보호구역의 공익적 가치를 평가하고, 사유지 매수 제도나 생태계 서비스 지불제 시범 사업 등을 통해 토지 소유주의 재산권 제한에 대한 보상을 강화하려는 움직임이 활발히 이루어지고 있다.

- **TEB(The Economics of Ecosystems and Biodiversity) 프로젝트**: 생태계와 생물다양성의 경제적 가치를 평가하고 이를 정책 결정에 통합하려는 국제적인 노력이다.
- **생태계 서비스 지불제(Payment for Ecosystem Services, PES)**: 환경보호구역 토지 소유주가 생태 보전 활동을 통해 공익적 가치를 창출하면, 정부나 수혜자가 경제적 보상을 제공하는 제도이다. 이는 ESG 가치를 실제 시장 메커니즘과 연결하는 효과적인 수단이 될 수 있다.

환경보호구역 토지는 시장 가치 이상의 다층적인 환경적·사회적 가치를 지니고 있으며, 이를 통합적으로 인식하고 보전하기 위한 합리적인 정책 수립이 중요하다. 비시장적 가치평가와 생태계 서비스 지불제와 같은 실제 사례들을 통해 환경보호구역 토지의 진정한 가치를 드러내고, 지속 가능한 국토 관리 및 자연 보전을 위한 정책적 기반을 마련하는 것이 핵심 과제이다.

12.3. 오염토지 정화 및 재개발의 ESG 효과 분석

과거 산업 활동이나 부적절한 폐기물 처리 등으로 인해 오염된 토지(Brownfield)

는 환경적 위해성과 함께 지역사회 발전의 저해 요인이 된다. 그러나 이러한 오염토지를 정화하고 친환경적이며 사회적으로 유익한 용도로 재개발하는 것은 ESG 관점에서 매우 중요한 의미를 가지며, 다양한 긍정적인 효과를 창출할 수 있다.

환경(E)적 측면에서 오염토지 정화는 토양 및 지하수 오염 확산을 방지하고 주변 생태계를 복원하며, 지역 주민의 건강 리스크를 줄이는 직접적인 효과가 있다. 정화된 부지에 친환경 건축물을 건설하거나 공원 및 녹지 공간을 조성하면 탄소 배출량을 줄이고 도시 열섬 현상을 완화하는 데도 기여할 수 있다. 특히, 기존 도심 내 유휴지인 오염토지를 재개발하는 것은 새로운 외곽 지역 개발을 억제하여 도시의 무분별한 확산을 막고 기존 인프라 활용도를 높이는 '스마트 성장(Smart Growth)' 전략과도 부합한다.

사회(S)적 측면에서 오염토지 재개발은 낙후된 지역에 새로운 활력을 불어넣고 지역 경제를 활성화하는 효과를 가져온다. 새로운 주거, 상업, 문화시설 등이 들어서면서 일자리가 창출되고, 지역 주민들의 생활 환경이 개선되며, 범죄율 감소 및 지역 이미지 제고 등의 긍정적인 변화를 기대할 수 있다. 재개발 과정에서 지역 주민의 의견을 적극적으로 수렴하고, 저렴한 주택이나 공공 편의시설을 함께 공급하는 경우 사회적 포용성을 높이는 데도 기여할 수 있다.

경제적(G) 측면에서 오염토지 재개발은 초기 정화 비용 부담과 사업 불확실성이라는 리스크가 존재하지만, 성공적으로 완료될 경우 토지 가치 상승, 세수 증대, 그리고 새로운 투자 유치 등 상당한 경제적 편익을 가져올 수 있다. 정부는 오염토지 정화 및 재개발을 촉진하기 위해 세금 감면, 금융 지원, 규제 완화 등 다양한 인센티브를 제공하기도 한다. 사업 추진 과정의 투명성 확보와 이해관계자와의 효과적인 소통은 프로젝트 성공의 중요한 지배구조(G) 요소이다.

해외에서는 미국의 '브라운필드 재개발 프로그램(Brownfield Redevelopment Program)'이나 독일의 '루르(Ruhr) 산업단지 재개발' 사례와 같이 대규모 오염토지를 성공적으로 정화하고 창조적인 공간으로 재탄생시킨 사례들이 많다. 이러한 프로젝트들은 환경 복원, 경제 활성화, 그리고 문화적 가치 창출이라는 다각적인 ESG 성과를 달성하며 도시 재생의 모범을 보여주고 있다.

국내에서도 과거 공장 부지나 폐광 지역 등을 대상으로 오염 정화 및 재개발 사업이 추진되고 있으나, 아직 초기 단계에 머무르는 경우가 많다. 오염 책임 규명 및 정화 비용 분담 문제, 기술적 어려움, 그리고 사업성에 대한 불확실성 등이 주요 장애 요인으로 작용하고 있다. 이러한 문제를 해결하기 위해서는 정부의 적극적인 정책 지원, 민간 투자 유치를 위한 인센티브 강화, 그리고 오염 정화 기술 개발 및 보급 노력이 필요하다.

결론적으로, 오염토지 정화 및 재개발은 환경 보호, 사회적 편익 증진, 그리고 경제적 가치 창출이라는 ESG의 세 가지 목표를 동시에 달성할 수 있는 잠재력이 큰 분야이다. 이는 단순한 토지 이용의 문제를 넘어, 지속 가능한 도시 발전과 환경 정의 실현을 위한 중요한 과제이며, 정부, 기업, 지역사회의 긴밀한 협력을 통해 성공적으로 추진될 수 있다.

◎ 주요 사례

- 미국의 '브라운필드 재개발 프로그램(Brownfield Redevelopment Program)': 오염된 산업 시설 부지나 폐광 지역을 정화하여 주거, 상업, 공원 등으로 재개발하여 지역 경제 활성화와 환경 개선을 동시에 달성한 사례들이 많다. 예를 들어, 오염된 공장 부지를 예술 공간이나 녹지 공원으로 탈바꿈하여 지역 주민들의 삶의 질을 높이고 새로운 관광 명소를 창출하기도 한다.
- 독일의 '루르(Ruhr) 산업단지 재개발': 과거 석탄 및 철강 산업으로 오염되었던 루르 지역을 친환경 주거 단지, 공원, 문화 시설 등으로 재개발하여 지속 가능한 도시 재생의 모범 사례로 평가받고 있다. 오염 토지 정화를 통해 환경을 복원하고, 새로운 산업과 일자리를 창출하여 지역 경제를 활성화했다.

오염 토지 정화 및 재개발은 환경 보호, 사회적 편익 증진, 그리고 경제적 가치 창출이라는 ESG의 세 가지 목표를 동시에 달성할 수 있는 잠재력이 큰 분야이다. 이는 단순한 토지 이용의 문제를 넘어, 지속 가능한 도시 발전을 위한 중요한 과제이며, 정부, 기업, 지역 사회의 긴밀한 협력을 통해 성공적으로 추진될 수 있다.

12.4. ESG 부동산 경제학의 미래와 토지의 역할

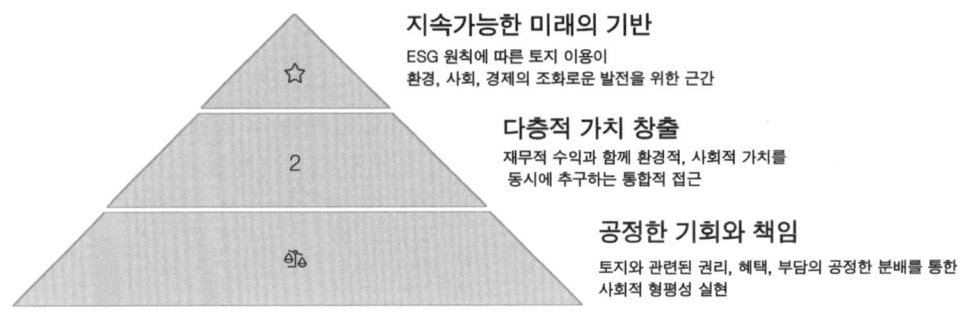

ESG 부동산 경제학은 토지와 관련된 의사결정에 있어 환경적 지속 가능성, 사회적 책임, 그리고 투명한 거버넌스를 핵심 가치로 삼는 새로운 패러다임으로 자리 잡고 있다. 기후변화, 도시화, 디지털 전환 등 메가트렌드가 가속화되는 가운데, 토지는 단순한 물리적 자산을 넘어 ESG 가치 창출의 핵심 플랫폼으로서 그 중요성이 더욱 커질 것으로 보인다. 토지를 통해 환경 보호, 사회적 포용, 그리고 경제적 번영이라는 ESG의 세 가지 목표를 동시에 달성하는 혁신적인 접근법이 미래 부동산 경제학의 핵심이 될 전망이다.

제13장

주택 ESG 가치 제고 사례 연구

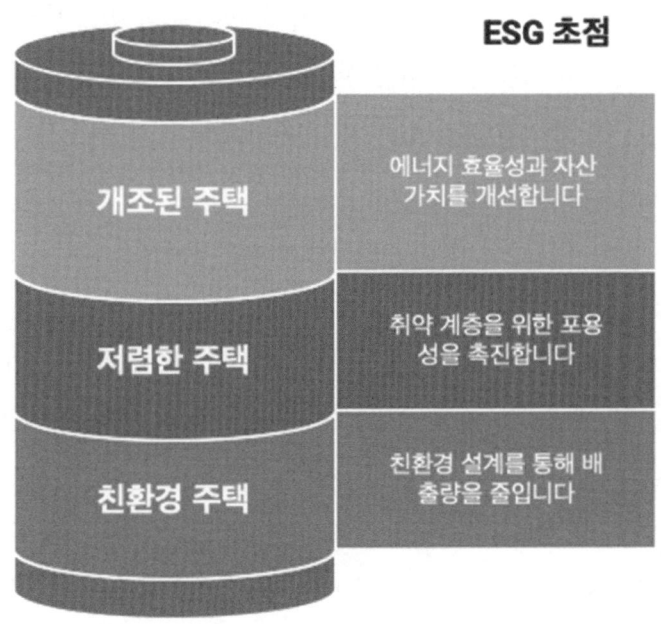

ESG 요소를 통해 주택을 분석하면 지속 가능한 생활 환경 촉진
(Analyzing homes through ESG factors promotes sustainable living environments)

주택은 인간 생활의 가장 기본적인 터전이자 사회 구성원의 삶의 질을 결정하는 핵심 요소이다. 주택 부문에 ESG 원칙을 적용하는 것은 단순한 건축물의 성능 개선을 넘어, 에너지 효율 증대, 건강하고 안전한 주거 환경 조성, 사회적 약자 배려, 그리고 투명하고 공정한 공급 및 관리 시스템 구축을 포괄하는 다차원적인 접근을 의미한다. 본 장에서는 친환경 주택단지 개발, 사회적 가치를 고려한 주택 공급, 그리

고 노후주택 개선사업의 ESG 통합 효과를 구체적인 사례를 통해 분석함으로써 주택 부문 ESG 부동산 경제학의 실천 방안을 모색하고자 한다.

13.1. 친환경 주택단지 개발과 ESG 성과

친환경 주택단지 개발은 에너지 절감, 탄소 배출 감축, 자원 효율성 증대, 그리고 쾌적하고 건강한 주거 환경 조성을 목표로 하며, ESG의 환경(E) 및 사회(S)적 가치를 동시에 실현하는 중요한 수단이다. 이러한 단지는 초기 계획 단계부터 단지 배치, 건물 설계, 조경, 에너지 시스템, 수자원 및 폐기물 관리 등 모든 측면에서 친환경 요소를 통합적으로 고려한다.

대표적인 친환경 주택단지 개발 사례로는 제로에너지빌딩(ZEB) 주택단지를 들 수 있다. ZEB는 고성능 단열재, 고효율 창호, 폐열회수 환기장치 등을 통해 건물 자체의 에너지 요구량을 최소화하고(패시브 기술), 태양광, 지열 등 신재생에너지 설비를 통해 필요한 에너지를 자체 생산하여(액티브 기술) 에너지 자립을 달성하는 것을 목표로 한다. 국내에서도 LH(한국토지주택공사)를 중심으로 ZEB 시범 단지가 조성되고 있으며, 장기적으로는 모든 신축 주택에 ZEB 기준을 적용하는 것이 목표이다. ZEB 주택단지는 입주민에게 냉난방비 등 에너지 비용 절감이라는 직접적인 경제적 혜택을 제공할 뿐만 아니라, 국가적으로는 온실가스 감축 목표 달성에 기여하고 에너지 안보를 강화하는 효과가 있다.

해외에서는 스웨덴 말뫼의 '아우구스텐보리(Augustenborg) 생태도시' 재개발 사례가 주목할 만하다. 과거 우범 지대였던 이 지역은 주민 참여를 통해 친환경 주거단지로 성공적으로 변모했다. 빗물 관리 시스템(옥상 녹화, 인공 습지 조성)을 통해 홍수를 예방하고, 에너지 효율 개선 사업, 유기농 커뮤니티 가든 운영, 친환경 교통 시스템 도입 등을 통해 지속 가능한 생활환경을 조성했다. 이 프로젝트는 환경 개선(E)뿐만 아니라, 범죄율 감소, 주민 공동체 활성화, 지역 경제 활성화 등 다양한 사회적 성과(S)를 달성하며 ESG 통합 개발의 모범을 보여주었다.

친환경 주택단지는 또한 입주민의 건강과 웰빙 증진에도 기여한다. 친환경 건축 자재 사용, 실내 공기 질 관리 시스템 도입, 풍부한 녹지 공간 및 산책로 조성, 그리고 자연 채광을 극대화한 설계 등은 쾌적하고 건강한 주거 환경을 제공한다. 단지 내 커뮤니티 시설(예: 피트니스센터, 도서관, 공동 작업실)은 주민들의 신체적·정신적 건강 증진과 사회적 교류 활성화에 도움을 줄 수 있다.

이러한 친환경 주택단지 개발의 ESG 성과를 정량적으로 평가하기 위해서는 에너지 절감량, 탄소 배출 감축량, 수자원 재활용률, 입주민 건강 개선 효과, 커뮤니티 만족도 등을 측정하고 분석하는 노력이 필요하다. G-SEED, LEED for Homes, BREEAM Communities와 같은 친환경 주택단지 인증 시스템은 이러한 성과를 객관적으로 평가하고 시장에 알리는 데 유용한 도구가 될 수 있다.

결론적으로, 친환경 주택단지 개발은 환경 보호, 에너지 효율 증대, 입주민 삶의 질 향상, 그리고 장기적인 자산 가치 제고라는 다각적인 ESG 성과를 창출할 수 있는 잠재력이 크다. 이를 위해서는 정부의 정책적 지원, 건설사의 기술 혁신, 그리고 소비자의 인식 변화가 함께 이루어져야 한다.

◎ 주요 사례

- **한국토지주택공사(LH)의 제로 에너지 빌딩(ZEB) 단지**: 국내에서는 LH를 중심으로 모든 신축 주택에 ZEB 기준을 적용하는 노력을 기울이고 있다. 이는 입주민에게 냉난방비 절감과 같은 직접적인 경제적 혜택을 제공할 뿐만 아니라, 국가적으로 온실가스 감축 목표 달성에 기여하고 에너지 안보를 강화하는 효과를 가져온다.
- **스웨덴 말뫼의 아우구스텐보리(Augustenborg) '생태도시'**: 해외 사례로는 스웨덴의 아우구스텐보리가 대표적이다. 이 지역은 주민 참여를 통해 친환경 주거

단지로 변화했다. 빗물 관리 시스템, 유기농 커뮤니티 운영, 친환경 교통 시스템 도입 등을 통해 지속 가능한 생활환경을 조성했다. 이 프로젝트는 환경 개선뿐만 아니라 범죄율 감소, 주민 공동체 활성화, 지역 경제 활성화 등 다양한 사회적 성과를 달성하며 ESG 통합 개발의 모범을 보여주었다.

친환경 주택단지 개발은 환경 보호, 에너지 효율 증대, 입주민 삶의 질 향상, 그리고 장기적인 자산 가치 제고라는 다각적인 ESG 성과를 창출할 수 있는 잠재력이 크다. 이를 위해서는 정부의 정책적 지원, 건설사의 기술 혁신, 그리고 소비자의 인식 변화가 함께 이루어져야 한다.

13.2. 사회적 가치를 고려한 주택 공급 사례

주택 공급에 있어 사회적 가치를 고려한다는 것은 단순히 물리적인 주거 공간을 제공하는 것을 넘어, 주거 취약계층의 주거 안정, 다양한 사회 구성원의 포용, 그리고 건강하고 활력 있는 지역사회 조성을 목표로 하는 것을 의미한다. 이는 ESG의 사회(S)적 측면을 주택 정책 및 개발 사업에 적극적으로 통합하려는 노력이며, 다양한 형태의 혁신적인 공급 모델을 통해 실현될 수 있다.

대표적인 사례는 저렴한 주택(Affordable Housing) 공급 확대 노력이다. 공공임대주택, 행복주택, 사회주택, 협동조합주택 등은 시장 임대료보다 저렴한 비용으로 안정적인 주거를 제공함으로써 저소득층, 청년, 신혼부부 등 주거비 부담이 큰 계층의 주거 안정을 돕는다. HUG(주택도시보증공사)의 사회임대주택 금융지원 프로그램은 사회적 경제 주체들이 저렴한 임대주택을 공급하는 데 필요한 자금을 지원하여 사회적 가치 실현에 기여하고 있다.

고령화 사회에 대응한 시니어 주택(Senior Housing) 공급 또한 중요한 사회적 가치 창출 사례이다. 단순한 거주 공간을 넘어, 건강 관리 서비스, 문화·여가 프로그램, 커뮤니티 활동 등을 통합적으로 제공하는 시니어 주택은 노년층의 독립적이고 건강한 생활을 지원한다. 유니버설 디자인을 적용하여 안전하고 편리한 생활 환경을 조성하고, 지역사회와의 교류를 촉진하는 개방형 단지 설계도 중요하다.

장애인, 한부모 가정, 다문화 가정 등 특정 사회 집단의 필요에 맞는 맞춤형 주택 공급도 사회적 포용성을 높이는 데 기여한다. 예를 들어, 휠체어 사용자를 위한 장애물 없는 설계, 한부모 가정을 위한 보육 시설 연계, 다문화 가정을 위한 언어 및 문화 지원 프로그램 제공 등을 통해 이들의 안정적인 정착과 사회 통합을 도울 수 있다.

공유 주택(Co-living, Share House) 모델은 1인 가구 증가와 주거비 상승에 대응하는 새로운 주거 형태로, 개인 공간과 함께 주방, 거실, 세탁실 등 공용 공간을 공유하며 커뮤니티를 형성하는 방식이다. 이는 주거 비용을 절감하고 사회적 고립감을 해소하며, 다양한 배경을 가진 사람들 간의 교류를 촉진하는 긍정적인 사회적 효과를 가져올 수 있다.

도시재생 사업과 연계한 주택 공급 또한 중요한 사회적 가치 창출 방안이다. 노후화된 구도심 지역의 기존 주택을 개량하거나, 유휴 부지를 활용하여 새로운 주택과 함께 커뮤니티 시설, 공공 서비스 시설을 공급함으로써 지역 환경을 개선하고 주민들의 삶의 질을 높일 수 있다. 이 과정에서 기존 주민들의 재정착을 지원하고, 지역의 역사와 문화를 보존하려는 노력이 함께 이루어져야 한다.

이러한 사회적 가치를 고려한 주택 공급 사례들은 종종 공공 부문, 민간 기업, 비영리 단체, 그리고 지역사회 주민 간의 파트너십을 통해 추진된다. 각 주체의 강점을 결합하고 긴밀하게 협력함으로써 재정적 지속 가능성을 확보하고 사회적 임팩트를 극대화할 수 있다.

결론적으로, 사회적 가치를 고려한 주택 공급은 단순한 시혜가 아니라, 사회 전체의 안정과 발전에 기여하는 필수적인 투자이다. 다양한 사회 구성원의 필요를 충족시키고 포용적인 공동체를 만들어가는 노력은 주택 부문 ESG 실현의 핵심적인 과제이다.

◎ 주요 사례

1. 저렴한 주택(Affordable Housing) 공급 확대 노력

주택도시보증공사(HUG)의 사회임대주택 금융지원 프로그램이 대표적이다. HUG는 사회적 경제 주체들이 저렴한 임대주택을 공급하는 데 필요한 자금을 지원하여 사회적 가치 실현에 기여하고 있다. 이를 통해 민간에서도 사회적 주택 공급에 참여할 수 있는 기반을 마련한다.

2. 고령화 사회에 대응한 시니어 주택(Senior Housing) 공급

국내에서는 LH(한국토지주택공사) 등 공공기관이 고령층을 위한 실버타운이나 공공실버주택 등을 공급하고 있다. 특히, 건강 관리 시설과 연계하거나 사회복지관과의 협력을 통해 다양한 프로그램을 제공하여 입주민의 삶의 만족도를 높이는 사례들이 있다. 예를 들어, 일부 공공실버주택에서는 주택 내 물리치료실, 건강 상담실 등을 운영하고 자원봉사자나 복지사들이 상주하며 노인 돌봄 서비스를 제공하기도 한다.

3. 사회적 포용성을 높이는 맞춤형 주택 공급

서울시나 경기도 등 일부 지자체에서는 장애인 편의시설이 완비된 주택을 공급하거나, 한부모 가정을 위한 주거비 지원 및 공동생활 시설을 운영하고 있다. 또한, 다문화 가정을 위한 주택 정보 제공 및 관련 상담 서비스를 제공하는 등의 노력을 통해 이들이 지역사회에 안정적으로 정착하도록 돕고 있다.

사회적 가치를 고려한 주택 공급은 단순히 주택을 제공하는 것을 넘어 사회 전체의 안정과 발전에 기여하는 필수적인 투자이다. 다양한 사회 구성원의 필요를 충족하고 포용적인 공동체를 만드는 노력은 주택 부문 ESG 실현의 핵심적인 과제이다.

13.3. 노후주택 개선사업의 ESG 통합 효과

도시화가 오래 진행된 많은 도시에서 노후주택의 증가는 심각한 사회 문제로 대두되고 있다. 노후주택은 에너지 효율 저하, 안전 문제, 주거 환경 악화 등을 야기하며 입주민의 삶의 질을 떨어뜨릴 뿐만 아니라 도시 전체의 지속 가능성에도 부정적인 영향을 미친다. 이러한 노후주택을 대상으로 ESG 원칙을 통합한 개선사업을 추진하는 것은 환경 보호, 사회적 편익 증진, 그리고 자산 가치 제고라는 다각적인 긍정적 효과를 가져올 수 있다.

환경(E)적 측면에서 노후주택 개선사업의 가장 큰 효과는 에너지 효율 향상과 탄소 배출량 감축이다. 단열 강화, 고효율 창호 교체, 고효율 보일러 및 냉난방 설비 설치, LED 조명 교체 등 '그린 리모델링'을 통해 건물의 에너지 성능을 획기적으로 개선할 수 있다. 이는 냉난방 에너지 소비를 줄여 입주민의 관리비 부담을 덜어주고, 국가적으로는 에너지 수입 의존도를 낮추며 온실가스 감축 목표 달성에 기여한다. 또한, 태양광 발전 설비 설치나 빗물 재활용 시스템 도입 등 신재생에너지 및 수자원 관리 시스템을 적용하여 환경 부하를 더욱 줄일 수 있다.

사회(S)적 측면에서 노후주택 개선사업은 입주민의 주거 환경과 삶의 질을 크게 향상한다. 낡고 위험한 시설물을 교체하고 내진 보강 등을 통해 건물의 안전성을 높이며, 곰팡이나 누수 문제를 해결하여 건강한 실내 환경을 조성한다. 엘리베이터 설치, 주차 공간 확충, 커뮤니티 시설 개선 등은 주거 편의성을 높이고, 특히 고령자나 장애인과 같은 주거 약자를 위한 유니버설 디자인을 적용하면 포용적인 주거 환경을 만들 수 있다. 또한, 주거 환경 개선은 지역 슬럼화를 방지하고 범죄율을 낮추며, 이웃 간의 교류를 활성화하여 지역 공동체 회복에도 긍정적인 영향을 미칠 수 있다.

경제적(G) 측면에서 노후주택 개선사업은 단기적으로는 투자 비용이 발생하지만, 장기적으로는 자산 가치 상승, 임대 수입 증대, 그리고 유지관리 비용 절감 효과를 가져온다. 개선된 주택은 시장에서 더 높은 가격으로 거래되거나 임대될 가능성이 크며, 에너지 효율 향상으로 인한 운영비 절감은 투자 수익률을 높이는 요인이 된다. 정부나 지자체에서 그린 리모델링 이자 지원 사업이나 세제 감면 혜택 등을 제공하는 경우 사업의 경제성을 더욱 높일 수 있다. 사업 추진 과정에서 주민들의 의견을 적극적으로 수렴하고 투명한 의사결정 과정을 거치는 것은 사업의 성공 가능성을 높이고 사회적 갈등을 최소화하는 중요한 지배구조(G) 요소이다.

해외에서는 독일의 KfW 은행의 에너지 효율 개선 주택 금융 지원 프로그램이나 영국의 '그린 딜(Green Deal)' 정책과 같이 노후주택의 에너지 성능 개선을 위한 다양한 정책적 지원이 이루어지고 있다. 국내에서도 국토교통부의 '그린리모델링 이자지원사업' 등을 통해 민간 건축물의 에너지 성능 개선을 유도하고 있다.

그러나 노후주택 개선사업을 활성화하기 위해서는 몇 가지 과제가 해결되어야 한다. 초기 투자 비용 부담, 사업 추진 주체 발굴의 어려움, 주민 동의 확보의 복잡성, 그리고 관련 기술 및 전문 인력 부족 등이 대표적이다. 이러한 문제를 극복하기 위해서는 정부의 적극적인 재정 및 금융 지원 확대, 사업 절차 간소화, 맞춤형 컨설팅 제공, 그리고 관련 산업 육성 노력이 필요하다.

결론적으로, 노후주택 개선사업에 ESG 원칙을 통합하는 것은 단순한 시설 개보수를 넘어, 도시의 지속 가능성을 높이고 시민들의 삶의 질을 향상시키며 새로운 경제적 가치를 창출하는 중요한 전략이다. 이는 기존 자원의 효율적 활용이라는 순환 경제의 원칙과도 부합하며, 미래 지향적인 도시 재생의 핵심적인 부분이 될 것이다.

◎ 주요 사례

1. 환경(E) 측면: 에너지 효율 향상을 통한 환경 보호 및 경제성 확보

독일의 KfW 은행의 에너지 효율 개선 주택 금융 지원 프로그램이나 영국의 '그린 딜(Green Deal)' 정책은 노후주택의 에너지 성능 개선을 위한 대표적인 정책 지원 사례이다. 국내에서도 국토교통부의 '그린 리모델링 이자지원사업' 등을 통해 민간 건축물의 에너지 성능 개선을 유도하고 있다. 이 사업들은 태양광 발전 설비 설치, 빗물 재활용 시스템 도입 등 신재생에너지 및 수자원 관리 시스템을 적용하여 환경 부하를 더욱 줄일 수 있도록 돕는다.

2. 사회(S) 측면: 주거 환경 및 삶의 질 향상, 지역 공동체 활성화

오래된 아파트 단지에서 낡은 배관을 교체하고 소방 설비를 보강하여 주민 안전을 확보한 사례를 들 수 있다. 또한, 단지 내 유휴 공간에 경로당이나 작은 도서관을 조성하여 주민 간 교류를 활성화하고, 아이들이 안전하게 놀 수 있는 놀이터를 개선하여 주거 만족도를 높인 사례도 많다. 이는 주거 환경 개선을 넘어 범죄율을 낮추고 이웃 간의 교류를 활성화하여 지역 공동체 회복에도 긍정적인 영향을 미칠 수 있다.

3. 경제(G) 측면: 새로운 경제적 가치 창출 및 효율적 자원 활용

정부나 지방자치단체에서 그린 리모델링이자 지원 사업이나 세금 감면 혜택 등을 제공하는 경우 사업의 경제성을 더욱 높일 수 있다. 또한, 사업 추진 과정에서 주민들의 의견을 적극적으로 수렴하고 투명한 의사결정 과정을 거치는 것은 사업의 성공 가능성을 높이고 사회적 갈등을 최소화하는 중요한 지배구조(G) 요소이다. 이러한 노력은 기존 자원의 효율적 활용이라는 순환 경제의 원칙과도 부합하며, 미래 지향적인 도시 재생의 핵심적인 부분이 된다.

노후주택 개선사업에 ESG 원칙을 통합하는 것은 단순한 시설 개·보수를 넘어, 도시의 지속 가능성을 높이고 시민들의 삶의 질을 향상시키며 새로운 경제적 가치를 창출하는 중요한 전략이다. 하지만 초기 투자 비용 부담, 사업 추진 주체 발굴의 어려움, 주민 동의 확보의 복잡성, 그리고 관련 기술 및 전문 인력 부족 등 몇 가지 과제가 해결되어야 한다. 이를 극복하기 위해서는 정부의 적극적인 재정 및 금융 지원 확대, 사업 절차 간소화, 맞춤형 컨설팅 제공, 그리고 관련 산업 육성 노력이 필요하다.

13.4. ESG 주택의 미래 전망

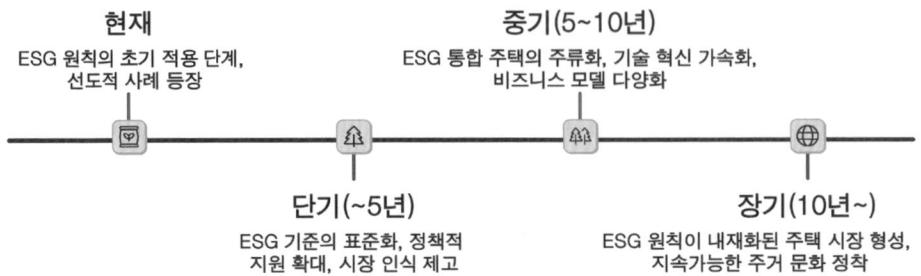

- 현재(1단계): ESG 원칙이 주거 부문에 적용되기 시작하고, 선도적인 사례들이 등장하고 있는 상태다.
- 단기(~5년): ESG의 기준은 표준화되고, 정책적 지원은 확대되며, 시장 경쟁이 심화될 것으로 보인다.
- 중기(5~10년): ESG 통합 주택의 종류는 다양화되고, 기술 혁신은 가속화되며, 새로운 비즈니스 모델이 등장할 것이다.
- 장기(10년~): ESG 생태계를 구축하여 주택 시장을 선도하고, 기술적인 한계를 극복하며 주택 산업을 재정의할 것으로 예상된다.

ESG 주택의 미래는 기술 발전, 사회적 인식 변화, 정책 지원에 따라 계속 발전할 것이다. 현재의 선도적인 사례들은 점차 주류가 되어, 결국에는 ESG 원칙이 주택 개발 및 관리의 기본 전제로 자리 잡게 될 것이다. 이를 통해 환경적으로 지속 가능하고, 사회적으로 포용적이며, 경제적으로도 건강한 주거 환경이 조성될 수 있을 것이다.

제14장

건물 ESG 설계·평가 사례 연구

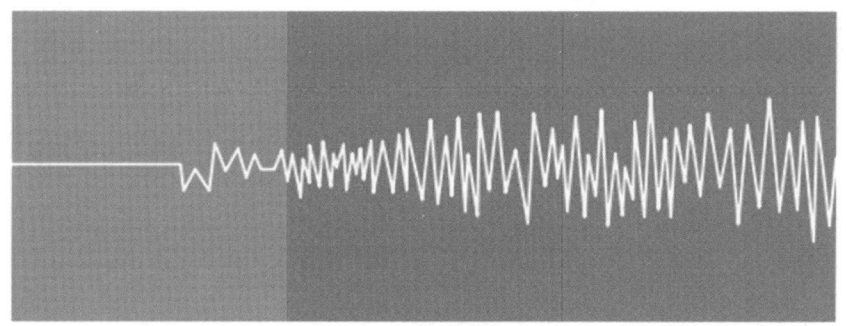

ESG를 통한 건물 가치 이해
(Understanding Building Value through ESG)

　일반 건물(주거, 상업, 업무 등 특정 용도에 국한되지 않는 광의의 건물) 부문은 도시를 구성하는 가장 기본적인 단위이자 에너지 소비와 탄소 배출의 주요 원천이다. 따라서 건물에 ESG 원칙을 적용하는 것은 지속 가능한 도시 환경을 조성하고 기후변화에 대응하는 데 있어 매우 중요한 의미를 지닌다. 본 장에서는 그린빌딩 인증 건물의 시장 가치 분석을 통해 친환경 건축의 경제적 효과를 살펴보고, 건물 에너지 효율화와 ESG 투자수익률 간의 관계를 분석하며, 건물 사용자의 건강과 복지를 고려한 ESG 설계의 중요성과 실제 사례를 탐구함으로써 일반 건물 부문에서의 ESG 통합 전략을 모색하고자 한다.

14.1. 그린빌딩 인증 건물의 시장가치 분석(LEED, BREAM 등)

그린빌딩 인증(Green Building Certification)은 건물의 설계, 시공, 운영 전 과정에서 에너지 효율, 수자원 절약, 실내 환경 질, 지속 가능한 자재 사용 등 환경적 성능을 종합적으로 평가하여 등급을 부여하는 제도로, LEED(미국), BREEAM(영국), G-SEED(한국) 등이 대표적이다. 이러한 인증을 받은 건물은 시장에서 일반 건물에 비해 높은 가치를 인정받는 경향이 있으며, 이는 다양한 경제적 요인에 기인한다.

첫째, 그린빌딩은 에너지 및 수자원 사용 효율이 높아 운영 비용(냉난방비, 전력비, 수도 요금 등)을 절감하는 직접적인 경제적 이점을 제공한다. 이는 건물의 순영업이익(NOI)을 증가시켜 자산 가치 상승에 기여하며, 임차인에게도 관리비 절감이라는 매력적인 요소로 작용한다. 다수의 연구에서 그린빌딩 인증 건물이 일반 건물보다 높은 임대료와 매매가를 형성하고, 공실률은 낮으며, 임차 기간은 길다는 '그린 프리미엄(Green Premium)'이 관찰되고 있다.

둘째, 그린빌딩은 쾌적하고 건강한 실내 환경(양호한 공기 질, 자연 채광, 낮은 소음 등)을 제공하여 건물 사용자의 만족도와 생산성을 향상시킨다. 이는 특히 업무용 건물의 경우 기업 임차인 유치에 유리하게 작용하며, 주거용 건물의 경우에도 입주민의 삶의 질을 높여 선호도를 증가시킨다. WELL 인증과 같이 건물 사용자의 건강과 웰빙에 초점을 맞춘 인증 제도도 그린빌딩의 가치를 더욱 높이는 요소가 된다.

셋째, 그린빌딩은 환경 규제 강화 및 기후변화 리스크에 대한 대응력을 높여 장기적인 자산 가치 안정성에 기여한다. 탄소 배출 규제, 에너지 효율 기준 강화 등 미래의 잠재적인 규제 변화에 미리 대비함으로써 '좌초 자산(Stranded Assets)'이 될 위험을 줄일 수 있다. 또한, 친환경 이미지는 건물 소유주나 임차 기업의 브랜드 가치를 제고하고 사회적 책임을 이행하는 긍정적인 신호로 작용한다.

넷째, ESG 투자가 확대되면서 기관 투자자들은 포트폴리오에 그린빌딩과 같은 친환경 자산을 적극적으로 편입하려는 경향을 보인다. 이는 그린빌딩에 대한 투자 수요를 증가시키고 유동성을 높여 자산 가치 상승에 기여한다. GRESB와 같은 글로벌 ESG 평가에서도 친환경 건축물 인증 보유 여부는 중요한 평가 항목으로 간주된다.

그러나 그린빌딩 인증의 시장 가치 효과는 지역, 부동산 유형, 인증 등급, 시장 상황 등에 따라 다르게 나타날 수 있으며, 인증 획득에 따른 초기 투자 비용 증가와 실제 운영 성과 간의 관계에 대한 면밀한 분석이 필요하다. 또한, 인증 제도의 신뢰성과 실효성을 지속적으로 검증하고 개선하려는 노력도 중요하다.

결론적으로, LEED, BREEAM 등 그린빌딩 인증은 건물의 환경적·사회적 성능을 객관적으로 입증하고 시장 가치를 높이는 효과적인 수단이다. 지속 가능성에 대한 사회적 요구가 커짐에 따라 그린빌딩의 시장 프리미엄은 더욱 확대될 것으로 예상되며, 이는 부동산 개발 및 투자 전략에 있어 친환경 요소를 우선적으로 고려해야 할 당위성을 제공한다.

◎ 주요 사례

- **미국**: LEED(미국), BREEAM(영국), G-SEED(한국) 등 국제적인 녹색 건축물 인증을 받은 건물들은 일반 건물에 비해 높은 가치를 인정받는 경향이 있다. 예를 들어, LEED 인증 오피스 빌딩은 비인증 빌딩에 비해 임대료가 높고 공실률이 낮다는 연구 결과들이 보고된다.
- **유럽**: BREEAM 인증 상업용 건물은 더 높은 매매가와 임대 수익을 창출하며, 특히 에너지 효율 등급이 높은 건물일수록 이러한 경향이 두드러진다.

- **국내 대기업 사옥:** 삼성전자 서초사옥 등 국내 대기업 사옥들은 에너지 효율과 실내 환경 개선에 중점을 둔 친환경 설계 및 인증을 통해 직원들의 업무 효율성과 만족도를 높이고 있다.
- **글로벌 투자 펀드:** GRESB(Global Real Estate Sustainability Benchmark)와 같은 글로벌 ESG 평가 지표에서 높은 점수를 받는 그린 빌딩은 투자 펀드로부터 더 많은 투자를 유치할 가능성이 높다. 이는 기업의 사회적 책임 이행과 지속 가능한 경영을 중요시하는 투자 트렌드와 일치한다.

LEED, BREEAM 등 녹색 건축물 인증은 건물의 환경적·사회적 성능을 객관적으로 입증하고 시장 가치를 높이는 효과적인 수단이다. 지속 가능성에 대한 사회적 요구가 커짐에 따라 녹색 건축물의 시장 프리미엄은 더욱 확대될 것으로 예상되며, 이는 부동산 개발 및 투자 전략에 있어 친환경 요소를 우선적으로 고려해야 할 당위성을 제공한다.

14.2. 건물 에너지 효율화와 ESG 투자수익률

건물 부문은 전 세계 에너지 소비의 상당 부분을 차지하므로, 건물 에너지 효율화는 탄소 중립 목표 달성과 지속 가능한 발전을 위한 핵심 과제이다. 건물 에너지 효율화 투자는 초기 비용이 발생하지만, 장기적으로 운영 비용 절감, 자산 가치 상승, 그리고 규제 리스크 감소 등 다양한 경제적 편익을 가져와 ESG 투자수익률을 높이는 효과가 있다.

건물 에너지 효율화의 가장 직접적인 효과는 에너지 비용 절감이다. 고성능 단열재 사용, 고효율 창호 및 조명 시스템 설치, 스마트 빌딩 에너지 관리 시스템(BEMS) 도입, 폐열 회수 장치 활용 등을 통해 건물의 냉난방 및 전력 소비를 크게 줄일 수 있다. 이는 건물 운영 단계에서 발생하는 에너지 비용을 절감시켜 순영업이익(NOI)을 개선하고, 결과적으로 투자자에게 더 높은 배당 수익이나 자본 이득을 제공할 수 있다.

에너지 효율이 높은 건물은 시장에서 높은 임대료와 매매가를 형성하는 경향이 있다. 임차인들은 낮은 관리비와 쾌적한 실내 환경을 선호하며, 이는 에너지 효율적인 건물에 대한 수요 증가로 이어진다. 투자자들 또한 에너지 효율적인 건물이 장기적으로 안정적인 현금흐름을 창출하고 자산 가치를 유지 또는 상승시킬 가능성이 높다고 판단하여 투자 매력도가 높다.

정부의 에너지 효율 관련 규제 강화는 건물 에너지 효율화 투자의 중요성을 더욱 부각시킨다. 신축 건물에 대한 에너지 성능 기준이 점차 강화되고 있으며, 기존 건물에 대해서도 에너지 효율 개선을 유도하기 위한 다양한 정책(예: 에너지 성능 공개 의무화, 보조금 지원, 세제 혜택)이 시행되고 있다. 이러한 규제 환경 변화에 선제적으로 대응하여 에너지 효율을 높인 건물은 미래의 규제 리스크를 줄이고 시장 경쟁력을 확보할 수 있다.

ESG 투자 관점에서 건물 에너지 효율화는 환경(E) 성과 개선의 핵심 지표이자, 기후변화 관련 투자 리스크(전환 리스크)를 관리하는 중요한 수단이다. 탄소 배출 규제가 강화되거나 탄소 가격이 상승할 경우, 에너지 비효율적인 건물은 추가적인 비용 부담이나 자산 가치 하락 위험에 직면할 수 있다. 반면, 에너지 효율화 투자를 통해 탄소 배출량을 줄인 건물은 이러한 리스크에 대한 회복탄력성을 높이고, 경우에 따라서는 탄소 배출권 거래 등을 통해 추가 수익을 창출할 수도 있다.

건물 에너지 효율화 투자의 경제성을 평가하기 위해서는 초기 투자 비용, 예상 에너지 절감액, 유지·보수 비용, 그리고 자산 가치 상승 효과 등을 종합적으로 고려한 투자수익률(ROI) 분석이나 순현재가치(NPV) 분석이 필요하다. 최근에는 에너지 서비스 회사(ESCO)를 활용하여 초기 투자 부담 없이 에너지 효율 개선 사업을 추진하고 절감된 에너지 비용을 공유하는 모델도 확산되고 있다.

결론적으로, 건물 에너지 효율화는 환경 보호라는 공익적 가치뿐만 아니라, 운영 비용 절감, 자산 가치 증대, 리스크 관리 강화 등 실질적인 경제적 이익을 가져다주는 효과적인 ESG 투자 전략이다. 지속 가능한 미래를 위해 건물 에너지 효율화에 대한 투자와 노력은 더욱 확대되어야 할 것이다.

◎ 주요 사례

1. 에너지 비용 절감 및 운영 수익 증대

서울 강남의 한 오피스 빌딩은 노후화된 설비를 교체하고 BEMS를 도입하여 에너지 사용량을 20% 절감했다. 이는 연간 수천만 원의 에너지 비용 절감으로 이어졌고, 운영수익(NOI)이 개선되어 건물 가치가 상승하는 효과를 가져왔다. 절감된 운영 비용은 투자자들에게 더 높은 배당 수익이나 이자 이익을 제공할 수 있다.

2. 자산 가치 상승 및 임대 매력도 증가

싱가포르의 '오아시아 호텔 다운타운(Oasia Hotel Downtown)'은 친환경 설계와 에너지 효율 기술을 적용하여 에너지 절감은 물론, 쾌적한 실내 환경으로 투숙객 만족도를 높였다. 그 결과 주변 동급 호텔 대비 높은 객실 점유율과 임대 수익을 유지하며, 부동산 시장에서 높은 가치를 인정받고 있다.

3. 규제 리스크 감소 및 ESG 투자 유치 용이

덴마크 코펜하겐에 위치한 '8 House'는 혁신적인 친환경 건축 기술을 적용하여 에너지 효율을 극대화하고 탄소 배출량을 최소화했다. 이러한 노력은 정부의 엄격한 환경 규제를 충족하고, 친환경 이미지 구축에 성공하여 국내외 ESG 투자자들로부터 높은 관심을 받았다.

건물 에너지 효율화는 단순한 비용 절감을 넘어 자산 가치 상승, 리스크 관리, 그리고 지속 가능한 미래를 위한 효과적인 ESG 투자 전략으로서 그 중요성이 더욱 확대될 것이다. 이는 투자자들에게는 매력적인 수익을, 그리고 사회 전반적으로는 지속 가능한 발전을 위한 중요한 발판을 제공한다.

14.3. 건물 사용자의 건강과 복지를 고려한 ESG 설계

건축물의 ESG 설계는 단순히 에너지 효율이나 친환경 자재 사용을 넘어, 그 공간을 실제로 사용하는 사람들의 건강, 안전, 그리고 전반적인 복지(Well-being)를 증진하는 방향으로 진화하고 있다. 이는 ESG의 사회(S)적 측면을 건축 설계에 적극적으로 통합하는 것으로, 사용자의 만족도와 생산성을 높여 건물의 장기적인 가치를 제고하는 데 중요한 역할을 한다.

건물 사용자의 건강을 고려한 설계의 핵심 요소 중 하나는 실내 공기 질(Indoor Air Quality, IAQ) 관리이다. 휘발성 유기화합물(VOCs) 방출이 적은 친환경 마감재와 가구를 사용하고, 고성능 환기 시스템과 공기 정화 장치를 설치하며, 적절한 습도를 유지하여 미세먼지, 유해 가스, 곰팡이 등으로부터 안전하고 쾌적한 실내 환경을 조성해야 한다. 이는 호흡기 질환 예방, 알레르기 반응 감소, 그리고 집중력 향상 등 사용자의 건강과 생산성에 직접적인 영향을 미친다.

자연 채광의 적극적인 활용과 인공조명의 질 또한 중요하다. 충분한 자연광은 시각적 편안함을 제공하고 생체 리듬을 조절하여 수면의 질을 개선하며, 비타민 D 합성을 돕는 등 건강에 긍정적인 영향을 미친다. 자연 채광이 부족한 공간에는 인간 중심 조명(Human-Centric Lighting) 기술을 적용하여 빛의 색온도와 밝기를 시간대와 활동에 맞게 조절함으로써 사용자의 시각적 피로도를 줄이고 생체 활력을 높일 수 있다.

소음 관리 역시 중요한 설계 요소이다. 외부 소음 차단을 위한 차음 성능이 우수한 창호와 벽체를 사용하고, 내부 공간에서는 흡음재를 적절히 활용하며, 설비 소음을 최소화하는 설계를 통해 사용자가 업무나 휴식에 집중할 수 있는 조용하고 평온한 환경을 제공해야 한다.

건물 내 녹지 공간 조성과 자연과의 연결(Biophilic Design)은 사용자의 정신 건강과 스트레스 완화에 긍정적인 영향을 미친다. 실내 정원, 옥상 녹화, 벽면 녹화 등을 통해 자연 요소를 건물 내외부에 적극적으로 도입하고, 창문을 통해 외부 자연 경관을 조망할 수 있도록 설계하는 것은 심리적 안정감을 주고 창의성을 높이는 효과가 있다.

안전하고 편리한 이동 동선 확보 및 유니버설 디자인 적용도 필수적이다. 모든 사용자가 연령, 성별, 장애 유무에 관계없이 안전하고 편리하게 건물을 이용할 수 있도록 계단, 복도, 화장실, 비상 대피로 등을 설계하고, 충분한 휴게 공간과 편의시설을 제공해야 한다. 범죄 예방 환경 설계(CPTED)를 통해 안전사고 발생 위험을 줄이는 것도 중요하다.

건물 사용자의 신체 활동을 장려하는 설계도 복지 증진에 기여한다. 매력적인 계단 디자인, 건물 내 피트니스센터나 운동 시설 설치, 자전거 보관소 및 샤워시설 제공 등을 통해 사용자들이 일상생활 속에서 자연스럽게 신체 활동량을 늘릴 수 있도록 유도할 수 있다.

WELL 빌딩 스탠더드(WELL Building Standard)와 같은 국제적인 건강 건축물 인증 제도는 공기, 물, 빛, 영양, 운동, 편안함, 정신 등 건물 환경이 인간의 건강과 복지에 미치는 다양한 요소를 종합적으로 평가하고 개선 방향을 제시한다. 이러한 인증을 획득하는 것은 건물 사용자의 건강과 복지를 최우선으로 고려했음을 객관적으로 입증하는 방법이 될 수 있다.

결론적으로, 건물 사용자의 건강과 복지를 고려한 ESG 설계는 단순한 편의 제공을 넘어, 인간 중심의 지속 가능한 건축 환경을 구현하는 핵심 전략이다. 이는 사용자의 만족도와 생산성을 높여 건물의 사회적 가치를 증진시키고, 장기적으로는 우수 인재 유치, 기업 이미지 제고, 그리고 자산 가치 상승으로 이어질 수 있다.

◎ 주요 사례

1. 실내 공기 질(Indoor Air Quality, IAQ) 관리

미국의 '더 보스턴 컨설팅 그룹(BCG) 허드슨 야드 오피스'는 공기 질 관리에 중점을 둔 설계로 WELL Building Standard 플래티넘 등급을 받았다. 이는 고급 필터 시스템과 VOCs 방출이 적은 건축 자재 사용을 통해 실현되었다.

2. 자연 채광 및 시각적 편안함

애플의 '애플 파크(Apple Park)'는 거대한 곡면 유리창을 통해 자연 채광을 극대화하고, 사무 공간 어디에서든 외부 자연을 조망할 수 있도록 설계하여 직원들의 시각적 편안함과 생산성을 높였다.

3. 소음 관리

스웨덴의 '볼보(Volvo) 캠퍼스'는 오픈 플랜 오피스임에도 불구하고 흡음재와 공간 분할을 통해 소음을 효과적으로 제어하여 직원들이 집중력 있게 업무에 몰입할 수 있는 환경을 제공한다.

사용자 건강과 복지를 고려한 ESG 설계는 단순한 편의 제공을 넘어, 인간 중심의 지속 가능한 건축 환경을 구현하는 핵심 전략이다. 이는 사용자 만족도와 생산성을 높여 건물의 사회적 가치를 증진하고, 나아가 우수 인재 유치, 기업 이미지 제고, 그리고 자산 가치 상승으로 이어질 수 있다. WELL Building Standard와 같은 국제 건강 건축물 인증 제도는 이러한 설계를 객관적으로 입증하는 효과적인 방법이 된다.

14.4. ESG 통합 건축의 가치와 전망

ESG 통합의 필요성	종합적 가치 창출	미래 전망
일반 건물 부문에서의 ESG 원칙 통합은 지속가능한 도시 환경 조성과 기후변화 대응을 위한 필수적인 과제이다. 건물은 도시의 기본 단위이자 에너지 소비와 탄소 배출의 주요 원천으로, ESG 원칙을 적용한 건축은 환경적, 사회적, 경제적 지속가능성을 동시에 추구하는 효과적인 접근법이다.	그린빌딩 인증, 에너지 효율화, 건강 중심 설계 등 ESG 요소를 통합한 건축은 운영 비용 절감, 자산 가치 상승, 사용자 만족도 및 생산성 향상, 리스크 관리 강화 등 다양한 가치를 창출한다. 이러한 종합적 가치는 건물 소유주, 사용자, 투자자, 그리고 사회 전체에 혜택을 제공한다.	ESG에 대한 사회적 요구와 규제 강화, 기술 발전, 투자 트렌드 변화 등을 고려할 때, ESG 통합 건축의 중요성과 가치는 더욱 증대될 것으로 전망된다. 미래의 건축 환경은 환경 보호, 사용자 건강, 사회적 포용성, 그리고 경제적 지속가능성을 균형 있게 추구하는 방향으로 발전할 것이다.

1) ESG 통합 건축의 필요성

현재 건축 분야는 도시 불평등을 재촉하고, 또한 기후 변화와 같은 환경 문제를 가속화하는 상황에 놓여있다. 이러한 문제를 해결하기 위해 건축물은 도시의 지속 가능성 목표를 달성하고, 에너지 효율성 및 신뢰성을 향상시키는 역할을 해야 한다.

ESG 건축은 기후 변화, 자원 고갈, 불평등과 같은 사회적 문제에 대한 해결책으로 제시되었다. ESG는 건축물의 지속 가능성 지표로 작동하고 있으며, 또한 투자와 신뢰성을 높이는 핵심적인 요소가 되었다.

2) 전환 가치 창출

기존의 건축물들은 오염 물질 배출, 에너지 효율성 저하, 그리고 토양 오염과 같은 문제를 야기하며, ESG 요소를 통합한 건축물은 이러한 문제들을 해결하고 있다.

ESG 건축물은 건물 운영 과정, 그리고 건축물 재건축과 관련하여 발생하는 다양한 가치를 창출하고 있다. 예를 들어, ESG 건축물은 건물 소유주, 사용자, 투자자, 그리고 사회 전체의 발전에 기여하고 있다.

제15장

상가 ESG 경영지원 사례 연구

지속 가능한 상업 생태계 구축
(Building a sustainable commercial ecosystem)

　상가(리테일) 부동산은 상품과 서비스가 소비자에게 전달되는 중요한 경제활동 공간이자, 도시의 활력과 지역사회 교류의 중심지 역할을 한다. 상가 부문에 ESG 원칙을 적용하는 것은 친환경적인 쇼핑 환경 조성, 지역사회와의 상생 협력, 그리고 임차인 및 소비자의 만족도 제고를 통해 지속 가능한 상업 생태계를 구축하는 것을 목표로 한다. 본 장에서는 친환경 상업시설 개발 및 운영 사례를 통해 환경적 가치 창출 방안을 살펴보고, 지역사회와 연계한 상가의 ESG 가치 창출 전략을 분석하며, 상가 임차인의 ESG 경영을 지원하기 위한 방안을 모색하고자 한다.

15.1. 친환경 상업시설 개발 및 운영 사례

친환경 상업시설 개발은 에너지 효율 증대, 자원 절약, 폐기물 감축, 그리고 쾌적한 쇼핑 환경 조성을 통해 환경적 지속 가능성을 높이고 운영 비용을 절감하며, 동시에 소비자들에게 긍정적인 이미지를 제공하는 것을 목표로 한다. 이는 상업시설의 설계, 건설, 운영 전 과정에 걸쳐 ESG의 환경(E) 요소를 적극적으로 통합하는 노력을 포함한다.

해외에서는 대형 쇼핑몰이나 백화점을 중심으로 친환경 설계 및 운영 사례가 다수 등장하고 있다. 예를 들어, 건물 지붕 전체에 태양광 발전 시스템을 설치하여 필요한 전력의 상당 부분을 자체 생산하거나, 빗물 재활용 시스템과 절수형 설비를 도입하여 물 사용량을 줄이는 노력이 이루어지고 있다. 고효율 LED 조명 시스템, 스마트 공조 시스템, 그리고 자연 채광을 극대화한 아트리움 설계 등은 에너지 소비를 줄이고 쾌적한 실내 환경을 조성하는 데 기여한다. 또한, 건설 과정에서 재활용 자재나 친환경 인증 자재를 사용하고, 운영 중에는 폐기물 분리수거 및 재활용 프로그램을 철저히 시행하여 환경 부하를 최소화한다.

국내에서도 일부 대형 복합쇼핑몰이나 아울렛을 중심으로 친환경 요소를 도입하려는 시도가 나타나고 있다. 옥상 정원 조성, 전기차 충전 시설 확충, 지역 농산물 직거래 장터 운영, 그리고 친환경 브랜드 유치 등이 대표적인 예이다. 이러한 노력은 에너지 절감과 환경 보호라는 직접적인 효과 외에도, 소비자들에게 '착한 소비'를 실천할 수 있는 공간이라는 긍정적인 이미지를 심어주어 집객 효과를 높이고 브랜드 충성도를 강화하는 데 도움이 될 수 있다.

친환경 상업시설 운영의 중요한 측면 중 하나는 임차인과의 협력이다. 건물 전체의 에너지 관리 목표를 설정하고 임차인들에게 에너지 절약 가이드라인을 제공하며, 친환경 실천 우수 매장에 대해서는 인센티브를 부여하는 등 공동의 노력을 통해 지속 가능성을 높일 수 있다. '그린 리스(Green Lease)' 계약을 통해 임대인과 임차인이 환경 성과 개선 목표를 공유하고 책임을 분담하는 것도 효과적인 방법이다.

이러한 친환경 상업시설은 LEED나 BREEAM과 같은 국제적인 그린빌딩 인증을 획득함으로써 그 성과를 객관적으로 입증하고 시장에서 차별화된 경쟁력을 확보할 수 있다. 소비자들의 환경 의식이 높아짐에 따라, 친환경적인 쇼핑 환경을 제공하는 상업시설에 대한 선호도는 더욱 증가할 것으로 예상된다.

결론적으로, 친환경 상업시설 개발 및 운영은 환경 보호, 운영 비용 절감, 소비자 만족도 제고, 그리고 기업 이미지 향상이라는 다각적인 ESG 성과를 창출할 수 있는 중요한 전략이다. 이는 상업시설의 장기적인 경쟁력 강화와 지속 가능한 성장을 위한 필수적인 투자로 인식되어야 한다.

◎ 주요 사례

1. 에너지 효율 및 자원 절약
- **신재생 에너지 도입:** 태양광 발전 시스템 등을 설치하여 필요한 전력의 상당 부분을 자체 생산한다.
- **고효율 설비 도입:** LED 조명 시스템, 스마트 공조 시스템 등을 사용하여 에너지 소비를 줄인다.
- **수자원 재활용:** 빗물 재활용 시스템 도입으로 용수 사용량을 줄인다.

2. 친환경 재료 및 폐기물 관리
- **친환경 건축 자재 사용:** 자재 선정 시 환경 부하를 최소화하는 친환경 재료를 우선적으로 사용한다.
- **폐기물 분리수거 및 재활용:** 운영 과정에서 발생하는 폐기물을 철저히 분리수거하고 재활용 프로그램을 통해 환경 부담을 줄인다.

3. 지속 가능한 환경 조성:

- **녹지 공간 확보:** 자연 채광을 극대화하고 옥상 정원, 도시 농산물 직거래 장터 등을 조성하여 쾌적한 실내 환경을 제공한다.
- **친환경 모빌리티 지원:** 전기차 충전 시설 확충 등으로 친환경 이동 수단을 장려한다.

친환경 상업시설 개발 및 운영은 환경 보호, 운영 비용 절감, 소비자 만족도 제고, 그리고 기업 이미지 향상이라는 다각적인 ESG 성과를 창출할 수 있는 중요한 전략이며, 장기적인 경쟁력 강화와 지속 가능한 성장을 위한 필수적인 투자이다.

15.2. 지역사회 연계 상가의 ESG 가치 창출

상가는 단순히 상품을 판매하는 공간을 넘어, 지역 주민들의 만남과 교류가 이루어지는 커뮤니티의 중심지 역할을 수행할 수 있다. 지역사회와 긴밀하게 연계하고 상생 협력하는 상가는 경제적 가치뿐만 아니라 중요한 사회적(S) 가치를 창출하며, 이는 ESG 경영의 핵심적인 부분이다.

지역사회 연계 상가의 ESG 가치 창출 방안은 다양하다. 첫째, 지역 주민들을 위한 편의시설 및 공공 공간 제공이다. 상가 내부에 도서관, 어린이 놀이공간, 주민 휴게실, 문화센터 등 공익적인 시설을 마련하거나, 옥외 공간을 활용하여 지역 축제나 이벤트 장소로 제공함으로써 지역 주민들의 삶의 질을 높이고 상가에 대한 친밀감을 형성할 수 있다.

둘째, 지역 소상공인 및 농산물 생산자와의 협력 강화이다. 상가 내에 지역 특산물 판매 코너를 마련하거나, 로컬푸드 직매장을 운영하며, 지역 소상공인에게 저렴한 임대료로 입점 기회를 제공하는 등 지역 경제 활성화에 기여할 수 있다. 이는 소비자들에게 신선하고 안전한 상품을 제공하는 동시에 지역 생산자의 판로를 확대하는 상생 모델이다.

셋째, 지역사회 문제 해결을 위한 공익 활동 참여이다. 상가가 앞장서서 지역 환경 정화 활동, 취약계층 지원 프로그램, 문화 예술 행사 후원 등 다양한 사회공헌 활동을 전개함으로써 지역사회의 일원으로서 책임을 다하고 긍정적인 이미지를 구축할 수 있다. 임차인 및 직원들의 자원봉사 활동을 장려하고 지원하는 것도 좋은 방법이다.

넷째, 지역 주민 고용 창출 및 직업 교육 기회 제공이다. 상가 운영에 필요한 인력을 지역 주민 중에서 우선적으로 채용하고, 청년이나 경력 단절 여성을 위한 직업 교육 프로그램을 운영하여 지역사회의 고용 안정과 경제적 자립에 기여할 수 있다.

다섯째, 지역 문화 및 전통 보존 노력이다. 상가 공간을 활용하여 지역 예술가들의 작품을 전시하거나, 지역의 역사와 문화를 알리는 프로그램을 운영하며, 전통시장과의 연계를 통해 지역 고유의 특색을 살리는 노력을 기울일 수 있다. 이는 상가의 문화적 가치를 높이고 방문객들에게 차별화된 경험을 제공한다.

이러한 지역사회 연계 활동은 단기적으로는 비용이 발생할 수 있지만, 장기적으로는 지역 주민들의 지지와 신뢰를 얻어 안정적인 고객 기반을 확보하고, 긍정적인 구전 효과를 통해 새로운 고객을 유치하며, 상가의 브랜드 가치를 높이는 무형의 자산을 구축하는 효과가 있다. 또한, 지역사회와의 갈등을 예방하고 우호적인 관계를 유지함으로써 사업의 안정성을 높이는 데도 기여한다.

결론적으로, 지역사회와 적극적으로 소통하고 협력하며 공동의 가치를 창출하려는 노력은 상가의 지속 가능한 성장을 위한 필수적인 ESG 전략이다. 이는 상가를 단순한 소비 공간이 아닌, 지역 공동체의 삶과 함께 호흡하는 살아 있는 공간으로 만들어 갈 것이다.

◎ 주요 사례

1. 지역 주민을 위한 편의 시설 및 공공 공간 제공
스타필드 고양은 건물 내부에 '별마당 키즈'와 '아쿠아필드' 같은 가족 단위 방문객을 위한 시설을 운영하며, 다양한 문화 이벤트와 팝업 스토어를 열어 지역 주민들이 즐겨 찾는 복합 문화 공간으로 자리매김했다. 이를 통해 쇼핑 외의 즐거움을 제공하고, 지역 커뮤니티의 중심 역할을 수행하며 지역 주민들의 유입을 늘리고 있다.

2. 지역 소상공인 및 농산물 생산자와의 협력 강화
대형마트 홈플러스는 '로컬푸드' 코너를 운영하여 지역 농가에서 직접 생산한 신선한 채소와 과일을 판매하고 있다. 이는 지역 농민들에게 안정적인 판로를 제공하고, 소비자에게는 신선하고 안전한 농산물을 합리적인 가격에 구매할 수 있게 하여 지역 경제 선순환에 기여한다.

3. 지역 사회 문제 해결을 위한 공익 활동 참여
롯데백화점은 '샤롯데 봉사단'을 운영하여 지역 사회 취약 계층을 위한 김장 나눔, 연탄 배달, 환경 정화 활동 등 다양한 봉사 활동을 정기적으로 펼치고 있다. 또한, 지역 아동센터 후원 및 문화 예술 교육 프로그램을 지원하며 기업의 사회적 책임을 다하고 긍정적인 기업 이미지를 구축하고 있다.

상가가 지역 사회와 적극적으로 소통하고 협력하여 공동의 가치를 창출하려는 노력은 단순히 매출 증대를 넘어 상가의 문화적 가치를 높이고, 고객들에게 차별화된 경험을 제공하며, 장기적인 브랜드 가치 향상과 안정적인 고객 기반 확보에 기여한다. 이는 상가를 단순한 소비 공간이 아닌, 지역 공동체의 삶과 함께 호흡하는 살아있는 공간으로 만들어 지속 가능한 성장을 이루는 필수적인 ESG 전략이다.

15.3. 상가 임차인의 ESG 경영지원 방안

상업시설 전체의 ESG 성과를 높이기 위해서는 건물 소유주나 운영사의 노력뿐만 아니라, 실제 상가를 운영하는 개별 임차인들의 적극적인 ESG 경영 참여가 필수적이다. 건물 소유주나 운영사는 임차인들이 ESG 경영을 효과적으로 도입하고 실천할 수 있도록 다양한 지원 방안을 마련함으로써 상생 협력의 기반을 구축하고 상업시설 전체의 지속 가능성을 제고할 수 있다.

첫째, **ESG 관련 정보 제공 및 교육 지원**이다. 임차인들을 대상으로 에너지 절약 방법, 친환경 자재 사용 가이드, 폐기물 분리배출 요령, 공정무역 상품 취급 등 ESG 경영과 관련된 실질적인 정보와 교육 프로그램을 제공할 수 있다. 정기적인 워크숍이나 세미나를 개최하거나, 온라인 플랫폼을 통해 관련 자료를 공유하는 방식이 가능하다.

둘째, **친환경 설비 도입 및 운영 컨설팅 지원**이다. 임차인이 매장 내 조명을 LED로 교체하거나 고효율 냉난방 설비를 도입할 때 초기 투자 비용의 일부를 지원하거나 금융 연계 프로그램을 제공할 수 있다. 또한, 에너지 사용량 모니터링 시스템을 통해 각 매장별 에너지 소비 패턴을 분석하고 개선 방안을 컨설팅해 줄 수 있다.

셋째, **'그린 리스(Green Lease)' 계약 활성화**이다. 그린 리스는 임대인과 임차인이 건물의 환경 성과 개선 목표(예: 에너지 절감, 물 사용량 감축, 폐기물 재활용률 향상)를 공유하고, 이를 달성하기 위한 각자의 역할과 책임을 계약서에 명시하는 방식이다. 목표 달성 시 인센티브를 제공하거나, 미달 시 개선 노력을 요구하는 조항을 포함할 수 있다. 이는 양측의 적극적인 참여를 유도하고 실질적인 성과를 창출하는 데 효과적이다.

넷째, **ESG 실천 우수 임차인 인센티브 제공**이다. 에너지 절약, 폐기물 감축, 지역사회 공헌 등 ESG 경영을 모범적으로 실천하는 임차인에게 임대료 감면, 홍보 지원, 우수 매장 인증 등의 인센티브를 제공하여 다른 임차인들의 참여를 독려할 수 있다.

다섯째, **공동 구매 및 자원 공유 플랫폼 운영**이다. 친환경 포장재, 재활용 가능한 소모품 등을 공동으로 구매하여 비용을 절감하고, 임차인 간에 유휴 장비나 공간을 공유할 수 있는 플랫폼을 마련하여 자원 효율성을 높일 수 있다.

여섯째, **지역사회 연계 프로그램 공동 기획 및 참여 지원**이다. 상가 전체 차원에서 진행하는 지역사회 공헌 활동이나 친환경 캠페인에 임차인들이 함께 참여할 수 있도록 독려하고, 필요한 자원이나 인력을 지원할 수 있다. 이는 임차인들의 사회적 책임 의식을 높이고 상가 전체의 긍정적인 이미지를 구축하는 데 도움이 된다.

일곱째, **ESG 관련 인증 획득 지원**이다. 개별 매장이 친환경 매장 인증이나 사회적 기업 인증 등을 획득하고자 할 때 관련 정보 제공, 컨설팅, 행정 절차 지원 등을 제공하여 임차인의 ESG 경쟁력 강화를 도울 수 있다.

이러한 지원 방안은 임차인들의 자발적인 ESG 경영 참여를 유도하고, 상업시설 전체의 지속 가능한 운영 시스템을 구축하는 데 중요한 역할을 한다. 건물 소유주와 임차인 간의 긴밀한 소통과 협력을 바탕으로 상생의 파트너십을 구축할 때, 상가는 경제적 성과와 함께 환경적·사회적 가치를 동시에 창출하는 지속 가능한 공간으로 발전할 수 있을 것이다.

◎ 주요 사례

1. ESG 정보 제공 및 교육 지원 사례

대형 쇼핑몰에서 임차인들을 대상으로 에너지 절약 노하우, 친환경 제품 사용법, 폐기물 분리배출 방법 등에 대한 정기적인 워크숍이나 온라인 교육 자료를 제공한다. 예를 들어, 카페 임차인에게는 친환경 빨대 사용법이나 음식물 쓰레기 줄이기 교육을 제공하는 방식이다.

2. 친환경 설비 도입 및 운영 컨설팅 지원 사례

백화점에서 매장 내 조명을 LED로 교체하거나 고효율 냉난방 설비를 도입하는 임차인에게 초기 투자 비용의 일부를 지원하는 금융 연계 프로그램을 제공한다. 또한, 각 매장의 에너지 사용 패턴을 분석하여 에너지 절감 방안을 컨설팅해준다. (예: 특정 시간대 불필요한 조명 소등 권고, 고효율 냉장고 도입 권장)

3. 그린 리스(Green Lease) 계약 활성화 사례

오피스 빌딩에서 임대차 계약 시, 에너지 절감, 물 사용량 감축, 폐기물 재활용 목표를 명시하고, 목표 달성 시 임대료 감면이나 인센티브를 제공한다. (예: 목표 대비 에너지 사용량 10% 감축 시 다음 달 임대료 5% 할인)

결론적으로 이러한 지원 방안들은 임차인들의 자발적인 ESG 경영 참여를 유도하고, 상업 시설 전체의 지속 가능한 운영 시스템을 구축하는 데 중요한 역할을 한다. 건물 소유주와 임차인 간의 긴밀한 소통과 협력을 바탕으로 상생의 파트너십을 구축할 때, 상가는 경제적 성과와 함께 환경적·사회적 가치를 동시에 창출하는 지속 가능한 공간으로 발전할 것이다.

15.4. ESG 상가의 미래 전망

ESG 상가의 미래 전망은 4가지 핵심 전략으로 구성되어 있다.

첫 번째, 금융권 ESG 표준을 준수하는 것을 목표로 하며, 필수적인 ESG 기준에 부합하는 상가를 구축해야 한다.

두 번째로, 디지털 기술을 동원하여 스마트 기술 플랫폼을 활용하고 운영 효율성을 증대한다.

세 번째로, 의존 경제 자원을 강화하여 협력 업자 간의 연계를 높이고, 고객사와의 협력 및 협력업자 생태계를 구축하게 된다.

마지막으로, 환경 중심 비즈니스 모델을 통해 환경 보호 및 에너지 절감을 실현하고, 효율적인 운영을 위한 시스템을 구축한다.

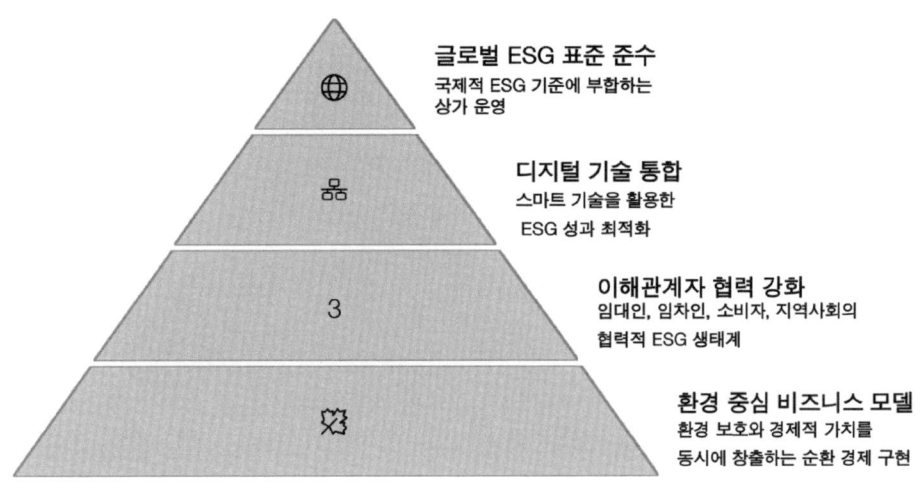

| 제4부 |

도시 개발 및 재생과 ESG

제16장
오피스텔 ESG 적용 사례 분석

제17장
임야 ESG 가치 사례 분석

제18장
재개발 ESG 전략 사례 분석

제19장
재건축 ESG 효율 사례 분석

제20장
ESG 부동산 금융 사례 분석

제16장

오피스텔 ESG 적용 사례 분석

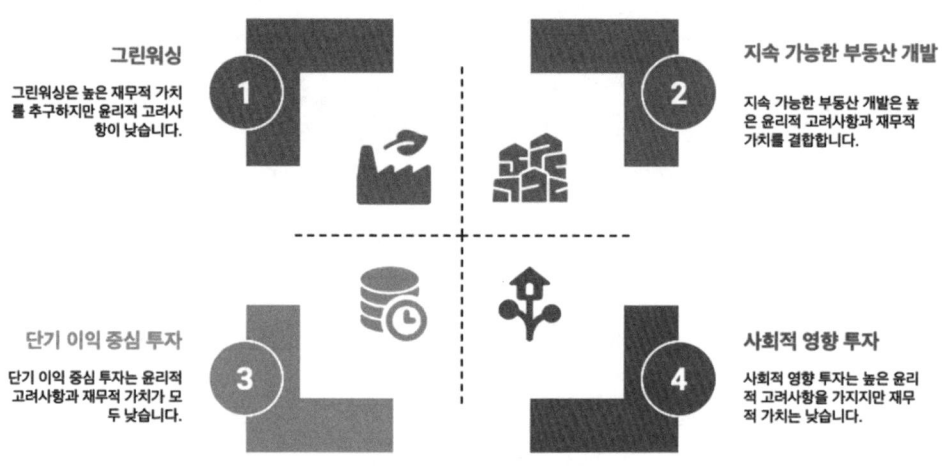

스마트 오피스텔의 ESG 가치
(ESG value of smart officetel)

　오피스텔은 업무(Office)와 주거(Hotel) 기능이 결합된 형태로, 주로 도심이나 역세권에 위치하여 1~2인 가구나 소규모 사업자들에게 인기가 높은 부동산 유형이다. 오피스텔에 ESG 원칙을 적용하는 것은 에너지 효율적인 공간 설계, 스마트 기술을 활용한 편리하고 안전한 생활환경 조성, 그리고 입주민 간의 커뮤니티 활성화를 통해 지속 가능한 도시형 주거 및 업무 공간을 구현하는 것을 목표로 한다. 본 장에서는 스마트 오피스텔의 ESG 적용 사례, 오피스텔 커뮤니티 활성화와 사회적 가치, 그리고 직주근접 오피스텔의 환경적 이점을 분석함으로써 오피스텔 부문의 ESG 통합 전략을 제시하고자 한다.

16.1. 스마트 오피스텔의 ESG 적용 사례

스마트 오피스텔은 사물인터넷(IoT), 인공지능(AI), 빅데이터 등 첨단 디지털 기술을 접목하여 입주민에게 편리하고 안전하며 에너지 효율적인 생활환경을 제공하는 것을 목표로 한다. 이는 ESG의 환경(E) 및 사회(S)적 가치를 기술 혁신을 통해 구현하는 대표적인 사례로 볼 수 있다.

환경(E)적 측면에서 스마트 오피스텔은 에너지 관리 시스템을 통해 효율성을 극대화한다. 각 세대 및 공용 공간에 설치된 IoT 센서는 실시간으로 에너지 소비량(전력, 난방, 냉방 등)을 모니터링하고, AI는 수집된 데이터를 분석하여 최적의 에너지 사용 패턴을 학습하고 자동으로 제어한다. 예를 들어, 외부 날씨 변화나 입주민의 생활 패턴에 맞춰 냉난방 온도를 조절하거나, 빈 공간의 조명을 자동으로 소등하는 등의 기능을 통해 불필요한 에너지 낭비를 줄인다. 또한, 스마트폰 앱을 통해 입주민이 원격으로 가전제품을 제어하고 에너지 사용량을 확인할 수 있도록 하여 자발적인 에너지 절약을 유도한다. 일부 스마트 오피스텔은 태양광 발전 시스템이나 지열 시스템과 같은 신재생에너지 설비를 도입하고, 이를 스마트 그리드와 연동하여 에너지 자립도를 높이기도 한다.

사회(S)적 측면에서 스마트 오피스텔은 입주민의 안전과 편의성을 크게 향상시킨다. 스마트 보안 시스템은 AI 기반 지능형 CCTV, 안면 인식 출입 통제, 비상벨 시스템 등을 통해 외부 침입을 방지하고 위급 상황 발생 시 신속하게 대응할 수 있도록 한다. 스마트홈 기기(조명, 가전, 커튼 등)를 음성이나 스마트폰으로 제어하고, 택배 도착 알림, 주차 가능 공간 안내, 엘리베이터 호출 등 다양한 생활 편의 서비스를 제공하여 입주민의 만족도를 높인다. 또한, 고령자나 건강 취약 계층을 위한 스마트 헬스케어 서비스를 도입하여 건강 상태 모니터링, 응급 상황 알림, 원격 의료 상담 등을 제공함으로써 사회적 약자 배려에도 기여할 수 있다.

지배구조(G) 측면에서는 스마트 기술을 활용한 투명하고 효율적인 건물 관리 시스템 운영이 중요하다. 시설물 고장 예측 및 유지·보수 관리, 입주민 민원 처리 시스템, 관리비 정산 및 공지사항 전달 등을 디지털 플랫폼을 통해 투명하게 처리함으로써 관리의 효율성을 높이고 입주민과의 신뢰를 구축할 수 있다.

해외에서는 싱가포르의 '펑골 디지털 디스트릭트(Punggol Digital District)'와 같이 도시 전체를 스마트 기술로 연결하여 에너지 효율을 높이고 시민들에게 맞춤형 서비스를 제공하는 사례가 있으며, 이러한 스마트 시티 내 오피스텔은 더욱 고도화된 ESG 기능을 갖추게 될 것이다. 국내에서도 주요 건설사들을 중심으로 AI 기반 스마트홈 시스템을 탑재한 오피스텔 공급이 확대되고 있으며, 이는 입주민의 삶의 질 향상과 함께 건물의 자산 가치를 높이는 요인으로 작용하고 있다.

결론적으로, 스마트 오피스텔은 기술 혁신을 통해 ESG 가치를 실현하는 미래형 주거 및 업무 공간의 모델을 제시한다. 지속적인 기술 개발과 함께 사용자 중심의 서비스 디자인, 그리고 데이터 보안 및 프라이버시 보호에 대한 노력이 병행될 때 스마트 오피스텔은 더욱 지속 가능하고 포용적인 공간으로 발전할 수 있을 것이다.

◎ 주요 사례

1. 환경(E) 측면: 에너지 효율 및 절약 사례

스마트 오피스텔은 통합 에너지 관리 시스템을 통해 에너지 낭비를 최소화한다. 예를 들어, AI 기반 센서가 실시간으로 에너지 사용량(냉난방, 조명 등)을 모니터링하고, 수집된 데이터를 분석하여 최적의 에너지 사용 패턴을 학습한다. 외부 날씨 변화나 입주민의 생활 패턴에 맞춰 냉난방 온도를 자동으로 조절하거나, 빈 공간의 조명을 소등하는 방식으로 불필요한 에너지 소비를 줄인다.

2. 사회(S) 측면: 입주민 편의 및 안전 강화, 사회적 약자 배려 사례

스마트 오피스텔은 입주민의 안전과 편의성을 크게 향상시킨다. AI 기반 지능형

CCTV, 안면 인식 출입 통제, 비상벨 시스템 등을 통해 외부 침입을 방지하고 위급 상황 발생 시 신속하게 대응한다. 음성 제어 기능(조명, 가전, 커튼 등)을 활용하여 생활 편의를 증진하고, 택배 도착 알림, 주차 공간 안내, 엘리베이터 호출 등 다양한 서비스를 제공한다.

3. 지배구조(G) 측면: 투명하고 효율적인 건물 운영 사례

스마트 기술을 활용하여 투명하고 효율적인 건물 운영 시스템을 구축한다. 시설물 고장 예측 및 유지·보수 관리, 입주민 민원 처리 시스템, 관리비 정산 및 공지사항 전달 등을 디지털 플랫폼을 통해 투명하게 처리함으로써 관리 효율성을 높이고 입주민과의 신뢰를 구축한다.

스마트 오피스텔은 이러한 기술 혁신을 통해 ESG 가치를 실현하며 미래형 주거 및 업무 공간의 모델을 제시하고 있다. 지속적인 기술 개발과 사용자 중심 서비스 디자인, 데이터 보안 및 프라이버시 보호 노력이 병행된다면 스마트 오피스텔은 더욱 지속 가능하고 포용적인 공간으로 발전할 것이다.

16.2. 오피스텔 커뮤니티 활성화와 사회적 가치

오피스텔은 주로 1~2인 가구나 소규모 사업자들이 거주하거나 업무 공간으로 활용하는 특성상, 입주민 간의 교류가 부족하고 사회적 고립감을 느끼기 쉬운 환경이 조성될 수 있다. 이러한 문제를 해결하고 오피스텔의 사회적(S) 가치를 높이기 위해서는 입주민 간의 긍정적인 관계 형성과 공동체 의식 함양을 위한 커뮤니티 활성화 노력이 매우 중요하다.

오피스텔 커뮤니티 활성화의 첫걸음은 다양한 공용 공간 조성이다. 단순한 휴게 라운지를 넘어, 입주민들이 함께 요리하고 식사할 수 있는 공유 주방, 공동 작업이나 스터디를 위한 코워킹 스페이스, 취미 활동을 공유할 수 있는 북카페나 피트니스 센터, 그리고 옥상 정원이나 바비큐 공간 등 다목적 커뮤니티 공간을 마련하여 자연스러운 만남과 교류의 장을 제공해야 한다. 이러한 공간은 입주민들의 필요와 선호를 반영하여 설계되고 운영되어야 한다.

다음으로, 입주민들의 자발적인 참여를 유도하는 다양한 커뮤니티 프로그램을 기획하고 지원하는 것이 중요하다. 예를 들어, 입주민 동호회(운동, 독서, 요리 등) 활동 지원, 재능 기부 강좌(외국어, 악기, 공예 등) 개설, 계절별 이벤트(명절맞이 행사, 연말 파티 등) 개최, 그리고 지역사회 연계 봉사활동 등을 통해 입주민들이 서로 소통하고 유대감을 형성할 수 있는 기회를 제공할 수 있다. 이러한 프로그램은 관리사무소나 입주자대표회의가 주도할 수도 있고, 입주민들의 자발적인 제안과 참여를 통해 운영될 수도 있다.

온라인 커뮤니티 플랫폼 구축 또한 효과적인 소통 수단이 될 수 있다. 오피스텔 전용 앱이나 웹사이트를 통해 공지사항 전달, 시설 예약, 중고 물품 거래, 생활 정보 공유, 그리고 온라인 동호회 활동 등을 지원함으로써 시간과 공간의 제약 없이 입주민 간의 소통을 활성화할 수 있다.

오피스텔 내 상업시설과의 연계를 통한 커뮤니티 활성화도 고려할 수 있다. 예를 들어, 입주민을 대상으로 한 상가 할인 혜택 제공, 상가와 연계한 문화 프로그램 운영 등을 통해 상가 이용을 활성화하고 입주민 편의를 증진시키며, 자연스럽게 상가 운영자와 입주민 간의 교류도 촉진할 수 있다.

이러한 커뮤니티 활성화 노력은 다양한 사회적 가치를 창출한다. 첫째, 입주민들의 사회적 고립감을 해소하고 정서적 안정감을 높여 삶의 만족도를 향상시킨다. 둘째, 이웃 간의 신뢰와 협력 관계를 구축하여 방범, 육아, 생활 정보 공유 등 상부상조의 공동체 문화를 형성한다. 셋째, 다양한 배경과 경험을 가진 사람들 간의 교류를 통해 새로운 아이디어나 사업 기회가 창출될 수도 있다. 넷째, 활기차고 긍정적인 커뮤니티 분위기는 오피스텔의 이미지를 제고하고 자산 가치를 높이는 데도 기여할 수 있다.

    결론적으로, 오피스텔 커뮤니티 활성화는 단순한 친목 도모를 넘어, 입주민의 삶의 질을 향상시키고 사회적 자본을 축적하며, 오피스텔의 지속 가능한 가치를 높이는 중요한 ESG 실천 방안이다. 이를 위해서는 물리적인 공간 조성과 함께 입주민들의 자발적인 참여를 이끌어내는 다채로운 프로그램과 지원이 필요하다.

◎ 주요 사례

1. 오피스텔 커뮤니티 활성화의 중요성: 외로움 해소 및 사회적 가치 증진

    오피스텔은 주로 1~2인 가구나 소규모 사업장이 거주하는 공간으로, 입주민 간의 교류가 부족하여 외로움을 느끼기 쉽다. 커뮤니티 활성화는 이러한 문제를 해결하고 입주민의 삶의 질을 높이는 데 매우 중요하다.

- 가상 사례: "행복 오피스텔"에서는 입주민들의 외로움을 해소하기 위해 매주 2회 공동 식사 프로그램을 운영했다. 식사 시간에 자연스럽게 대화가 오고 가면서 입주민들 사이에 친밀감이 형성되었다.

2. 다양한 공유 공간 조성: 만남과 교류의 장 마련

    커뮤니티 활성화의 첫걸음은 입주민의 필요와 선호를 반영한 다양한 공유 공간을 마련하는 것이다.

- 가상 사례: "하모니 오피스텔"은 활용도가 낮았던 옥상 공간을 리모델링하여 다목적 커뮤니티 공간으로 만들었다. 이곳에는 조용한 코워킹 스페이스, 간단한 운동을 할 수 있는 피트니스 코너, 그리고 바비큐장이 마련되어 입주민들이 다양한 활동을 함께하며 자연스럽게 교류할 수 있게 되었다.

3. 입주민 자발적 참여 유도: 프로그램 기획 및 지원
입주민들의 자발적인 참여를 유도하고 지원하는 것이 중요하다.

- 가상 사례: "그린밸리 오피스텔"은 입주민들의 자발적인 동호회 활동을 적극적으로 지원했다. 매주 주말 인근 둘레길을 걷는 하이킹 동호회나 월 1회 오피스텔 라운지에서 모이는 독서 동호회를 지원하여 입주민들이 공통의 관심사를 공유하며 유대감을 형성할 수 있도록 했다. 또한, 봄에는 "벚꽃 축제"를, 연말에는 "자선 바자회"를 열어 입주민들이 함께 참여하는 계절별 이벤트를 기획했다.

오피스텔 커뮤니티 활성화는 단순히 친목을 넘어 입주민의 삶의 질을 향상하고 사회적 자본을 축적하며, 오피스텔의 지속 가능한 가치를 높이는 중요한 ESG(환경, 사회, 지배구조) 실천 방안이다. 이를 위해서는 물리적 공간 조성과 함께 입주민의 자발적 참여를 이끌어내는 다채로운 프로그램과 지원이 필요하다.

16.3. 직주근접 오피스텔의 환경적 이점 분석

직주근접(職住近接)은 직장과 주거지가 가까이 위치하여 통근 시간을 줄이고 삶의 질을 높이는 것을 의미하며, 주로 도심이나 업무지구 인근에 위치한 오피스텔은 이러한 직주근접의 이점을 제공하는 대표적인 주거 및 업무 형태이다. 직주근접 오피스텔은 개인의 시간 활용 효율성을 높이는 것 외에도, 도시 전체의 교통량 감소, 에너지 소비 절감, 대기오염 완화 등 다양한 환경적(E) 이점을 가져다주어 지속 가능한 도시 발전에 기여한다.

가장 직접적인 환경적 이점은 통근 과정에서의 에너지 소비 및 탄소 배출량 감소이다. 직장과 거주지가 가까우면 자가용 대신 대중교통, 자전거, 도보 등 친환경적인 교통수단을 이용할 가능성이 높아진다. 이는 차량 운행으로 인한 화석연료 소비를 줄이고, 온실가스 및 미세먼지 배출량을 감축시켜 도시의 대기 질 개선에 기여한다. 특히, 대중교통망이 잘 발달된 역세권 오피스텔의 경우 이러한 효과가 더욱 크게 나타날 수 있다.

또한, 직주근접은 도시의 교통 혼잡을 완화하는 데 기여한다. 출퇴근 시간대에 집중되는 교통량을 분산시키고, 불필요한 차량 운행을 줄임으로써 도로 정체를 해소하고 사회적 비용을 절감하는 효과가 있다. 이는 교통 인프라에 대한 과도한 투자 필요성을 줄이고, 기존 도로 공간을 보행자나 자전거를 위한 공간으로 전환할 수 있는 여지를 마련해 준다.

직주근접은 도시 공간 구조의 효율성을 높여 토지 이용의 지속 가능성에도 긍정적인 영향을 미친다. 도심 공동화 현상을 완화하고, 기존 도시 인프라(상하수도, 전력, 통신 등)의 활용도를 높이며, 새로운 외곽 지역 개발에 따른 환경 파괴를 줄일 수 있다. 압축적이고 효율적인 도시(Compact City) 개발 전략과도 맥을 같이하며, 이는 장기적으로 도시 전체의 에너지 소비량과 환경 부하를 줄이는 데 기여한다.

개인적인 차원에서도 직주근접은 환경 친화적인 생활 방식을 유도할 수 있다. 통근 시간이 줄어들면 여가 시간이 늘어나고, 이는 지역사회 활동 참여, 건강 관리, 자기계발 등 다양한 활동으로 이어질 수 있다. 또한, 가까운 거리의 상업시설이나 편의시설을 도보나 자전거로 이용하게 되어 불필요한 차량 이용을 줄이는 효과도 있다.

정부나 지자체는 직주근접 오피스텔 공급을 장려하기 위해 용적률 인센티브 제공, 세제 혜택, 그리고 대중교통 중심 개발(TOD) 계획 수립 등의 정책을 추진할 수 있다. 또한, 오피스텔 단지 내에 공유 자전거 시스템이나 전기차 충전 시설을 확충하고, 보행 및 자전거 친화적인 환경을 조성하는 노력도 필요하다.

결론적으로, 직주근접 오피스텔은 개인의 삶의 질 향상뿐만 아니라, 도시의 교통 문제 해결, 에너지 절약, 대기오염 감소 등 중요한 환경적 이점을 제공한다. 이는 지속 가능한 도시 발전을 위한 핵심 전략 중 하나이며, 향후 도시 계획 및 주택 공급 정책에서 더욱 중요하게 고려되어야 할 요소이다.

◎ 주요 사례: 직주근접 오피스텔의 환경적 이점

- **교통량 감소 및 에너지 절약:** 서울 강남 테헤란로에 위치한 오피스텔에 거주하는 직장인 A씨는 자가용 대신 대중교통이나 자전거, 도보로 출퇴근한다. 이는 불필요한 차량 운행을 줄여 도로 혼잡을 완화하고, 유류비 절감은 물론 개인의 탄소 배출량도 크게 줄이는 효과를 가져온다. 출퇴근 시간 단축으로 확보된 여유 시간에는 자기계발이나 운동을 즐기며 삶의 만족도 또한 높다.

- **대기오염 완화:** 대중교통 이용 및 보행이 증가하면서 도시 전체의 차량 운행이 감소하고, 이는 미세먼지 등 대기오염 물질 배출량 감소로 이어진다. 예를 들어, 서울 여의도 금융가에 직주근접 오피스텔 단지가 많이 들어서면서 이곳에 거주하는 직장인들이 도보나 자전거로 출퇴근하는 비중이 높아졌고, 이는 여의도 지역의 공기 질 개선에도 긍정적인 영향을 미치고 있다.

- **도시 공간의 효율적 활용 및 지속 가능한 도시 발전:** 직주근접 오피스텔은 도시 내 기존 인프라(상수도, 전력, 통신 등)를 효율적으로 활용하며, 새로운 외곽 지역 개발에 따른 환경 파괴를 줄일 수 있다. 이는 압축적인 도시(Compact City) 개발 개념과 맞닿아 있으며, 장기적으로 도시 전체의 에너지 소비량과 환경 부하를 줄여 지속 가능한 도시 발전에 기여한다. 예를 들어, 판교 테크노밸리와 같은 신도시에서 직주근접 오피스텔 공급을 확대하면, 직장인들이 굳이 외곽 지역으로 이주할 필요 없이 직장과 가까운 곳에서 거주하며 도시의 기능성을 높이고 지속 가능한 발전을 도모할 수 있다.

직주근접 오피스텔은 개인의 삶의 질 향상뿐만 아니라, 도시의 교통 문제 해결, 에너지 절약, 대기오염 감소 등 중요한 환경적 이점을 제공하며 지속 가능한 도시 발전을 위한 핵심 전략 중 하나이다.

16.4. 오피스텔 ESG 미래 전망: 사회적 변화

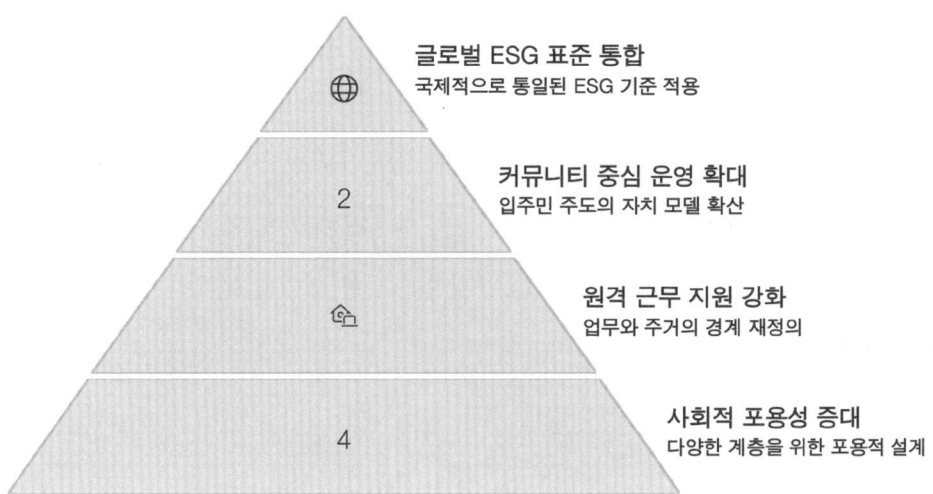

오피스텔 ESG 미래 전망: 사회적 변화가 진행되고 있으며, 오피스텔은 이에 대응하고 있다.

1) 커뮤니티 허브로의 진화

미래 오피스텔은 단순한 주거와 업무 공간을 넘어 사회적 가치를 창출하는 커뮤니티 허브로 진화하고 있다. 이는 입주민 주도의 커뮤니티 조성과 운영이 확대되고, 국제 표준인 글로벌 ESG 평가 체계를 도입하는 방향으로 나아가고 있다.

2) 업무와 주거의 경계 해체

원격 근무의 일상화로 인해 업무와 주거의 경계가 모호해지고 있다. 이에 오피스텔은 이러한 변화에 맞춰 유연한 공간 구성을 제공하고, 디지털 인프라를 강화하고 있다.

3) 사회적 포용성 확대

다양한 세대와 계층이 함께 어울릴 수 있는 포용적인 커뮤니티 조성이 중요한 과제로 부각되고 있다. 이를 위해 다층적 관계망을 위한 모델을 설계하며 사회적 포용성을 확대하고 있다.

제17장

임야 ESG 가치 사례 분석

다양한 접근 방식을 통한 임업의 ESG 가치 창출 이해
(Understanding ESG Value Creation in Forestry through Different Approaches)

임야는 목재 생산이라는 전통적인 경제적 기능 외에도 탄소 흡수, 수자원 함양, 생물다양성 보전, 그리고 국민에게 휴양 및 치유 공간 제공 등 다양한 공익적 가치를 지닌 핵심적인 환경 자원이다. 임야에 ESG 원칙을 적용하는 것은 이러한 다면적 가치를 증진하고, 지속 가능한 산림 경영을 통해 경제적 수익과 환경 보전을 조화시키며, 지역사회 발전에 기여하는 것을 목표로 한다. 본 장에서는 산림탄소상쇄제도와

임야의 ESG 가치평가, 지속 가능한 임업 경영과 ESG 투자, 그리고 임야의 생태관광 자원 활용과 지역경제 활성화 방안을 구체적인 사례와 함께 분석함으로써 임야 부문의 ESG 통합 전략을 제시하고자 한다.

17.1. 산림탄소상쇄제도와 임야의 ESG 가치

산림탄소상쇄제도(Forest Carbon Offset System)는 산림 경영 활동을 통해 온실가스 배출을 줄이거나 탄소 흡수량을 증진시킨 성과를 객관적으로 인증하고, 이를 탄소배출권 시장에서 거래할 수 있도록 하는 제도이다. 이는 임야가 지닌 중요한 환경(E) 가치인 탄소 흡수 기능을 경제적 가치로 전환하여 산주에게 인센티브를 제공하고, 기업이나 개인의 탄소 중립 노력에 기여하는 중요한 메커니즘이다.

산림탄소상쇄제도는 신규 조림 및 재조림을 통한 탄소 흡수원 확충과 기존 산림의 지속 가능한 경영(숲 가꾸기, 산불 예방 등)을 통한 탄소 저장량 증대라는 두 가지 주요 방식으로 운영된다. 이러한 활동으로 확보된 탄소흡수량은 엄격한 검증을 거쳐 탄소배출권으로 발행되어 시장에서 거래될 수 있다.

이 제도는 임야의 ESG 가치를 다각적으로 제고한다. 환경적으로는 기후변화 완화의 핵심인 탄소 흡수원 확충에 직접 기여하며, 생물다양성 증진, 수자원 함양 등 다양한 생태계 서비스 기능을 강화한다. 사회적으로는 산주에게 새로운 소득원을 제공하고, 산림 관련 일자리 창출 및 지역 경제 활성화에 기여하며, 국민에게 쾌적한 휴양 공간을 제공한다.

지배구조(G) 측면에서는 사업 운영의 투명성과 신뢰성 확보가 중요하다. 탄소흡수량 산정, 검증, 인증, 거래 전 과정에 객관적 기준을 적용하고 정보를 투명하게 공개해야 하며, 이해관계자 간 공정한 이익 배분 구조를 마련해야 한다.

해외에서는 베라(Verra)의 VCS나 골드 스탠더드(Gold Standard)와 같은 국제 인증 표준하에 산림탄소상쇄 프로젝트가 활발하며, 국내에서도 산림청 주관으로 제도가 운영되고 기업 참여가 확대되는 추세이다.

그러나 제도의 성공적 정착을 위해서는 탄소흡수량 산정 및 검증 방법의 신뢰성 제고, 거래 시장 유동성 확보, 산주 참여 유도를 위한 인센티브 강화, 사업의 영속성 및 추가성 확보 등의 과제가 남아있다.

결론적으로, 산림탄소상쇄제도는 임야의 환경적 가치를 경제적 가치로 전환하여 지속 가능한 산림 경영을 촉진하고 기후변화 대응에 기여하는 효과적인 ESG 수단이며, 지속적인 개선을 통해 그 가치가 더욱 확대될 수 있다.

◎ 주요 사례

- **인제군**: 산림탄소흡수량을 매각하여 2,700만 원의 추가 세입을 확보한 사례가 있다. 이는 지방자치단체가 산림을 통해 경제적 수익을 창출한 대표적인 예시이다.
- **SK임업**: 과거 산림탄소상쇄제도 설명회에 참여하며 제도에 대한 관심을 보인 기업 중 하나로 언급되었다.
- **포스코(POSCO)**: 광양시, 산림청, 초록우산어린이재단과 협력하여 '포스코 도이정원 숲'을 조성하는 등 기업의 사회적 책임을 다하며 탄소흡수원 확충에 기여하고 있다.

이 제도는 온실가스 감축 목표 달성에 기여할 뿐만 아니라, 산주들에게는 새로운 부가 수익 창출의 기회를 제공하고, 기업에는 환경·사회·지배구조(ESG) 경영을 실천하는 중요한 수단이 되고 있다.

17.2. 지속 가능한 임업 경영과 ESG 투자

지속 가능한 임업 경영(Sustainable Forest Management, SFM)은 목재 생산이라는 경제적 기능과 함께 산림의 환경적·사회적 기능을 균형 있게 유지하고 증진하는 것을 목표로 하는 경영 방식이다. 이는 단기적 수익보다는 장기적 관점에서 산림 생태계의 건강성과 생산성을 유지하며 미래 세대의 혜택을 보장하는 것을 핵심 원칙으로 삼으며, ESG 투자 관점에서 매우 중요하다.

SFM의 환경(E)적 측면은 생물다양성 보전, 토양 및 수자원 보호, 탄소 흡수 기능 강화에 중점을 둔다. 무분별한 벌채를 지양하고, 다양한 수종과 연령대의 나무가 공존하는 혼효림 및 다층림 조성을 장려하며, 희귀 동식물 서식지 보호 및 생태 통로 확보, 친환경 벌채 기술 사용, 산불 및 병해충 예방 등을 포함한다.

사회(S)적 측면에서는 임업 근로자의 안전과 권익 보호, 지역사회와의 상생 협력, 산림의 공익적 기능 증진을 추구한다. 안전한 작업 환경, 공정한 임금 및 복지, 지역 주민 의견 수렴, 지역 특산물 개발 및 생태 관광 연계, 그리고 등산로 정비 및 산림 치유 프로그램 제공 등이 이에 해당한다.

지배구조(G) 측면에서는 투명하고 책임 있는 산림 경영 체계 구축이 중요하다. 산림 경영 계획 및 실행 정보 공개, 이해관계자 참여 보장, 성과 평가 및 피드백 시스템 운영, 법규 준수, 불법 벌채 근절, 그리고 FSC나 PEFC와 같은 국제 지속 가능 임업 인증 획득 등이 포함된다.

ESG 투자는 이러한 SFM을 실천하는 기업이나 프로젝트에 자금을 공급하여 산림의 다면적 가치를 높이고 장기적인 투자 수익을 추구한다. 투자자들은 투자 대상 임야의 ESG 성과를 면밀히 평가하고, 환경 파괴나 사회적 갈등을 야기할 수 있는 프로젝트는 배제하거나, 적극적인 주주 관여를 통해 ESG 개선을 유도할 수 있다. 팀버랜드 투자, 지속 가능 임업 펀드, 산림탄소배출권 구매 등 다양한 투자 방식이 가능하다.

결론적으로, 지속 가능한 임업 경영은 경제적 수익성과 환경·사회적 책임을 조화시키는 핵심 전략이며, ESG 투자는 이를 지원하고 촉진하는 중요한 금융 메커니즘이다. 이를 통해 임야는 핵심적인 ESG 자산으로 그 가치를 더욱 인정받게 될 것이다.

◎ 주요 사례

- **환경(E) 측면:** 회사는 무분별한 벌채를 중단하고, 계획적으로 나무를 심고 가꾸는 방식을 도입한다. 벌채된 지역에는 다양한 토종 나무를 심어 생물 다양성을 증진하고, 탄소 흡수 능력을 높인다. 또한, 산림 내 수자원 보호를 위해 노력하고, 산불 예방 시스템을 강화한다.

- **사회(S) 측면:** 근로자들에게 안전 교육을 강화하고, 공정한 임금과 복지를 제공한다. 지역 주민들과 협력하여 산림 내 일부 지역을 생태 관광지로 개발하고, 산림 체험 프로그램을 운영하여 지역 경제 활성화에 기여한다. 또한, 산림을 통한 깨끗한 공기 제공 등 공익적 기능 증진에도 힘쓴다.

- **지배구조(G) 측면:** 투명한 경영을 위해 모든 벌채 및 식재 계획을 공개하고, 국제 산림 관리 협의회(FSC)로부터 인증을 획득한다. 이를 통해 회사의 경영 투명성과 책임성을 높인다.

지속 가능한 임업 경영은 산림의 경제적, 환경적, 사회적 가치를 균형 있게 유지하며 미래 세대의 이익을 보장하는 경영 방식이다. ESG 투자는 이러한 지속 가능한 임업 경영을 실천하는 기업이나 프로젝트에 자금을 지원하여 산림의 가치를 높이고 장기적인 수익을 추구하는 금융 메커니즘이다. 이는 산림을 핵심적인 ESG 자산으로 인식하여 그 가치를 더욱 인정받게 하는 중요한 방식이다.

17.3. 임야의 생태관광자원 활용과 지역경제 활성화

임야가 지닌 아름다운 자연경관, 풍부한 생물다양성, 고유한 문화·역사적 자원은 매력적인 생태관광자원으로서의 잠재력을 가지고 있다. 이러한 자원을 ESG 원칙에 기반하여 지속 가능한 방식으로 활용하는 것은 환경을 보전하면서 지역 경제를 활성화하고, 방문객에게 의미 있는 경험을 제공하는 중요한 전략이 될 수 있다.

생태관광(Ecotourism)은 자연환경을 즐기고 배우며 환경 보전에 기여하는 책임 있는 여행을 의미한다. 임야를 활용한 생태관광은 지역의 자연과 문화를 존중하고, 환경 영향을 최소화하며, 관광으로 발생하는 경제적 이익이 지역사회에 환원되도록 하는 것을 목표로 하며, 이는 ESG의 환경(E) 및 사회(S)적 가치를 관광 산업에 접목하는 대표적인 사례이다.

임야 생태관광자원 활용 방안으로는 트레킹, 생태 탐방, 산림 치유 프로그램, 지역 문화·임산물 체험 프로그램 등이 있다. 이러한 프로그램은 방문객에게 자연과의 교감을 통해 건강 증진과 환경 인식 제고의 기회를 제공한다.

개발 및 운영 시에는 환경 영향을 최소화하기 위해 과도한 시설 개발을 지양하고 친환경 탐방로 및 안내 시설을 설치하며, 방문객 수를 적정 수준으로 관리하고, 쓰레기 발생 저감 및 에너지·물 효율 증진 노력이 필수적이다.

지역경제 활성화를 위해서는 생태관광과 지역의 다른 산업(농업, 임업 등)을 연계하고, 지역 주민 운영 숙박·식당 이용 유도, 지역 특산물 활용 상품 개발, 지역 주민 고용 및 가이드 양성 등을 통해 관광 수익이 지역사회에 실질적으로 기여하도록 해야 한다.

성공적인 임야 생태관광을 위해서는 지역 주민, 지자체, 환경단체, 관광 사업자 등 다양한 이해관계자 간의 긴밀한 협력과 파트너십 구축, 그리고 협력적 거버넌스(G)가 핵심이다.

해외에서는 코스타리카 국립공원 시스템이나 뉴질랜드 자연 기반 관광 등이 성공 사례로 꼽히며, 국내에서도 국립공원, 자연휴양림 중심의 생태 탐방 프로그램 및 주민 주도 생태마을 조성 사업이 추진되고 있다.

결론적으로, 임야의 생태관광자원 활용은 환경 보전, 지역경제 활성화, 방문객 만족도 제고라는 다각적인 ESG 성과를 창출할 잠재력이 크며, 지속 가능한 개발 원칙 준수, 지역사회 상생, 창의적 프로그램 제공을 통해 매력적인 ESG 관광자원으로 거듭날 수 있다.

◎ 주요 사례

1. 코스타리카 국립공원 시스템

코스타리카는 국토의 상당 부분을 국립공원으로 지정하고, 엄격한 환경 보호 정책 아래 생태관광을 적극적으로 육성하고 있다. 이곳에서는 열대우림 트레킹, 조류 관찰, 야생동물 탐방 등 다양한 생태관광 프로그램을 운영하며, 이를 통해 얻은 수익을 지역사회 발전과 자연 보호에 재투자하고 있다. 방문객들은 자연을 깊이 있게 체험하면서 환경 보호의 중요성을 깨닫게 되고, 지역 주민들은 관광 산업을 통해 경제적인 혜택을 얻고 있다. 가이드 대부분이 지역 주민으로 고용되어 지역 경제에 직접적인 도움이 되고, 지역 특산물 판매도 활발하게 이루어진다.

2. 뉴질랜드 자연 기반 관광

뉴질랜드는 빼어난 자연경관을 활용한 트레킹, 빙하 탐험, 야생동물 관찰 등 다양한 자연 기반 관광 프로그램을 제공한다. 특히 'Great Walks'와 같은 트레킹 코스는 예약 시스템을 통해 방문객 수를 조절하고, 환경 보호를 위한 엄격한 규정을 적용하여 지속 가능성을 추구한다. 또한, 마오리족 문화 체험 등 지역 고유의 문화 자원을 연계하여 관광 상품의 다양성을 높이고 지역사회와의 상생을 도모하고 있다. 이 역시 지역 고용 창출과 지역사회 발전으로 이어지는 성공적인 생태관광 모델이다.

임야의 생태관광자원 활용은 환경 보전, 지역 경제 활성화, 방문객 만족도 제고라는 다각적인 ESG 성과를 창출할 잠재력이 크다. 지속 가능한 개발 원칙 준수, 지역사회와의 상생, 창의적인 프로그램 제공을 통해 매력적인 ESG 관광자원으로 거듭날 수 있다.

17.4. 임야 ESG 경영의 미래 비전

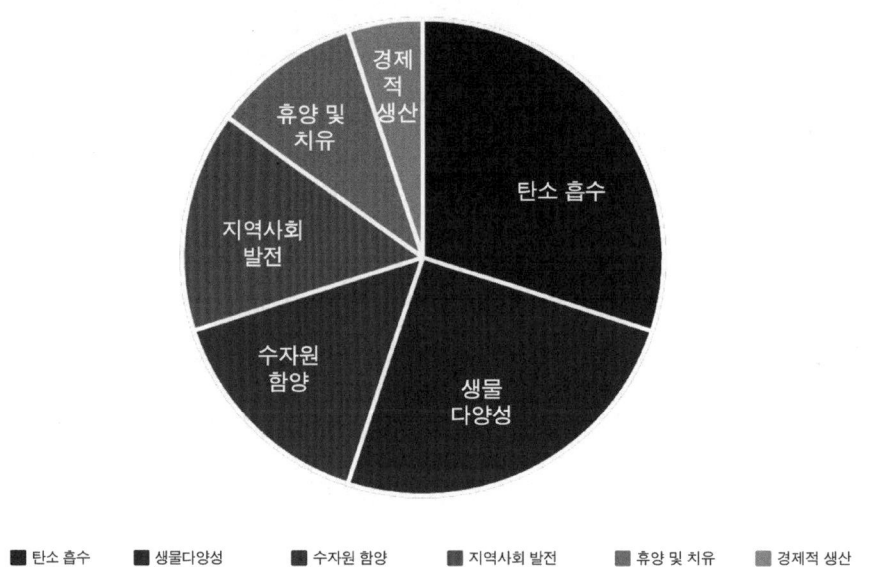

임야 ESG 경영의 미래는 환경적 가치, 사회적 가치, 경제적 가치가 조화롭게 통합된 지속 가능한 산림 생태계를 구현하는 것으로, 탄소 흡수와 생물 다양성 보전이라는 환경적 가치, 지역사회 발전과 휴양 기회 제공이라는 사회적 가치, 그리고 지속 가능한 경제적 생산이라는 경제적 가치가 균형을 이루는 임야 관리를 통해 현 세대와 미래 세대 모두의 필요를 충족하는 것이 궁극적인 목표가 된다.

제18장

재개발 ESG 전략 사례 분석

ESG 부동산 재개발 전략
(ESG Real Estate Redevelopment Strategy)

　도시의 노후화된 지역을 새롭게 정비하고 기능을 개선하는 재개발 사업은 도시 환경 개선, 주택 공급 확대, 그리고 지역 경제 활성화에 기여하는 중요한 도시재생 수단이다. 그러나 전통적인 재개발 방식은 종종 원주민의 강제 이주, 젠트리피케이션, 환경 파괴, 그리고 개발이익 사유화 등의 문제를 야기하기도 했다. ESG 원칙을 재개발 사업에 통합하는 것은 이러한 문제점을 극복하고, 환경적으로 지속 가능하며 사회적으로 포용적이고 경제적으로 활력 있는 도시 공간을 창출하는 것을 목표로 한다. 본 장에서는 ESG를 고려한 도시 재개발 성공 사례를 분석하고, 재개발 과정에서의 주민 참여와 사회적 책임의 중요성을 강조하며, 재개발 사업의 환경영향 최소화 전략을 모색하고자 한다.

18.1. ESG를 고려한 도시 재개발 성공 사례

ESG를 고려한 도시 재개발은 해당 지역의 역사와 문화를 존중하고, 기존 공동체를 유지하며, 친환경적인 설계를 도입하고, 다양한 이해관계자와의 소통과 협력을 통해 사업을 추진하는 것을 특징으로 한다. 이는 재개발 사업의 지속 가능성을 높이고 장기적인 성공 가능성을 제고한다.

해외 성공 사례로 영국 런던의 '킹스크로스 센트럴(King's Cross Central)' 재개발 프로젝트는 과거 철도역 주변 낙후 공업 지대를 업무, 상업, 주거, 문화, 교육 기능이 복합된 활기찬 도심 공간으로 탈바꿈시켰다. 기존 산업 유산(가스 저장고 등)을 창의적으로 보존·재활용하여 지역 정체성을 살렸고(S), 에너지 효율적 건물 설계, 넓은 공원과 녹지 조성, 대중교통 중심 접근성 강화 등 친환경 요소를 적극 도입했다(E). 다양한 계층을 위한 주택 공급, 지역 주민 일자리 창출 및 교육 프로그램 운영, 활발한 커뮤니티 활동 지원 등으로 사회적 포용성을 높였으며(S), 지역사회·정부·민간 개발업자 간 긴밀한 파트너십과 투명한 의사결정 구조(G)가 성공 요인이었다.

국내에서는 서울 성동구의 '성수동 도시재생' 사례가 주목할 만하다. 과거 수제화 공장 밀집 지역이었던 성수동은 대규모 전면 철거 대신, 기존 산업 생태계를 유지하면서 문화·예술 기능을 접목하는 점진적 도시재생을 추진했다. 오래된 공장 건물을 리모델링하여 특색 있는 공간으로 활용하고, 수제화 장인 지원 프로그램을 운영하며, 지역 주민과 예술가들이 참여하는 커뮤니티 활동을 통해 지역에 새로운 활력을 불어넣었다. 이는 지역 자산 보존(S), 창의적 기능 개선(E), 민관 협력(G)이 결합된 ESG 통합 재개발의 좋은 예시이다.

이러한 성공 사례들은 ESG 고려 재개발이 단기 이익보다는 장기적인 도시의 지속가능한 가치 창출에 중점을 둔다는 것을 보여준다. 핵심 성공 요인으로는 ▲ 지역 자산 존중 및 창의적 활용, ▲ 친환경 설계·기술 적극 도입, ▲ 이해관계자(특히 주민) 참여 보장 및 투명한 소통, ▲ 공공·민간 효과적 역할 분담 및 협력, ▲ 장기 비전 기반의 일관된 사업 추진 리더십 등을 들 수 있다.

◎ 주요 사례

1. 해외 성공 사례: 영국 런던 '킹스크로스 센트럴(King's Cross Central)' 재개발 프로젝트

과거 철도역 주변의 버려진 땅을 업무, 상업, 주거, 문화, 교육 기능이 복합된 활기찬 도심 공간으로 탈바꿈시킨 사례이다.

* ESG 관점에서 주요 성공 요인
- 환경(E): 기존 산업 유산(가스 저장고 등)을 창의적으로 재활용하고, 에너지 효율적 건물 설계, 넓은 공원과 녹지 조성, 대중교통 중심의 접근성을 강화하는 등 친환경 요소를 적극 도입했다.
- 사회(S): 다양한 계층을 위한 주택 공급, 지역 주민 일자리 창출 및 교육 프로그램 운영, 활발한 커뮤니티 활동 지원 등으로 사회적 포용성을 높였다.
- 지배구조(G): 지역 사회·정부·민간 투자자 간 긴밀한 파트너십과 투명한 의사 결정 과정이 성공에 기여했다.

2. 국내 성공 사례: 서울 성동구 '성수동 도시재생'

과거 수제화 공장 밀집 지역이었던 성수동을 대규모 전면 철거 대신, 기존 산업 생태계를 유지하면서 문화·예술 기능을 접목한 점진적 도시재생을 추진했다.

* ESG 관점에서 주요 성공 요인
  - 환경(E): 오래된 공장 건물을 리모델링하여 활용하고, 수제화 장인 지원 프로그램을 운영하여 기존 자원의 보존과 활용을 도모했다.
  - 사회(S): 지역 주민과 예술가들이 참여하는 커뮤니티 활동을 통해 지역에 새로운 활력을 불어넣고, 지역 자산 보존과 창의적 기능 개선에 중점을 두었다.
  - 지배구조(G): 민관 협력(G)을 통해 지속 가능한 도시재생을 이끌었다.

결론적으로, 이러한 사례들은 ESG를 고려한 도시 재개발이 단기 이익보다는 장기적인 도시의 지속 가능한 가치 창출에 중점을 둔다는 것을 보여준다.

18.2. 재개발 과정에서의 주민 참여와 사회적 책임

재개발 사업은 해당 지역 주민들의 삶에 직접적이고 막대한 영향을 미치므로, 사업 추진 과정에서 주민들의 적극적인 참여를 보장하고 사회적 책임을 다하는 것은 ESG 경영의 핵심 요소이다. 과거 일방적인 하향식 개발은 주민 반발과 사회적 갈등을 야기하여 사업 지연 및 실패의 주요 원인이 되기도 했다.

주민 참여는 계획 수립 초기부터 완료 후 관리 운영까지 전 과정에 걸쳐 주민들이 실질적인 영향력을 행사하도록 보장되어야 한다. 주민설명회, 공청회, 워크숍, 설문조사, 온라인 플랫폼 등 다양한 소통 채널을 마련하고, 이해하기 쉬운 정보 제공 및 의견의 적극적 반영이 필요하다. 특히 세입자, 영세 상인, 고령자 등 사회적 약자의 목소리가 충분히 반영되도록 배려해야 한다.

재개발 사업 시행자의 사회적 책임은 원주민 재정착 지원, 적절한 이주 및 영업 손실 보상, 그리고 개발로 인한 부정적 사회·환경 영향 최소화 등을 포괄한다. 저렴한 임대주택 공급, 이주비 지원, 재정착 상담 프로그램 제공, 상인들을 위한 임시 영업 공간 마련, 우선 입주권 부여, 경영 컨설팅 지원 등이 필요하다.

또한, 개발이익의 일부를 지역사회에 환원하여 공공시설 확충, 기반시설 개선, 지역 복지 프로그램 운영 등에 사용하는 것도 중요한 사회적 책임 이행 방안이다. 이는 개발 사업에 대한 지역사회 지지를 확보하고 장기적으로 지역 전체 발전에 기여하는 선순환 구조를 만들 수 있다.

투명하고 공정한 사업 추진 절차(G) 또한 필수적이다. 사업 시행자 선정, 보상가 산정, 입주권 배정 등 모든 과정을 관련 법규에 따라 투명하게 진행하고, 비리나 특혜 시비 방지를 위한 철저한 내부 통제 시스템을 갖추어야 한다. 주민들과의 지속적인 대화와 협의를 통해 신뢰를 구축하고, 갈등 발생 시 공정하고 신속하게 조정할 수 있는 메커니즘 마련도 중요하다.

결론적으로, 재개발 과정에서의 주민 참여 보장과 사회적 책임 이행은 사업 성공 가능성을 높이고 지속 가능한 도시 공동체를 만들어가는 핵심 투자이며, ESG 경영의 사회(S) 및 지배구조(G) 측면을 강화하여 재개발 사업의 장기적 가치를 제고한다.

◎ 주요 사례: 주민 참여의 중요성 및 실제 사례

1. 서울 성동구의 성수동 재개발

성수동 사례는 주민 참여의 중요성을 잘 보여준다. 성수동은 한강변에 위치하여 개발 가치가 높았지만, 주민들은 급격한 개발로 인한 젠트리피케이션과 공동체 해체를 우려했다. 이에 성동구는 주민 설명회, 공청회, 설문조사, 온라인 플랫폼 등 다양한 소통 채널을 마련하여 주민들의 의견을 적극적으로 수렴했다. 특히 영세 상인, 고령자 등 사회적 약자의 목소리에 귀 기울여 이들의 주거권과 생존권을 보호하기 위한 임대주택 공급, 이주비 지원, 재정착 상담 프로그램 등을 마련했다. 이러한 과정을 통해 주민들은 개발 방향에 대한 신뢰를 구축하고, 사업은 성공적으로 추진될 수 있었다.

2. 최근 광주에서 진행된 계림동 재개발 사업

초기에는 일부 주민들의 반발과 갈등이 있었으나, 시공사와 지자체가 적극적으로 소통하며 주민들의 요구사항을 반영하고 사회적 책임을 다하려 노력했다. 특히 저소득층 주민들을 위한 임대주택 비율을 높이고, 지역 상권 활성화를 위한 대책을 마련하는 등 상생 발전을 도모했다. 이러한 노력은 갈등을 최소화하고 사업의 지속 가능성을 높이는 데 기여했다.

재개발 과정에서 주민 참여를 보장하고 사회적 책임을 다하는 것은 사업 성공 가능성을 높이고 지속 가능한 지역 공동체를 만드는 핵심 투자이다. 이는 ESG 경영의 사회(S) 및 지배구조(G) 측면을 강화하여 재개발 사업의 장기적 가치를 제고하는 길이다.

18.3. 재개발 사업의 환경영향 최소화 전략

재개발 사업은 기존 건축물 철거, 대규모 토목공사, 신규 건축물 건설 등 과정에서 상당한 에너지 소비, 자원 소모, 폐기물 발생, 주변 환경오염을 유발할 수 있다. 따라서 재개발 사업의 환경적(E) 지속 가능성을 높이기 위해서는 사업 전 과정에 걸쳐 환경 영향을 최소화하기 위한 적극적인 전략 수립과 실행이 필수적이다.

첫째, **기존 자원의 최대한 재활용 및 재사용**이다. 철거 건축물 폐기물을 단순 매립 대신 콘크리트, 철근, 목재 등을 분리하여 재활용하거나 에너지원으로 회수하는 비율을 높여야 한다. 역사·문화적 가치가 있는 기존 건축물이나 구조물은 보존하거나 새로운 용도로 변경(Adaptive Reuse)하여 자원 낭비를 줄이고 지역 정체성을 유지할 수 있다.

둘째, **친환경 설계 및 건설 기술 적용**이다. 신축 건물은 고효율 단열재, 고성능 창호, LED 조명, 절수형 위생기구 등을 사용하여 에너지 및 수자원 소비를 최소화하도록 설계해야 한다. 옥상 녹화나 벽면 녹화, 신재생에너지 설비 도입도 중요하다. 건설 과정에서는 친환경 인증 자재 사용, 비산먼지·소음 저감 공법 적용, 주변 생태계 보호 노력이 필요하다.

셋째, **압축적이고 효율적인 토지 이용**이다. 도시 기능을 고밀도로 집적시키고, 대중교통 중심 개발(TOD)을 유도하며, 보행·자전거 친화 환경을 조성하여 차량 이용을 줄이고 에너지 소비를 절감한다. 단지 내 충분한 녹지 공간과 오픈 스페이스 확보, 빗물 관리 시스템 도입으로 생태 면적률을 높이고 도시 홍수 예방 및 수자원 순환에 기여한다.

넷째, **환경영향평가(EIA)의 실효성 강화**이다. 계획 수립 단계부터 철저한 환경영향평가를 실시하여 잠재적 환경 문제를 파악하고, 구체적인 저감 대책을 마련하여 사업 계획에 반영해야 한다. 평가 과정에 주민과 환경 전문가 참여 보장, 평가 결과 투명 공개, 사업 시행 중 지속적인 환경 모니터링을 통해 저감 대책 이행을 점검해야 한다.

다섯째, **스마트 기술의 활용**이다. BIM 기술로 설계 단계에서 에너지 성능 시뮬레이션 및 최적화, 건설 과정 중 자재 낭비 감소가 가능하다. IoT 센서는 운영 단계 에너지 소비량, 실내 공기 질 등을 실시간 모니터링하고 효율적으로 관리할 수 있다.

이러한 환경영향 최소화 전략은 단기적으로 초기 투자 비용을 증가시킬 수 있지만, 장기적으로 운영 비용 절감, 자산 가치 상승, 환경 규제 강화 리스크 감소 등 다양한 경제적 편익을 가져다준다. 또한, 쾌적하고 건강한 도시 환경 조성은 지역 주민 삶의 질을 높이고 도시 경쟁력을 강화한다.

결론적으로, 재개발 사업의 환경영향 최소화는 ESG 경영의 핵심 환경(E) 요소이자 지속 가능한 도시 발전의 필수 과제이다. 사업 계획 초기부터 환경적 고려를 최우선으로 하고, 혁신 기술과 다각적 노력을 통해 환경 부하를 줄여나갈 때, 재개발 사업은 도시의 환경적 가치를 높이는 긍정적 역할을 수행할 수 있다.

◎ 주요 사례

1. 자원 재활용 및 재사용 극대화

서울 종로구 익선동 한옥마을 재개발은 기존 한옥들을 무분별하게 철거하는 대신, 보존하고 개조하여 상업 시설로 탈바꿈시킨 대표적인 사례이다. 낡은 한옥의 구조적 특징을 살리면서 현대적인 디자인을 가미하여 새로운 상권을 형성, 과거의 흔적을 보존하고 새로운 가치를 창출하며 자원 낭비를 최소화했다. 이는 도시재생의 성공적인 모델로 평가받고 있다.

2. 친환경 설계 및 건설 기술 적용

서울 마곡지구의 'LG 사이언스파크'는 친환경 건축의 모범 사례이다. 이 단지는 고효율 기자재 사용, 태양광 발전 설비, 빗물 재활용 시스템 등을 도입하여 에너지 자립도를 높이고 물 사용량을 절감했다. 또한, 건물 외벽에 녹지를 조성하고 내부에는 조경 공간을 충분히 확보하여 생태적 연결성을 강화하고 도시 열섬 현상을 완화하는 데 기여했다. 이러한 노력으로 친환경 건축물 인증을 획득했다.

3. 압축적이고 효율적인 토지 이용(TOD: Transit-Oriented Development)

서울의 지하철 역세권 개발은 TOD 전략의 대표적인 예시이다. 특히 강남 테헤란로와 같은 지역은 지하철역을 중심으로 고층 빌딩들이 밀집해 있으며, 상업, 업무, 주거 기능이 복합적으로 위치해 있다. 이는 시민들이 대중교통을 편리하게 이용하고 도보나 자전거로 이동할 수 있는 환경을 조성하여 자가용 이용을 줄이고 에너지 소비를 효율화하는 데 기여하고 있다.

재개발 사업의 환경영향 최소화는 ESG 경영의 핵심 환경(E) 요소이자 지속 가능한 도시 발전의 필수 과제이다. 사업 계획 초기부터 환경적 고려를 최우선으로 하고, 혁신 기술과 다각적 노력을 통해 환경 부하를 줄여나갈 때, 재개발 사업은 도시의 환경적 가치를 높이는 긍정적 역할을 수행할 수 있다.

18.4. ESG 재개발의 미래 전망

ESG 재개발의 미래는 탄소 중립, 스마트 기술, 주민 주도 개발, 순환 경제 등의 개념이 더욱 강화되는 방향으로 발전할 것으로 전망된다. 이러한 변화는 도시의 지속 가능성과 회복력을 높이고, 모든 이해관계자에게 더 큰 가치를 창출할 것이다.

제19장

재건축 ESG 효율 사례 분석

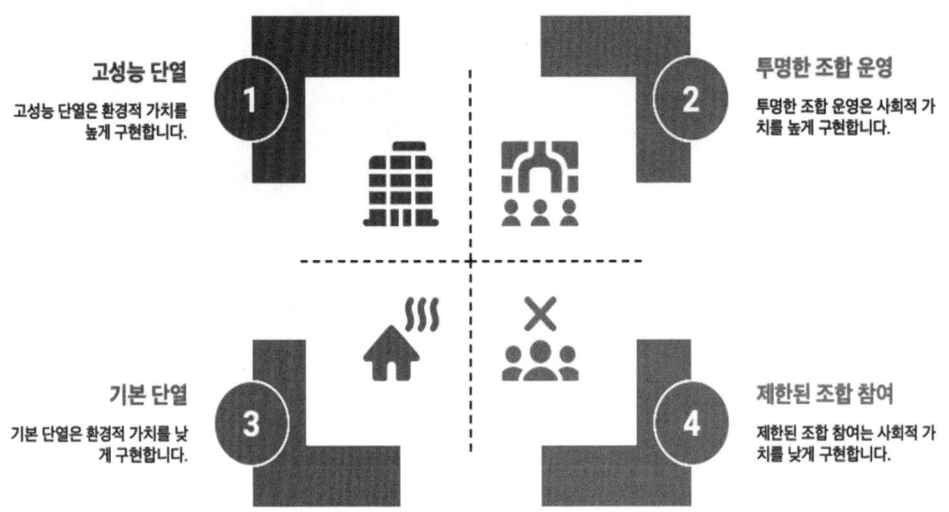

ESG 부동산 경제학의 지속 가능성 전략
(ESG Real Estate Economics Sustainability Strategy)

재건축 사업은 주로 노후화된 공동주택(아파트 등)을 철거하고 새로운 공동주택을 건설하여 주거 환경을 개선하고 도시 미관을 향상하는 것을 목표로 한다. 재개발 사업과 유사한 측면이 있지만, 주로 민간 주도로 이루어지며 조합원들의 재산권과 밀접하게 연관되어 있다는 점에서 차이가 있다. 재건축 사업에 ESG 원칙을 통합하는 것은 단순한 새 아파트 건설을 넘어, 에너지 효율적인 친환경 단지 조성, 조합원 및 지역사회와의 상생, 그리고 투명하고 공정한 사업 추진을 통해 지속 가능한 주거 공동체를 만들어가는 것을 의미한다. 본 장에서는 친환경 재건축 단지 설계 및 시공 사례, 재건축 조합의 투명한 운영과 지배구조, 그리고 재건축 사업의 에너지 절감 및 자원순환 효과를 분석하고자 한다.

19.1. 친환경 재건축 단지 설계 및 시공 사례

친환경 재건축 단지는 기존의 획일적이고 에너지 소비가 많은 아파트 단지에서 벗어나, 자연과 조화되고 에너지 효율을 극대화하며 입주민에게 건강하고 쾌적한 생활환경을 제공하는 것을 목표로 한다. 이는 ESG의 환경(E) 및 사회(S)적 가치를 재건축 사업에 적극적으로 구현하려는 노력이다.

설계 단계에서는 단지 배치부터 개별 세대 설계까지 친환경 요소를 고려한다. 남향 위주 단지 배치와 동간 거리 확보로 일조량과 통풍을 극대화하고, 지형을 활용하여 토목공사를 최소화하며, 기존 수목을 보존·이식하여 단지 내 녹지율을 높인다. 건물 외피에는 고성능 단열재와 고효율 창호를 적용하고, 옥상 녹화나 벽면 녹화로 단열 성능 향상 및 도시 열섬 현상을 완화한다.

에너지 시스템 측면에서는 태양광 발전, 지열 냉난방, 연료전지 등 신재생에너지 설비를 적극 도입하여 에너지 자립도를 높이고, 각 세대 및 공용부에 LED 조명, 고효율 가전제품, 스마트 에너지 관리 시스템(SEMS)을 설치하여 에너지 소비를 최적화한다. 폐열회수 환기장치로 실내 공기 질을 유지하면서 에너지 손실을 줄이고, 빗물 저장 및 재활용 시스템, 중수도 시스템 등으로 수자원을 효율적으로 활용한다.

시공 단계에서는 친환경 인증 자재나 재활용 자재 사용을 확대하고, 건설 폐기물 발생을 최소화하며, 현장 주변 환경오염(비산먼지, 소음 등)을 줄이기 위한 노력을 기울인다. 모듈러 공법이나 프리캐스트 콘크리트(PC) 공법 등 친환경 건설 기술 도입도 고려될 수 있다.

완공 후 운영 단계에서는 입주민 대상 에너지 절약 및 친환경 생활 실천 교육, 단지 내 커뮤니티 시설 활용 친환경 프로그램 운영, 지속적인 에너지 모니터링과 관리를 통해 건물의 친환경 성능을 유지·개선한다.

해외에서는 독일 '패시브하우스' 단지나 스위스 '미네르기' 기준 적용 공동주택 단지들이 대표적 친환경 주거 모델로 인정받는다. 국내에서도 최근 재건축 단지를 중심으로 제로에너지빌딩(ZEB) 인증 목표 또는 다양한 친환경 기술 접목 특화 설계 도입 사례가 늘고 있다. AI 기반 스마트홈 시스템 연동 에너지 관리, 미세먼지 저감 시스템, 풍부한 조경과 커뮤니티 시설을 갖춘 '에코-스마트 단지' 등이 등장하고 있다.

이러한 친환경 재건축 단지는 입주민에게 관리비 절감, 건강한 주거 환경, 높은 자산 가치라는 혜택을 제공할 뿐만 아니라, 도시 전체의 환경 부하를 줄이고 지속 가능한 발전에 기여한다는 점에서 중요한 ESG 성과를 창출한다.

◎ 주요 사례

1. 설계 단계(자연 환경과의 조화 및 에너지 효율 극대화)

친환경 인증 자재나 재활용 자재 사용을 확대하고, 건설 폐기물 발생을 최소화하며, 현장 주변 환경 오염(비산먼지, 소음 등)을 줄이기 위한 노력을 기울인다. 모듈러 공법이나 프리캐스트 콘크리트(PC) 공법 등 친환경 건설 기술 도입도 고려된다.

- 가상 사례: 서울 송파구에 위치한 '그린하우스 아파트' 재건축 단지는 단지 전체를 남향 위주로 배치하고, 동 간 거리를 넓혀 충분한 일조량을 확보했다. 또한, 각 동의 옥상에는 텃밭과 휴게 공간을 겸한 녹지 공간을 조성하여 단열 효과를 높이고 주민들의 만족도를 높였다.

2. 에너지 시스템 단계(에너지 자립률 향상 및 스마트 관리)

태양광 발전, 지열 냉난방, 연료전지 등 신재생 에너지 설비를 적극 도입하여 에너지 자립률을 높인다. 각 세대 및 공용부에는 LED 조명, 고효율 가전제품, 스마트 에너지 관리 시스템(SEMS)을 설치하여 에너지 소비를 최적화한다. 폐열 회수 환기 장치로 실내 공기질을 유지하면서 에너지 손실을 줄이고, 빗물 저장 및 재활용 시스템, 중수도 시스템 등을 수자원 활용에 효율적으로 활용한다.

- 가상 사례: 위 '그린하우스 아파트'는 각 동 옥상에 태양광 패널을 설치하여 공용부 전력의 일부를 자체적으로 생산하고, 각 세대에는 스마트 홈 시스템을 도입하여 입주민들이 에너지 사용량을 실시간으로 확인하고 제어할 수 있도록 했다. 단지 내 커뮤니티 시설에는 지열 냉난방 시스템을 적용하여 에너지 비용을 절감했다.

3. 시공 단계(환경 부하 최소화 및 공법 혁신)

친환경 인증 자재나 재활용 자재 사용을 확대하고, 건설 폐기물 발생을 최소화하며, 현장 주변 환경 오염(비산먼지, 소음 등)을 줄이기 위한 노력을 기울인다. 모듈러 공법이나 프리캐스트 콘크리트(PC) 공법 등 친환경 건설 기술 도입도 고려된다.

- 가상 사례: '그린하우스 아파트' 건설 시에는 FSC 인증을 받은 목재와 재활용 콘크리트 등의 친환경 자재를 사용하고, 현장에서는 비산먼지 저감 시설을 철저히 운영하여 주변 주민들의 불편을 최소화했다. 또한, 공장에서 사전 제작된 PC 부재를 현장에서 조립하는 방식으로 공사 기간을 단축하고 폐기물을 줄였다.

4. 완공 후 운영 단계(지속적인 친환경 관리)

입주민 대상 에너지 절약 및 친환경 생활 실천 교육, 단지 내 커뮤니티 시설을 활용한 친환경 프로그램 운영, 지속적인 에너지 모니터링과 관리를 통해 건물의 친환경 성능을 유지 및 개선한다.

- 가상 사례: '그린하우스 아파트'는 입주민을 대상으로 에너지 절약 교육 프로그램을 정기적으로 운영하며, 단지 내 에너지 관리 시스템을 통해 실시간으로 에너지 사용량을 모니터링하고 분석하여 최적의 상태를 유지한다.

이러한 친환경 재건축 단지는 입주민에게 경제적 이점(관리비 절감)과 건강한 주거 환경, 높은 자산 가치라는 혜택을 제공할 뿐만 아니라, 도시 전체의 환경 부하를 줄이고 지속 가능한 발전에 기여하며 중요한 ESG 성과를 창출한다.

19.2. 재건축 조합의 투명한 운영과 지배구조

재건축 사업은 다수의 조합원으로 구성된 재건축 조합이 사업 주체가 되어 추진되므로, 조합 운영의 투명성과 민주적인 의사결정 구조, 그리고 건전한 지배구조(G) 확립은 사업의 성패를 좌우하는 매우 중요한 요소이다. 과거 일부 재건축 사업에서 조합 운영 비리, 정보 불균형, 조합원 간 갈등 등으로 사업이 지연되거나 좌초되면서 투명하고 공정한 조합 운영에 대한 사회적 요구가 높아지고 있다.

투명한 조합 운영의 핵심은 정보의 적극적인 공개이다. 조합 규약, 총회·이사회 의사록, 예산·결산 내역, 시공사 선정 과정·계약 내용, 용역업체 선정 결과, 사업 추진 현황 등 주요 정보를 조합원들에게 정기적으로 투명하게 공개하고, 온라인 플랫폼이나 앱을 통해 쉽게 접근할 수 있도록 해야 한다. 이는 조합원의 알 권리 보장, 조합 운영 신뢰도 향상, 잠재적 비리 예방 효과가 있다.

민주적인 의사결정 구조 확립 또한 중요하다. 조합원 총회는 최고 의사결정 기구로서, 모든 조합원이 동등한 의결권을 가지고 사업의 중요한 사항(시공사 선정, 관리처분계획 수립 등)을 결정할 수 있도록 보장되어야 한다. 총회 개최 전 충분한 정보 제공과 의견 수렴, 전자투표 시스템 도입 등을 통해 조합원 참여를 활성화하고 소수 의견도 존중해야 한다. 이사회 및 대의원회 운영 역시 투명하고 민주적인 절차에 따라 이루어져야 한다.

조합 임원(조합장, 이사, 감사 등)의 전문성과 윤리성 확보도 필수적이다. 임원 선출 시 자격 기준을 강화하고, 외부 전문가(변호사, 회계사, 건축사 등)를 적극 활용하여 사업 추진 전문성을 높여야 한다. 조합 임원의 부패 행위나 이해상충 방지를 위한 강력한 내부 통제 시스템과 외부 감사 제도, 위반 시 엄격한 책임 규정을 두어야 한다.

시공사 및 협력업체 선정 과정의 공정성 확보도 중요한 지배구조 요소이다. 경쟁 입찰 원칙 준수, 평가 기준·절차 사전 투명 공개, 외부 전문가 참여 공정 심사를 통해 업체를 선정해야 한다. 특정 업체 특혜 시비나 담합 의혹 방지를 위한 철저한 관리 감독이 필요하다.

조합원 간 갈등 예방 및 원만한 해결 노력도 중요하다. 사업 초기부터 다양한 이해관계를 가진 조합원들의 의견 경청, 충분한 설명과 협의를 통한 합의점 모색, 갈등 발생 시 중립적 외부 전문가·기관의 조정·중재 활용 등이 효과적이다.

최근 정부 및 지자체에서도 재건축 사업 투명성·공공성 강화를 위한 '공공지원 재건축 제도'(초기 컨설팅 및 사업 과정 관리)나 '클린업시스템'(관련 정보 통합 제공) 등 다양한 정책을 추진하고 있다.

결론적으로, 재건축 조합의 투명하고 민주적인 운영과 건전한 지배구조 확립은 사업 성공의 전제 조건이자, 조합원 재산권 보호 및 ESG 가치 실현의 핵심 방안이다. 이는 신뢰와 협력을 바탕으로 한 지속 가능한 주거 공동체 조성 과정이다.

◎ 주요 사례

1. 투명한 정보 공개를 통한 갈등 예방

서울 강남의 한 재건축 단지에서 조합 집행부가 시공사 선정 과정에서 특정 업체와 밀실 계약을 추진하다가 조합원들의 반발에 부딪혔다. 조합원들은 정보 공개를 요구하며 투명한 절차를 통해 시공사를 재선정할 것을 강력히 주장했고, 결국 조합 집행부는 모든 정보를 공개하고 조합원들의 의견을 수렴하여 재선정을 진행하게 되었다. 이 과정에서 사업 지연은 있었지만, 투명한 절차를 통해 선정된 시공사에 대한 조합원들의 신뢰가 높아져 사업 추진에 더욱 탄력을 받게 되었다.

2. 민주적인 의사결정 구조 확립

부산의 한 재건축 조합에서는 과거 일부 조합원들의 전횡으로 사업이 지연되는 문제가 있었다. 이에 조합은 새 집행부 구성 후, 모든 안건에 대해 조합원 설명회를 수시로 개최하고, 모바일 앱을 통한 사전 의견 수렴 및 전자투표 시스템을 도입했다. 특히, 소규모 안건이라도 조합원들의 폭넓은 의견을 듣기 위해 노력했으며, 총회에서는 토론 시간을 충분히 할애하여 모든 조합원이 자신의 의견을 개진할 수 있도록 했다. 이러한 노력 덕분에 조합원들의 참여율이 크게 높아지고 의사결정에 대한 불만이 줄어들어 사업 추진 속도가 빨라졌다.

3. 전문성과 윤리성을 갖춘 임원 선출 및 견제 시스템 구축

경기도의 한 재건축 조합은 과거 임원들의 비위 문제로 사업이 중단될 위기에 처했다. 이후 새롭게 구성된 조합은 임원 선출 시 학력, 경력뿐만 아니라 윤리성 검증을 강화했다. 또한, 외부 회계법인에 정기적인 감사를 맡기고, 조합 운영에 대한 감사 보고서를 조합원들에게 상시 공개했다. 더 나아가, 비리 발생 시 즉각적으로 고발하고 법적 조치를 취할 수 있는 시스템을 마련하여 임원들의 책임감을 강화했다. 이러한 노력으로 조합 운영의 투명성이 확보되고 조합원들의 신뢰를 회복하여 사업이 다시 정상 궤도에 오를 수 있었다.

재건축 사업은 수많은 사람의 삶과 재산에 직접적인 영향을 미치는 중요한 사업이다. 단순한 이익 추구를 넘어, 투명하고 민주적인 절차를 통해 신뢰를 쌓고 협력을 이끌어내는 것이 지속 가능한 주거 공동체를 만드는 핵심이며, 이는 모든 재건축 사업이 추구해야 할 가치이다.

최근 정부와 지자체에서도 공공지원 제도 등을 통해 재건축 사업의 투명성 및 공공성 강화를 추진하고 있는 만큼, 이러한 원칙들을 철저히 준수하는 것이 성공적인 재건축 사업의 필수 조건이다.

19.3. 재건축 사업의 에너지 절감 및 자원순환 효과

재건축 사업은 노후 건축물 철거 및 신축 과정에서 막대한 에너지 소비와 건설 폐기물을 발생시키는 반면, 동시에 에너지 효율적인 신축 건물을 통해 장기적인 에너지 절감 효과를 가져오고, 건설 폐기물 재활용을 통해 자원순환 사회 구축에 기여할 수 있는 양면성을 지닌다. 따라서 재건축 사업의 ESG 성과를 높이기 위해서는 에너지 절감 및 자원순환 효과를 극대화하기 위한 전략적 접근이 필요하다.

에너지 절감 효과는 주로 신축 건물의 에너지 성능 향상을 통해 달성된다. 제로에너지빌딩(ZEB) 설계 기준 적용(고성능 단열, 고효율 창호, 폐열회수 환기장치 등 패시브 기술)으로 건물 에너지 요구량을 최소화하고, 신재생에너지 설비(태양광, 지열 등 액티브 기술)로 에너지 자립도를 높일 수 있다. 각 세대 및 공용부 스마트 에너지 관리 시스템(SEMS) 도입, 입주민 대상 에너지 절약 정보 제공 및 자발적 참여 유도도 중요하다. 이는 입주민 관리비 부담 감소 및 국가 전체 에너지 소비량 감축에 기여한다.

자원순환 효과는 건설 폐기물의 감량, 재활용, 재사용을 통해 이루어진다. 재건축 시 발생하는 건설 폐기물(콘크리트, 아스팔트, 철근, 목재 등)을 단순 매립 대신 철저한 분리·선별 과정을 거쳐 순환골재나 재생 자재로 최대한 재활용해야 한다. 해체 단계부터 '선택적 해체' 공법을 적용하여 재활용 가능 자원을 효율적으로 회수하고 폐기물 발생량 자체를 줄이는 노력이 필요하다.

신축 건물 건설 시에도 재활용 자재나 친환경 인증 자재 사용을 확대하고, 모듈러 건축이나 건식 공법 등 폐기물 발생이 적은 건설 기술 도입을 고려해야 한다. 건물의 수명이 다한 후 주요 부재를 쉽게 분리하여 재활용·재사용할 수 있도록 하는 '해체 용이성 설계' 개념 도입도 장기적인 자원순환 사회 구축에 기여한다.

정부 및 지자체는 재건축 사업의 에너지 절감 및 자원순환 효과를 높이기 위해 ZEB 인증 단지나 건설 폐기물 재활용 우수 단지에 용적률 인센티브나 세제 감면 혜택 부여, 관련 기술 개발·보급 R&D 투자 확대, 재활용 자재 시장 육성 등 다양한 정책적 지원을 제공할 수 있다.

재건축 조합과 시공사 또한 사업 계획 초기부터 에너지 절감 및 자원순환 목표를 명확히 설정하고, 구체적인 실행 계획 마련, 사업 전 과정 철저한 관리 감독이 필요하다. 입주민 대상 에너지 절약 및 분리배출 교육, 친환경 생활 실천 캠페인 전개도 중요하다.

결론적으로, 재건축 사업은 에너지 절감과 자원순환이라는 ESG 핵심 목표 달성에 중요한 기여를 할 잠재력이 있다. 친환경 설계·기술 적극 도입, 건설 폐기물 효과적 관리, 모든 이해관계자의 인식 개선과 참여를 통해 재건축 사업은 단순한 주거 환경 개선을 넘어, 지속 가능한 도시와 순환 경제 사회 조성에 핵심 역할을 수행할 수 있다.

◎ 주요 사례: (가상) 서울 강남의 한 노후 아파트 단지를 재건축하는 경우

1. 에너지 절감 측면
- 새롭게 지어지는 아파트는 모든 세대에 고단열 창호와 벽체를 적용하고, 각 동의 옥상에는 태양광 패널을 설치하여 공용부 전력의 일부를 충당한다.
- 각 가구에는 스마트 홈 시스템과 연동된 에너지 관리 시스템이 설치되어 실시간으로 에너지 사용량을 확인하고 최적화할 수 있도록 돕는다.
- 입주민들에게는 에너지 절약 가이드라인을 제공하고, 에너지 절약 우수 가구에

게는 관리비 할인 혜택을 제공하여 자발적인 참여를 유도한다.

2. 자원 순환 측면
- 기존 아파트 철거 시 발생하는 콘크리트, 철근 등의 건설 폐기물은 단순 매립하지 않고, 전문 업체를 통해 파쇄 및 분류하여 신축 아파트의 골재나 도로 건설 자재로 재활용한다.
- 새 아파트 건설에는 재활용된 골재와 함께 친환경 인증을 받은 내장재를 사용하여 환경 부담을 최소화한다.
- 미래 해체 시 재활용이 용이하도록 모듈러 공법을 일부 적용하고, 주요 구조 부재의 분리 및 재사용이 쉽도록 설계한다.

이러한 노력은 재건축 사업이 단순한 주거 환경 개선을 넘어, 지속 가능한 도시와 순환 경제 사회를 조성하는 데 핵심적인 역할을 할 수 있음을 보여준다.

19.4. 재건축 사업의 ESG 통합을 위한 제언

정책 및 제도 개선
ESG 성과에 따른 인센티브 강화 및 의무 기준 상향
친환경 재건축 가이드라인 개발 및 보급
조합 운영 투명성 제고를 위한 제도적 장치 마련

이해관계자 역량 강화
조합원 대상 ESG 교육 및 인식 제고
시공사 및 설계사의 친환경 기술 역량 향상
지자체 공무원의 ESG 평가 및 관리 능력 배양

협력 체계 구축
산·학·연·관 협력 네트워크 구축
ESG 우수 사례 공유 및 확산 플랫폼 마련
지역사회와의 소통 및 협력 강화

모니터링 및 평가 체계화
재건축 사업 ESG 성과 측정 표준화
제3자 검증 및 인증 시스템 강화
지속적인 성과 관리 및 개선 체계 구축

재건축 사업에 ESG 원칙을 효과적으로 통합하기 위해서는 정책 및 제도 개선, 이해관계자 역량 강화, 협력 체계 구축, 모니터링 및 평가 체계와 같은 다양한 노력이 필요하다. 이를 통해 재건축 사업은 단순한 주거 환경 개선을 넘어, 환경 보전, 사회적 가치 창출, 투명한 지배구조 확립이라는 ESG 가치를 실현하며, 지속 가능한 도시 발전에 기여할 수 있을 것이다.

구체적인 추진 방안으로는 다음의 내용들이 있다.

1) 정책 및 제도 개선

- ESG 성과에 따른 인센티브 제공과 의무 규정을 도입한다.
- 친환경 재건축 가이드라인을 마련하고 배포한다.
- ESG 운영 부담 경감과 관련된 제도적 지원을 강화한다.

2) 이해관계자 역량 강화

- 조합원 대상으로 ESG 교육과 컨설팅을 제공한다.
- 시공사 선정과정에서 친환경 기술 항목을 추가한다.
- 지자체 공무원의 ESG 평가 능력을 향상한다.

3) 협력 체계 구축

- 산·학·연·관 협력 네트워크를 구축한다.
- ESG 우수 사례를 선정하여 정보 교류를 활성화한다.
- 자원 재활용과 소통 확대를 위해 협력 활동을 강화한다.

4) 모니터링 및 평가 체계

- 재건축 사업의 ESG 성과를 측정하고 평가하는 시스템을 구축한다.
- ESG 평가를 재건축 사업에 반영하고 연동하는 방안을 마련한다.
- 지속적인 성과 관리 및 제도 개선 체계를 구축하여 운영한다.

제20장

ESG 부동산 금융 사례 분석

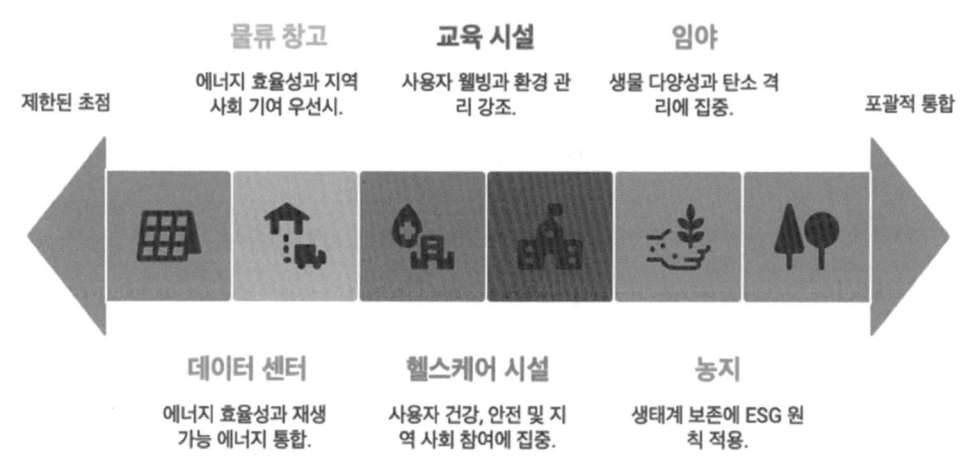

다양한 부동산 자산 클래스에서 ESG 통합 수준 분석
(Analyzing the level of ESG integration across different real estate asset classes)

부동산 시장의 지속 가능한 발전을 위해서는 건설, 개발, 운영 단계뿐만 아니라 이를 지원하는 금융 시스템과 새롭게 등장하는 다양한 부동산 유형 및 서비스 분야에서도 ESG 원칙의 통합이 필수적이다. 부동산 금융은 ESG 프로젝트의 자금 조달을 가능하게 하는 핵심 동력이며, 프롭테크는 기술 혁신을 통해 ESG 가치 실현을 가속화할 수 있다. 또한, 전통적인 주거, 상업, 업무용 부동산 외의 다양한 부동산 유형에서도 ESG 적용의 필요성과 잠재력이 커지고 있다. 본 장에서는 부동산 ESG 금융 상품의 최신 동향을 분석하고, 프롭테크를 활용한 ESG 투자 플랫폼 사례를 살펴보며, 기타 부동산 유형에서의 ESG 적용 및 가치평가 방안을 모색하고자 한다.

20.1. 부동산 ESG 금융 상품 동향 분석

부동산 ESG 금융은 환경적·사회적 가치를 창출하거나 ESG 리스크를 효과적으로 관리하는 부동산 프로젝트 및 자산에 자금을 공급하는 모든 금융 활동을 포괄한다. 최근 글로벌 금융시장에서 ESG 투자가 급성장함에 따라, 부동산 부문에서도 녹색 채권(Green Bond), 지속가능성연계대출(Sustainability-Linked Loan, SLL), 임팩트 투자 펀드 등 다양한 형태의 ESG 금융 상품이 등장하며 시장을 주도하고 있다.

녹색 채권은 발행 자금을 친환경 프로젝트(예: 친환경 건축물 건설, 신재생에너지 설비 투자, 에너지 효율 개선 사업)에 사용하도록 용도가 제한된 채권이다. 부동산 부문에서는 LEED, BREEAM 등 친환경 건축물 인증을 받은 건물의 건설이나 리모델링 자금 조달, 또는 대규모 신재생에너지 발전 단지 개발 등에 녹색 채권이 활발하게 활용되고 있다. 투자자들은 녹색 채권 투자를 통해 환경 개선에 기여하면서 안정적인 이자 수익을 얻을 수 있으며, 발행 기업은 친환경 이미지를 제고하고 투자 유치를 다변화할 수 있다. 국제자본시장협회(ICMA)의 녹색채권원칙(GBP) 등이 발행 기준 및 투명성 확보를 위한 가이드라인을 제공한다.

지속가능성연계대출(SLL)은 차입 기업이 사전에 설정한 ESG 목표(예: 온실가스 감축률, 에너지 사용량 절감률, ESG 평가 등급 향상)를 달성하면 대출 금리를 인하해주는 등 인센티브를 제공하는 금융 상품이다. 이는 특정 프로젝트가 아닌 기업 전반의 ESG 성과 개선을 유도한다는 점에서 녹색 채권과 차이가 있다. 부동산 개발사나 자산운용사가 SLL을 통해 자금을 조달하고, 약속한 ESG 목표를 달성하면 금융 비용을 절감하는 동시에 ESG 경영 역량을 강화할 수 있다.

부동산 임팩트 투자 펀드는 재무적 수익과 함께 측정 가능한 긍정적인 사회·환경적 효과 창출을 목표로 하는 펀드이다. 예를 들어, 저소득층을 위한 저렴한 주택 공급, 낙후된 지역의 도시재생 프로젝트, 취약계층을 위한 사회복지시설 개발, 또는 생태적으로 중요한 지역의 보전 사업 등에 투자할 수 있다. 임팩트 투자는 단순한 기부를 넘어, 지속 가능한 비즈니스 모델을 통해 사회 문제를 해결하고 긍정적인 변화를 만들어내는 것을 추구한다.

이 외에도 부동산 투자 신탁(REITs) 중에서도 ESG 성과가 우수한 자산을 주로 편입하거나, ESG 목표를 적극적으로 추구하는 'ESG 리츠'가 등장하고 있으며, 특정 ESG 테마(예: 헬스케어, 교육, 청정에너지)에 특화된 부동산 펀드도 개발되고 있다. 또한, 모기지 시장에서는 에너지 효율이 높은 주택 구매자에게 금리 우대 혜택을 제공하는 '그린 모기지(Green Mortgage)' 상품도 확산되는 추세이다.

이러한 부동산 ESG 금융 상품 시장의 성장을 위해서는 몇 가지 과제가 해결되어야 한다. 첫째, ESG 성과 측정 및 평가 기준의 표준화와 신뢰성 확보다. 둘째, ESG 금융 상품에 대한 명확한 정의와 분류 체계(Taxonomy) 마련이다. 셋째, ESG 정보 공개의 투명성 제고 및 그린워싱 방지 노력이다. 넷째, ESG 금융 전문 인력 양성과 시장 인프라 구축이다.

결론적으로, 부동산 ESG 금융 상품은 지속 가능한 부동산 시장으로의 전환을 가속화하는 핵심적인 동력이다. 금융기관들은 ESG 리스크와 기회를 투자 분석 및 의사결정에 적극적으로 통합하고, 혁신적인 ESG 금융 상품 개발을 통해 자본의 흐름을 지속 가능한 방향으로 유도해야 할 책임과 역할이 있다.

◎ 주요 사례

1. 그린 본드(Green Bond)

한 국내 건설사가 친환경 스마트 빌딩 건설을 위해 그린 본드를 발행하여 자금을 조달했다. 이 빌딩은 고효율 에너지 시스템과 재활용 자재를 사용하여 탄소 배출량을 크게 줄였으며, 이는 투자자들에게 긍정적인 평가를 받았다.

2. 지속가능연계대출(Sustainability-Linked Loan, SLL)

한 부동산 개발회사가 에너지 효율성을 10% 개선하고 재생에너지 사용 비중을 늘리겠다는 목표를 설정하고 SLL을 체결했다. 목표 달성 시 대출 금리를 할인받아 금융 비용을 절감하는 동시에 기업의 ESG 경영 역량을 강화할 수 있었다.

3. 임팩트 투자(Impact Investment)

한 사회적 기업이 노후화된 공공시설을 리모델링하여 지역 주민들을 위한 커뮤니티 공간과 어린이 돌봄 시설을 조성했다. 이 프로젝트는 단순한 기부를 넘어 지속 가능한 비즈니스 모델을 통해 지역 사회 문제를 해결하고 일자리를 창출하며 긍정적인 사회적 변화를 이끌어냈다.

금융기관은 ESG 리스크와 기회를 투자 분석 및 의사결정에 적극적으로 통합하고, 혁신적인 ESG 금융 상품 개발을 통해 자본의 흐름을 지속 가능한 방향으로 유도해야 할 책임과 역할이 있다. 이를 통해 부동산 시장은 환경과 사회에 긍정적인 영향을 미치는 지속 가능한 생태계로 발전할 수 있을 것이다.

20.2. 프롭테크를 활용한 ESG 투자 플랫폼 사례

프롭테크(PropTech)는 부동산(Property)과 기술(Technology)의 합성어로, 빅데이터, 인공지능(AI), 사물인터넷(IoT), 블록체인 등 첨단 디지털 기술을 활용하여 부동산 산업의 다양한 영역(중개, 관리, 개발, 투자, 금융 등)에서 혁신적인 서비스와 솔루션을 제공하는 것을 의미한다. 최근 프롭테크는 ESG 투자 의사결정을 지원하고, ESG 성과를 효율적으로 관리하며, ESG 관련 정보의 투명성을 높이는 데 중요한 역할을 수행하는 플랫폼으로 진화하고 있다.

ESG 투자 플랫폼은 투자자들이 부동산 자산의 ESG 성과를 객관적으로 평가하고,

자신의 투자 기준에 맞는 ESG 투자 대상을 발굴하며, 투자 후에도 지속적으로 ESG 리스크와 성과를 모니터링할 수 있도록 지원한다. 예를 들어, 특정 플랫폼은 전 세계 수많은 건물들의 에너지 소비량, 탄소 배출량, 친환경 인증 정보, 그리고 주변 환경 데이터(대기 질, 소음, 녹지 비율 등)를 수집하고 분석하여, 각 건물별 ESG 등급이나 점수를 산출하여 제공할 수 있다. 투자자들은 이러한 정보를 활용하여 잠재적 투자 대상의 ESG 수준을 비교 분석하고, 자신의 ESG 목표에 부합하는 자산을 선택할 수 있다.

AI와 머신러닝 기술은 ESG 투자 플랫폼의 핵심적인 분석 도구로 활용된다. 방대한 양의 정형 및 비정형 데이터(뉴스 기사, 소셜 미디어, 위성 이미지 등)를 학습하여 특정 ESG 이슈(예: 기후변화 관련 물리적 리스크, 지역사회 평판 변화)가 부동산 가치에 미칠 잠재적 영향을 예측하거나, 숨겨진 ESG 리스크 요인을 발굴해낼 수 있다. 또한, AI 기반 추천 알고리즘은 투자자의 선호도와 ESG 기준에 맞는 맞춤형 투자 기회를 제시하기도 한다.

IoT 기술은 건물 운영 단계에서 실시간으로 ESG 데이터를 수집하고 플랫폼에 전송하여, 투자자들이 투자 자산의 실제 ESG 성과를 지속적으로 모니터링하고 관리하는 것을 가능하게 한다. 예를 들어, 건물 내 에너지 소비량, 수자원 사용량, 폐기물 발생량, 실내 공기 질 등의 데이터를 원격으로 확인하고, 이상 징후 발생 시 즉각적인 조치를 취하거나 운영 효율 개선 방안을 모색할 수 있다.

블록체인 기술은 ESG 데이터의 투명성과 신뢰성을 높이는 데 기여할 수 있다. 건물의 친환경 인증 이력, 에너지 성능 데이터, 탄소 배출량 감축 실적 등을 블록체인에 기록하여 위변조를 방지하고, 모든 이해관계자가 안전하게 정보를 공유할 수 있도록 한다. 이는 '그린워싱'을 방지하고 ESG 성과에 대한 시장의 신뢰를 높이는 데 중요한 역할을 한다.

해외에서는 이미 Measurabl, Deepki, Metry와 같은 프롭테크 기업들이 상업용 부동산의 ESG 데이터를 수집, 분석, 보고하는 전문 플랫폼 서비스를 제공하며 투자자들의 ESG 의사결정을 지원하고 있다. 국내에서도 일부 프롭테크 스타트업들이 건물 에너지 관리 솔루션이나 AI 기반 부동산 가치 분석 서비스에 ESG 요소를 통합하려는 시도를 하고 있다.

    결론적으로, 프롭테크를 활용한 ESG 투자 플랫폼은 데이터 기반의 객관적이고 효율적인 ESG 투자 환경을 조성하는 데 핵심적인 역할을 수행한다. 기술의 지속적인 발전과 함께 플랫폼의 기능이 더욱 고도화되고 서비스 범위가 확대됨에 따라, ESG 투자는 더욱 대중화되고 부동산 시장의 지속 가능한 전환을 가속화하는 데 기여할 것으로 기대된다.

◎ 주요 사례

1. 데이터 기반 ESG 성과 분석 및 관리
- **에너닷(Energate):** 건물 전력 데이터 분석을 기반으로 에너지 및 탄소 관리 SaaS(Software as a Service)를 제공하여 ESG 기반 스마트 빌딩 수요에 대응한다. 이는 건물의 환경적 성과를 측정하고 개선하는 데 직접적으로 기여한다.
- **알스퀘어(R.SQUARE):** 상업용 부동산 분석 플랫폼(RA), 등기열람 서비스(데이터허브) 등을 통해 데이터 기반의 종합 서비스를 제공하며, 이를 통해 부동산의 효율적인 관리 및 ESG 관련 정보 접근성을 높인다.

2. 투명성 및 신뢰성 향상
- **카사코리아(Kasa Korea):** 블록체인 기술을 활용한 디지털 증권(DABS) 방식으로 상업용 부동산의 조각 투자를 가능하게 하여, 개인 투자자들이 소액으로 대형 건물에 투자하고 관련 정보를 투명하게 확인할 수 있도록 돕는다. 이는 부동산 금융 분야의 투명성을 높이는 대표적인 사례이다.

3. 운영 효율성 및 환경 영향 감소

- **직방(Zigbang)**: 원격 근무 시스템과 비대면 중개 서비스를 통해 탄소 배출량을 감축하는 등 ESG 경영을 실천하고 있으며, '한국형 RE100'에 가입하여 탄소 중립 목표를 지향한다.

프롭테크는 AI, IoT, 블록체인 같은 기술로 부동산의 ESG 성과를 측정, 관리, 개선하여 환경 영향을 줄이고 사회적 책임을 다하며 투명성을 높이는 데 활용된다. 에너닷은 건물의 에너지 관리를 통해 ESG에 기여하고, 카사코리아는 블록체인으로 부동산 투자의 투명성을 높이며, 직방은 디지털화를 통해 탄소 배출량을 줄이는 등 다양한 실제 사례를 통해 프롭테크는 부동산 분야의 지속 가능성을 강화하고 있다.

20.3. 기타 부동산 유형의 ESG 적용 및 가치평가

전통적인 주거, 상업, 업무용 부동산 외에도 데이터센터, 물류창고, 헬스케어 시설, 교육 시설, 농지, 임야 등 다양한 기타 부동산 유형에서도 ESG 원칙의 적용과 그에 따른 가치평가의 중요성이 점차 커지고 있다. 이러한 특수 목적용 부동산들은 각기 고유한 환경적·사회적 영향을 가지며, ESG 통합을 통해 지속 가능성을 높이고 새로운 가치를 창출할 수 있는 잠재력을 지니고 있다.

데이터센터는 디지털 경제의 핵심 인프라지만, 막대한 전력 소비와 열 발생으로 인해 환경(E) 부하가 큰 부동산 유형이다. 따라서 데이터센터의 ESG 적용은 에너지 효율 극대화(고효율 냉각 시스템, 서버 가상화 등), 신재생에너지 사용 확대(자체 발전 또는 구매), 그리고 물 사용량 절감(프리쿨링 기술 등)에 초점을 맞춘다. 또한, 폐열을 지역 난방에 활용하거나, 친환경적인 입지 선정(예: 한랭 지역, 재생에너지 발전 단지 인근)을 통해 환경 영향을 최소화하려는 노력이 이루어지고 있다. 이러한 ESG 성과는 데이터센터의 운영 비용 절감, 규제 리스크 감소, 그리고 투자 유치 경쟁력 강화로 이어져 가치평가에 긍정적인 영향을 미친다.

물류창고는 전자상거래 시장 성장과 함께 그 중요성이 커지고 있으며, ESG 측면에서는 에너지 효율적인 조명 및 냉동·냉장 설비 사용, 지붕 태양광 발전, 친환경 운송 수단(전기 트럭 등) 도입 지원, 그리고 근로자 작업 환경 개선(안전, 휴게시설 등) 등이 중요한 고려사항이다. 특히, 도심 인근의 라스트마일 배송 거점은 교통량 및 탄소 배출량 감축에 기여할 수 있다.

헬스케어 시설(병원, 요양원 등)은 환자 및 의료진의 건강과 안전(S)이 최우선적으로 고려되어야 하는 부동산 유형이다. 감염 관리 시스템, 청정한 실내 공기 질, 자연 채광을 활용한 치유 환경 조성, 그리고 유니버설 디자인 적용을 통한 모든 사용자의 편의성 증진이 중요하다. 에너지 효율 개선 및 의료 폐기물의 안전한 처리 등 환경(E)적 측면과 함께, 지역사회 건강 증진 프로그램 운영 등 사회적 기여도 또한 ESG 가치평가에 반영될 수 있다.

교육 시설(학교, 대학교 등)은 미래 세대를 위한 지속 가능한 교육 환경 조성이라는 사회적(S) 책임이 강조된다. 친환경 교실 설계, 에너지 자립형 캠퍼스 구축, 안전한 통학로 확보, 그리고 학생 및 교직원의 건강과 복지를 위한 시설(상담센터, 체육 시설 등) 확충 등이 ESG 적용 사례가 될 수 있다.

농지 및 임야는 식량 생산, 생태계 보전, 탄소 흡수 등 다면적인 ESG 가치를 지닌다. 친환경 농법 도입, 화학 비료 및 농약 사용 저감, 토양 및 수자원 보전 노력, 그리고 지속 가능한 산림 경영(FSC 인증 등)은 환경(E) 가치를 높인다. 농촌 지역사회 활성화, 임업 근로자 권익 보호, 그리고 생태 관광을 통한 지역 소득 증대 등은 사회(S)적 가치 창출에 기여한다. 이러한 비시장적 가치를 포함한 종합적인 ESG 가치평가 방법론 개발이 필요하다.

이처럼 다양한 기타 부동산 유형에서도 ESG 원칙을 적용하고 그 성과를 가치평가에 반영하려는 노력이 확산되고 있다. 이는 해당 부동산의 특성과 주요 이해관계자의 요구를 고려한 맞춤형 ESG 전략 수립이 중요함을 시사하며, 부동산 시장 전반의 지속 가능성을 높이는 데 기여할 것이다.

◎ 주요 사례

1. 환경(E) 요소 적용 사례
- **농지 및 임야:** 친환경 농법 도입(예: 유기농 경작, 화학 비료 및 농약 사용 절감), 토양 및 수자원 보전 노력, 지속 가능한 산림 경영(FSC 인증 등)을 통해 환경 가치를 높인다.
- **데이터센터:** 디지털 경제의 핵심 인프라로서, 막대한 전력 소비와 열 발생으로 인한 환경 영향을 최소화하기 위해 에너지 효율 극대화(고효율 냉각 시스템, 서버 가상화 등), 신재생에너지 사용 확대, 폐열 지역 난방 공급, 친환경 입지 선정(예: 재생에너지 발전을 위한 인근 부지 활용) 등을 통해 환경 영향을 최소화한다.
- **물류창고:** 에너지 효율적인 조명 및 냉난방 설비 사용, 지붕 태양광 발전 시설 설치, 친환경 운송 수단(전기 트럭 등) 도입 지원을 통해 물류 과정에서의 환경 부하를 줄인다.
- **교육시설(학교, 대학교 등):** 친환경 교실 설계, 에너지 자립형 캠퍼스 구축, 안전한 통학로 확보 등을 통해 환경적 책임을 강조한다.

2. 사회(S) 요소 적용 사례
- **농지 및 임야:** 농촌 사회 활성화, 임업 근로자 권익 보호, 생태 관광을 통한 지역 소득 증대 등에 기여하여 사회적 가치를 창출한다.
- **물류창고:** 근로자 작업 환경 개선(안전, 휴게시설 등)을 통해 작업 환경의 질을 높인다.
- **헬스케어 시설(병원, 요양원 등):** 환자 및 의료진의 건강과 안전을 최우선적으로 고려하며, 감염 관리 시스템, 쾌적한 실내 공기 질, 자연 채광을 활용한 치유

환경 조성, 유니버설 디자인 적용을 통해 사용자의 편의성을 증진한다.
- **교육시설**: 학생 및 교직원의 건강과 복지를 위한 시설 제공, 지역 사회 건강 증진 프로그램 운영 등 사회적 기여를 통해 미래 세대를 위한 지속 가능한 교육 환경을 조성한다.

3. 지배구조(G) 요소 및 가치평가

ESG 통합은 부동산 시장 전반의 지속 가능성을 높이는 데 기여하며, 이는 해당 부동산의 특성과 수요 이해관계자의 요구를 고려한 맞춤형 ESG 전략 수립의 중요성을 시사한다. ESG 적용을 통해 규제 리스크 감소, 투자 유치 경쟁력 강화 등 긍정적인 가치평가로 이어진다.

결과적으로, 다양한 부동산 유형에서 ESG 원칙을 적용하고 그 성과를 가치평가에 반영하려는 노력이 확산되고 있다. 환경(E) 측면에서는 에너지 효율화, 신재생에너지 도입, 친환경 농법, 자연 보전 등의 노력이 이루어진다. 사회(S) 측면에서는 지역 사회 활성화, 근로자 및 사용자 복지 증진, 안전한 환경 조성 등이 중요하게 다뤄진다.

이러한 ESG 통합은 부동산의 지속 가능성을 높이고, 궁극적으로 부동산 시장 전반의 가치 상승에 기여하고 있다. 이는 각 부동산의 특성과 이해관계자 요구를 반영한 맞춤형 ESG 전략 수립이 필수적임을 의미한다.

20.4. ESG 부동산 경제학의 미래 전망

피라미드 구조와 하단에 설명 문단이 함께 제시되어 있다. 피라미드 구조는 4개의 계층으로 구성되어 있으며, 각 계층의 제목은 다음과 같다.

- **최상위 계층**: 통합형 가치 창출(환경, 사회, 경제적 가치의 통합적 창출을 의미)

- 두 번째 계층: 데이터 기반 의사결정(데이터 기반의 효율적인 운영 및 투자를 의미)
- 세 번째 계층: 기술 혁신 가속화(프롭테크를 통한 혁신 가속화를 의미)
- 최하위 계층: 원격 거버넌스(다양한 이해관계자의 관계를 조율함을 의미)

피라미드 하단에는 부동산 시장의 지속 가능한 발전에 대한 설명이 나와 있다. 이 문단은 건설, 개발, 운영 단계뿐만 아니라 금융 시스템과 새롭게 등장하는 다양한 부동산 유형 및 서비스 분야에서도 ESG 원칙의 필요성이 강조되고 있음을 보여준다.

특히, 부동산 금융은 ESG 프로젝트의 자금 조달을 가능하게 하는 핵심 동력이며, 프롭테크는 기술 혁신을 통해 ESG 가치 실현을 가속화하고 있다. 또한, 전통적인 주거, 상업, 업무용 부동산 외의 다양한 부동산 유형에서도 ESG 적용의 필요성과 잠재력이 커지고 있다고 언급하고 있다.

이러한 다양한 분야에서의 ESG 통합은 부동산 시장의 지속 가능한 전환을 가속화하고 장기적으로 더 큰 가치를 창출할 것으로 기대하고 있다.

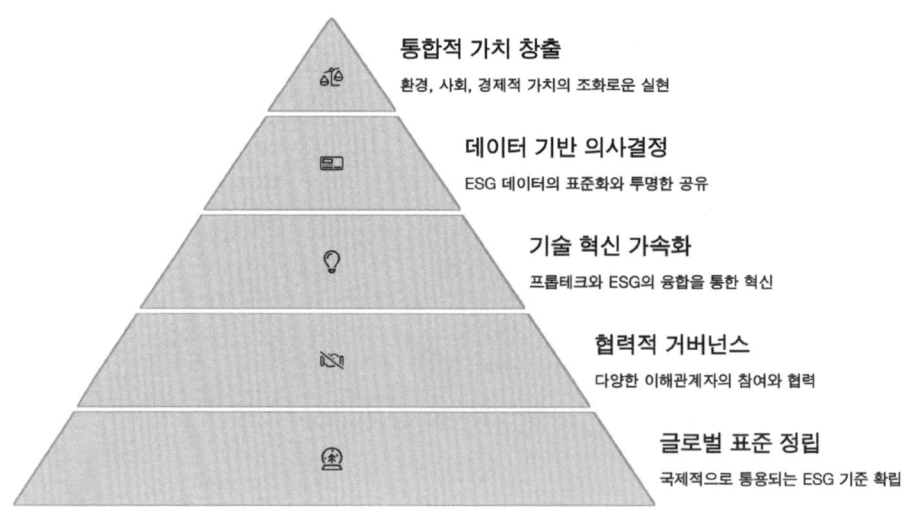

| 제5부 |

ESG 관련 기술 혁신 및 데이터 활용

제21장
기술 혁신과 데이터 활용

제22장
정책 및 프레임워크

제21장

기술 혁신과 데이터 활용

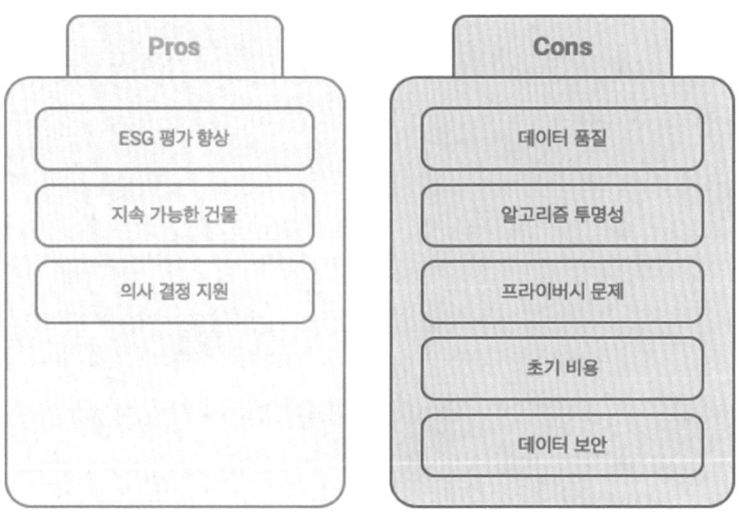

ESG 기술
(ESG Technology)

　디지털 기술의 급격한 발전은 부동산 산업의 전통적인 방식을 혁신하고, ESG 경영의 효과적인 실행과 지속 가능한 가치 창출을 위한 새로운 가능성을 열어가고 있다. 빅데이터, 인공지능(AI), 사물인터넷(IoT), 디지털 트윈 등 첨단 기술은 방대한 양의 ESG 관련 데이터를 수집, 분석, 예측하고, 이를 기반으로 최적화된 의사결정을 지원함으로써 부동산의 환경적, 사회적, 경제적 성과를 동시에 향상하는 데 핵심적인 역할을 수행하고 있다. 본 장에서는 빅데이터와 AI를 활용한 ESG 평가의 미래 전망을 살펴보고, IoT 기반 스마트 빌딩 기술이 지속 가능성에 미치는 영향과 잠재력을 분석하며, 디지털 트윈 기술을 활용한 지속 가능한 도시 개발 전략을 모색하고자 한다.

21.1. 빅데이터와 AI를 활용한 ESG 평가 전망

　빅데이터와 인공지능(AI)은 ESG 평가 분야에 혁신적인 변화를 가져올 핵심 기술로 주목받고 있다. 과거 ESG 평가는 제한된 데이터와 정성적인 판단에 의존하는 경우가 많았으나, 빅데이터 기술을 통해 건물 에너지 소비량, 탄소 배출량, 수자원 사용량, 폐기물 발생량, 교통량, 대기오염도, 소셜 미디어상의 기업 평판, 뉴스 기사 등 방대한 양의 정형 및 비정형 ESG 관련 데이터를 실시간으로 수집하고 통합 분석하는 것이 가능해졌다. AI는 이러한 빅데이터를 학습하여 복잡한 패턴을 식별하고, 미래 ESG 리스크와 기회를 예측하며, 개별 부동산 자산 및 포트폴리오의 ESG 성과를 보다 객관적이고 정교하게 평가하는 모델을 구축할 수 있다.

　AI 기반 ESG 평가 모델은 전통적인 평가 방식의 한계를 극복하는 데 기여할 수 있다. 예를 들어, 자연어 처리(NLP) 기술을 활용하여 기업의 지속가능경영보고서, 뉴스 기사, 소셜 미디어 게시물 등 비정형 텍스트 데이터에서 ESG 관련 핵심 정보를 추출하고 감성 분석을 통해 평판 리스크를 평가할 수 있다. 머신러닝 알고리즘은 과거 데이터와 시장 동향을 학습하여 특정 ESG 요소(예: 친환경 인증, 에너지 효율 등급)가 부동산 가치, 임대료, 공실률 등에 미치는 영향을 정량적으로 예측하고, 투자 의사결정에 필요한 통찰력을 제공한다.

　또한, AI는 ESG 데이터의 '그린워싱' 문제를 해결하는 데도 활용될 수 있다. 기업이 공개하는 ESG 정보와 실제 운영 데이터, 제3자 검증 데이터, 그리고 위성 이미지나 센서 데이터와 같은 객관적인 외부 데이터를 교차 검증하고 이상 징후를 탐지함으로써 ESG 성과의 신뢰성을 높일 수 있다.

　미래에는 AI 기반 ESG 평가 플랫폼이 더욱 고도화되어, 투자자에게 맞춤형 ESG

투자 전략을 추천하고, 포트폴리오의 ESG 리스크를 실시간으로 모니터링하며, ESG 성과 개선을 위한 최적의 솔루션을 제안하는 등 보다 능동적이고 예측적인 기능을 제공할 것으로 전망된다. 예를 들어, 특정 건물의 에너지 소비 패턴을 분석하여 비효율적인 부분을 찾아내고, AI가 자동으로 최적의 에너지 절감 방안(예: 설비 교체 시기, 운영 스케줄 조정)을 제시할 수 있다.

그러나 빅데이터와 AI를 활용한 ESG 평가가 성공적으로 정착하기 위해서는 몇 가지 과제가 해결되어야 한다. 데이터의 품질과 표준화 문제, 알고리즘의 투명성과 설명 가능성 확보, 데이터 프라이버시 및 보안 문제, 그리고 AI 윤리 문제 등에 대한 심도 있는 논의와 기술적·제도적 보완이 필요하다.

결론적으로, 빅데이터와 AI는 ESG 평가의 객관성, 정확성, 그리고 예측력을 획기적으로 향상시켜, 보다 정보에 기반한 지속 가능한 투자 및 경영 의사결정을 가능하게 하는 핵심 동력이 될 것이다.

주요 연구: 빅데이터와 AI를 활용한 ESG 모델

미국 사례:
미국 내 한 대형 투자 회사는 빅데이터와 AI를 활용하여 자산의 ESG 성과를 평가했다. 이 회사는 IoT 센서를 통해 건물의 에너지 수집 데이터를 AI 관리자로 분석하여 에너지적인 부분을 개선했다. 그 결과, 운영 효율이 20% 향상하고, 공실률은 약 15% 감소했다.

한국 사례:
서울시 내 한 스마트 시티 프로젝트에서는 빅데이터와 AI 기술을 활용하여 도시 내부의 부품 할당을 모델링하고 이를 기반으로 하는 도시 개발 계획을 설계했다. 이 프로젝트는 탄소량을 30% 이상 줄이는 데 성공했고, 도시 자체 가치가 높아졌다.

◎ 응용과 적용: 빅데이터·AI 기반 ESG 평가 혁신

1. 건물 에너지 효율 관리

AI 기반 ESG 평가 시스템이 특정 건물의 에너지 소비 패턴을 분석한다. 비효율적인 부분을 찾아내어 에너지 절감 방안(예: 설비 교체, 운영 스케줄 조정 등)을 자동으로 제시한다.

이를 통해 기업은 비용 절감과 함께 ESG 성과를 개선할 수 있다.

2. 공급망 위험 예측

AI가 공급망 내 기업들의 ESG 관련 데이터를 실시간으로 분석한다. 이를 통해 잠재적인 ESG 리스크(예: 탄소 배출량, 노동 환경 문제 등)를 예측한다. 이러한 예측을 통해 기업은 사업의 위험에 대응하고, 지속 가능한 공급망을 구축할 수 있다.

빅데이터와 AI를 기반으로 한 ESG 평가 시스템은 크게 두 가지 영역에서 혁신을 가져오고 있다.

첫째, 건물 에너지 효율을 관리한다. 이 시스템은 특정 건물의 에너지 소비 패턴을 분석해 비효율적인 부분을 찾아내고, 설비 교체나 운영 스케줄 조정과 같은 에너지 절감 방안을 자동으로 제시한다. 이를 통해 기업은 비용을 절감하는 동시에 ESG 성과를 개선할 수 있다.

둘째, 공급망 위험을 예측한다. AI는 공급망 내 기업들의 ESG 관련 데이터를 실시간으로 분석하여 탄소 배출량이나 노동 환경 문제와 같은 잠재적인 ESG 리스크를 예측한다.

따라서 기업은 이러한 예측을 바탕으로 사업의 위험에 효율적으로 대응하고, 지속 가능한 공급망을 구축할 수 있게 된다.

21.2. IoT 기반 스마트 빌딩 기술과 지속 가능성

사물인터넷(IoT) 기술은 건물 내외부에 설치된 다양한 센서와 기기들을 네트워크로 연결하여 실시간으로 데이터를 수집, 분석하고, 이를 기반으로 건물 시스템을 자동 제어함으로써 건물의 에너지 효율, 운영 효율성, 안전성, 그리고 사용자 편의성을 극대화하는 스마트 빌딩 구현의 핵심 기술이다. IoT 기반 스마트 빌딩 기술은 건물의 지속 가능성(Sustainability)을 높이는 데 직접적으로 기여하며, ESG의 환경(E) 및 사회(S)적 목표 달성에 중요한 역할을 수행한다.

환경적 지속 가능성 측면에서 IoT 기술은 건물 에너지 관리 시스템(BEMS)과 결합하여 에너지 소비를 최적화하는 데 핵심적인 역할을 한다. 조명, 냉난방, 환기 등 주요 에너지 소비 설비에 IoT 센서를 설치하여 실시간으로 사용 현황을 모니터링하고, AI 기반 분석을 통해 불필요한 에너지 낭비를 줄이며, 외부 환경 변화(온도, 습도, 일조량 등)나 내부 점유 상태에 따라 설비 가동을 자동으로 조절한다. 예를 들어, 빈 사무실의 조명과 냉난방을 자동으로 끄거나, 창문의 개폐 상태와 연동하여 환기 시스템을 제어하는 등의 기능을 통해 에너지 효율을 크게 향상할 수 있다. 또한, 수자원 관리 시스템과 연계하여 누수를 감지하거나 물 사용량을 최적화하고, 폐기물 관리 시스템과 연동하여 쓰레기통의 적재 상태를 파악하고 효율적인 수거 경로를 계획하는 등 자원 효율성 증대에도 기여한다.

사회적 지속 가능성 측면에서 IoT 기술은 건물 사용자의 안전, 건강, 그리고 편의성을 증진시키는 데 기여한다. 스마트 보안 시스템은 지능형 CCTV, 안면 인식 출입 통제, 비상 상황 감지 센서 등을 통해 건물 내외부의 안전을 강화한다. 실내 공기 질 센서(미세먼지, CO_2, VOCs 등)는 실시간으로 공기 상태를 모니터링하고 환기 시스템과 연동하여 쾌적하고 건강한 실내 환경을 유지한다. 스마트 조명 시스템은 사용자의 활동이나 시간대에 맞춰 조도와 색온도를 조절하여 시각적 편안함과 생체 리듬 안정을 돕는다. 또한, 스마트폰 앱을 통해 건물 시설 예약, 주차 공간 안내, 엘리베이터 호출, 방문객 관리 등 다양한 편의 서비스를 제공하여 사용자 만족도를 높인다.

IoT 기반 스마트 빌딩은 운영 효율성 측면에서도 큰 이점을 제공한다. 시설물 고장 예지보전 시스템은 센서 데이터를 분석하여 설비의 이상 징후를 사전에 감지하고 유지·보수 시점을 예측함으로써 갑작스러운 고장으로 인한 업무 중단이나 안전사고를 예방하고 유지·보수 비용을 절감할 수 있다. 원격 모니터링 및 제어 기능을 통해 건물 관리 인력의 업무 효율성을 높이고, 수집된 운영 데이터를 분석하여 지속적인 성능 개선 기회를 발굴할 수 있다.

그러나 IoT 기반 스마트 빌딩 기술의 성공적인 확산을 위해서는 초기 투자 비용, 데이터 보안 및 프라이버시 보호, 다양한 기기 및 시스템 간의 상호운용성 확보, 그리고 관련 전문 인력 양성 등의 과제가 해결되어야 한다.

결론적으로, IoT 기반 스마트 빌딩 기술은 건물의 에너지 효율과 자원 효율성을 극대화하고, 사용자에게 안전하고 쾌적하며 편리한 환경을 제공함으로써 건물의 환경적·사회적 지속 가능성을 획기적으로 향상하는 핵심 동력이다. 이는 ESG 목표 달성에 직접적으로 기여하며, 미래 스마트 시티 구현의 중요한 구성 요소가 될 것이다.

예술가 연구: IoT 기반 스마트교육의 성공 참가자

미국 사례:
미국 소속에 속한 한 LEED 페인트 기업이 IoT 기술을 활용하여 에너지 소비를 30% 이상 줄이는 데 성공했다. 이 내부는 IoT 센서를 통해 데이터를 수집하고 AI를 통해 에너지 사용 패턴을 분석하여 최적의 패턴을 설계했다.

한국 사례:
IoT 기반 스마트 교육 기술을 배치하여 운영 분야를 확장했다. IoT 센서를 통해 에너지 모니터를 모니터링하며 자동화 제어 시스템으로 조명을 관리했다. 그 결과, 크게 소모 전력량이 임차인의 일부분과 25% 절감되었다.

◎ 응용과 적용: 스마트 빌딩, 지속 가능성 핵심 기술

1. 에너지 관리 시스템(BEMS)

사무실에 설치된 센서가 재실 여부를 파악한다. 이를 통해 퇴근 후 빈 공간의 조명과 냉난방을 자동으로 끄거나 최소한으로 유지하여 불필요한 에너지 낭비를 막고 전기료를 절감한다.

2. 설비 고장 예지 보전

건물의 중앙 냉난방 장치에 부착된 진동, 온도 센서가 평소와 다른 미세한 이상 신호를 감지한다. 시스템은 고장 발생 전에 담당자에게 유지보수 알림을 보내 갑작스러운 설비 중단을 예방하고 수리 비용을 줄여준다.

21.3. 디지털 트윈 기술을 활용한 지속 가능 도시 개발

디지털 트윈(Digital Twin) 기술은 현실 세계의 물리적 자산, 시스템, 또는 프로세스를 가상 공간에 동일하게 복제하여, 실시간 데이터 연동을 통해 모니터링, 시뮬레이션, 분석, 예측, 그리고 최적화를 수행하는 첨단 기술이다. 도시 계획 및 개발 분야에서 디지털 트윈은 도시 전체 또는 특정 지역의 복잡한 시스템을 가상으로 구현하여, 다양한 개발 시나리오의 환경적·사회적·경제적 영향을 사전에 평가하고, 지속 가능한 도시 개발을 위한 최적의 의사결정을 지원하는 강력한 도구로 주목받고 있다.

지속 가능한 도시 개발을 위한 디지털 트윈 활용의 핵심은 ESG 요소 통합이다. 환경(E)적 측면에서, 도시 디지털 트윈은 건물 에너지 소비량, 교통량 기반 탄소 배출량, 대기오염도, 소음 수준, 녹지 면적 변화, 일조권 및 조망권 침해 등을 시뮬레이션하여 도시 개발 계획이 환경에 미치는 영향을 다각적으로 분석할 수 있다. 예를 들어, 새로운 건물 배치나 교통 시스템 변경이 주변 지역의 바람길이나 열섬 현상에

미치는 영향을 예측하고, 친환경적인 설계 대안을 모색하는 데 활용될 수 있다. 또한, 홍수, 지진 등 자연재해 발생 시나리오를 시뮬레이션하여 도시의 취약점을 파악하고 효과적인 방재 및 대피 계획을 수립하는 데도 기여한다.

사회(S)적 측면에서 디지털 트윈은 도시 서비스의 질을 향상하고 시민들의 삶의 만족도를 높이는 데 활용될 수 있다. 교통 흐름 분석을 통해 대중교통 노선을 최적화하거나 신호 체계를 개선하여 이동 편의성을 높이고, 공공시설(학교, 병원, 공원 등)의 접근성을 분석하여 균형 있는 배치를 유도하며, 범죄 발생 데이터 분석을 통해 안전 취약 지역을 개선하는 데 활용될 수 있다. 또한, 가상현실(VR)이나 증강현실(AR) 기술과 결합하여 시민들이 도시 개발 계획을 직관적으로 이해하고 의견을 제시하는 참여형 플랫폼을 제공함으로써, 계획 수립 과정의 투명성과 사회적 수용성을 높일 수 있다.

지배구조(G) 측면에서 디지털 트윈은 데이터 기반의 객관적이고 효율적인 도시 관리 및 의사결정 시스템 구축에 기여한다. 도시의 다양한 인프라(도로, 상하수도, 전력망 등) 운영 현황을 실시간으로 모니터링하고, 문제 발생 시 신속하게 대응하며, 유지·보수 계획을 최적화할 수 있다. 또한, 다양한 정책 시나리오의 효과를 사전에 시뮬레이션하고 비교 분석함으로써, 한정된 예산을 보다 효과적으로 배분하고 정책 실패 위험을 줄일 수 있다.

해외에서는 싱가포르의 '버추얼 싱가포르(Virtual Singapore)', 네덜란드 로테르담의 항만 디지털 트윈, 그리고 헬싱키의 에너지 및 건물 관리 디지털 트윈 등 다양한 도시 및 인프라 디지털 트윈 프로젝트가 성공적으로 추진되고 있다. 국내에서도 국토교통부를 중심으로 '디지털 트윈 국토' 사업이 추진되고 있으며, 일부 지자체에서 스마트 시티 구축의 핵심 기술로 디지털 트윈을 도입하려는 시도가 이루어지고 있다.

그러나 도시 단위 디지털 트윈 구축 및 활용을 위해서는 방대한 양의 데이터 수집 및 통합, 다양한 시스템 간의 상호운용성 확보, 모델링 및 시뮬레이션 기술의 고도화, 그리고 데이터 보안 및 프라이버시 보호 등 해결해야 할 기술적·제도적 과제가 많다.

결론적으로, 디지털 트윈 기술은 도시의 복잡한 시스템을 가상으로 이해하고 예측하며 최적화함으로써, ESG 원칙에 기반한 지속 가능한 도시 개발을 실현하는 데 핵심적인 역할을 수행할 잠재력을 가지고 있다. 기술 발전과 함께 데이터 공유 및 협력 체계가 강화될 때, 디지털 트윈은 미래 스마트하고 지속 가능한 도시를 만들어가는 데 없어서는 안 될 필수 도구가 될 것이다.

관련 연구: 디지털 트윈 기술을 활용한 성공 사례

싱가포르 사례:
"Virtual Singapore"라는 프로젝트를 통해 도시 전체를 디지털 트윈으로 구현했다. 이 플랫폼은 건물의 에너지 활성화, 활동 활성화, 대기질 데이터를 모니터링하여 이를 기반으로 도시 계획과 결정을 지원한다. 예를 들어, 특정 새로운 구조물을 설계하기 전에 교통 체증과 에너지 증가를 예측하거나 챔피언십의 설계를 확장한다.

영국 사례:
영국 런던 "Digital Twin London" 프로젝트를 통해 도시 내 주요 구성과 함께 디지털화되었다. 이 프로젝트는 IoT 센서를 활용하여 미래의 데이터를 수집하고 이를 기반으로 커뮤니티 역할과 에너지의 개선 전략을 실행한다. 그 결과, 런던 내 주요 교통 체증이 약 15% 감소하고, 입체 구조의 에너지 효율이 20% 증가로 나타났다.

◎ 응용과 적용: 디지털 트윈과 AI 기반 ESG 기술

디지털 트윈은 도시 문제를 해결하는 데 핵심적인 역할을 수행하며, 도시 교통을 최적화하고 재난 및 재해를 예방한다. 도시 디지털 트윈은 실시간 교통 데이터를 분석하여 신호등 운영을 최적화하고 교통 흐름을 개선한다. 예를 들어, 출퇴근 시간대 교통 정체를 예측하고 우회 경로를 안내하여 교통 혼잡을 완화하는 데 활용된다.

또한, 도시 디지털 트윈은 지형, 기후, 시설물 등의 데이터를 통합하여 홍수, 지진과 같은 재난 발생 시나리오를 시뮬레이션할 수 있다. 이를 통해 예상 침수 구역과 대피 경로를 미리 파악하여 재난 대비 계획을 수립함으로써 인명 및 재산 피해를 최소화하는 데 기여한다.

21.4. 미래 ESG 기술 트렌드와 디지털 전환

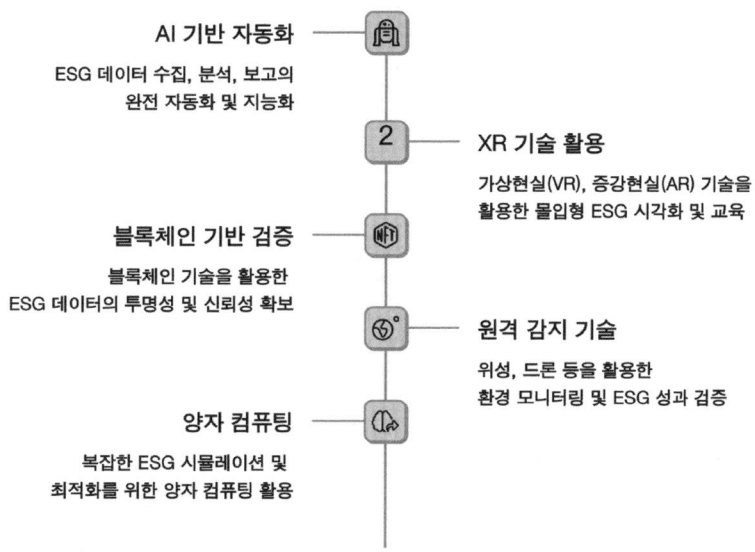

미래 ESG 기술 트렌드는 현재 다음과 같이 구성되어 있다.

- AI 기반 자동화는 생산성, 물류, 보관 등 여러 분야의 공정 자동화를 진행하고 있다.
- XR 기술은 가상현실(VR)과 증강현실(AR) 기술을 활용한 물리적 ESG의 시각화와 구현을 돕고 있다.
- 블록체인 기반 경영은 블록체인 기술을 활용한 데이터의 투명성과 신뢰성 확보

를 추구하고 있다.
- 원격 감지는 위성, 드론 등을 활용한 현장 데이터의 측정, 분석과 검증을 지원하고 있다.
- 양자 컴퓨팅은 복잡한 경우의 수와 난제를 해결하며, 최적화를 위한 분석과 문제 해결을 제공하고 있다.

미래에는 빅데이터와 인공지능(AI) 기술이 ESG(환경, 사회, 지배구조) 평가에 혁신적인 역할을 할 것으로 기대되고 있다. 이러한 기술들은 상호작용하며 탄소중립(Net Zero) 목표 달성을 위한 필수적인 도구로 자리매김하고 있다.

특히, 생성형 AI 기술은 인공지능(AI)과의 결합을 통해 데이터 분석 및 예측에서 중요한 역할을 수행하고 있다. 이는 도시 개발 및 운영 분야에서 지속 가능한 도시 개발의 필수 요소가 될 것이다.

또한, AI 기반 예측 모델은 ESG 요소를 정확하게 측정하고 관리하여 투자자들에게도 유용한 서비스를 제공할 것으로 전망된다.

제22장

정책 및 프레임워크

ESG 시장 활성화를 위한 정책 및 프레임워크
(Policies and Frameworks for ESG Market Activation)

　ESG 원칙이 부동산 시장의 지속 가능한 발전을 위한 핵심 요소로 자리매김함에 따라, 각국 정부와 국제기구는 관련 정책 및 규제 프레임워크를 적극적으로 구축하고 강화해 나가고 있다. 이러한 정책 환경은 부동산 투자, 개발, 운영 방식에 직접적인 영향을 미치며, 시장 참여자들에게 새로운 도전과 기회를 제공한다. 본 장에서는 주요국의 ESG 관련 부동산 산업 동향과 정책을 비교 분석하고, 지속 가능한 도시 개발을 위한 구체적인 정책 제언을 제시하며, 공공과 민간 부문 간의 효과적인 협력(PPP) 모델 구축 및 활성화 방안을 모색하고자 한다.

22.1. 주요국의 ESG 관련 부동산 산업동향 분석

전 세계적으로 ESG에 대한 관심이 높아지면서 주요국들은 부동산 산업의 지속 가능성을 높이기 위한 다양한 정책과 규제를 도입하고 있으며, 이에 따라 각국의 부동산 산업 또한 ESG 중심으로 빠르게 재편되고 있다.

유럽연합(EU)은 ESG 부동산 분야에서 가장 선도적인 규제 환경을 구축하고 있다. '유럽 그린딜'을 통해 2050년 탄소 중립 목표를 설정하고, 건물 에너지 성능 지침(EPBD)을 통해 신축 건물의 제로에너지빌딩(ZEB) 기준을 강화하며 기존 건물의 에너지 효율 개선을 의무화하고 있다. 또한, EU 택소노미(Taxonomy)를 통해 어떤 경제활동이 환경적으로 지속 가능한지를 분류하는 기준을 마련하여 녹색 금융을 촉진하고 있으며, 기업의 지속가능성 보고 지침(CSRD)을 통해 ESG 정보 공개를 강화하고 있다. 이러한 강력한 규제 환경은 유럽 부동산 시장에서 친환경 건축물에 대한 투자와 개발을 가속화하고 있으며, GRESB와 같은 ESG 평가 시스템의 활용도 매우 활발하다.

미국은 연방 정부 차원의 일관된 ESG 규제보다는 주 정부 및 도시 단위의 자율적인 정책 추진이 두드러지는 특징을 보인다. 캘리포니아, 뉴욕 등 일부 주와 도시들은 자체적으로 강력한 건물 에너지 효율 기준을 설정하고 신재생에너지 사용을 의무화하고 있다. 민간 부문에서는 LEED, WELL과 같은 친환경 및 건강 건축물 인증이 널리 확산되어 있으며, 기관 투자자들을 중심으로 ESG 투자 원칙을 채택하고 관련 자산에 대한 투자를 확대하는 추세이다. 최근 SEC(증권거래위원회)가 상장기업의 기후 관련 정보 공개를 의무화하려는 움직임을 보이는 등 연방 차원에서도 ESG 정보 공개에 대한 관심이 높아지고 있다.

아시아 태평양 지역에서도 ESG 부동산 시장이 빠르게 성장하고 있다. 싱가포르는 정부 주도로 '녹색 건물 마스터플랜'을 강력하게 추진하며 신축 및 기존 건물의 친환경 성능을 높이고 있으며, 스마트 시티 기술을 적극적으로 도입하여 도시 전체의 지속 가능성을 제고하고 있다. 일본은 고령화, 자연재해 등 사회적 과제 해결과 연계된 ESG 투자가 활발하며, ZEB 보급 확대 및 지역사회 활성화 프로젝트에 대한 관심이 높다. 호주는 NABERS와 같은 건물 에너지 효율 평가 및 공개 시스템을 통해 시장의 투명성을 높이고 자발적인 성능 개선을 유도하고 있다.

한국은 '2050 탄소 중립' 목표를 선언하고 '한국판 뉴딜'의 한 축으로 그린 뉴딜을 추진하며 건물 부문의 에너지 효율 향상과 신재생에너지 보급 확대를 위한 정책을 강화하고 있다. 녹색건축물인증제도(G-SEED) 운영, 제로에너지건축물 인증 의무화 확대, 그리고 공공기관의 ESG 경영 도입 등이 이루어지고 있으나, 아직 민간 부문의 자발적인 ESG 투자 및 경영 확산을 위한 인센티브나 정보 공개 시스템은 초기 단계에 머무르고 있다는 평가도 있다.

이처럼 주요국들은 각국의 상황과 우선순위에 따라 다양한 방식으로 ESG 부동산 정책을 추진하고 있으며, 전반적으로 규제 강화, 정보 공개 확대, 그리고 녹색 금융 활성화라는 공통된 방향성을 보이고 있다. 이러한 글로벌 동향은 국내 부동산 시장 참여자들에게도 ESG 경영의 중요성을 인식하고 선제적으로 대응해야 할 필요성을 시사한다.

관련 연구: 유럽과 아시아의 ESG 비교

유럽 사례:
유럽은 "유럽 그린"을 통해 모든 새로운 구성원에 대해 에너지 성능 인증을 소유하고 있으며, 신뢰할 수 있는 시장에서 신뢰할 수 있는 자산으로 자리 잡고 있다. 또한, 녹색 채권(Green Bond) 발행을 통해 검증된 프로젝트에 대한 자금 조달을 지원하며, 투자자들에게 새로운 기회를 제공한다.

아시아 사례:
일본은 "제로 에너지 교육(ZEB)" 인증 제도를 통해 모든 것을 새롭게 에너지 등급으로 평가할 수 있다. 한국은 G-SEED 인증을 통해 공공 및 보호 관계를 유지하는 환경 기준을 강화하며, 신뢰할 수 있는 시장에서 신뢰할 수 있는 기술과 호환되는 개발을 지지한다.

◎ 응용과 적용: 부동산 시장의 ESG 재편

부동산 시장의 ESG 관련 변화는 다음과 같이 두 가지 주요 사례로 나타나고 있다.

적용예시 1. 친환경 건축물 인증을 통한 자산 가치 향상
ESG 정책이 강화되면서 친환경 건축물 인증이 선택이 아닌 필수가 되었다. LEED, WELL, G-SEED 같은 인증은 기존 건물의 에너지 효율을 개선하고 자산 가치를 높이는 데 기여한다. 이러한 인증을 받은 건물은 투자자와 임차인으로부터 높은 평가를 받아 경쟁력을 확보할 수 있다.

적용예시 2. ESG 정보 공시 의무화에 따른 투자 유치 및 리스크 관리
전 세계적으로 ESG 정보 공시가 의무화되는 추세에 따라, 부동산 개발 및 운용사는 ESG 요소를 고려한 투자 및 사업 계획을 수립하고 관련 정보를 투명하게 공시해야 한다. 이를 통해 ESG를 중요하게 생각하는 기관 투자자들의 자금 유치가 용이해진다. 또한, 잠재적인 환경 및 사회적 리스크를 사전에 관리함으로써 안정적인 투자를 유도할 수 있다.

22.2. 지속 가능한 도시 개발을 위한 정책 제언

지속 가능한 도시 개발은 환경 보호, 사회적 포용, 그리고 경제적 활력이 조화롭게 균형을 이루는 미래 도시를 만들어가는 과정이며, 이를 실현하기 위해서는 정부의 적극적이고 체계적인 정책 지원이 필수적이다. ESG 원칙에 기반한 다음과 같은 정책 제언을 통해 지속 가능한 도시 개발을 촉진할 수 있다.

첫째, **통합적이고 장기적인 도시 ESG 마스터플랜 수립**이다. 단기적이고 분절적인 정책보다는 도시의 환경, 사회, 경제, 그리고 거버넌스 측면을 포괄하는 장기적인 ESG 비전과 목표를 설정하고, 이를 달성하기 위한 구체적인 실행 계획과 성과 지표를 담은 마스터플랜을 수립해야 한다. 이 과정에는 전문가, 시민, 기업 등 다양한 이해관계자의 참여가 보장되어야 한다.

둘째, **건물 부문의 탄소 중립 목표 달성을 위한 규제 강화 및 인센티브 확대**이다. 신축 건물의 제로에너지빌딩(ZEB) 의무화 로드맵을 가속화하고, 기존 노후 건물의 대대적인 그린 리모델링을 촉진하기 위한 금융 지원(저리 대출, 보조금) 및 세제 혜택(취득세, 재산세 감면 등)을 확대해야 한다. 건물 에너지 성능 공개 제도를 전면적으로 시행하여 시장의 투명성을 높이고 자발적인 성능 개선을 유도해야 한다.

셋째, **압축적이고 대중교통 중심적인 도시 공간 구조로의 전환 유도**이다. 무분별한 도시 외연 확산을 억제하고, 기존 도심의 기능을 고도화하며, 대중교통 결절점(역세권 등)을 중심으로 주거, 업무, 상업 기능이 복합된 고밀 개발(TOD)을 장려해야 한다. 이를 위해 용적률 인센티브, 기반시설 우선 투자 등의 정책 수단을 활용할 수 있다. 또한, 보행 및 자전거 친화적인 도로 환경 조성과 녹지 공간 확충을 통해 친환경적인 이동 수단 이용을 활성화해야 한다.

넷째, **사회적 약자를 포용하는 주거 및 도시 환경 조성**이다. 저렴한 공공임대주택 공급을 지속적으로 확대하고, 다양한 계층이 함께 어울려 살 수 있는 사회 혼합(Social Mix) 단지 조성을 장려해야 한다. 모든 시민이 안전하고 편리하게 도시 시설을 이용할 수 있도록 유니버설 디자인 적용을 확대하고, 지역사회 커뮤니티 시설 확충 및 프로그램 운영을 지원하여 사회적 자본 형성을 촉진해야 한다.

다섯째, **스마트 시티 기술의 적극적인 도입 및 데이터 기반 도시 관리 시스템 구축**이다. IoT, AI, 빅데이터, 디지털 트윈 등 첨단 기술을 활용하여 도시의 에너지, 교통, 환경, 안전 등을 효율적으로 관리하고, 시민들에게 맞춤형 서비스를 제공하는 스마트 시티 인프라를 구축해야 한다. 도시 운영 과정에서 생성되는 다양한 데이터를 통합적으로 분석하고 정책 결정에 활용하는 데이터 기반 거버넌스 체계를 확립해야 한다.

여섯째, **ESG 관련 정보 공개 표준화 및 검증 시스템 강화**이다. 부동산 개발 및 투자 과정에서 ESG 성과에 대한 정보가 투명하게 공개되고 객관적으로 검증될 수 있도록 표준화된 보고 기준과 제3자 검증기관 육성 방안을 마련해야 한다. 이는 '그린워싱'을 방지하고 시장의 신뢰를 높여 건전한 ESG 투자를 촉진하는 데 기여한다.

일곱째, **지속 가능한 도시 개발을 위한 재원 조달 다각화**이다. 정부 예산 외에 녹색 채권, 사회적 채권, 임팩트 투자 펀드 등 다양한 ESG 금융 상품을 활용하고, 민간 투자를 유치하기 위한 인센티브를 제공하며, 개발이익 환수 제도를 통해 확보된 재원을 지속 가능한 도시 인프라 구축에 재투자하는 선순환 구조를 만들어야 한다.

이러한 정책 제언들은 상호 연계되어 시너지 효과를 창출할 수 있으며, 지속적인 평가와 개선을 통해 현실 적합성을 높여 나가야 한다. 궁극적으로 정부는 규제자로서의 역할뿐만 아니라, 시장의 혁신을 유도하고 다양한 이해관계자 간의 협력을 촉진하는 조정자이자 지원자로서의 역할을 적극적으로 수행해야 한다.

모듈 연구: 글로벌 실험 가능성과 도시 개발

유럽 사례:
유럽연합(EU)은 "유럽 그린딜"을 통해 모든 새로운 것에 대해 에너지 성능 인증(Energy Performance Certification)을 의무화했다. 이 부분은 내부 시장에서 신뢰할 수 없는 자산으로 자리 잡게 하고, 투자자들에게 높은 신뢰성과 신뢰할 수 있는 것을 제공한다. 또한 유럽연합은 활동 가능성 에너지 사용 확대를 위해 녹색채권(Green Bond) 발행을 활성화하여 프로젝트에 대한 자금 조달을 지원하고 있다.

아시아 사례:
한국은 "2050년 휴면" 목표와 함께 G-SEED 인증 제도를 기념하여 공개 및 존중의 포용 환경을 유지한다. 일본은 "제로 에너지 교육(ZEB)" 인증 제도를 통해 모든 새로운 구성원이 에너지 소비량이 거의 줄어들고 있으며, 이해할 수 있는 시장에서 개발을 승인하고 있다.

◎ 응용과 적용: 지속 가능한 스마트 도시 개발

적용예시 1. 스마트 도시 인프라 구축 및 데이터 기반 도시 운영
서울 스마트시티 리빙랩은 IoT와 AI 기술을 활용하여 도시의 에너지, 교통, 환경 데이터를 종합적으로 분석한다. 이를 통해 시민들에게 맞춤형 서비스를 제공하며, 예를 들어 실시간 교통 데이터를 바탕으로 최적의 신호체계를 운영하거나, 미세먼지 데이터를 활용해 시민들에게 공기질 정보를 제공함으로써 건강을 관리할 수 있다.

적용예시 2. ESG 기반의 도시 계획 및 건축물 탄소 관리
성남시 판교 제로에너지하우스는 신축 건물의 제로에너지빌딩(ZEB) 의무화 로드맵에 맞춰 건축비를 지원하고, 에너지 효율을 높여 탄소 배출량을 감소시킨다. 이와 더불어, 기존 노후 건축물에 대한 리모델링 자금(저리 대출, 보조금 등)을 지원하여 도시 전반의 지속 가능성을 높이고 있다.

이를 통해 도시 전체의 탄소 중립을 실현하고 시장 투명성을 높인다. 이러한 노력은 지속 가능한 스마트 도시 개발의 일환으로, 두 가지 주요 사례를 통해 구체화된다.
첫 번째는 스마트 도시 인프라 구축 및 데이터 기반 도시 운영이다. 서울 스마트시티 리빙랩은 IoT와 AI 기술을 활용하여 도시의 다양한 데이터를 종합적으로 분석하며, 이를 바탕으로 시민들에게 맞춤형 서비스를 제공한다. 실시간 교통 데이터를 바탕으로 최적의 신호체계를 운영하고, 미세먼지 데이터를 활용해 공기질 정보를 제공함으로써 시민들의 건강을 관리하는 것이 대표적인 예이다.
두 번째는 ESG 기반의 도시 계획 및 건축물 탄소 관리다. 성남시 판교 제로에너지하우스는 신축 건물의 제로에너지빌딩(ZEB) 의무화 로드맵에 따라 건축비를 지원하고 에너지 효율을 높여 탄소 배출량을 감소시키고 있다. 또한, 기존 노후 건축물에 대한 리모델링 자금(저리 대출, 보조금 등)을 지원하여 도시의 지속 가능성을 더욱 강화하고 있다.

22.3. 공공민간 협력(PPP) 모델 구축 및 활성화

지속 가능한 도시 개발과 ESG 목표 달성은 정부나 공공 부문의 노력만으로는 한계가 있으며, 민간 부문의 창의성, 기술력, 그리고 자본을 효과적으로 활용하는 공공민간 협력(Public-Private Partnership, PPP) 모델의 구축과 활성화가 필수적이다. PPP는 공공 서비스 제공이나 사회기반시설 구축과 같은 공익적 사업에 민간이 참여하여 투자, 건설, 운영 등을 담당하고, 공공은 필요한 지원과 감독을 제공하며, 사업의 위험과 이익을 상호 분담하는 협력 방식이다.

ESG 부동산 프로젝트, 예를 들어 대규모 친환경 주택단지 개발, 제로에너지빌딩 건설, 스마트 시티 인프라 구축, 도시재생 사업, 그리고 사회적 약자를 위한 복지시설 건립 등은 초기 투자 비용이 크고 사업 기간이 길며 공공성이 높은 특성을 가지므로 PPP 방식에 적합한 경우가 많다. 공공 부문은 토지 제공, 인허가 절차 간소화, 세제 혜택, 재정 지원 등의 인센티브를 제공하여 민간의 참여를 유도하고, 민간 부문은 기술 혁신, 효율적인 사업 관리, 그리고 창의적인 서비스 제공을 통해 사업의 성공 가능성을 높일 수 있다.

성공적인 ESG PPP 모델을 구축하고 활성화하기 위해서는 다음과 같은 전략이 필요하다. 첫째, **명확한 ESG 목표 설정 및 성과 평가 기준 마련**이다. PPP 사업 기획 단계부터 구체적인 ESG 목표(예: 탄소 배출량 감축 목표, 에너지 자립률, 지역 주민 고용률, 사회적 편익 규모)를 설정하고, 이를 달성하기 위한 민간 사업자의 역할과 책임을 명확히 규정해야 한다. 또한, 사업 기간 동안 ESG 성과를 객관적으로 측정하고 평가할 수 있는 지표와 시스템을 마련하여, 목표 달성도에 따라 인센티브를 차등 지급하거나 페널티를 부과하는 방안을 고려할 수 있다.

둘째, **공정하고 투명한 사업자 선정 및 계약 과정**이다. 민간 사업자 선정 시 재무적 능력뿐만 아니라 ESG 경영 역량, 기술 전문성, 그리고 사회적 책임 이행 의지 등을 종합적으로 평가해야 한다. 선정 과정과 기준을 투명하게 공개하고, 평가의 공정성을 확보하기 위해 외부 전문가 참여를 확대해야 한다. 계약 조건에는 ESG 목표 달성 의무, 위험 분담 방안, 그리고 성과 보고 및 검증 절차 등을 명확히 포함해야 한다.

셋째, **합리적인 위험 분담 및 이익 공유 구조 설계**이다. PPP 사업은 장기간에 걸쳐 다양한 불확실성에 노출될 수 있으므로, 공공과 민간 간에 발생 가능한 위험(예: 정책 변화 리스크, 시장 변동 리스크, 운영 리스크)을 누가 어떻게 부담할 것인지에 대한 합리적인 분담 방안을 사전에 마련해야 한다. 또한, 사업 성공 시 발생하는 초과이익을 공공과 민간이 공정하게 공유할 수 있는 메커니즘을 설계하여 민간의 적극적인 참여와 혁신을 유도해야 한다.

넷째, **다양한 이해관계자와의 적극적인 소통 및 협력 체계 구축**이다. PPP 사업은 지역사회, 환경단체, 전문가 그룹 등 다양한 이해관계자에게 영향을 미치므로, 사업 초기 단계부터 이들의 의견을 수렴하고 사업 계획에 반영하며, 사업 추진 과정 전반에 걸쳐 지속적인 소통과 협력을 통해 사회적 수용성을 높여야 한다.

다섯째, **ESG PPP 전문 인력 양성 및 지원 기관 육성**이다. 복잡한 ESG PPP 사업을 성공적으로 기획하고 관리하기 위해서는 금융, 법률, 기술, 그리고 ESG 분야의 전문성을 갖춘 인력이 필요하다. 정부는 관련 교육 프로그램을 개발하고, PPP 사업 컨설팅 및 자문을 제공하는 전문 지원 기관을 육성하여 사업 추진 역량을 강화해야 한다.

여섯째, **다양한 유형의 ESG PPP 모델 개발 및 확산**이다. 전통적인 BTO(Build-Transfer-Operate)나 BTL(Build-Transfer-Lease) 방식 외에도, 사회성과연계채권(SIB), 임팩트 투자 연계형 PPP 등 ESG 가치 창출에 특화된 혁신적인 PPP 모델을 적극적으로 개발하고 시범 사업을 통해 확산해야 한다.

결론적으로, 공공민간 협력(PPP)은 제한된 공공 재원으로 ESG 부동산 프로젝트의 효과적인 추진을 가능하게 하고, 민간의 혁신과 효율성을 공익적 목표 달성에 활용할 수 있는 강력한 수단이다. 명확한 ESG 목표 설정, 공정한 계약 구조, 합리적인 위험 분담, 그리고 이해관계자와의 긴밀한 협력을 통해 PPP 모델을 성공적으로 구축하고 활성화함으로써, 지속 가능한 도시와 사회를 만들어가는 데 중요한 기여를 할 수 있을 것이다.

전시 연구: 글로벌 공공-민간 협력 기반의 스마트

멤버들은 "스마트 네이션(Smart Nation)" 프로젝트를 통해 공공-민간 협력을 성공적으로 실행하고 있다. 이 프로젝트는 IoT(사물인터넷)와 AI(인공지능) 기술을 활용하여 스마트 확장을 구축하는 데 필요한 업무를 처리할 것이며, 정부와 호환 기업이 협력하여 기술을 개발한다는 것이다. 그 결과, 에너지 활력 20%의 생존과 통합 체증이 약 15%의 활력을 달성하는 데 도움이 된다.

영국 사례:
영국 런던에서 "Thames Tideway Tunnel" 프로젝트를 통해 공공-민간 협력을 활용하여 하위 전력 구축을 구축했다. 이 프로젝트는 정부가 지역과 초기 자금을 지원하였고, 호환되도록 설계 및 운영을 담당하는 방식으로 진행되었으며, 환경 문제 해결과 함께 경제 활성화에도 참여하였다.

◎ **응용과 적용**

1. PPP 통한 지속 가능한 도시 개발과 ESG

지속 가능한 도시 개발과 ESG 목표 달성은 정부의 노력만으로는 한계가 있다. 따라서 민간의 창의성과 자본을 활용하는 PPP 모델을 통해 대규모 친환경 주택 단지, 스마트 도시 인프라, 제로에너지 빌딩 등을 효과적으로 건설하고 운영할 수 있다. 정부는 민간의 참여를 유도하기 위해 인허가 간소화, 세제 혜택, 재정 지원 등의 인센티브를 제공한다.

경기 남양주시에 추진된 "왕숙신도시 스마트시티" 조성 사업은 PPP 모델의 대표적인 사례다. LH와 민간 건설사가 협력하여 친환경 에너지 시스템, 스마트 교통망, AI 기반 생활 편의 시설 등을 구축하고 있다. 민간은 기술력과 자본을 투자하고, 정부는 토지 제공과 행정 지원을 통해 사업의 효율성을 높인다.

2. PPP 사업의 성공적인 추진을 위한 ESG 전략과 투명성 강화

PPP 사업의 성공을 위해서는 명확한 ESG 목표 설정, 투명한 사업자 선정, 그리고 합리적인 리스크 및 이익 공유 구조가 필수적이다. 탄소 배출량 감축, 에너지 자립률 등 구체적인 ESG 목표를 설정하고, 민간 참여자의 역할과 책임을 명확히 규정해야 한다. 또한, 공정한 사업자 선정을 위해 평가 기준을 투명하게 공개하고, 외부 전문가를 참여시켜 공정성을 확보해야 한다. 사업 과정에서 발생하는 위험과 이익을 합리적으로 분담하는 구조를 마련하여 민간의 적극적인 참여를 유도해야 한다.

부산광역시에 "에코델타시티" 조성 사업은 ESG 전략을 적용한 PPP 사례다. 이 사업은 수질 개선, 생태계 복원, 에너지 자립률 제고 등 구체적인 ESG 목표를 설정하고 사업자를 선정했다. 사업 협약 시, 발생 가능한 환경 리스크와 재무적 리스크에 대한 민간의 분담 방안을 명시하고, 사업 진행 상황을 투명하게 공개하여 이해관계자들의 신뢰를 얻었다.

22.4. ESG 경영 평가와 미래 발전 방향

미래에는 주요국의 ESG 관련 정책이 더욱 강화될 것으로 예상되므로, 특히, ESG 요소를 분리하여 평가하는 새로운 기준이 마련될 것이다. 글로벌 투자자들은 ESG

성과를 중요한 평가 기준으로 삼고 있으며, 기업들은 더 많은 ESG 관련 데이터를 공개해야만 한다. AI와 빅데이터 기술 발전은 ESG 평가 기준 강화에 기여할 것이며, 이러한 기술은 독립적인 의사 결정을 지원하고, 시장에서 ESG 요소를 분리하여 평가하는 새로운 기준을 제시하는 데 도움을 줄 것이다.

향후 도시 개발 분야에서는 공공-민간 협력 모델의 역할이 더욱 중요해질 것으로 보이는데, 특히, 탄소 중립 목표 달성과 글로벌 시스템 수요에 기여하는 기술 적용 및 에너지 사용 확대를 위해 노력해야 한다. 또한, ESG 부동산 정책의 지속적인 발전을 위해서는 기후 회복력 있는 건축 기술, 사회적 영향 측정 방법론, 순환 경제 원칙의 건축 적용 등 다양한 분야의 심층 연구가 필요하다. 이러한 연구를 통해 효과적이고 혁신적인 ESG 정책을 개발할 수 있을 것이다.

| 제6부 |

미래 토지와
ESG 의사소통

제23장
미래 도시와 의사소통 할 수 있는 행위

제24장
윤리적 투자와 사회적 책임

제25장
개인 투자자를 위한 가이드라인

제23장

미래 도시와 의사소통 할 수 있는 행위

지속 가능한 도시 미래를 향한 협력적 경로
(Collaborative Pathways to Sustainable Urban Futures)

　미래 도시는 기후변화, 인구구조 변화, 기술 혁신, 그리고 사회적 가치관의 변화 등 다양한 도전과 기회에 직면해 있다. 이러한 복잡한 환경 속에서 도시는 단순한 물리적 공간을 넘어, 다양한 이해관계자들이 소통하고 협력하며 지속 가능한 삶을 영위하는 유기적인 생태계로 발전해야 한다. ESG 원칙은 미래 도시가 나아가야 할 방향을 제시하며, 환경적 책임을 다하고, 사회적 포용성을 높이며, 투명하고 참여적인 거버넌스를 구축하는 데 핵심적인 역할을 한다. 본 장에서는 탄소 중립 목표 달성을 위한 도시화 전략을 살펴보고, 다양한 이해관계자와의 협력적 개발 프로세스 구축 방안을 모색하며, 미래 도시에서 지속 가능한 부동산의 역할과 구축 전략을 논의하고자 한다.

23.1. 순탄소 마이너스(Net Zero) 목표와 도시화 전략

전 세계적으로 기후변화의 심각성에 대한 인식이 높아지면서, 2050년까지 순탄소 배출량을 제로(0)로 만드는 '넷 제로(Net Zero)' 또는 '탄소 중립' 목표가 국제사회의 핵심 의제로 부상했다. 도시는 전 세계 에너지 소비와 온실가스 배출의 상당 부분을 차지하므로, 탄소 중립 목표 달성을 위해서는 도시화 전략의 근본적인 전환이 필수적이다. 이는 개별 건물의 에너지 효율 개선을 넘어, 도시 전체의 에너지 시스템, 교통 체계, 토지 이용, 폐기물 관리 등 모든 부문에서 탄소 배출을 획기적으로 줄이고 탄소 흡수 능력을 높이는 포괄적인 접근을 요구한다.

탄소 중립 도시를 향한 핵심 전략 중 하나는 에너지 시스템의 탈탄소화이다. 도시 내 건물과 교통 부문에서 화석연료 사용을 최소화하고, 태양광, 풍력, 지열 등 재생에너지 생산 및 사용을 극대화해야 한다. 이를 위해 건물 옥상이나 유휴 부지에 재생에너지 발전 시설 설치를 의무화하거나 인센티브를 제공하고, 지역 단위의 스마트 그리드 및 에너지 저장 시스템(ESS)을 구축하여 에너지 자립도를 높여야 한다.

건축물 부문에서는 신축 건물의 제로에너지빌딩(ZEB) 기준을 전면적으로 적용하고, 기존 노후 건물의 대대적인 그린 리모델링을 통해 에너지 성능을 획기적으로 개선해야 한다. 고효율 단열재, 고성능 창호, 스마트 에너지 관리 시스템(BEMS) 도입, 그리고 친환경 건축자재 사용을 통해 건물 자체의 에너지 수요를 최소화하는 것이 중요하다.

교통 부문에서는 대중교통 중심의 도시 구조로 전환하고, 보행 및 자전거 친화적인 인프라를 확충하여 자가용 이용을 억제해야 한다. 전기차, 수소차 등 친환경 교통수단의 보급을 확대하고, 공유 모빌리티 서비스를 활성화하며, 물류 시스템의 효율화를 통해 운송 과정에서의 탄소 배출을 줄여야 한다.

도시의 녹지 공간 확충 또한 중요한 탄소 중립 전략이다. 공원, 옥상정원, 벽면녹화, 가로수 등을 통해 도시 내 탄소 흡수원을 늘리고, 도시 열섬 현상을 완화하며, 생물다양성을 증진시켜야 한다. 폐기물 관리 시스템 개선을 통해 폐기물 발생량 자체를 줄이고, 재활용률을 높이며, 폐기물 에너지화 기술을 도입하여 매립으로 인한 메탄가스 발생을 최소화해야 한다.

이러한 탄소 중립 도시화 전략은 기술 혁신뿐만 아니라 시민들의 생활 방식 변화와 적극적인 참여를 필요로 한다. 에너지 절약, 친환경 교통수단 이용, 분리배출 생활화 등 시민들의 자발적인 노력을 유도하기 위한 교육 및 홍보 강화, 그리고 인센티브 제공이 병행되어야 한다.

결론적으로, 순탄소 마이너스 목표를 달성하기 위한 도시화 전략은 에너지, 건축, 교통, 녹지, 폐기물 등 도시 시스템 전반에 걸친 혁신적인 변화와 함께, 기술, 정책, 그리고 시민 참여가 조화롭게 결합될 때 성공적으로 추진될 수 있다. 이는 미래 세대를 위한 지속 가능한 도시 환경을 구축하는 핵심적인 과제이다.

우수성 연구: 탄소 감축을 위한 글로벌 노력

유럽 사례:
코펜하겐은 2025년까지 세계 최초의 탄소로 도시가 되는 것을 목표로 설정했다. 이를 위해 코펜하겐은 자전거 인프라를 확장하고, 재생에너지 발전 확대를 추진하며 스마트 교육 기술을 도입하는 등 다양한 조치를 취하고 있다. 코펜하겐은 현재 전력의 약 50%를 재생 에너지로 충당하며, 그러한 노력이 성과에 크게 기여하고 있다.

아시아 사례:
아시아 멤버십은 "차 2030"을 통해 탄소 배출량을 줄이고 도시 개발을 친환경적으로 추진하고 있다. 이 계획은 태양광 발전 확대를 포함하고, 충전소 구축을 추진하며 스마트 기술 도입을 장려하는 등 다양한 방안을 포함하고 있다. 또한, 내구성이 뛰어난 설비 기술과 ESG 요소도 중점적으로 다루고 있다. 차고 구축, 스마트 기술 장착 등을 포함하며, 실내에서도 내구성이 뛰어난 기술 장착과 ESG 요소를 지원하고 있다.

◎ 응용과 적용: 지속 가능한 도시를 위한 탄소중립 전략

적용예시 1. 제로에너지 건물 전환 사업(건축 분야)

부산시의 '부산수학문화관'과 '스마트빌리지'는 고성능 단열재, 고효율 창호, 태양광 발전 등을 적용하여 건물 자체의 에너지 소비를 최소화하고 신재생에너지를 생산하는 제로에너지 건물로 인증받았다.

건물의 에너지 효율을 극대화하는 '패시브 기술'(단열, 창호)과 에너지를 직접 생산하는 '액티브 기술'(태양광 등)을 결합하여 건물이 에너지를 거의 소비하지 않도록 한다. 이를 통해 건축물에서 발생하는 탄소 배출량을 획기적으로 줄이고, 에너지 자립률을 높이는 효과를 거둘 수 있다.

적용예시 2. 친환경 교통수단 및 인프라 구축(교통 분야)

서울시의 '기후동행카드'는 대중교통과 따릉이 등을 통합하여 무제한으로 이용할 수 있게 하여 시민들의 대중교통 이용을 장려한다. 이와 함께 전기·수소차 보급을 위한 보조금 지원 및 충전 인프라 확충 정책을 추진하고 있다.

대중교통 이용 편의성을 높여 개인 차량 운행을 줄이고, 친환경 모빌리티 전환을 가속화하여 교통 부문 탄소 배출량을 감축한다. 이는 도시 전체의 대기질 개선과 지속 가능한 도시 환경 조성에 직접적으로 기여한다.

23.2. 협력 관계를 계약하는 개발 프로세스

미래 도시 개발은 과거의 하향식, 공급자 중심의 방식에서 벗어나, 다양한 이해관계자 간의 적극적인 소통과 협력을 기반으로 하는 참여형, 파트너십 기반의 프로세스로 전환되어야 한다. 이는 개발 사업의 사회적 수용성을 높이고, 다양한 관점과 아이디어를 통합하여 보다 창의적이고 지속 가능한 결과를 도출하며, 발생 가능한

갈등을 사전에 예방하고 조정하는 데 필수적이다. '협력 관계를 계약하는 개발 프로세스'는 이러한 다자 간의 신뢰와 합의를 바탕으로 공동의 목표를 설정하고, 각 주체의 역할과 책임을 명확히 하며, 이익과 위험을 공정하게 공유하는 체계적인 접근 방식을 의미한다.

이러한 개발 프로세스의 첫 단계는 **다양한 이해관계자 식별 및 참여 보장**이다. 개발 사업과 관련된 모든 이해관계자(지역 주민, 토지 소유주, 세입자, 상인, 시민단체, 환경단체, 전문가 그룹, 공공기관, 민간 개발업자, 투자자 등)를 초기 단계부터 참여시키고, 그들의 의견을 경청하며, 의사결정 과정에 실질적인 영향력을 행사할 수 있도록 해야 한다. 이를 위해 주민설명회, 공청회, 워크숍, 디자인 샤렛(Design Charrette), 온라인 참여 플랫폼 등 다양한 소통 채널을 마련하고 적극적으로 활용해야 한다.

다음으로, **공동의 비전과 목표 설정**이 중요하다. 참여하는 모든 이해관계자가 함께 모여 해당 지역의 문제점을 진단하고, 미래 발전 방향에 대한 공통의 비전을 수립하며, 이를 달성하기 위한 구체적이고 측정 가능한 목표(예: ESG 목표 포함)를 합의해야 한다. 이 과정에서 각자의 이해관계를 솔직하게 드러내고 상호 존중하는 자세로 논의하며, 갈등보다는 협력을 통해 최적의 해결책을 모색하려는 노력이 필요하다.

세 번째 단계는 **역할과 책임의 명확한 분담 및 협력 계약 체결**이다. 설정된 목표를 달성하기 위해 각 이해관계자가 수행해야 할 역할과 책임을 명확히 규정하고, 이를 바탕으로 공식적인 협력 계약이나 협약을 체결할 수 있다. 이 계약에는 사업 범위, 추진 일정, 자금 조달 방안, 의사결정 구조, 성과 측정 및 평가 방법, 그리고 이익 및 위험 분담 원칙 등이 구체적으로 명시되어야 한다. 특히, 공공과 민간의 협력(PPP) 모델을 적용하는 경우, 각 주체의 강점을 최대한 활용하고 시너지를 창출할 수 있도록 역할 분담을 최적화해야 한다.

네 번째 단계는 **투명하고 공정한 사업 관리 및 운영**이다. 사업 추진 전 과정에 걸처 모든 정보를 투명하게 공개하고, 정기적인 진행 상황 보고 및 성과 평가를 통해 책임성을 확보해야 한다. 사업 과정에서 발생하는 문제나 갈등은 신속하고 공정하게 조정할 수 있는 분쟁 해결 메커니즘을 마련하고, 필요한 경우 외부 전문가의 중재를 활용할 수 있다.

다섯 번째 단계는 **지속적인 모니터링, 평가, 그리고 피드백을 통한 학습과 개선**이다. 사업 완료 후에도 그 성과와 영향을 지속적으로 모니터링하고 평가하며, 그 결과를 다음 사업 계획에 반영하는 환류 시스템을 구축해야 한다. 성공 사례와 실패 사례 모두로부터 교훈을 얻고, 협력적 개발 프로세스를 지속적으로 개선해 나가려는 노력이 필요하다.

이러한 협력적 개발 프로세스는 시간과 노력이 더 많이 소요될 수 있지만, 장기적으로는 사업의 성공 가능성을 높이고, 사회적 갈등을 줄이며, 모든 이해관계자가 만족하는 지속 가능한 결과를 창출하는 데 기여한다. 이는 ESG의 사회(S) 및 지배구조(G) 원칙을 도시 개발 과정에 실질적으로 구현하는 핵심적인 방법론이다.

대표 연구: 글로벌 입장의 대응 개발

유럽 사례:
독일 프라이부르크가 "그린 시티"로 나아갔으며, 도시 개발의 선두적인 경쟁자였다. 이 도시는 태양광 패널 설치와 대중교통 설계를 통해 탄소량을 크게 줄였다. 특히 라이터의 보봉(Vauban) 지역은 자동차가 없는 동네로 설계되어 있어 가족과 자산 가치를 누리고 있다.
멤버십은 "마크(Green Mark)" 인증 제도를 통해 새롭게 높은 수준의 모든 에너지와 환경적 측면에서 가능하게 할 수 있다. 이 체계는 구성원의 에너지 구성원과 구성원의 행복을 목표로 삼고, 가족 전체는 가족에서 가장 절약할 수 있는 도시 중 하나로 자리 잡았다.

◎ 응용과 적용: 협력적 도시 개발의 성공 전략

적용예시 1. 지역 커뮤니티 주도의 도시 재생 사업

낙후된 구도심 지역을 활성화하기 위해 주민협의체, 상인회, 지자체가 공동으로 참여하는 사업을 기획한다. 주민의 의견을 수렴하여 지역의 역사와 문화를 반영한 '골목길 아트 프로젝트'를 추진한다. 프로젝트 계획 단계부터 각종 예측하고, 워크숍과 공청회를 통해 이해 관계자들의 의견을 조율한다. 주민과 지자체가 협력하여 지역 특성을 살린 골목길 재생 사업을 추진하고, 갈등 관리를 위한 소통 채널을 상시 운영한다.

적용예시 2. 민간 기업과의 복합 개발 프로젝트

대규모 유휴부지에 민간 건설사가 주도하고, 공공기관이 지원하는 복합 쇼핑몰 및 주거 단지 개발 사업을 진행한다. 사업 추진 전부터 환경단체, 시민단체와 협력하여 ESG 경영 원칙을 적용한다. 개발 계획, 자금 조달, 역할 분담에 대한 계약을 명확히 하고, 사업 진행 과정의 모든 정보를 투명하게 공개하여 책임 소재를 분명히 한다. 민관이 협력하여 ESG 원칙을 적용한 복합 개발 프로젝트를 추진하고, 사업 전 과정의 투명한 정보 공개와 명확한 역할 분담으로 책임성을 강화한다.

23.3. 가능한 도시 부동산 구축

'가능한 도시 부동산 구축'은 미래 도시가 직면한 다양한 도전 과제(기후변화, 자원 고갈, 사회적 불평등, 기술 변화 등)에 효과적으로 대응하고, 환경적으로 지속 가능하며, 사회적으로 포용적이고, 경제적으로 회복탄력적인 부동산 자산을 만들어가는 것을 의미한다. 이는 단순히 물리적인 건물을 짓는 것을 넘어, 미래 세대의 필요까지 고려한 장기적인 관점에서 부동산의 역할과 기능을 재정의하고, 혁신적인 기술과 아이디어를 통해 새로운 가치를 창출하려는 노력이다.

환경적 지속 가능성을 갖춘 부동산 구축은 에너지 효율을 극대화하고 탄소 배출을 최소화하는 것을 기본으로 한다. 제로에너지빌딩(ZEB) 및 플러스에너지빌딩(PEB) 설계를 통해 건물 자체의 에너지 자립도를 높이고, 신재생에너지 시스템(태양광, 지열 등)을 적극적으로 도입하며, 친환경 인증 자재 및 재활용 자재 사용을 확대해야 한다. 또한, 물 순환 시스템, 폐기물 관리 시스템, 그리고 도시 녹지 공간과의 연계를 통해 자원 효율성을 높이고 생태적 건전성을 회복하는 데 기여해야 한다. 기후변화로 인한 자연재해에 대비한 회복탄력성(Resilience) 설계(예: 침수 방지, 내풍·내진 성능 강화) 또한 중요하다.

사회적 포용성을 지닌 부동산은 모든 시민에게 안전하고 건강하며 저렴한 비용으로 양질의 생활공간을 제공하는 것을 목표로 한다. 다양한 소득 계층과 가족 유형을 위한 주택 공급, 유니버설 디자인 적용을 통한 모든 사용자의 접근성 보장, 그리고 지역사회 커뮤니티 시설 확충 및 프로그램 운영을 통해 사회적 통합과 교류를 촉진해야 한다. 또한, 범죄 예방 환경 설계(CPTED)를 통해 안전한 생활 환경을 조성하고, 건물 내외부의 공기 질, 빛, 소음 등을 쾌적하게 관리하여 입주민의 건강과 웰빙을 증진해야 한다.

경제적 회복탄력성을 갖춘 부동산은 변화하는 시장 환경과 기술 발전에 유연하게 적응하고 장기적으로 안정적인 가치를 유지할 수 있는 능력을 의미한다. 이를 위해 다기능적이고 가변적인 공간 설계를 통해 미래의 용도 변경이나 기능 전환에 쉽게 대응할 수 있도록 하고, 스마트 빌딩 기술을 도입하여 운영 효율성을 높이며, 유지·보수 비용을 절감해야 한다. 또한, 지역 경제 활성화에 기여하고 새로운 비즈니스 모델(예: 공유 오피스, 코리빙 스페이스, 부동산 서비스 플랫폼)을 수용할 수 있는 혁신적인 공간을 창출해야 한다.

이러한 '가능한 도시 부동산'을 구축하기 위해서는 기술 혁신, 정책 지원, 그리고 시장 참여자들의 인식 변화가 함께 이루어져야 한다. BIM(Building Information

Modeling), 디지털 트윈, AI, IoT 등 첨단 기술은 설계, 시공, 운영, 관리 전 과정의 효율성과 지속 가능성을 높이는 데 기여할 수 있다. 정부는 친환경·스마트 건축 기준을 강화하고 관련 기술 개발 및 보급을 지원하며, 민간 투자를 유치하기 위한 인센티브를 제공해야 한다. 부동산 개발업자, 건설사, 건축가, 그리고 투자자들은 단기적인 수익성보다는 장기적인 가치와 지속 가능성을 우선적으로 고려하는 ESG 경영 철학을 확립해야 한다.

결론적으로, '가능한 도시 부동산 구축'은 미래 도시의 지속 가능한 발전을 위한 핵심적인 과제이다. 환경, 사회, 경제적 측면을 균형 있게 고려하고, 혁신적인 기술과 창의적인 아이디어를 통해 인간과 자연이 공존하며 모두가 행복한 삶을 누릴 수 있는 미래 지향적인 부동산 생태계를 만들어가는 노력이 필요하다.

미래 도시를 위한 지속 가능한 발전 전략

- **스마트 에너지 관리**: IoT 센서를 활용하여 실시간으로 에너지 소비 데이터를 모니터링하고 이를 기반으로 최적의 에너지 사용 패턴을 설계할 수 있다.
- **지역사회 협력 모델 구축**: 지역 주민들과 협력하여 공공 공간 조성이나 주거 복지 개선 프로젝트를 실행함으로써 지역사회의 신뢰와 지지를 확보할 수 있다.
- **순환 경제 전략 실행**: 건축 폐기물을 재활용하거나 순환 가능한 건축 자재를 사용하는 방식을 통해 지속 가능한 개발 모델을 구축할 수 있다.
- **정책 설계 지원**: 정책 입안자는 데이터를 기반으로 특정 정책이 도시 환경에 미치는 영향을 사전에 분석하고 효과적인 규제를 설계할 수 있다.

지속 가능한 도시 생태계 구축은 단순히 환경적 지속 가능성을 넘어 경제적 성과와 사회적 책임을 동시에 달성하기 위한 필수적인 접근법이다. 이를 통해 기업과 정부는 장기적인 안정성과 경쟁력을 확보하고, 글로벌 시장에서 지속 가능한 미래를 선도할 수 있을 것이다.

◎ 응용과 적용: 지속 가능한 스마트 도시 부동산

지속 가능한 도시 부동산은 에너지 효율을 극대화하고 쾌적한 환경을 제공해야 한다. 스마트 기술(AI, IoT)을 활용하여 건물 운영 효율성을 높이고 유지 보수 비용을 절감하는 것이 중요하다.

적용예시 1. 스마트 기술을 활용한 부동산 관리 (스마트 오피스)
공유 오피스 '패스트파이브'는 입주 기업의 업무 패턴을 분석하여 냉난방, 조명 등을 자동으로 제어한다. 스마트 센서를 통해 공실 여부를 파악하고, 에너지 사용량을 최적화하여 관리비를 절감하는 동시에 입주자들에게 쾌적한 업무 환경을 제공하고 있다.

적용예시 2. 사회적 회복탄력성 강화를 위한 주거 공간 개발(커뮤니티 중심 주거단지)
'은평 한옥마을'은 전통적인 주거 형태에 현대적인 편의시설을 결합하여 다양한 연령층이 공존하는 커뮤니티를 형성했다. 공동체 공간(사랑방, 도서관)을 제공하고, 주민 참여 프로그램을 운영하여 사회적 교류를 활성화함으로써 주거 단지의 물리적 회복탄력성뿐만 아니라 사회적 회복탄력성까지 강화하고 있다.

23.4. 미래 도시의 지속 가능한 발전 방향

환경적 지속가능성
탄소중립, 자원 순환, 생물다양성 보전을 통해 지구 환경을 보호하고 미래 세대를 위한 자연 자원을 보존하는 도시

사회적 포용성
모든 시민이 차별 없이 도시의 기회와 서비스에 접근할 수 있고, 다양성이 존중되며, 공동체 의식이 살아있는 도시

회복탄력성
기후변화, 재난, 경제적 충격 등 다양한 위기에 효과적으로 대응하고 신속하게 회복할 수 있는 역량을 갖춘 도시

혁신과 창의성
첨단 기술과 창의적 아이디어를 통해 도시 문제를 해결하고 시민의 삶의 질을 지속적으로 향상시키는 도시

1) 미래 도시의 부동산 개발 방향성

미래 도시의 부동산은 기후 변화, 자원 고갈, 사회적 불평등, 기술 변화 등 다양한 도전에 대응하기 위해 환경적, 사회적, 경제적으로 회복력 있는 형태로 발전하고 있다. 이를 위해 에너지 효율을 극대화하고 탄소 배출을 최소화하며, 친환경 자재 사용 및 순환 시스템 도입이 보편화될 것이다.

2) 재난 회복력 및 사회적 포용성 강화

미래 도시에서는 재난 회복 탄력성을 강화하여 모든 시민이 안전하고 쾌적한 주거 환경을 누릴 수 있도록 사회적 포용성을 높이는 방향으로 진화할 것이다. 특히, BIM, AI, IoT 등 첨단 기술은 건설 및 관리 전 과정에 적용되고 있다.

3) 미래 계약 시장과 ESG 요소

　미래 계약 시장에서는 협상이 핵심 요소로 자리 잡을 것이며, 특히 글로벌 팀이 에너지를 공유하고 협력하는 것이 새로운 기준이 되고 있다. AI와 빅데이터 기술이 발전함에 따라 도시 내 미래 예측 데이터를 분석하여 최적화하는 시스템이 보편화되고 있다. 이러한 변화 속에서 ESG 요소는 계약 시장 평가 기준으로 제외되지 않고 중요한 역할을 할 것이다.

4) 미래 도시의 네 가지 주요 특징

(1) 물리적 지속 가능성
- 자원 순환 시스템과 에너지 관리 시스템을 활용
- 신재생에너지 생산 및 재활용 가능한 재료를 사용
- 자연과 인간의 공존을 도모하는 도시가 될 것

(2) 사회적 포용성
- 모든 계층과 세대가 공평하게 접근 가능한 주거 공간을 제공
- 시민의 안전을 최우선으로 고려하며, 재난 발생 시 신속한 대응을 위한 시스템을 갖춤
- 공정한 사회적 시스템을 구축

(3) 회복 탄력성
- 자연 재해, 경제 위기 등 외부 충격에 강력하게 대응
- 물, 식량, 에너지 등 주요 자원이 자체적으로 생산 및 관리될 수 있도록 자족 시스템을 구축

- 위기에 강한 도시가 될 것

(4) 혁신과 창의성
- 기술 혁신을 적극적으로 수용하며, 새로운 산업을 창출
- 시민들의 아이디어와 창의성을 장려하고 이를 도시 개발에 반영
- 다양한 혁신 실험이 가능한 개방적인 도시를 만듦

미래 도시가 지속 가능한 발전을 위해 물리적, 사회적, 경제적, 기술적 측면에서 어떻게 변화하고 있는지를 보여준다. 특히, 기후 변화와 같은 도전에 대응하고 사회적 포용성을 강화하며, 기술 혁신을 통해 회복 탄력성 있는 도시를 구축하는 것이 핵심적인 목표임을 강조하고 있다.

제24장

윤리적 투자와 사회적 책임

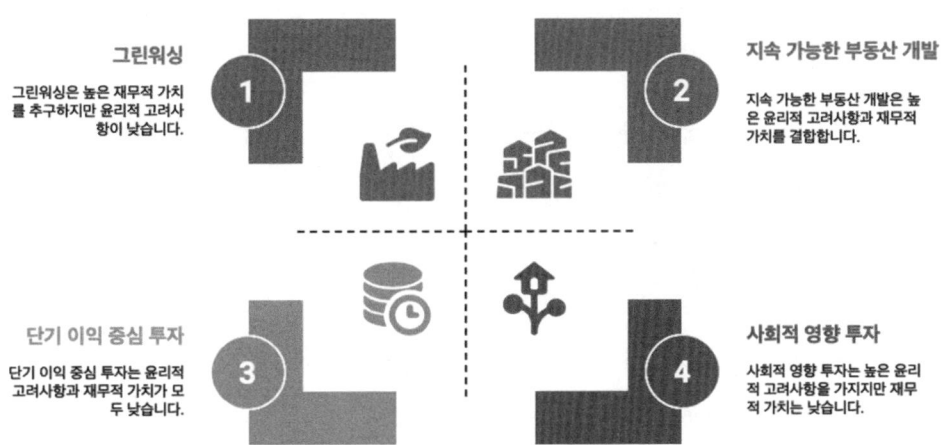

ESG 투자의 윤리적 고려사항
(Ethical Considerations in ESG Investing)

　ESG 투자는 단순히 재무적 수익만을 추구하는 전통적인 투자 방식에서 벗어나, 환경 보호, 사회적 기여, 그리고 건전한 지배구조 확립이라는 비재무적 가치를 함께 고려하는 투자 패러다임이다. 이는 투자 행위를 통해 긍정적인 사회·환경적 영향을 창출하고자 하는 윤리적 동기와, 장기적으로 ESG 리스크를 관리하고 지속 가능한 수익을 확보하려는 재무적 동기가 결합된 형태이다. 부동산 부문에서도 윤리적 투자와 사회적 책임 이행은 투자자와 기업 모두에게 중요한 과제로 부상하고 있으며, 이는 시장의 신뢰를 구축하고 지속 가능한 성장을 이끄는 핵심 동력이 된다. 본 장에서는 ESG 투자에서 발생할 수 있는 윤리적 고려사항과 과제를 살펴보고, 다양한 이해관계자 관리 및 투명성 확보 방안을 모색하며, 사회적 책임을 효과적으로 실현하는 부동산 프로젝트 사례를 분석하고자 한다.

24.1. ESG 투자에서 윤리적 고려사항과 과제

ESG 투자는 긍정적인 목표를 지향하지만, 그 과정에서 다양한 윤리적 고려사항과 현실적인 과제에 직면할 수 있다. 투자자들은 이러한 문제들을 인식하고 신중한 판단을 내릴 필요가 있다.

첫째, **'그린워싱(Greenwashing)' 또는 'ESG 워싱'의 문제**이다. 이는 기업이나 투자 상품이 실제 ESG 성과보다 과장되거나 허위의 친환경적·사회적 이미지를 내세워 투자자를 오도하는 행위를 의미한다. 명확하고 표준화된 ESG 평가 기준 및 정보 공개 시스템이 부족한 상황에서 발생하기 쉬우며, 투자자의 신뢰를 저해하고 진정한 ESG 투자의 의미를 퇴색시킬 수 있다. 이를 방지하기 위해서는 ESG 성과에 대한 객관적이고 검증 가능한 데이터 확보, 제3자 인증 강화, 그리고 규제 당국의 철저한 감독이 필요하다.

둘째, ESG 요소 간의 상충 문제(Trade-offs)이다. 환경(E), 사회(S), 지배구조(G) 각 요소는 때로는 서로 상충되는 목표를 가질 수 있다. 예를 들어, 친환경 에너지 설비 도입(E)은 초기 투자 비용 증가로 인해 단기적인 재무 성과나 저렴한 주택 공급(S) 목표와 상충될 수 있다. 이러한 경우, 각 요소의 중요도와 우선순위에 대한 명확한 기준을 설정하고, 다양한 이해관계자와의 충분한 논의를 통해 균형 잡힌 해결책을 모색하는 윤리적 판단이 요구된다.

셋째, **ESG 평가 방법론의 다양성과 주관성 문제**이다. 현재 다양한 ESG 평가기관들이 각기 다른 평가 방법론과 지표를 사용하고 있어, 동일한 기업이나 자산에 대해서도 평가 결과가 다르게 나올 수 있다. 이는 투자자들에게 혼란을 야기하고 ESG 투자의 객관성에 대한 의문을 제기할 수 있다. 평가 기준의 표준화와 함께, 평가 과정의 투명성을 높이고 평가자의 주관적 편향을 최소화하려는 노력이 필요하다.

넷째, 네거티브 스크리닝의 윤리적 딜레마이다. 특정 산업(예: 화석연료, 담배, 무기)을 윤리적 이유로 투자 대상에서 제외하는 네거티브 스크리닝은 가장 기본적인 ESG 투자 전략 중 하나이지만, 때로는 해당 산업에 종사하는 근로자들의 일자리 문제나 지역 경제에 미치는 부정적인 영향을 간과할 수 있다는 비판도 있다. 따라서 단순한 배제보다는, 해당 기업의 ESG 개선을 위한 적극적인 주주 관여(Engagement) 전략을 병행하는 것이 바람직할 수 있다.

다섯째, 임팩트 측정의 어려움이다. 특히 사회적(S) 가치 창출을 목표로 하는 임팩트 투자의 경우, 그 성과를 객관적이고 정량적으로 측정하고 보고하는 것이 쉽지 않다. 사회적 편익을 화폐 가치로 환산하거나, 인과관계를 명확히 규명하는 데에는 방법론적 한계가 존재한다. 지속적인 연구와 혁신을 통해 보다 신뢰할 수 있는 임팩트 측정 및 평가 도구를 개발하려는 노력이 필요하다.

여섯째, 단기적 재무 성과와 장기적 ESG 가치 간의 균형 문제이다. ESG 투자는 본질적으로 장기적인 관점에서 지속 가능한 가치를 추구하지만, 투자자들은 종종 단기적인 재무 성과에 대한 압박을 받을 수 있다. ESG 투자의 장기적인 편익에 대한 명확한 이해와 함께, 단기적인 성과 변동성을 감내할 수 있는 인내심과 투자 철학이 요구된다.

이러한 윤리적 고려사항과 과제들은 ESG 투자가 아직 발전 과정에 있으며, 지속적인 성찰과 개선 노력이 필요함을 시사한다. 투자자, 기업, 정부, 그리고 시민사회가 함께 지혜를 모아 보다 책임 있고 효과적인 ESG 투자 생태계를 만들어가야 할 것이다.

> **사례 연구: ESG 투자에서 윤리적 과제와 해결 방안**
>
> **유럽 사례:**
> 유럽연합(EU)은 "EU 지속 가능 금융 분류체계(Taxonomy)"를 통해 ESG 평가 기준을 표준화하려는 노력을 기울이고 있다. 이 분류체계는 기업 활동이 환경적으로 지속 가능한지 여부를 명확히 정의하고 그린워싱을 방지하여 투자자들에게 신뢰할 수 있는 정보를 제공한다.
>
> **미국 사례:**
> 미국 증권거래위원회(SEC)는 ESG 관련 정보 공개를 의무화하는 규정을 도입하였다. 이로 인해 기업들이 보다 투명하게 데이터를 보고하도록 요구하고 있다. 이는 데이터 신뢰성을 높이고 윤리적 딜레마를 줄이는 데 기여하고 있다.

◎ 응용과 적용: ESG 투자의 도전과 윤리적 과제

적용예시 1. 그린워싱(Greenwashing) 방지

기업이 ESG 경영을 표방하면서도 실제로는 친환경적이고 사회적인 노력을 기울이지 않는 경우가 있다. 한 회사가 '친환경 종이'를 사용한다고 대대적으로 홍보했었지만, 원재료 생산 과정에서 오염물질 배출 기준을 준수하지 않았다는 사실이 밝혀졌다. 이로 인해 소비자의 신뢰를 잃었으며, 매출에도 타격을 입었다.

적용예시 2. ESG 요소 간 상충(Trade-offs)

ESG의 각 요소인 환경(E), 사회(S), 지배구조(G)가 서로 충돌하여 의사결정이 어려워지는 경우가 있다. 예를 들어, 신재생 에너지 기업이 풍력 발전을 위해 대규모 산림을 훼손하면서 환경적 가치(E)와 사회적 가치(S)가 충돌했다. 이러한 문제 해결을 위해 결국 지역 주민들과의 소통을 통해 환경 훼손을 최소화하는 방식으로 사업 계획을 수정해야만 했다.

24.2. 이해관계자 관리 및 투명성 확보 방안

ESG 경영과 투자의 성공은 다양한 이해관계자(Stakeholders)와의 건설적인 관계 구축 및 효과적인 관리에 크게 좌우된다. 이해관계자는 기업이나 프로젝트에 직간접적으로 영향을 받거나 영향을 미치는 모든 개인과 집단을 포함하며, 주주, 직원, 고객, 공급업체, 지역사회, 정부, 환경단체 등이 대표적이다. 이들의 다양한 요구와 기대를 파악하고 경영 전략 및 의사결정 과정에 반영하며, 투명한 정보 공개를 통해 신뢰를 구축하는 것은 ESG 시대의 핵심적인 기업 경쟁력이다.

이해관계자 관리의 첫 단계는 **주요 이해관계자 식별 및 우선순위 설정**이다. 기업이나 프로젝트의 특성에 따라 중요한 이해관계자 그룹이 달라질 수 있으므로, 각 그룹의 영향력과 관심사를 분석하여 핵심 이해관계자를 정의하고, 이들과의 소통 및 관리 전략을 수립해야 한다.

다음으로, **체계적이고 지속적인 소통 채널 구축 및 운영**이 필요하다. 각 이해관계자 그룹의 특성에 맞는 다양한 소통 방식(예: 정기 간담회, 설문조사, 온라인 포럼, 뉴스레터, 지속 가능경영보고서 발간)을 활용하여 기업의 ESG 경영 현황, 목표, 성과, 그리고 당면 과제 등을 적극적으로 알리고, 이들의 의견과 제안을 경청하며 피드백을 제공해야 한다.

이해관계자의 참여 보장 및 의사결정 과정 반영 또한 중요하다. 특히 지역사회 주민이나 직원과 같이 직접적인 영향을 받는 이해관계자들에게는 주요 의사결정 과정에 참여할 수 있는 기회를 제공하고, 그들의 의견이 실제 정책이나 사업 계획에 반영될 수 있도록 노력해야 한다. 이는 사회적 수용성을 높이고 잠재적인 갈등을 예방하는 데 기여한다.

투명성 확보는 이해관계자 신뢰 구축의 핵심이다. 기업은 ESG 관련 정보를 정확하고 시기적절하며 이해하기 쉬운 형태로 공개해야 한다. GRI(Global Reporting Initiative), SASB(Sustainability Accounting Standards Board), TCFD(Task Force on

Climate-related Financial Disclosures) 등 국제적으로 인정받는 ESG 정보 공개 표준을 준수하고, 필요한 경우 제3자 기관의 검증을 받아 정보의 신뢰성을 높이는 것이 바람직하다. 특히, 부정적인 정보나 실패 사례에 대해서도 솔직하게 공개하고 개선 노력을 약속하는 자세는 장기적으로 더 큰 신뢰를 얻는 길이다.

이해관계자와의 파트너십 구축 및 공동 가치 창출 노력도 중요하다. 기업은 자신의 핵심 역량과 자원을 활용하여 지역사회 문제 해결에 기여하거나, 공급업체의 ESG 역량 강화를 지원하며, 시민단체나 학계와 협력하여 지속 가능한 기술이나 비즈니스 모델을 개발하는 등 다양한 형태의 파트너십을 통해 시너지를 창출하고 공동의 가치를 만들어갈 수 있다.

부동산 부문에서는 특히 재개발·재건축 사업이나 대규모 개발 프로젝트 추진 시 지역 주민, 세입자, 상인 등 다양한 이해관계자와의 갈등이 빈번하게 발생할 수 있다. 따라서 사업 초기 단계부터 적극적인 소통과 협의를 통해 이들의 우려를 해소하고, 적절한 보상 및 이주 대책을 마련하며, 개발 이익을 공유하는 방안을 모색하는 등 세심한 이해관계자 관리가 필수적이다.

결론적으로, 효과적인 이해관계자 관리와 투명성 확보는 ESG 경영의 성공을 위한 필수 조건이자, 기업의 사회적 책임 이행과 지속 가능한 성장의 토대를 마련하는 핵심 전략이다. 이는 단기적인 비용 발생을 넘어, 장기적으로 기업의 평판 가치를 높이고, 리스크를 줄이며, 모든 이해관계자와 함께 성장하는 상생의 길을 열어줄 것이다.

사례 연구: 글로벌 기업의 이해관계자 관리와 투명성

미국 사례:
미국의 한 글로벌 기술 기업은 GRI(Global Reporting Initiative) 기준에 따라 ESG 데이터를 보고하고, 이 기업은 주요 이해관계자들과 정기적인 대화를 통해 지속 가능한 경영 전략을 수립했다. 또한 탄소 배출량 감소 목표를 설정하고 이를 달성하기 위한 구체적인 로드맵을 공개했으며, 그 결과 투자자들로부터 높은 신뢰와 긍정적인 평가를 받았다.

> **유럽 사례:**
> 유럽의 한 부동산 개발 회사는 지역사회와 협력하여 공공 공간을 조성하고 주거 복지 프로젝트를 실행했다. 이 회사는 프로젝트 진행 상황과 성과를 투명하게 공개했다. 이를 통해 지역 주민들의 신뢰를 얻었고, 결과적으로 공공 지원과 투자 유치를 용이하게 했다.

◎ **응용과 적용: 기업의 지속 가능한 성장을 위한 이해관계자 관리와 ESG 경영**

적용예시 1. 지역사회 협력을 통한 신뢰 구축

한 건설사는 대규모 신축 아파트 건설 프로젝트를 진행하며 초기 단계부터 인근 지역 주민들을 주요 이해관계자로 정의했다. 소음, 교통 등 주민들의 우려를 해소하기 위해 정기적인 간담회를 개최하고, 주민 대표와 협의체를 구성하여 민원을 적극적으로 청취하는 등 지역사회에 기여하는 파트너십을 구축하며 프로젝트에 대한 사회적 수용성을 높이고 잠재적 갈등을 예방했다.

적용예시 2. 공급망 ESG 역량 강화

한 제조업체는 ESG 경영을 강화하면서 공급망 관리에 집중했다. 협력업체들을 대상으로 ESG 관련 교육 프로그램을 제공하고 친환경 생산 공정 도입을 위한 기술적 지원을 아끼지 않았다. 또한, 협력업체들이 ESG 정보를 투명하게 공개하도록 독려하여, 이를 평가 지표에 반영했다. 이를 통해 공급망 전체의 ESG 역량을 강화하고 장기적으로 기업의 리스크를 줄이는 동시에 지속 가능한 성장의 토대를 마련했다.

24.3. 사회적 책임을 실현하는 부동산 프로젝트

부동산 프로젝트가 사회적 책임을 실현한다는 것은 단순히 법규를 준수하는 것을 넘어, 지역사회 발전, 주거 복지 향상, 환경 보호, 그리고 문화유산 보존 등 공익적 가치 창출에 적극적으로 기여하는 것을 의미한다. 이는 ESG의 사회(S)적 측면을 부동산 개발 및 운영의 핵심 목표로 설정하고, 경제적 수익성과 함께 긍정적인 사회적 임팩트를 극대화하려는 노력이다.

대표적인 사회적 책임 실현 부동산 프로젝트 유형으로는 **저렴한 주택(Affordable Housing) 공급 사업**을 들 수 있다. 시장 임대료나 주택 가격을 감당하기 어려운 저소득층, 청년, 신혼부부, 고령자 등을 위해 공공 또는 민간이 협력하여 저렴한 비용으로 양질의 주택을 공급하는 것이다. 이는 주거 불안정을 해소하고 사회적 통합을 증진하는 데 중요한 역할을 한다. HUG(주택도시보증공사)의 사회임대주택 금융지원과 같이, 정부나 공공기관의 정책적 지원은 이러한 사업의 재정적 지속 가능성을 높이는 데 기여한다.

도시재생 프로젝트 또한 중요한 사회적 책임 실현 사례이다. 물리적으로 노후화되고 경제적으로 쇠퇴한 구도심 지역을 대상으로, 기존 주민들의 삶의 터전을 보존하면서 주거 환경을 개선하고, 지역의 역사와 문화를 되살리며, 새로운 경제적 활력을 불어넣는 것을 목표로 한다. 이 과정에서 주민 참여를 통해 지역의 필요를 반영하고, 사회적 기업이나 지역 예술가들과 협력하여 특색 있는 공간을 조성하며, 지역 공동체를 활성화하는 노력이 중요하다.

커뮤니티 기반 시설 개발 및 운영도 사회적 가치 창출에 기여한다. 지역 주민들이 함께 이용할 수 있는 도서관, 어린이집, 노인복지관, 체육시설, 공원, 그리고 커뮤니티 센터 등을 조성하고, 다양한 교육·문화·복지 프로그램을 운영함으로써 주민들의 삶의 질을 높이고 사회적 교류를 촉진할 수 있다. 이러한 시설은 종종 공공과 민간의 파트너십을 통해 개발되고 운영된다.

환경 친화적이며 지역사회와 상생하는 개발 프로젝트도 사회적 책임을 다하는 좋은 예이다. 개발 과정에서 환경 영향을 최소화하고, 지역 생태계를 보전하며, 지역 주민들에게 깨끗하고 안전한 환경을 제공하는 것이다. 또한, 프로젝트 운영에 필요한 인력을 지역 주민 중에서 우선 채용하거나, 지역 농산물 및 특산물을 구매하여 지역 경제 활성화에 기여하는 것도 중요한 사회적 책임 이행 방안이다.

문화유산 보존 및 활용 프로젝트는 지역의 역사적·문화적 정체성을 지키고 미래 세대에게 전달하는 중요한 사회적 역할을 수행한다. 오래된 건축물이나 역사적 장소를 단순히 철거하는 대신, 그 가치를 보존하면서 현대적인 기능과 조화를 이루도록 리모델링하거나 새로운 문화 공간으로 재탄생시키는 것은 도시의 매력을 높이고 시민들의 자긍심을 고취하는 효과가 있다.

이러한 사회적 책임을 실현하는 부동산 프로젝트는 종종 단기적인 수익성은 낮을 수 있지만, 장기적으로는 지역사회의 지지와 신뢰를 얻어 사업의 안정성을 높이고, 긍정적인 브랜드 이미지를 구축하며, 사회 전체의 지속 가능한 발전에 기여하는 무형의 가치를 창출한다. 성공적인 프로젝트 추진을 위해서는 명확한 사회적 목표 설정, 다양한 이해관계자와의 긴밀한 협력, 창의적인 사업 모델 개발, 그리고 사회적 성과에 대한 객관적인 측정 및 평가가 필요하다.

결론적으로, 사회적 책임을 실현하는 부동산 프로젝트는 ESG 경영의 핵심적인 실천 방안이자, 기업이 경제적 가치와 사회적 가치를 동시에 추구하며 지속 가능한 성장을 이루어가는 중요한 경로이다.

사례 연구: 글로벌 사회적 책임 부동산 프로젝트

미국 사례:
미국 뉴욕의 "Hudson Yards" 프로젝트는 지속 가능한 도시 개발과 사회적 책임을 결합한 대표적인 사례다. 이 프로젝트는 공공 공간을 조성하고 지역사회와 협력하여 저소득층 주택 공급 프로그램을 실행했다. 그 결과 Hudson Yards는 높은 임대료와 낮은 공실률을 기록하며 성공적인 부동산 개발 사례로 평가받았다.

한국 사례:
서울시의 한 대규모 재개발 프로젝트에서는 지역 주민들과 협력하여 공공 공간을 조성하고

> 저소득층 주거 복지 프로그램을 도입했다. 이러한 사회적 책임 활동은 지역 주민들의 신뢰를 얻어 프로젝트 진행 속도를 높였으며, 결과적으로 매매가와 임대료 모두 평균보다 높은 수준을 기록했다.

◎ 응용과 적용: 주택 공급, 도시 재생

적용예시 1. 저소득층을 위한 주택 공급 (Affordable Housing)
단순히 법규 준수를 넘어, 저소득층, 신혼부부, 고령자 등에게 저렴한 주택을 공급함으로써 주거 불안정성을 해소하고 사회적 가치를 창출하는 프로젝트이다. 정부 및 공공기관의 정책적 지원과 민간의 협력이 중요하다. 경기주택도시공사(GH)가 민간 건설사와 협력하여 저렴한 임대주택을 건설하고, 입주 자격을 완화하여 주거 취약 계층에게 안정적인 주거 환경을 제공하는 프로젝트이다.

적용예시 2. 도시 재생 프로젝트
쇠퇴한 구도심 지역을 대상으로, 기존 주민들의 삶의 터전을 보존하면서 주거 환경을 개선하고 지역의 역사와 문화를 되살리는 사업이다. 주민 참여를 통해 공간을 조성하고, 커뮤니티 시설을 확충하여 사회적 가치를 높인다.

24.4. ESG 경영, 투자, 부동산 개발의 미래와 데이터 활용

ESG 경영의 핵심 요소는 이해관계자 관리 및 투명성 확보다. 특히, 글로벌 규제 강화로 인해 ESG 데이터 공개가 의무화될 것이며, 데이터의 신뢰성과 비교 가능성이 중요한 기준으로 자리 잡을 것으로 예상된다.

ESG 투자는 부동산 시장의 미래를 형성하는 핵심 동력이다. 환경 지속 가능성, 사회적 책임, 투명한 거버넌스를 갖춘 부동산 프로젝트는 장기적인 가치 창출과 함께 더 나은 미래를 위한 기반을 마련할 것이다. 이러한 변화는 단순히 트렌드가 아니라, 부동산 산업의 근본적인 패러다임 전환을 의미한다.

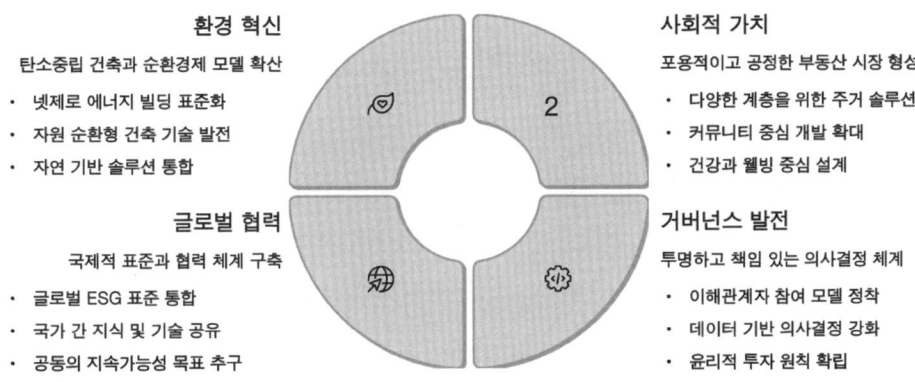

윤리적 고려사항은 ESG 투자를 더욱 중요하게 만들고 있으며, 사회적 책임 활동은 부동산 개발 프로젝트의 필수 요소가 되고 있다. 지역 사회의 요구와 기대를 실시간으로 분석하고 맞춤형 개발 전략을 수립하는 것이 필요하다.

AI와 빅데이터 기술의 발전은 ESG의 이러한 변화를 가속화하는 중요한 역할을 한다. 기업들은 ESG 데이터를 실시간으로 분석하고 보고하는 시스템을 도입해야 하며, ESG 데이터의 표준화와 신뢰성이 높아질 것으로 예상된다. 또한, AI와 빅데이터 기술을 활용하여 기업의 ESG 성과를 더욱 강화할 수 있다.

ESG 경영의 네 가지 핵심 방향은 다음과 같다.

- 환경 혁신: 탄소 저감 순환 경제 확산, 재생에너지 보급 확대, 자연 순환 건축물 확산, 자연 자본 솔루션을 도입해야 한다.
- 금융업 혁신: 국제적 보호와 협력 체계 구축, 금융분배 80:20 모델이 출현하고,

국가적 지식 및 기술 공유, 금융 지속 가능성 투자 및 연구가 진행되어야 한다.
- 새로운 경제: 포용적이고 유연한 유동성 시장, 다형적 계약을 위한 관계 추진 모델, 거버넌스 중심 계약 확대, 건강 및 웰빙 중심 설계가 이루어져야 한다.
- 거버넌스 발전: 불확실성에 직면한 핵심 역량 강화, 이해관계자 참여에 대한 포용적 정책, 데이터 기반 의사결정 강화, 경쟁적 권력 원리즘이 강조되고 있다.

제25장

개인 투자자를 위한 가이드라인

개인 투자자를 위한 ESG 투자 전략
(ESG Investment Strategies for Individual Investors)

ESG 투자는 더 이상 대규모 기관 투자자들만의 영역이 아니며, 개인 투자자들 또한 자신의 자산을 통해 지속 가능한 미래에 기여하고 동시에 장기적인 재무 목표를 달성할 수 있는 다양한 기회를 가지고 있다. 부동산 부문에서도 개인 투자자들이 ESG 원칙을 고려하여 투자 결정을 내리고 자산을 관리할 수 있는 실질적인 방법론과 전략이 필요하다. 본 장에서는 개인 투자자들이 자신에게 맞는 ESG 투자 전략을 수립하는 방법론을 제시하고, 소규모 투자자들도 쉽게 접근하고 실행할 수 있는 프레임워크를 제공하며, 장기적인 자산 관리 관점에서 ESG를 효과적으로 활용할 수 있는 방안을 모색하고자 한다.

25.1. 개인 맞춤형 ESG 투자 전략 수립 방법론

개인 투자자가 성공적인 ESG 부동산 투자를 하기 위해서는 자신의 투자 목표, 위험 감수 수준, 그리고 ESG 관련 가치관을 명확히 이해하고, 이를 바탕으로 맞춤형 투자 전략을 수립하는 것이 중요하다.

첫 번째 단계는 **자기 분석 및 투자 목표 설정**이다. 투자자는 자신의 재정 상황(소득, 자산, 부채 등), 투자 가능 기간, 기대 수익률, 그리고 감수할 수 있는 위험 수준을 객관적으로 평가해야 한다. 동시에, 자신이 중요하게 생각하는 ESG 이슈(예: 기후변화 대응, 에너지 효율, 사회적 약자 지원, 지역사회 발전 등)와 투자 철학을 명확히 정의해야 한다. 이러한 자기 분석을 통해 구체적이고 실현 가능한 투자 목표(예: 장기적인 자산 증식, 안정적인 임대 수입 확보, 특정 사회 문제 해결에 기여)를 설정할 수 있다.

두 번째 단계는 **ESG 투자 대상 및 방법 선정**이다. 개인 투자자가 접근할 수 있는 ESG 부동산 투자 대상은 다양하다. 친환경 인증을 받은 주택이나 상업용 건물을 직접 구매하거나, ESG 관련 리모델링을 통해 기존 자산의 가치를 높이는 방법이 있다. 또한, ESG 성과가 우수한 부동산 투자 신탁(REITs)이나 ESG 테마 펀드(예: 친환경 에너지 인프라 펀드, 사회주택 펀드)에 간접 투자할 수도 있다. 최근에는 부동산 조각 투자 플랫폼을 통해 소액으로도 ESG 관련 상업용 부동산이나 개발 프로젝트에 참여할 수 있는 기회가 확대되고 있다. 자신의 투자 목표, 자금 규모, 그리고 전문 지식 수준을 고려하여 적합한 투자 대상과 방법을 선택해야 한다.

세 번째 단계는 **ESG 정보 수집 및 분석 능력 강화**이다. 투자 대상 부동산이나 관련 기업의 ESG 성과를 객관적으로 평가하기 위해서는 신뢰할 수 있는 정보를 수집하고 분석하는 능력이 필요하다. 기업이 발행하는 지속가능경영보고서, ESG 평가 기관의 평가 보고서, 관련 뉴스 기사, 그리고 정부 및 공공기관의 공개 데이터 등을 적극적으로 활용해야 한다. 필요한 경우 전문가의 자문을 받거나, ESG 투자 관련 교육 프로그램에 참여하여 전문성을 높이는 것도 좋은 방법이다.

네 번째 단계는 **포트폴리오 구성 및 분산 투자**이다. 단일 자산이나 특정 ESG 테마에 집중 투자하기보다는, 다양한 지역, 부동산 유형, 그리고 ESG 이슈에 걸쳐 분산 투자함으로써 리스크를 관리하고 장기적으로 안정적인 수익을 추구해야 한다. 자신의 전체 자산 포트폴리오 내에서 ESG 부동산 투자의 적정 비중을 설정하고, 다른 자산군(주식, 채권 등)과의 균형을 고려해야 한다.

다섯 번째 단계는 **지속적인 모니터링 및 성과 평가**이다. 투자 후에도 해당 자산이나 기업의 ESG 성과 변화, 관련 시장 동향, 그리고 정책 및 규제 변화 등을 지속적으로 모니터링하고, 정기적으로 투자 성과(재무적 성과 및 ESG 임팩트)를 평가해야 한다. 필요한 경우 투자 전략을 재검토하고 포트폴리오를 조정하는 유연성을 가져야 한다.

결론적으로, 개인 맞춤형 ESG 투자 전략 수립은 자신의 가치관과 재무 목표를 조화시키고, 정보에 기반한 합리적인 의사결정을 통해 지속 가능한 부를 창출해나가는 과정이다.

> **사례 연구: 개인 맞춤형 ESG 투자 성공 사례**
>
> **미국 사례:**
> 미국의 한 개인 투자자는 LEED 인증 건물과 같은 친환경 자산에 집중하여 포트폴리오를 구성했다. 이 투자자는 AI 기반 플랫폼을 활용해 탄소 배출 데이터를 분석하고 에너지 효율성이 높은 건물을 선택했다. 그 결과, 연평균 12%의 안정적인 수익률을 기록했으며 공실률도 낮았다.
>
> **한국 사례:**
> 서울의 한 개인 투자자는 지역사회 공헌 활동이 활발한 부동산 프로젝트에 투자했다. 이 프로젝트는 공공 공간 조성과 저소득층 주거 복지 프로그램을 포함했으며, 이는 지역 주민들의 신뢰와 지지를 얻어 성공적으로 진행되었다. 결과적으로 해당 프로젝트는 높은 임대료와 매매가 상승했다.

◎ 응용과 적용: 성공적인 ESG 부동산 투자 4단계

1. 건물 리모델링을 통한 ESG 가치 증대

투자자는 낡은 상업용 건물을 매입하여 에너지 효율을 높이는 리모델링(단열, 보강, 고효율 냉난방기 교체 등)을 진행한다. 이로 인해 건물의 ESG 성과가 향상되고, 임대료 상승 및 공실률 감소 효과를 얻어 안정적인 투자 수익을 창출한다.

2. ESG 테마 REITs 투자

개인 투자자가 직접 부동산을 매입하기 어려운 경우, 친환경 에너지 시설이나 사회적 주택 등 ESG 테마에 집중하는 부동산 투자 신탁(REITs)에 소액으로 투자한다. 이를 통해 포트폴리오를 분산하고, ESG 관련 전문가들이 운용하는 자산에 간접적으로 투자하여 안정적인 배당 수익을 확보한다.

25.2. 소규모 투자자를 위한 실행 가능한 프레임워크 제공

ESG 부동산 투자는 대규모 자본을 가진 기관 투자자뿐만 아니라 소규모 개인 투자자에게도 열려 있으며, 적은 금액으로도 의미 있는 투자를 시작하고 장기적인 자산 증식을 기대할 수 있는 다양한 실행 가능한 프레임워크가 존재한다.

첫째, **ESG 관련 부동산 펀드 및 ETF(상장지수펀드) 활용**이다. 다수의 자산운용사들이 친환경 빌딩, 신재생에너지 인프라, 지속 가능한 도시 개발 등 특정 ESG 테마에 투자하는 뮤추얼 펀드나 ETF 상품을 출시하고 있다. 이러한 상품에 투자하면 소액으로도 전문가가 선별한 다양한 ESG 관련 부동산 자산에 분산 투자하는 효과를 얻을 수 있으며, 개별 자산을 직접 분석하고 관리하는 부담을 덜 수 있다. 투자 전에는 펀드의 투자 철학, 주요 편입 자산, 운용 수수료, 그리고 과거 성과 등을 꼼꼼히 살펴보아야 한다.

둘째, **부동산 투자 신탁(REITs) 중 ESG 성과 우수 리츠 선별 투자**이다. 리츠는 다수의 투자자로부터 자금을 모아 부동산이나 부동산 관련 증권에 투자하고, 그 수익을 배당으로 지급하는 상품이다. 최근에는 GRESB 평가 결과와 같이 ESG 성과가 우수한 리츠들이 시장에서 주목받고 있으며, 이러한 리츠에 투자하면 안정적인 배당 수익과 함께 ESG 가치 실현에 간접적으로 기여할 수 있다. 개별 리츠의 ESG 보고서나 평가 정보를 참고하여 투자 대상을 선정할 수 있다.

셋째, **부동산 조각 투자 플랫폼 활용**이다. 최근 등장한 프롭테크 기반의 부동산 조각 투자 플랫폼은 고가의 상업용 빌딩이나 개발 프로젝트 지분을 소액 단위로 나누어 개인들이 쉽게 투자할 수 있도록 지원한다. 일부 플랫폼에서는 친환경 인증 건물이나 사회적 가치를 창출하는 프로젝트를 투자 대상으로 제공하기도 한다. 투자자는 플랫폼에서 제공하는 자산 정보, 예상 수익률, 그리고 ESG 관련 정보를 확인하고 자신의 판단에 따라 투자할 수 있다. 다만, 플랫폼의 신뢰성, 투자 자산의 실질적인 ESG 성과, 그리고 유동성 등을 신중하게 검토해야 한다.

넷째, **자신의 거주 주택 또는 소유 부동산의 ESG 가치 향상 노력**이다. 직접적인 금융 투자 외에도, 자신이 거주하거나 소유한 부동산의 에너지 효율을 개선(예: 단열 강화, 고효율 설비 교체)하거나, 옥상에 소규모 태양광 발전 시설을 설치하는 등의 노력을 통해 ESG 가치를 실현하고 장기적으로 자산 가치를 높일 수 있다. 정부의 그린 리모델링 이자 지원 사업이나 지자체의 보조금 지원 제도를 활용하면 초기 투자 부담을 줄일 수 있다.

다섯째, **P2P(Peer-to-Peer) 대출 플랫폼을 통한 ESG 프로젝트 투자**이다. 일부 P2P 금융 플랫폼에서는 소규모 친환경 개발 사업이나 지역사회 발전 프로젝트에 대한 대출 투자를 중개하기도 한다. 이는 상대적으로 높은 수익률을 기대할 수 있지만, 원금 손실 위험도 크므로 투자 결정에 신중을 기해야 하며, 프로젝트의 실질적인 ESG 성과와 사업성에 대한 면밀한 검토가 필요하다.

여섯째, **ESG 관련 교육 및 정보 습득을 통한 역량 강화**이다. 소규모 투자자일수록 ESG 투자에 대한 정확한 이해와 정보 분석 능력이 중요하다. 관련 서적, 온라인 강의, 세미나 등을 통해 ESG 및 부동산 투자 지식을 꾸준히 학습하고, 신뢰할 수 있는 정보 채널을 통해 시장 동향을 파악하는 노력이 필요하다.

결론적으로, 소규모 투자자도 다양한 간접 투자 상품과 플랫폼을 활용하고, 자신의 자산 가치를 높이는 노력을 통해 ESG 부동산 투자에 적극적으로 참여할 수 있다. 중요한 것은 자신의 투자 목표와 위험 감수 수준에 맞는 방법을 선택하고, 충분한 정보 수집과 신중한 판단을 통해 장기적인 관점에서 투자를 실행하는 것이다.

ESG 경영과 소규모 투자를 위한 전략

- **ESG 펀드 활용**: 다양한 산업과 지역에 걸쳐 분산된 ESG 펀드에 투자하여 리스크를 줄이고 안정적인 수익을 확보할 수 있다.
- **스마트 기술 도입**: AI 기반 플랫폼을 활용하여 기업이나 자산의 ESG 데이터를 분석하고 최적의 투자를 결정할 수 있다.

- **지역사회 협력 모델 참여**: 지역사회 공헌 활동이 포함된 부동산 프로젝트에 참여하여 장기적인 안정성과 사회적 가치를 동시에 실현할 수 있다.
- **교육 및 컨설팅 서비스 활용**: 전문 컨설턴트나 교육 프로그램을 통해 ESG 투자의 기본 원칙과 최신 동향을 학습하고 이를 실천할 수 있다.
- **결론**: 소규모 투자자를 위한 실행 가능한 ESG 프레임워크는 단순히 경제적 이익을 넘어 지속 가능한 발전 목표(SDGs)를 달성하기 위한 강력한 도구로 자리 잡고 있다. 이를 통해 소규모 투자자들은 자신의 가치관과 일치하는 투자를 실현하며 장기적인 안정성과 경쟁력을 확보할 뿐만 아니라 글로벌 시장에서 지속 가능한 미래를 선도할 수 있을 것이다.

◎ 응용과 적용: 소액 투자자의 ESG 부동산 투자 전략

적용예시 1. 건물 에너지 효율 개선

서울 시내의 노후 빌라를 소유한 투자자는 단열을 강화하고 태양광 패널을 설치하는 등 리모델링을 통해 건물 가치를 높였다. 정부의 에너지 효율 개선 지원 사업을 활용하여 초기 투자 비용 부담을 줄였다. 이렇게 개선된 빌라의 임대료를 소폭 인상하여 수익을 늘리고, ESG 가치를 높여 매각 시점의 자산 가치를 극대화했다.

적용예시 2. 친환경 빌딩 조각 투자

소액 투자자가 최신 기술이 적용된 '친환경 스마트 오피스 빌딩'에 P2P 조각 투자 플랫폼을 통해 참여했다. 이 빌딩은 친환경 인증(LEED 등)을 획득하여 높은 임대 수익률을 올리고 있었으며, 투자자는 직접 건물을 매입할 필요 없이 소액으로도 ESG 부동산 투자의 혜택을 누릴 수 있었다. 또한, 플랫폼에서 제공하는 투명한 정보와 전문가의 분석을 통해 안정적인 장기 투자를 이어갈 수 있었다.

25.3. 장기적인 자산 관리에서의 ESG 활용 방안

ESG 원칙은 단기적인 투자 수익률을 넘어, 장기적인 관점에서 자산의 가치를 보존하고 증대하며, 미래의 불확실성에 대비하는 핵심적인 자산 관리 전략으로 활용될 수 있다. 특히 부동산과 같이 수명이 길고 비유동적인 자산의 경우, ESG 요소를 고려한 장기적인 자산 관리는 그 중요성이 더욱 크다.

첫째, **기후변화 리스크에 대한 선제적 대응 및 자산 회복탄력성 강화**이다. 장기적으로 기후변화로 인한 물리적 리스크(예: 해수면 상승, 홍수, 폭염, 가뭄 등)와 전환 리스크(예: 탄소세 도입, 환경 규제 강화, 저탄소 기술로의 전환)는 부동산 자산 가치에 심각한 부정적 영향을 미칠 수 있다. 따라서 자산 관리 과정에서 이러한 리스크를 정기적으로 평가하고, 필요한 경우 건물 에너지 효율 개선, 방재 시설 강화, 친환경 설비 도입, 그리고 보험 가입 등의 대응 조치를 통해 자산의 회복탄력성을 높여야 한다.

둘째, **에너지 효율 개선 및 운영 비용 절감을 통한 수익성 향상**이다. 노후된 설비(냉난방, 조명 등)를 고효율 제품으로 교체하고, 스마트 빌딩 관리 시스템을 도입하여 에너지 사용을 최적화하며, 신재생에너지 설비를 설치하는 등의 노력은 장기적으로 건물 운영 비용을 크게 절감하여 순영업이익(NOI)을 개선하고 자산 가치를 높이는 효과가 있다. 이는 임대료 인상 여력을 확보하고 공실률을 낮추는 데도 기여한다.

셋째, **사용자(임차인, 입주민) 만족도 제고를 통한 자산 경쟁력 강화**이다. 안전하고 건강하며 쾌적한 실내 환경 조성, 다양한 편의시설 제공, 그리고 효과적인 커뮤니티 관리 등을 통해 사용자 만족도를 높이는 것은 우량 임차인을 유치하고 장기 계약을 유지하며, 공실 리스크를 줄이는 데 매우 중요하다. 정기적인 만족도 조사와 피드백 수렴을 통해 지속적으로 개선 노력을 기울여야 한다.

넷째, **미래 시장 변화 및 규제 환경 변화에 대한 유연한 적응**이다. ESG 관련 기술, 시장 트렌드, 그리고 정부 정책 및 규제는 끊임없이 변화하므로, 이러한 변화에 대한 민감성을 유지하고 선제적으로 대응할 수 있는 유연한 자산 관리 전략이 필요하다. 예를 들어, 새로운 친환경 기술이 등장하면 도입을 검토하고, 강화되는 환경 기준에 맞춰 시설을 개선하며, 변화하는 사용자 요구에 부응하는 새로운 서비스를 개발해야 한다.

다섯째, **ESG 성과 데이터의 체계적인 관리 및 투명한 공개**이다. 건물 운영 과정에서 발생하는 다양한 ESG 성과 데이터(에너지 소비량, 탄소 배출량, 수자원 사용량, 폐기물 재활용률, 사용자 만족도 등)를 체계적으로 수집, 관리, 분석하고, 이를 투자자, 임차인, 지역사회 등 이해관계자들에게 정기적으로 투명하게 공개해야 한다. 이는 자산의 ESG 가치를 객관적으로 입증하고 시장의 신뢰를 얻는 데 기여하며, GRESB와 같은 글로벌 ESG 평가에서도 좋은 점수를 받는 데 도움이 된다.

여섯째, **자산의 생애주기 전반에 걸친 ESG 고려**이다. 부동산 자산 관리는 단순히 운영 단계에만 국한되는 것이 아니라, 취득, 개발(또는 리모델링), 운영, 그리고 최종 처분(매각)에 이르는 생애주기 전반에 걸쳐 ESG 요소를 고려해야 한다. 예를 들어, 자산 매입 시 ESG 실사를 통해 잠재적 리스크를 파악하고, 리모델링 시 친환경 설계를 적용하며, 매각 시에는 자산의 ESG 성과를 적극적으로 어필하여 가치를 극대화할 수 있다.

결론적으로, 장기적인 자산 관리에서 ESG를 적극적으로 활용하는 것은 단순한 비용 관리를 넘어, 자산의 근본적인 가치를 높이고, 미래의 불확실성에 대비하며, 지속 가능한 수익을 창출하는 핵심 전략이다. 이는 변화하는 시장 환경 속에서 부동산 자산의 경쟁력을 유지하고 장기적인 성공을 담보하는 길이다.

ESG를 활용한 장기 자산 관리 전략

친환경 건축물 투자:
LEED(Leadership in Energy and Environmental Design) 인증이나 G-SEED(녹색건축인증)를 받은 친환경 건축물은 에너지 소비를 줄이고 탄소 배출량을 감소시키며, 이는 장기적으로 운영 비용 절감과 자산 가치 상승으로 이어진다. 예컨대, 에너지 효율성이 높은 건물은 공실률이 낮고 임대료가 높아 투자자들에게 안정적인 수익을 제공한다.

지역사회 기반 프로젝트 참여:
지역사회 공헌 활동이 포함된 부동산 프로젝트는 지역 주민들의 신뢰와 지지를 얻어 장기적인 안정성을 보장한다. 예를 들어, 공공 공간 조성이나 저소득층 주거 복지 프로그램은 사회적 가치를 창출하는 동시에 자산의 시장 경쟁력을 강화한다.

재생 가능 에너지 통합:
태양광, 풍력, 지열 등 재생 가능 에너지를 활용한 인프라는 화석 연료 의존도를 줄이고 탄소 배출량을 감소시키며, 이는 규제 리스크를 줄이는 데도 기여한다. 예컨대, 건물 옥상에 태양광 패널을 설치하거나 지역 난방 시스템에 재생 가능 에너지를 통합하는 방식은 장기적인 비용 절감과 환경적 지속 가능성을 실현할 수 있다.

◎ 응용과 적용: 부동산 ESG. 지속 가능한 가치 창출

적용예시 1. 에너지 효율 개선을 통한 비용 절감 및 임차인 만족도 증대

노후 상업용 건물에 고효율 LED 조명 교체, 스마트 빌딩 시스템을 도입하여 에너지 사용량을 최적화했다. 운영 비용인 에너지 비용을 절감하여 순영업이익(NOI)을 개선했고, 쾌적한 실내 환경으로 임차인(사용자) 만족도가 높아져 공실률을 낮추는 데 기여했다.

적용예시 2. 기후변화 리스크 대비 및 자산 가치 유지

해안가에 위치한 물류창고에 해수면 상승과 폭우에 대비해 배수 시스템을 강화하고 내진 설비를 보강했다. 기후변화로 인한 물리적 리스크를 선제적으로 관리하여 자산의 물리적 손상 위험을 줄였고, 이는 장기적인 자산 가치 하락을 방지하며 보험료 등 부대비용을 안정적으로 관리하는 효과를 가져왔다.

25.4. ESG 투자의 미래와 전략

탄소중립 건축의 주류화

넷제로 건물, 탄소 네거티브 건물 등 탄소중립을 넘어서는 혁신적인 건축 방식이 주류가 되어, 건물 부문의 기후변화 대응을 선도할 것이다. 재생 에너지, 탄소 포집 기술, 바이오필릭 디자인 등이 통합된 미래 지향적 건축이 확산될 것이다.

포용적 커뮤니티 중심 개발

다양성, 형평성, 포용성을 핵심 가치로 하는 커뮤니티 중심 개발이 확대되어, 사회적 연결성과 회복탄력성을 높이는 방향으로 부동산 개발이 진화할 것이다. 공유 경제, 세대 통합, 문화적 다양성이 어우러진 새로운 주거 및 상업 공간이 창출 될 것이다.

기술 기반 투명성과 책임성 강화

블록체인, AI, 빅데이터 등 첨단 기술을 활용한 ESG 성과의 실시간 측정, 검증, 보고 체계가 고도화되어, 투자의 투명성과 책임성이 획기적으로 강화될 것이다. 이는 그린워싱을 방지하고 진정한 ESG 가치를 창출하는 투자를 촉진할 것이다.

1) ESG 투자와 부동산 투자의 미래

ESG 투자는 더 이상 단순한 유행이 아니라, 지속 가능한 미래를 위한 필수적인 책임으로 인식되고 있다. 인공지능(AI)과 빅데이터 기술의 발전은 개인 맞춤형 ESG

투자를 가능하게 하고, 투자자들이 정교한 데이터를 활용해 자신의 포트폴리오를 설계할 수 있도록 돕고 있다. 특히, 글로벌 규제 강화에 따라 ESG 성과가 우수한 자산은 더욱 매력적인 투자 대상이 될 전망이다.

2) 소규모 투자를 위한 ESG 프레임워크

미래에는 소규모 투자자들도 ESG 프레임워크를 통해 투자에 참여하기 더욱 용이해질 것이다. 인공지능과 빅데이터 기술을 활용한 대규모 데이터 분석으로 최적의 투자를 결정할 수 있는 환경이 조성될 것이다. 이에 따라 ESG 성과가 높은 자산은 더욱 매력적인 투자 대상으로 자리 잡을 것이다.

ESG 부동산 투자는 지속 가능한 미래를 향한 여정에서 핵심적인 역할을 수행하고 있다. 친환경 건축물과 재생 에너지 활용이 중요해지고, 투자자들은 ESG 데이터를 실시간으로 분석하여 최적의 투자 전략을 수립할 수 있다. 궁극적으로, 탄소 중립 건축, 포용적 커뮤니티 중심 개발, 그리고 기술 기반 투명성 및 책임성 강화가 조화를 이루는 새로운 부동산 패러다임이 형성되고 있다. 이러한 변화에 선제적으로 대응하고 적용하는 투자자들이 미래 시장에서 성공할 것이다.

| 제7부 |

ESG 부동산 시장 전략

제26장
부동산 시장에서의 ESG 통합 전략

제27장
디지털 기술을 활용한 부동산 가치평가

제26장

부동산 시장에서의 ESG 통합 전략

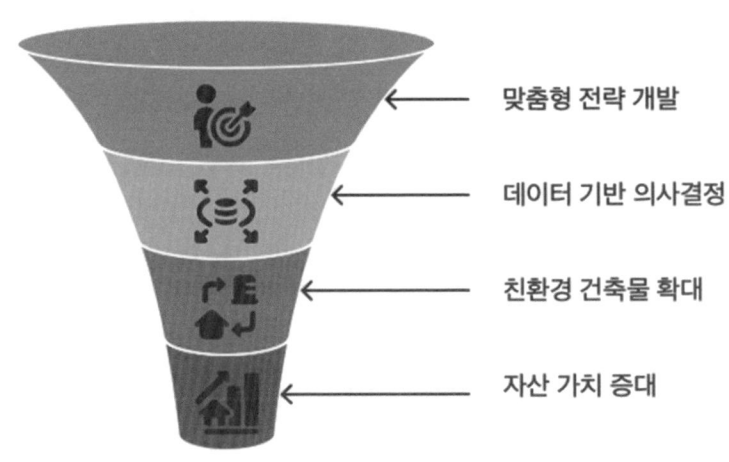

부동산 시장의 ESG 통합
(ESG Integration in the Real Estate Market)

　부동산 시장에 ESG 원칙을 성공적으로 통합하기 위해서는 시장의 특성을 고려한 맞춤형 전략, 자산 가치 증대를 위한 구체적인 실행 방안, 그리고 데이터 기반의 합리적인 의사결정 시스템 구축이 필수적이다. 이는 단순히 개별 부동산의 ESG 성과를 높이는 것을 넘어, 시장 전체의 지속 가능성을 제고하고 투자자와 사용자 모두에게 긍정적인 가치를 제공하는 것을 목표로 한다. 본 장에서는 지역적 특성을 반영한 ESG 적용 방법론을 살펴보고, 친환경 건축물 확대를 통한 자산 가치 증대 전략을 분석하며, 데이터 기반 시장 분석을 통한 투자 최적화 방안을 모색하고자 한다.

26.1. 지역 특성을 반영한 맞춤형 ESG 적용 방법론

부동산 시장은 지역별로 기후 조건, 경제 구조, 사회·문화적 배경, 그리고 법규 및 정책 환경이 상이하므로, ESG 원칙을 일률적으로 적용하기보다는 각 지역의 고유한 특성과 당면 과제를 반영한 맞춤형 적용 방법론을 개발하는 것이 중요하다. 이는 ESG 전략의 실효성을 높이고 지역사회의 수용성을 확보하는 데 핵심적인 역할을 한다.

첫째, **지역의 환경적 취약성 및 잠재력 분석**이 선행되어야 한다. 예를 들어, 해안가 도시는 해수면 상승 및 태풍 리스크에 대비한 기후변화 적응형 건축 설계와 방재 인프라 구축에 중점을 두어야 하며, 일조량이 풍부한 지역은 태양광 발전 등 신재생 에너지 활용 잠재력을 극대화하는 전략을 우선적으로 고려할 수 있다. 또한, 지역의 생태계 보전 가치가 높은 경우 개발을 최소화하고 생태 면적률을 확보하는 노력이 필요하다.

둘째, **지역의 사회·경제적 특성 및 주민 요구 파악**이 중요하다. 고령 인구 비율이 높은 지역은 유니버설 디자인 적용, 헬스케어 시설 연계, 그리고 커뮤니티 돌봄 서비스 강화를 ESG 전략에 포함해야 한다. 청년 인구 유입이 많은 신도시나 대학가는 저렴한 주택 공급, 창업 지원 시설 확충, 그리고 활기찬 문화 공간 조성에 초점을 맞출 수 있다. 지역 주민들의 ESG 관련 인식 수준과 주요 관심사를 파악하여 맞춤형 교육 및 참여 프로그램을 운영하는 것도 효과적이다.

셋째, **지역 정부의 정책 방향 및 규제 환경과의 연계**가 필요하다. 각 지방자치단체가 수립한 도시 기본 계획, 환경 보전 계획, 에너지 정책 등과 ESG 전략을 연계하여 정책적 일관성을 확보하고 시너지 효과를 창출해야 한다. 지역별로 상이한 건축 조례, 용적률 인센티브, 세제 혜택 등을 면밀히 검토하여 ESG 투자 및 개발의 경제성을 높이는 방안을 모색해야 한다.

넷째, 지역 자원 및 산업 특성을 활용한 ESG 특화 전략 개발이다. 예를 들어, 역사·문화 자원이 풍부한 지역은 이를 보존하고 활용하는 도시재생 프로젝트를 통해 지역 정체성을 강화하고 관광 산업을 활성화할 수 있다. 특정 산업(예: IT, 바이오)이 발달한 지역은 해당 산업의 특성을 반영한 친환경 스마트 업무 단지 조성이나 관련 인재 유치를 위한 정주 환경 개선에 집중할 수 있다.

다섯째, 지역 이해관계자와의 긴밀한 협력 체계 구축이다. 지역 주민, 시민단체, 기업, 학계, 그리고 지방정부 등 다양한 이해관계자가 참여하는 ESG 거버넌스 플랫폼을 구축하여, 지역 맞춤형 ESG 목표를 함께 설정하고, 실행 계획을 공동으로 수립하며, 성과를 공유하고 평가하는 협력적 프로세스를 마련해야 한다. 이는 ESG 전략의 실행력을 높이고 지역사회의 자발적인 동참을 이끌어내는 데 중요하다.

여섯째, 지역 단위 ESG 데이터 수집 및 분석 시스템 구축이다. 지역별 에너지 소비량, 탄소 배출량, 대기 질, 교통량, 주거 환경 만족도 등 ESG 관련 데이터를 체계적으로 수집하고 분석하여, 지역 맞춤형 ESG 전략의 효과를 객관적으로 평가하고 개선 방안을 도출하는 데 활용해야 한다.

일곱째, 선도적인 지역 ESG 모델 발굴 및 확산이다. 특정 지역에서 성공적으로 추진된 ESG 적용 사례를 적극적으로 발굴하고, 그 성공 요인과 노하우를 다른 지역과 공유하며 확산시키는 노력이 필요하다. 이는 지역 간 학습과 경쟁을 통해 국가 전체의 ESG 수준을 높이는 데 기여할 수 있다.

결론적으로, 지역 특성을 반영한 맞춤형 ESG 적용 방법론은 획일적인 접근에서 벗어나 각 지역의 고유한 강점과 잠재력을 최대한 발휘하도록 지원함으로써, 보다 효과적이고 지속 가능한 부동산 시장 발전을 이끌어낼 수 있다.

> **사례 연구: 지역 특성을 반영한 ESG 성공 사례**
>
> **미국 사례:**
> 미국 샌프란시스코는 IoT와 AI 기술을 활용하여 도심 내 스마트 빌딩 프로젝트를 성공적으로 실행했다. 이 프로젝트는 에너지 소비를 30% 이상 줄이는 데 성공했으며, 그 결과 공실률 감소와 임대료 상승으로 이어져 경제적 성과와 환경적 지속 가능성을 동시에 달성했다.

◎ 응용과 적용: 지역 특성에 맞는 ESG 전략

적용예시 1. 지역 특화 산업 연계

지역의 역사, 문화, 산업 자원을 활용하여 맞춤형 ESG 전략을 수립한다. 예를 들어, IT나 바이오 산업이 발달한 지역은 스마트 산업 단지 조성과 같은 친환경 개선 사업을 추진하여 지역 특성을 살리고 환경적 가치를 높일 수 있다. '친환경 스마트 농업 단지' 구축, 농업이 주를 이루는 지역에서 스마트팜 기술을 도입하여 에너지 효율을 높이고, 폐기물 재활용 시스템을 구축해 환경 보호와 경제적 가치를 동시에 추구한다.

적용예시 2. 지역 거버넌스 및 주민 참여 활성화

지역 주민, 시민단체, 기업, 학계 등 다양한 이해관계자들이 참여하는 거버넌스 플랫폼을 구축하여 지역 맞춤형 ESG 목표를 함께 설정하고 실행 계획을 수립한다. 이를 통해 ESG 전략의 실효성을 높이고 지역 사회의 자발적인 참여를 유도한다. '주민 참여형 에너지 절약 캠페인', 지역 주민들이 직접 참여하여 에너지 사용량을 절감하고, 절약된 에너지 비용의 일부를 지역 사회에 환원하는 프로그램을 운영한다. 이는 주민들에게 경제적 혜택을 제공하면서 동시에 지역 전체의 ESG 의식을 높이는 효과를 가져온다.

26.2. 친환경 건축물 확대를 통한 자산 가치 증대

친환경 건축물은 설계, 건설, 운영, 그리고 폐기 전 과정에 걸쳐 환경 부하를 최소화하고 에너지 및 자원 효율성을 극대화하며, 동시에 사용자에게 건강하고 쾌적한 환경을 제공하는 건축물을 의미한다. 이러한 친환경 건축물의 확대는 단순한 환경 보호를 넘어, 부동산 자산의 경제적 가치를 실질적으로 증대시키는 효과적인 ESG 전략이다.

친환경 건축물은 다양한 방식으로 자산 가치를 높인다. 첫째, **운영 비용 절감**이다. 고효율 단열재, 고성능 창호, LED 조명, 스마트 에너지 관리 시스템(BEMS) 등을 통해 에너지 소비를 크게 줄여 냉난방비 및 전력비를 절감하고, 절수형 설비 및 빗물 재활용 시스템을 통해 수도 요금을 절약할 수 있다. 이러한 운영 비용 절감은 건물의 순영업이익(NOI)을 증가시켜 직접적으로 자산 가치를 상승시킨다.

둘째, **임대료 프리미엄 및 공실률 감소**이다. 친환경 건축물은 쾌적하고 건강한 실내 환경을 제공하여 임차인의 만족도와 생산성을 높이며, 이는 우량 임차인 유치 및 장기 임대 계약 유지에 유리하게 작용한다. 다수의 연구에서 LEED, BREEAM, G-SEED 등 친환경 인증을 받은 건물이 일반 건물보다 높은 임대료를 받거나 낮은 공실률을 기록하는 '그린 프리미엄'이 관찰되고 있다.

셋째, **시장 경쟁력 강화 및 브랜드 가치 제고**이다. ESG에 대한 사회적 관심과 요구가 높아짐에 따라, 친환경 건축물은 시장에서 차별화된 경쟁 우위를 확보할 수 있다. 친환경 건축물을 소유하거나 개발하는 기업은 환경 보호에 앞장서는 긍정적인 이미지를 구축하고 브랜드 가치를 높일 수 있으며, 이는 투자 유치 및 고객 유치에도 유리하게 작용한다.

넷째, **미래 규제 리스크 감소 및 자산 유동성 증대**이다. 각국 정부의 환경 규제가 강화되고 탄소 배출 관련 비용이 증가하는 추세 속에서, 친환경 건축물은 미래의 규제 변화에 선제적으로 대응하고 잠재적인 '좌초 자산' 리스크를 줄일 수 있다. 또한,

ESG 투자가 확대되면서 친환경 건축물은 투자자들에게 매력적인 투자 대상으로 인식되어 자산의 유동성을 높이는 효과도 있다.

친환경 건축물 확대를 통한 자산 가치 증대 전략을 효과적으로 실행하기 위해서는 다음과 같은 노력이 필요하다. 첫째, 개발 초기 단계부터 친환경 설계를 적극적으로 도입하고, 생애주기비용분석(LCCA)을 통해 초기 투자 비용과 장기적인 운영 비용 절감 효과를 종합적으로 고려해야 한다. 둘째, 신축 건물뿐만 아니라 기존 노후 건물의 대대적인 그린 리모델링을 통해 에너지 성능을 개선하고 자산 가치를 높여야 한다. 정부의 이자 지원 사업이나 세제 혜택을 적극적으로 활용할 수 있다.

셋째, 친환경 건축물 인증(LEED, G-SEED 등)을 적극적으로 획득하여 건물의 환경 성능을 객관적으로 입증하고 시장에 효과적으로 홍보해야 한다. 넷째, 건물 운영 단계에서도 지속적인 에너지 모니터링과 관리를 통해 친환경 성능을 유지하고 개선해 나가야 하며, 임차인과의 협력을 통해 에너지 절약 및 친환경 생활 실천을 유도해야 한다.

결론적으로, 친환경 건축물 확대는 환경 보호라는 공익적 가치 실현과 함께, 운영 비용 절감, 임대 수입 증대, 시장 경쟁력 강화, 그리고 리스크 감소 등 실질적인 경제적 이익을 가져다주어 부동산 자산의 가치를 지속적으로 증대시키는 핵심적인 ESG 전략이다.

사례 연구: 친환경 건축물을 통한 성공 사례

미국 사례:
미국 뉴욕의 한 LEED 플래티넘 인증 상업용 건물은 태양광 패널과 고효율 HVAC 시스템을 활용하여 에너지 소비를 30% 이상 줄였다. 이 건물은 낮은 공실률과 높은 임대료를 기록하며 투자자들에게 안정적인 수익원을 제공했다.

> **한국 사례:**
> 서울시 내 한 대규모 재개발 프로젝트는 G-SEED 인증을 받은 친환경 아파트 단지를 조성했다. 이 단지는 에너지 효율성이 높은 설비와 재생 가능 에너지를 활용하여 운영 비용을 크게 절감했다. 또한 매매가와 임대료 모두 평균보다 높은 수준을 기록했다.

◎ 응용과 적용: 친환경 건축, 지속 가능한 자산 가치 증대

적용예시 1. 에너지 효율 개선을 통한 운영 비용 절감

기존 상업용 건물에 스마트 빌딩 에너지 관리 시스템(BEMS)을 도입하여, 냉난방 및 전력 사용량을 실시간으로 모니터링하고 제어한다. 이를 통해 불필요한 에너지 낭비를 줄이고 운영 비용을 절감하여 건물의 순운영이익(NOI)을 높이고, 결과적으로 건물 자산 가치를 상승시킬 수 있다.

적용예시 2. 친환경 인증 및 리모델링을 통한 경쟁력 강화

오래된 오피스 건물을 친환경(그린) 리모델링하여 LEED나 G-SEED와 같은 친환경 건축물 인증을 획득했다. 이를 통해 쾌적한 실내 환경을 조성하고, 임차인의 만족도와 생산성을 높여 공실률을 줄일 수 있다. 또한, 친환경 이미지를 구축하여 브랜드 가치를 높이고 시장 경쟁력을 강화함으로써 투자자와 임차인 모두에게 긍정적인 영향을 미칠 수 있다.

26.3. 데이터 기반 시장 분석을 통한 투자 최적화

부동산 시장의 복잡성과 불확실성이 증가함에 따라, 과거의 경험이나 직관에 의존한 투자 의사결정 방식은 한계를 드러내고 있다. ESG 원칙을 투자 전략에 효과적으로 통합하고 장기적으로 안정적인 수익을 확보하기 위해서는 객관적인 데이터에

기반한 정교한 시장 분석과 이를 통한 투자 최적화가 필수적이다.

데이터 기반 시장 분석은 다양한 출처로부터 수집된 방대한 양의 정형 및 비정형 데이터를 활용하여 시장 동향, 가격 변동, 수요-공급 패턴, 그리고 잠재적 리스크와 기회를 과학적으로 분석하는 과정이다. 부동산 거래 데이터, 인구 통계, 거시경제 지표, 정책 변화, 지역 개발 계획, 그리고 최근에는 건물 에너지 소비량, 탄소 배출량, 친환경 인증 정보, 소셜 미디어상의 평판 등 ESG 관련 데이터까지 분석 대상에 포함된다.

이러한 데이터를 효과적으로 분석하기 위해 인공지능(AI), 머신러닝, 빅데이터 분석, 공간정보시스템(GIS) 등 첨단 디지털 기술이 적극적으로 활용된다. AI 기반 예측 모델은 과거 시장 데이터와 다양한 변수 간의 복잡한 관계를 학습하여 미래 부동산 가격 변동이나 특정 지역의 성장 잠재력을 예측할 수 있다. 머신러닝 알고리즘은 ESG 요소가 부동산 가치나 투자 수익률에 미치는 영향을 정량적으로 분석하고, 투자 대상 자산의 ESG 리스크를 평가하는 데 활용될 수 있다. GIS는 특정 지역의 입지 조건, 환경적 제약, 그리고 주변 인프라 현황 등을 시각적으로 분석하여 투자 의사 결정을 지원한다.

데이터 기반 시장 분석을 통한 투자 최적화 전략은 다음과 같은 방식으로 이루어질 수 있다. 첫째, **잠재적 투자 기회 발굴**이다. 다양한 데이터를 종합적으로 분석하여 저평가된 지역이나 성장 잠재력이 높은 부동산 유형, 그리고 ESG 성과 개선을 통해 가치 상승이 기대되는 자산을 선제적으로 발굴할 수 있다. 예를 들어, 특정 지역의 인구 유입 추세, 소득 수준 변화, 그리고 친환경 인프라 투자 계획 등을 분석하여 미래 수요 증가가 예상되는 지역에 투자하거나, 에너지 효율 개선 잠재력이 큰 노후 건물을 매입하여 그린 리모델링 후 가치를 높이는 전략을 구사할 수 있다.

둘째, **포트폴리오 리스크 관리 강화**이다. 기후변화로 인한 물리적 리스크(예: 침수 위험 지역), 환경 규제 강화에 따른 전환 리스크, 그리고 지역사회 갈등이나 평판 손상과 같은 사회적 리스크 등 다양한 ESG 리스크를 데이터 기반으로 평가하고, 이를 포트폴리오 구성 및 자산 배분 전략에 반영하여 투자 위험을 최소화할 수 있다.

셋째, **자산 운영 효율성 극대화**이다. IoT 센서를 통해 실시간으로 수집되는 건물 운영 데이터(에너지 소비량, 설비 상태, 공실률 변화 등)를 분석하여 에너지 사용을 최적화하고, 유지·보수 비용을 절감하며, 임차인 만족도를 높이는 등 자산 운영의 효율성을 지속적으로 개선할 수 있다.

넷째, **객관적인 성과 평가 및 전략 수정**이다. 투자 자산의 재무적 성과와 함께 ESG 성과를 정량적인 데이터를 통해 객관적으로 평가하고, 당초 설정한 투자 목표 달성도를 점검하며, 필요한 경우 시장 상황 변화에 맞춰 투자 전략을 유연하게 수정하고 최적화할 수 있다.

그러나 데이터 기반 시장 분석을 효과적으로 활용하기 위해서는 몇 가지 전제 조건이 충족되어야 한다. 신뢰할 수 있는 고품질 데이터의 확보 및 표준화, 데이터 분석 전문 인력 양성, 그리고 데이터 보안 및 프라이버시 보호를 위한 기술적·제도적 장치 마련 등이 그것이다.

결론적으로, 데이터 기반 시장 분석은 부동산 투자의 불확실성을 줄이고 의사결정의 합리성을 높이며, ESG 요소를 효과적으로 통합하여 장기적으로 지속 가능한 투자 성과를 달성하는 데 핵심적인 역할을 수행한다. 이는 변화하는 시장 환경에 대한 적응력을 높이고 투자 기회를 극대화하는 최적의 전략이다.

지속 가능한 건축 및 에너지 효율성 증대 방안

- **친환경 인증 제도 활용**: LEED나 G-SEED 인증을 통해 자산 가치를 높이고 투자자들에게 신뢰를 제공할 수 있다.
- **스마트 기술 도입**: IoT 센서와 AI 기반 플랫폼을 통해 건물 내 에너지 소비 데이터를 실시간으로 모니터링하고 최적화할 수 있다.
- **재생 가능 에너지 통합**: 태양광 패널 설치나 지역 난방 시스템에 재생 가능 에너지를 활용하여 화석 연료 의존도를 줄이고 운영 비용을 절감할 수 있다.

- **지역사회 협력 모델 개발**: 지역 주민들과 협력하여 공공 공간 조성이나 주거 복지 개선 프로젝트를 실행함으로써 신뢰와 지지를 확보할 수 있다.
- **투자 포트폴리오 다각화**: 친환경 건축물을 포함한 포트폴리오를 구성하여 리스크를 분산하고 안정적인 수익원을 확보할 수 있다.

◎ 응용과 적용: 데이터 기반 부동산 ESG 투자

적용예시 1. 데이터 분석을 통한 친환경 리모델링 투자

한 부동산 투자회사는 AI와 빅데이터 분석을 활용해 특정 지역의 노후 상업용 건물을 발굴한다. 단순히 일시적인 시장 동향만을 보는 것이 아니라, 해당 건물의 에너지 사용량, 탄소 배출량 데이터와 함께 주변 인구 유입 추이, 녹색 건축물 인증 현황 등을 종합적으로 분석하고 있다. 이 분석을 통해 건물에 친환경 리모델링(단열 보강, 고효율 설비 도입)을 적용할 경우, 에너지 비용 절감과 ESG 등급 상향으로 인해 임대 수익과 자산 가치가 상승할 것으로 예측하고 투자를 진행한다.

적용예시 2. GIS를 활용한 기후변화 리스크 관리

대규모 부동산 포트폴리오를 관리하는 자산운용사는 GIS(지리정보시스템) 기술을 이용해 보유 자산의 물리적 리스크를 정량적으로 평가하고 있다. 각 자산의 위치 데이터를 기반으로 홍수, 해수면 상승 등 기후변화로 인한 잠재적 위험을 시뮬레이션하고 있으며, 이에 따라 미래 가치 하락 위험이 높은 자산을 사전에 식별한다. 이를 바탕으로 위험 자산에 대한 포트폴리오 비중을 조정하거나, 선제적으로 침수 방지 시설을 설치하는 등 리스크를 효과적으로 관리하여 안정적인 장기 수익을 확보하고 있다.

26.4. 미래 부동산 시장과 ESG 통합 전략

미래 부동산 시장은 데이터 기반 분석과 친환경 인프라의 중요성으로 변화하고 있다. 특히, 인공지능(AI)과 빅데이터 기술의 발전은 ESG(환경, 사회, 지배구조) 데이터를 더욱 정밀하게 분석하고 실시간으로 보고할 수 있는 환경을 조성하고 있다.

글로벌 규제가 강화됨에 따라 친환경 건축물과 재생 가능 에너지를 활용하는 인프라는 모든 부동산 프로젝트의 필수적인 요소로 자리 잡았다. 부동산 시장의 ESG 통합 전략은 단순한 트렌드를 넘어 산업의 패러다임을 근본적으로 변화시키는 핵심 동력이 되고 있다.

이러한 통합적인 접근 방식은 기후 변화에 효과적으로 대응하고, 사회적 책임을 강화하며, 장기적인 투자 가치를 창출하여 더 나은 미래를 위한 부동산 산업의 발전을 이끌어 나갈 것이다.

제27장

디지털 기술을 활용한 부동산 가치평가

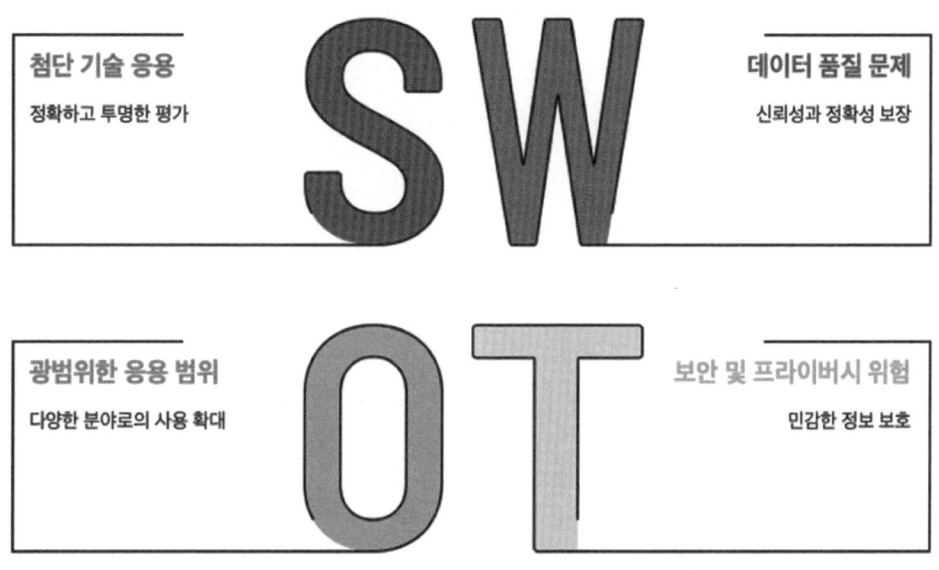

부동산 가치평가에서의 디지털 혁신
(Digital Innovation in Real Estate Valuation)

부동산 가치평가는 거래, 투자, 금융, 과세 등 다양한 경제활동의 기초가 되는 중요한 과정이지만, 부동산의 이질성, 정보의 비대칭성, 그리고 평가자의 주관 개입 가능성 등으로 인해 객관성과 정확성에 대한 논란이 끊이지 않았다. 최근 인공지능 (AI), 사물인터넷(IoT), 블록체인 등 첨단 디지털 기술의 발전은 이러한 전통적인 가치평가 방식의 한계를 극복하고, 보다 신속하고 정확하며 투명한 부동산 가치평가를 가능하게 하는 혁신적인 변화를 가져오고 있다. 본 장에서는 AI 기반 부동산 가치 예측 모델링, IoT 센서를 활용한 실시간 시장 데이터 수집, 그리고 블록체인 기술을 통한 거래 투명성 강화 방안을 중심으로 디지털 기술이 부동산 가치평가에 미치는 영향을 심층적으로 분석하고자 한다.

27.1. AI 기반 부동산 가치 예측 모델링

인공지능(AI)은 방대한 양의 데이터를 학습하여 스스로 패턴을 인식하고 미래를 예측하는 기술로, 부동산 가치평가 분야에서 그 활용 가능성이 매우 크게 주목받고 있다. AI 기반 부동산 가치 예측 모델(Automated Valuation Model, AVM)은 과거 거래 데이터, 매물 정보, 건물 특성, 입지 정보, 거시경제 지표, 그리고 최근에는 ESG 관련 데이터까지 다양한 변수를 종합적으로 분석하여 특정 부동산의 현재 시세나 미래 가치를 자동으로 추정한다.

전통적인 통계 기반 AVM은 주로 선형 회귀분석이나 다중 회귀분석을 사용했지만, 최근에는 머신러닝(Machine Learning) 및 딥러닝(Deep Learning) 알고리즘(예: 랜덤 포레스트, 그래디언트 부스팅, 신경망)을 적용하여 비선형적이고 복잡한 변수 간 관계를 보다 정교하게 모델링하고 예측 정확도를 획기적으로 향상시키고 있다. 이러한 AI 모델은 인간 평가사의 주관적인 판단을 배제하고 데이터에 기반한 객관적인 가치 추정을 가능하게 하며, 대량의 부동산에 대한 평가를 신속하게 수행할 수 있다는 장점이 있다.

AI 기반 AVM은 다양한 방식으로 활용될 수 있다. 금융기관은 주택담보대출 심사 시 담보물의 가치를 신속하게 평가하고 대출 리스크를 관리하는 데 활용할 수 있으며, 부동산 중개 플랫폼은 고객에게 매물 시세 정보를 제공하고 합리적인 거래 가격 형성을 지원할 수 있다. 투자자들은 잠재적 투자 대상 부동산의 적정 가치를 판단하고 투자 수익률을 예측하는 데 도움을 받을 수 있으며, 정부나 공공기관은 부동산 관련 과세 기준을 마련하거나 도시 계획 수립 시 기초 자료로 활용할 수 있다.

특히, AI는 ESG 요소가 부동산 가치에 미치는 영향을 분석하고 예측하는 데 매우 유용하다. 건물의 에너지 효율 등급, 친환경 인증 여부, 주변 녹지 면적, 대중교통 접근성, 범죄율, 그리고 소셜 미디어상의 지역 평판 등 다양한 정형 및 비정형 ESG 데이터를 학습하여, 이러한 요소들이 부동산 가격에 미치는 복합적인 영향을 모델링하고 그 가치를 정량화할 수 있다. 이는 ESG 성과가 우수한 부동산의 가치를 보다 정확하게 평가하고, ESG 투자를 활성화하는 데 기여할 수 있다.

그러나 AI 기반 가치 예측 모델이 널리 활용되기 위해서는 몇 가지 해결해야 할 과제가 있다. 첫째, 학습 데이터의 품질과 양이 모델의 성능을 좌우하므로, 신뢰할 수 있는 고품질 데이터를 지속적으로 확보하고 관리하는 것이 중요하다. 둘째, AI 모델의 의사결정 과정이 불투명한 '블랙박스' 문제를 해결하고, 모델의 예측 결과에 대한 설명 가능성(Explainable AI, XAI)을 높여 사용자의 신뢰를 확보해야 한다. 셋째, 시장 상황이 급변하거나 예외적인 특성을 가진 부동산에 대해서는 예측 정확도가 떨어질 수 있으므로, 인간 전문가의 판단과 보완적으로 활용하는 방안을 모색해야 한다. 넷째, 데이터 편향으로 인해 특정 지역이나 계층에 불리한 평가 결과를 초래할 수 있는 윤리적 문제에 대한 고려와 공정성 확보 노력이 필요하다.

결론적으로, AI 기반 부동산 가치 예측 모델링은 신속성, 객관성, 그리고 정교함 측면에서 전통적인 평가 방식을 혁신할 잠재력을 가지고 있으며, ESG 요소를 통합한 보다 포괄적인 가치평가를 가능하게 하는 핵심 기술로 발전해 나갈 것이다.

AI 기반 ESG 경영 강화를 위한 전략 및 시스템 구축 방안

- **AI 플랫폼 도입**: 기업과 투자자는 AI 기반 플랫폼을 활용하여 탄소 배출량, 에너지 소비량 등 주요 ESG 데이터를 실시간으로 분석하고 이를 기반으로 투자 전략을 설계할 수 있다.
- **스마트 빌딩 기술 연계**: IoT 센서와 AI 알고리즘을 결합하여 건물 내 에너지 소비 데이터를 모니터링하고 최적화하여 운영 비용 절감과 탄소 배출 감소를 동시에 실현할 수 있다.

- **투명한 보고 시스템 개발**: 디지털 기술을 활용하여 ESG 성과를 정기적으로 보고하고 이를 이해관계자들과 공유함으로써 신뢰성과 투명성을 강화할 수 있다.
- **글로벌 협력 모델 구축**: 주요국의 성공적인 AI 및 ESG 사례를 참고하여 국제적인 협력 모델을 개발하고 지속 가능한 발전 목표(SDGs)를 달성할 수 있다.

◎ 응용과 적용: AI 기반 부동산 가치 평가 혁신

적용예시 1. 금융기관의 담보 대출 심사

금융기관은 AI 기반 AVM(Automated Valuation Model)을 활용하여 주택담보대출 심사에 활용 중이다. AI 모델은 방대한 부동산 데이터를 학습하여 주택의 가치를 객관적으로 평가하며 고객 리스크를 관리한다. 이를 통해 신속하고 정확한 대출 심사가 가능해져 업무 효율성이 높아지고 있다.

적용예시 2. ESG 요소를 반영한 투자 결정

투자자는 AI 기반 AVM을 통해 부동산의 에너지 효율 등급, 친환경 인증 여부와 같은 ESG(Environmental, Social, and Governance) 요소를 종합적으로 분석한다. 이러한 요소들이 부동산 가치에 미치는 영향을 정량적으로 파악하여 더욱 정확한 투자 수익률을 예측할 수 있다. 이는 ESG 투자를 활성화하고, 미래 가치를 고려한 합리적인 의사결정을 돕고 있다.

27.2. IoT 센서를 활용한 실시간 시장 데이터 수집

사물인터넷(IoT) 센서는 건물 내외부의 물리적 환경 변화나 시설물 상태, 그리고 사람들의 활동 패턴과 관련된 다양한 데이터를 실시간으로 수집하고 네트워크를 통해 전송하는 기술이다. 이러한 IoT 센서 데이터를 부동산 가치평가에 활용하면, 과거의 정적인 데이터나 간헐적인 조사에 의존했던 전통적인 방식의 한계를 넘어, 보다 동적이고 미시적인 시장 상황 변화를 실시간으로 파악하고 이를 가치평가에 신속하게 반영할 수 있다.

건물 내부에 설치된 IoT 센서는 에너지 소비량(전력, 가스, 난방 등), 수자원 사용량, 실내 온도·습도·공기 질(미세먼지, CO_2 농도 등), 조명 사용 현황, 그리고 엘리베이터나 공조 설비와 같은 주요 시설물의 가동 상태 및 고장 징후 등을 실시간으로 모니터링할 수 있다. 이러한 데이터는 건물의 실제 운영 효율성과 유지관리 상태를 객관적으로 평가하고, 에너지 절감 잠재력이나 시설 노후화에 따른 리스크를 파악하여 가치평가에 반영하는 데 중요한 기초 자료가 된다. 특히, ESG 관점에서 건물의 환경 성능(E)을 지속적으로 측정하고 관리하는 데 매우 유용하다.

건물 외부나 특정 지역에 설치된 IoT 센서는 주변 환경 변화에 대한 실시간 데이터를 제공한다. 예를 들어, 특정 상업 지역의 유동인구 변화, 교통량 변화, 주차 가능 공간 현황, 그리고 대기오염도나 소음 수준 변화 등을 실시간으로 파악할 수 있다. 이러한 데이터는 상업용 부동산의 영업 환경 변화나 주거용 부동산의 생활 환경 질 변화를 즉각적으로 감지하고, 이것이 부동산 가치에 미치는 영향을 분석하는 데 활용될 수 있다.

또한, IoT 기술은 부동산 사용자의 행동 패턴에 대한 미시적인 데이터를 수집하여 공간 활용의 효율성이나 특정 서비스에 대한 수요를 파악하는 데도 도움을 줄 수 있다. 예를 들어, 공유 오피스나 코리빙 스페이스에서 각 공간의 실제 이용률, 특정 시간대의 혼잡도, 그리고 선호하는 부대시설 등을 IoT 센서를 통해 분석하고, 이를 기반으로 임대료 책정, 공간 재배치, 또는 새로운 서비스 개발에 활용하여 자산 가치를 최적화할 수 있다.

이렇게 IoT 센서를 통해 수집된 실시간 데이터는 AI 기반 가치 예측 모델(AVM)의 학습 데이터로 활용되어 모델의 정확성과 예측력을 더욱 향상할 수 있다. 과거 거래 가격이나 정적인 건물 특성 정보만으로는 포착하기 어려운 시장의 미세한 변화나 잠재적 리스크 요인을 실시간 데이터를 통해 감지하고 모델에 반영함으로써, 보다 시의성 있고 정교한 가치평가가 가능해진다.

그러나 IoT 센서 데이터 활용에는 데이터 보안 및 프라이버시 침해 문제, 센서 설치 및 유지·보수 비용, 그리고 수집된 방대한 양의 데이터를 효과적으로 처리하고 분석하기 위한 기술적 과제 등이 수반된다. 따라서 강력한 보안 시스템 구축, 개인정보 비식별화 조치, 그리고 효율적인 데이터 관리 플랫폼 마련이 선행되어야 한다.

결론적으로, IoT 센서를 활용한 실시간 시장 데이터 수집은 부동산 가치평가의 객관성과 시의성을 획기적으로 높이고, ESG 성과를 지속적으로 모니터링하며, 데이터 기반의 스마트한 자산 관리를 가능하게 하는 핵심 기술이다. 이는 미래 부동산 시장의 투명성과 효율성을 증진시키는 데 중요한 역할을 할 것이다.

지속 가능한 미래를 위한 데이터 기반 전략

- **스마트 빌딩 시스템 도입**: IoT 센서와 AI 기반 플랫폼을 통해 건물 내 에너지 소비 데이터를 실시간으로 모니터링하고 최적화하여 운영 비용 절감과 탄소 배출 감소를 동시에 실현할 수 있다.
- **환경 데이터 플랫폼 구축**: 대기질, 온도 등 환경 데이터를 통합적으로 관리하는 플랫폼을 구축하여 부동산 가치평가와 투자 전략 설계에 활용할 수 있다.
- **지역 맞춤형 데이터 분석**: 각 지역의 환경적 특성과 시장 동향을 반영한 맞춤형 데이터 분석을 통해 최적의 투자 결정을 지원할 수 있다.
- **ESG 성과 보고 시스템 운영**: IoT 기술을 활용하여 ESG 성과를 실시간으로 측정하고 이를 이해관계자들에게 투명하게 보고함으로써 신뢰성과 투명성을 강화할 수 있다.
- **글로벌 협력 모델 개발**: 주요국의 성공적인 IoT 및 ESG 사례를 참고하여 국제적인 협력 모델을 구축하고 지속 가능한 발전 목표(SDGs)를 달성할 수 있다.

◎ 응용과 적용: IoT 센서 활용, 부동산 가치 증대

1. 빌딩 에너지 효율 관리

건물의 IoT 센서를 통해 전력, 가스, 냉난방, 조명 사용량 등을 실시간으로 수집하고 분석한다. 이러한 데이터를 바탕으로 에너지 낭비 요소를 파악하며, 최적의 운영 방안을 도출하여 에너지 절감 목표를 달성할 수 있다. 예를 들어, 특정 층의 냉난방기 가동 시간이 과도할 경우, 센서 데이터를 통해 실제 재실 인원과 비교하여 비효율적인 부분을 찾아낸다. 이후 자동 제어 시스템을 구축하는 방식으로, 건물 관리 비용 절감은 물론 부동산 가치를 높이는 효과를 가져온다.

2. 공유 오피스 공간 최적화

공유 오피스 내 각 공간(회의실, 휴게실, 개인 부스 등)의 IoT 센서를 통해 실제 이용 현황과 이용 시간대별 혼잡도를 파악한다. 이 데이터를 기반으로 사용자들이 선호하는 공간의 임대료를 차등 책정하거나, 효율성이 낮은 공간을 재배치하는 등 공간 활용을 최적화하여 수익성을 극대화할 수 있다. 이는 사용자 만족도를 높여 재방문율을 높이고, 신규 서비스 개발의 근거 자료가 되어 경쟁력을 강화하는 데 도움을 준다.

27.3. 블록체인 기술을 통한 거래 투명성 강화

블록체인(Blockchain)은 분산 원장 기술(Distributed Ledger Technology, DLT)의 한 종류로, 거래 정보를 암호화하여 여러 참여자에게 분산 저장하고 공유함으로써 데이터의 위·변조를 방지하고 거래의 투명성과 보안성을 획기적으로 높일 수 있는 기술이다. 부동산 분야에서 블록체인 기술은 전통적으로 복잡하고 불투명하며 높은 비용이 수반되었던 거래 과정을 혁신하고, ESG 관련 정보의 신뢰성을 확보하는 데 중요한 역할을 할 잠재력을 가지고 있다.

부동산 거래에 블록체인을 적용하면, 부동산의 소유권 정보, 등기 이력, 거래 내역, 그리고 건물 관련 중요 정보(예: 건축물대장, 에너지 성능 인증서, 하자 보수 이력 등)를 안전하고 투명하게 기록하고 관리할 수 있다. 모든 거래 기록은 암호화되어 블록체인 네트워크 참여자들에게 공유되므로, 특정 중앙기관의 개입 없이도 정보의 무결성을 확보할 수 있으며, 위변조나 이중 거래의 위험을 크게 줄일 수 있다. 이는 부동산 거래 과정에서의 사기 위험을 낮추고 거래 당사자 간의 신뢰를 높이는 데 기여한다.

스마트 계약(Smart Contract)은 블록체인 기술의 핵심 기능 중 하나로, 사전에 설정된 조건이 충족되면 계약 내용이 자동으로 실행되도록 프로그래밍된 계약이다. 부동산 거래에 스마트 계약을 활용하면, 매매 계약 체결, 대금 지급, 소유권 이전 등기 등의 과정을 자동화하고 중개인이나 법무사의 역할을 최소화하여 거래 시간과 비용을 획기적으로 절감할 수 있다. 예를 들어, 매수인이 약속된 날짜에 대금을 지불하면 소유권이 자동으로 이전되도록 스마트 계약을 설정할 수 있다.

ESG 측면에서 블록체인 기술은 관련 정보의 투명성과 신뢰성을 높이는 데 매우 유용하다. 건물의 친환경 건축물 인증 내역, 에너지 소비량 및 탄소 배출량 데이터, 그리고 ESG 관련 감사 결과 등을 블록체인에 기록하여 이해관계자들이 언제든지 검증 가능한 형태로 접근할 수 있도록 할 수 있다. 이는 '그린워싱'을 방지하고 기업의 ESG 성과에 대한 시장의 신뢰를 높이는 데 기여한다. 또한, 탄소배출권 거래나 신재생에너지 인증서(REC) 거래와 같이 ESG 관련 자산 거래의 투명성과 효율성을 높이는 데도 활용될 수 있다.

부동산 자산의 토큰화(Tokenization) 또한 블록체인 기술을 통해 가능한 혁신적인 응용 분야이다. 고가의 부동산 자산을 다수의 디지털 토큰으로 분할하여 소액 투자자들이 쉽게 투자하고 거래할 수 있도록 하는 것이다. 이는 부동산 투자의 유동성을 높이고 투자자 저변을 확대하는 효과를 가져올 수 있으며, ESG 성과가 우수한 부동산 자산을 토큰화하여 ESG 투자 상품으로 개발할 수도 있다.

그러나 부동산 분야에 블록체인 기술을 성공적으로 도입하기 위해서는 몇 가지 해결해야 할 과제가 있다. 첫째, 기존의 법률 및 제도적 장벽이다. 부동산 등기 시스템, 계약법 등 현행 법규가 블록체인 기반 거래를 수용할 수 있도록 개정되거나 새로운 규제 프레임워크가 마련되어야 한다. 둘째, 기술적 표준화 및 상호운용성 확보다. 다양한 블록체인 플랫폼 간의 호환성 문제나 대량 거래 처리 속도 문제 등이 해결되어야 한다. 셋째, 사용자 교육 및 인식 개선이다. 새로운 기술에 대한 이해 부족이나 거부감을 해소하고, 블록체인 기반 서비스의 안전성과 편의성에 대한 신뢰를 구축하는 노력이 필요하다.

결론적으로, 블록체인 기술은 부동산 거래 과정의 투명성, 효율성, 그리고 보안성을 획기적으로 향상시키고, ESG 정보의 신뢰성을 높여 지속 가능한 부동산 시장 발전에 기여할 수 있는 강력한 잠재력을 가지고 있다. 기술적·제도적 과제를 극복하고 사회적 수용성이 확보된다면, 블록체인은 미래 부동산 산업의 핵심 인프라로 자리매김할 것이다.

블록체인 기술을 활용한 부동산 및 환경 데이터 관리 혁신 방안

- **스마트 계약 도입**: 스마트 계약을 통해 부동산 거래 과정을 자동화하고 효율성을 극대화할 수 있다.
- **환경 데이터 관리 플랫폼 구축**: 블록체인을 활용하여 건물의 에너지 소비와 탄소 배출 데이터를 관리하고 이를 이해관계자들에게 투명하게 보고할 수 있다.
- **글로벌 협력 모델 개발**: 주요국의 성공적인 블록체인 사례를 참고하여 국제적인 협력 모델을 구축하고 글로벌 시장에서 경쟁력을 강화할 수 있다.
- **투명한 보고 시스템 운영**: 블록체인을 기반으로 ESG 성과를 정기적으로 보고하고 이를 이해관계자들과 공유함으로써 신뢰성과 투명성을 강화할 수 있다.
- **부동산 자산 토큰화**: 블록체인을 활용하여 부동산 자산을 디지털 토큰으로 변환함으로써 소액 투자와 유동성을 촉진할 수 있다.

◎ 응용과 적용: 부동산 거래 혁신, 블록체인 기술 활용

1. 스마트 계약을 활용한 전세 계약 자동화

임차인과 임대인이 스마트 계약으로 전세 계약을 체결하고 있다. 계약 조건에 따라 전세 잔금 지급일 등에 맞춰 진행되어야 하는 절차가 자동으로 시작하도록 설정하고 있다. 이로써 중개인이나 법무사의 개입을 최소화하고, 절차의 신속성과 정확성을 높이고자 한다.

2. 부동산 소유권 토큰화

고가의 상업용 부동산을 여러 개의 디지털 토큰으로 분할하여 소액 투자자들이 해당 소유권을 나누어 가질 수 있도록 하고 있다. 이를 통해 투자 진입 장벽을 낮추고, 토큰 거래를 통해 유동성을 확보하여 투자 가치를 높이고 있다.

27.4. 부동산 시장의 미래: AI, IoT, 블록체인, ESG 통합

데이터 기반 ESG 측정

IoT 센서와 AI 분석을 통해 건물의 에너지 효율, 탄소 배출량, 물 사용량 등 환경 성과를 실시간으로 측정하고, 이를 정량화하여 가치 평가에 반영하는 시스템이 표준화될 것이다. 또한 사회적 영향과 지배구조 요소도 데이터 기반으로 측정되어 종합적인 ESG 성과 지표가 개발될 것이다.

ESG 프리미엄의 정량화

AI 모델은 ESG 성과가 우수한 부동산이 시장에서 얻는 가격 프리미엄을 정확히 측정하고 예측할 수 있게 될 것이다. 이는 투자자들이 ESG 투자의 재무적 이점을 명확히 이해하고, 개발자들이 지속가능한 건물에 투자할 경제적 동기를 강화하는 데 기여할 것이다.

ESG 성과 연동 금융 상품

블록체인과 IoT 기술을 활용하여 부동산의 실시간 ESG 성과에 연동된 금융 상품이 개발될 것이다. 예를 들어, 에너지 효율이 향상되면 자동으로 이자율이 낮아지는 그린 모기지나, 탄소 배출 감소에 따라 수익이 증가하는 토큰화된 부동산 투자 상품 등이 등장할 것이다.

미래 부동산 시장은 AI(인공지능), IoT(사물 인터넷), 블록체인 기술과 ESG(환경, 사회, 지배구조) 요소가 통합되어 혁신적으로 변화하고 있다.

1) ESG 요소의 통합

- 데이터 기반 ESG 측정: IoT 센서와 빅데이터 분석을 활용해 건물 에너지 효율, 탄소 배출량 등을 측정하고, AI 모델을 통해 ESG 성과를 정량적으로 평가할 수 있다.
- ESG 프리미엄의 정량화: AI 모델을 활용하여 ESG 성과가 우수한 부동산에 부여되는 프리미엄을 과학적으로 측정하고 예측할 수 있다.
- ESG와 금융 상품의 연동: 블록체인과 IoT 기술을 활용하여 부동산의 ESG 성과와 연동된 금융 상품이 개발되고 있으며, 이는 부동산 투자 시장을 더욱 활성화시킬 것이다.

2) 기술별 역할

- 블록체인 기술: 부동산 거래 과정을 간소화하고 효율성을 높이는 데 필수적인 역할을 한다. 이 기술은 투명하고 효율적인 자산 관리 및 투자 전략 수립의 중요한 요소로 자리 잡고 있다.
- IoT 기술: 부동산 가치 평가와 시장 분석에 중요한 역할을 수행한다. AI와 결합된 정밀한 데이터 분석 및 예측 모델 생성을 가능하게 만들고 시장 변동성에 유연하게 대응할 수 있는 환경을 조성할 것이다.
- AI 기술: 부동산 가치 예측 모델을 더욱 정교하게 만들어서 ESG 요소에 대한 평가를 정량화하는 데 기여하고 있다.

3) 미래 부동산 시장의 특징

- 지속 가능성: 글로벌 규제 강화에 따라 친환경 건축물과 재생 가능 에너지를 활용하는 인프라가 모든 부동산 프로젝트의 기본적 요구 사항이 될 것이다.
- 정밀한 분석: AI와 IoT 기술을 통해 부동산 데이터가 더욱 정밀하게 분석되고, 시장 예측의 정확도가 높아질 것이다.
- 효율적인 거래: 블록체인 기술을 통해 부동산 거래 과정이 더욱 단순하고 투명하게 이루어질 것이다.

| 제8부 |

지속 가능한 도시 개발 및 미래 전망

제28장
지속 가능한 도시 개발을 위한
실천 전략

제29장
인재 육성과 조직 문화 혁신

제30장
글로벌 트렌드와 미래 전망

제28장

지속 가능한 도시 개발을 위한 실천 전략

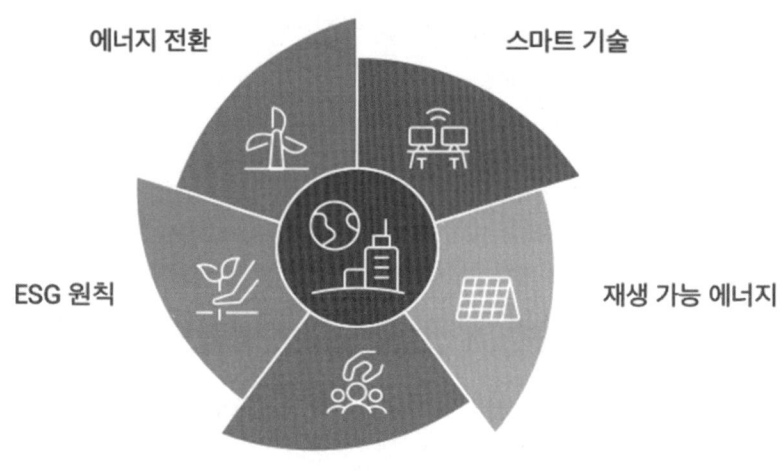

지속 가능한 도시 개발 전략
(Sustainable Urban Development Strategy)

　지속 가능한 도시 개발은 환경 보호, 사회적 포용, 그리고 경제적 번영이라는 세 가지 목표를 조화롭게 달성하여 현재 세대와 미래 세대 모두가 살기 좋은 도시 환경을 만들어가는 것을 의미한다. 이는 단일 프로젝트나 정책만으로는 이루어지기 어려우며, 스마트 기술의 적극적인 활용, 재생 가능 에너지로의 전환, 그리고 지역사회의 주체적인 참여와 협력을 통한 다각적이고 통합적인 실천 전략을 필요로 한다. 본 장에서는 스마트 시티 프로젝트와 ESG 통합 방안, 재생 가능 에너지 인프라 구축 전략, 그리고 지역사회 참여를 통한 도시 생태계 조성 방안을 중심으로 지속 가능한 도시 개발을 위한 구체적인 실천 전략을 논의하고자 한다.

28.1. 스마트 시티 프로젝트와 ESG 통합

스마트 시티는 정보통신기술(ICT), 사물인터넷(IoT), 인공지능(AI), 빅데이터 등 첨단 디지털 기술을 도시의 다양한 인프라와 서비스(교통, 에너지, 환경, 안전, 행정 등)에 융합하여 도시 운영의 효율성을 극대화하고 시민들의 삶의 질을 향상시키는 미래형 도시 모델이다. 스마트 시티 프로젝트에 ESG 원칙을 핵심 가치로 통합하는 것은 기술의 혜택이 단순히 효율성 증대를 넘어, 환경적으로 지속 가능하고 사회적으로 포용적이며 거버넌스가 투명한 도시를 만드는 데 기여하도록 하는 것을 목표로 한다.

환경(E)적 측면에서 스마트 시티는 에너지 효율 최적화, 신재생에너지 통합 관리, 지능형 교통 시스템을 통한 탄소 배출 감축, 실시간 환경 모니터링(대기 질, 수질, 소음 등) 및 오염원 관리, 그리고 스마트 폐기물 관리 시스템을 통한 자원 순환성 증대 등을 통해 도시의 환경 부하를 최소화하고 기후변화에 효과적으로 대응할 수 있다. 예를 들어, 스마트 그리드는 도시 내 분산형 신재생에너지 발전원과 에너지 저장 시스템(ESS)을 효율적으로 연계하고, 수요 반응(Demand Response) 프로그램을 통해 에너지 소비를 최적화한다.

사회(S)적 측면에서 스마트 시티는 시민 중심의 맞춤형 공공 서비스 제공, 안전하고 편리한 생활 환경 조성, 그리고 사회적 약자 포용을 통해 삶의 질을 향상시키는 데 기여한다. 지능형 방범 시스템과 재난 예측 및 대응 시스템은 도시의 안전을 강화하며, 스마트 헬스케어 서비스는 시민들의 건강 관리를 지원한다. 맞춤형 교육 콘텐츠 제공, 원격 근무 및 학습 지원, 그리고 디지털 정보 격차 해소를 위한 노력은 모든 시민에게 동등한 기회를 제공하고 사회적 포용성을 높인다. 또한, 스마트 기술을 활용하여 시민들이 도시 정책 결정 과정에 쉽게 참여하고 의견을 제시할 수 있는 디지털 민주주의 플랫폼을 구축할 수 있다.

지배구조(G) 측면에서 스마트 시티는 데이터 기반의 투명하고 효율적인 도시 운영 및 의사결정 시스템을 가능하게 한다. 도시의 다양한 영역에서 수집되는 방대한 양의 데이터를 통합적으로 분석하여 도시 문제의 원인을 정확히 진단하고, 정책 효과를 예측하며, 한정된 예산을 최적으로 배분할 수 있다. 모든 행정 서비스와 정보를 온라인으로 투명하게 공개하고, 시민들의 피드백을 실시간으로 반영하는 개방형 거버넌스 체계를 구축하여 행정의 책임성과 신뢰성을 높일 수 있다.

해외에서는 스페인 바르셀로나, 네덜란드 암스테르담, 싱가포르 등이 대표적인 스마트 시티 선도 도시로, 교통, 에너지, 환경, 시민 참여 등 다양한 분야에서 혁신적인 스마트 기술과 ESG 원칙을 통합한 프로젝트를 성공적으로 추진하고 있다. 국내에서도 부산 에코델타시티, 세종 5-1 생활권 등 국가 시범 스마트 시티 사업이 추진되고 있으며, ESG 가치 구현을 중요한 목표로 설정하고 있다.

결론적으로, 스마트 시티 프로젝트에 ESG 원칙을 성공적으로 통합하기 위해서는 기술 중심의 접근을 넘어, 시민들의 실제 필요와 삶의 질 향상을 최우선으로 고려하는 인간 중심의 철학이 바탕이 되어야 한다. 또한, 기술 도입과 함께 데이터 프라이버시 보호, 디지털 격차 해소, 그리고 기술 윤리 문제에 대한 심도 있는 고민과 제도적 장치 마련이 병행되어야 지속 가능하고 포용적인 스마트 시티를 구현할 수 있을 것이다.

지속 가능한 스마트 도시 구현을 위한 핵심 추진 과제

- **스마트 데이터 플랫폼 구축**: IoT 센서와 AI 기반 플랫폼을 통해 도시 내 자원 사용 데이터를 실시간으로 수집하고 분석하여 최적의 운영 전략을 설계할 수 있다.
- **재생 가능 에너지 인프라 개발**: 태양광 패널 설치나 풍력 발전 시설 구축 등을 통해 화석 연료 의존도를 줄이고 탄소 배출량 감소 목표를 달성할 수 있다.

- **지역사회 협력 모델 실행**: 지역 주민들과 협력하여 공공 공간 조성이나 주거 복지 개선 프로젝트를 실행함으로써 신뢰와 지지를 확보할 수 있다.
- **스마트 교통 시스템 도입**: AI 기반 교통 관리 시스템을 통해 교통 혼잡과 대기 오염 문제를 해결하고 시민들의 이동 편의를 증대시킬 수 있다.
- **글로벌 협력 모델 개발**: 주요국의 성공적인 스마트 시티 사례를 참고하여 국제적인 협력 모델을 구축하고 지속 가능한 발전 목표(SDGs)를 달성할 수 있다.

◎ 응용과 적용: 미래 도시, 스마트 시티 구현 전략

적용예시 1. 스마트 교통(E: 환경, S: 사회)

AI 기반 신호 제어 시스템을 통해 실시간 교통량에 따라 신호 체계를 최적화하여 차량 정체를 해소하고, 대중교통 이용을 늘려 탄소 배출량을 절감한다.

적용예시 2. 스마트 에너지(E: 환경)

스마트 전력망(Smart Grid)을 구축하여 도시 전체의 전력 사용량을 실시간으로 분석하고, 태양광 등 신재생 에너지 발전과 에너지 저장 시스템(ESS)을 효율적으로 연계하여 에너지 낭비를 줄인다.

28.2. 재생 가능 에너지 인프라 구축 방안

지속 가능한 도시 개발과 탄소 중립 목표 달성을 위해서는 화석연료 중심의 에너지 시스템에서 벗어나 태양광, 풍력, 지열, 수소 등 재생 가능 에너지 중심으로 에너지 공급 체계를 전환하는 것이 필수적이다. 도시 내 재생 가능 에너지 인프라를 효과적으로 구축하고 확대하기 위해서는 기술적, 경제적, 정책적, 그리고 사회적 측면을 종합적으로 고려한 다각적인 전략이 필요하다.

첫째, **도시 공간 특성을 고려한 다양한 재생에너지원 발굴 및 활용 극대화**이다. 건물 옥상 및 외벽, 주차장, 도로변 유휴 부지 등 도시 내 가용 공간을 최대한 활용하여 태양광 발전 시설을 설치하고, 지역의 기후 조건에 따라 소형 풍력 발전이나 지열 냉난방 시스템 도입을 적극적으로 검토해야 한다. 최근에는 건물일체형 태양광 시스템(BIPV), 투명 태양전지, 그리고 해상풍력 등 혁신적인 재생에너지 기술이 개발되고 있어, 이를 도시 환경에 맞게 적용하는 방안을 모색해야 한다.

둘째, **분산형 에너지 시스템 및 스마트 그리드 구축**이다. 대규모 집중형 발전소에 의존하기보다는, 도시 곳곳에 소규모 분산형 재생에너지 발전원을 설치하고 이를 지능형 전력망인 스마트 그리드로 연결하여 에너지 생산과 소비를 효율적으로 관리해야 한다. 스마트 그리드는 양방향 전력 거래를 가능하게 하여 프로슈머(Prosumer: 에너지 생산자이면서 소비자)의 참여를 촉진하고, 에너지 저장 시스템(ESS)과 연계하여 재생에너지의 간헐성 문제를 보완하며, 수요 반응(DR) 프로그램을 통해 에너지 소비를 최적화하는 데 기여한다.

셋째, **재생에너지 확대를 위한 정책적 지원 및 규제 개선**이다. 정부는 재생에너지 발전 사업자에 대한 금융 지원(저리 대출, 보조금), 세제 혜택, 그리고 장기 고정 가격 구매 제도(FIT)나 신재생에너지 공급 의무화 제도(RPS)와 같은 인센티브를 제공하여 투자를 활성화해야 한다. 또한, 복잡한 인허가 절차를 간소화하고, 계통 연계 용량 부족 문제를 해결하며, 재생에너지 발전 시설 입지 관련 규제를 합리적으로 개선하는 노력이 필요하다.

넷째, **시민 참여형 재생에너지 사업 모델 확산**이다. 지역 주민들이 직접 협동조합을 결성하여 태양광 발전소를 건설하고 운영하거나, 시민 펀드를 통해 재생에너지 프로젝트에 투자하는 등 시민 참여형 모델을 확대하여 재생에너지 보급의 사회적 수용성을 높이고 개발 이익을 지역사회와 공유해야 한다. 이는 에너지 민주주의 실현과 지역 경제 활성화에도 기여할 수 있다.

다섯째, **수소 에너지 인프라 구축 및 활용**이다. 수소는 저장과 운송이 용이하고 다양한 분야에서 활용 가능한 청정에너지원으로, 특히 재생에너지의 잉여 전력을 활용하여 생산하는 그린수소는 탄소 중립 달성의 핵심 수단으로 주목받고 있다. 도시 내 수소 생산 시설, 충전소, 그리고 연료전지 발전소 등 수소 인프라를 단계적으로 구축하고, 수소 버스·트럭 등 수소 모빌리티를 확대하며, 건물용 연료전지 보급을 통해 에너지 자립도를 높여야 한다.

　여섯째, **에너지 전환을 위한 기술 개발 및 전문 인력 양성**이다. 고효율 태양전지, 차세대 배터리, 수소 생산·저장·활용 기술, 그리고 스마트 그리드 운영 기술 등 핵심 기술에 대한 R&D 투자를 확대하고, 관련 분야의 전문 인력을 체계적으로 양성하여 에너지 전환을 뒷받침해야 한다.

　결론적으로, 재생 가능 에너지 인프라 구축은 단순한 에너지 공급 방식의 변화를 넘어, 도시의 지속 가능성을 근본적으로 향상시키고 새로운 성장 동력을 창출하는 핵심 전략이다. 이를 위해서는 정부, 기업, 시민사회의 긴밀한 협력과 함께 장기적인 비전과 일관된 정책 추진이 필수적이다.

사례 연구: 재생 가능 에너지 인프라 구축 성공 사례

덴마크 사례:
덴마크는 세계에서 가장 높은 풍력 발전 비율을 자랑하며, 전체 전력의 약 50%를 풍력으로 충당하고 있다. 특히 코펜하겐은 2025년까지 탄소 중립(Net Zero)을 달성하기 위해 대규모 풍력 발전 프로젝트를 추진하고 있으며, 이는 도시의 탄소 배출량 감소와 에너지 독립성 강화에 기여하고 있다.

한국 사례:
한국 제주도는 "카본 프리 아일랜드(Carbon-Free Island)" 프로젝트를 통해 2030년까지 탄소 중립을 목표로 하고 있다. 이를 위해 제주도는 태양광 패널과 풍력 터빈을 대규모로 설치했으며, 스마트 그리드 기술을 활용하여 재생 가능 에너지를 효율적으로 관리하고 있다. 이 프로젝트는 제주도를 글로벌 친환경 관광지로 자리매김하게 했다.

◎ 응용과 적용: 지속 가능한 도시를 위한 에너지 전환 전략

1. 건물 일체형 태양광(BIPV) 시스템

건물의 옥상이나 외벽, 주차장 등 유휴 공간에 태양광 발전 시설을 설치하여, 생산된 전기를 건물에서 직접 사용함으로써 에너지 효율을 높이고 있다.

최근에는 투명 태양전지 기술도 개발되어 창문에 적용하는 사례가 늘고 있는 추세다.

2. 분산형 에너지 시스템 및 스마트 그리드

대규모 발전에 의존하는 대신, 소규모 재생에너지 발전소를 지역 곳곳에 설치하고 이를 스마트 그리드에 연결하고 있다.

이를 통해 에너지 생산과 소비를 효율적으로 관리하고, 에너지 저장 장치(ESS)를 활용하여 재생에너지의 간헐성을 보완하고 있다.

예를 들어, 공장이나 대형 건물에 태양광 발전 시설과 ESS를 설치하여 피크 시간대의 전력 사용량을 줄이는 방식을 활용하고 있다.

28.3. 지역사회 참여를 통한 도시 생태계 조성

지속 가능한 도시 생태계는 깨끗한 공기와 물, 풍부한 녹지, 다양한 생물종이 공존하며 시민들에게 건강하고 쾌적한 환경을 제공하는 도시를 의미한다. 이러한 도시 생태계를 성공적으로 조성하고 유지하기 위해서는 정부나 전문가의 노력만으로는 한계가 있으며, 지역사회의 주체적인 참여와 적극적인 협력이 무엇보다 중요하다. 지역 주민들이 도시 환경 문제 해결 과정에 직접 참여하고, 생활 속에서 친환경적인 실천을 생활화하며, 공동체 의식을 바탕으로 함께 노력할 때 진정한 의미의 지속 가능한 도시 생태계가 구현될 수 있다.

지역사회 참여를 통한 도시 생태계 조성의 첫 단계는 **환경 문제에 대한 인식 제고 및 교육 강화**이다. 지역 주민들을 대상으로 기후변화, 미세먼지, 폐기물 문제, 생물다양성 감소 등 도시 환경 문제의 심각성과 원인, 그리고 생활에 미치는 영향에 대해 정확하고 이해하기 쉬운 정보를 제공해야 한다. 학교, 평생학습관, 주민센터 등을 통해 다양한 연령층을 위한 맞춤형 환경 교육 프로그램을 운영하고, 환경 관련 캠페인이나 체험 활동을 통해 환경 감수성을 높이며, 친환경 생활 실천 방법을 적극적으로 홍보해야 한다.

다음으로, **지역 주민 주도의 환경 개선 활동 지원 및 네트워크 구축**이 필요하다. 마을 단위의 쓰레기 줄이기 운동, 재활용품 분리수거 캠페인, 골목길 화단 가꾸기, 옥상 텃밭 조성, 하천 정화 활동, 그리고 에너지 절약 실천 마을 만들기 등 주민들이 자발적으로 참여할 수 있는 다양한 환경 개선 프로그램을 발굴하고 지원해야 한다. 이러한 활동을 통해 주민들은 주인의식을 가지고 지역 환경 문제 해결에 기여하며, 이웃 간의 유대감을 강화하고 공동체 의식을 함양할 수 있다. 또한, 지역 내 환경단체, 시민 모임, 그리고 전문가 그룹 간의 네트워크를 구축하여 정보 교류와 협력을 촉진해야 한다.

도시 계획 및 환경 정책 수립 과정에 대한 주민 참여 확대 또한 중요하다. 공원 조성 계획, 자전거 도로 확충, 폐기물 처리 시설 입지 선정, 그리고 지역 환경 보전 계획 수립 등 도시 생태계와 관련된 주요 의사결정 과정에 초기 단계부터 지역 주민들의 의견을 적극적으로 수렴하고 반영해야 한다. 주민설명회, 공청회, 주민투표, 그리고 온라인 참여 플랫폼 등 다양한 방식으로 참여 기회를 보장하고, 제시된 의견이 실제 정책에 어떻게 반영되었는지 투명하게 공개하여 신뢰를 구축해야 한다.

'시티즌 사이언스(Citizen Science)' 활성화도 효과적인 참여 방안이다. 지역 주민들이 직접 주변의 대기 질, 수질, 소음, 생물종 다양성 등을 측정하고 데이터를 수집하여 과학 연구 및 환경 정책 수립에 기여하는 활동이다. 이는 주민들의 과학적 소양을 높이고 환경 문제에 대한 관심을 증진하며, 보다 촘촘하고 현장감 있는 환경 데이터 확보에도 도움이 된다.

지역 자원을 활용한 생태 교육 및 체험 공간 조성도 중요하다. 학교 숲, 도시 농업 공원, 생태 놀이터, 그리고 하천변 생태 학습장 등 지역 주민들이 일상생활 속에서 자연을 접하고 배울 수 있는 공간을 확충하고, 다양한 생태 체험 프로그램을 운영하여 환경의 소중함을 느끼고 친환경적인 가치관을 형성하도록 지원해야 한다.

이러한 지역사회 참여를 활성화하기 위해서는 행정적·재정적 지원과 함께, 주민들의 자발성과 창의성을 존중하고 격려하는 분위기 조성이 필요하다. 성공적인 참여 사례를 발굴하여 널리 알리고, 우수 활동에 대해서는 포상하는 등 긍정적인 동기부여 방안도 마련해야 한다.

결론적으로, 지역사회 참여는 지속 가능한 도시 생태계 조성의 핵심 동력이자 필수조건이다. 주민 한 사람, 한 사람의 작은 실천과 관심이 모여 건강하고 아름다운 도시환경을 만들고, 미래 세대에게 물려줄 소중한 자산을 지켜나갈 수 있을 것이다.

사례 연구: 지역사회 참여를 통한 성공 사례

미국 사례:
미국 뉴욕의 "High Line Park" 프로젝트는 지역 주민들과 협력하여 버려진 철로를 공원으로 재개발한 사례다. 이 프로젝트는 지역사회의 삶의 질을 향상하고 관광객 유치를 통해 경제적 성과를 창출했으며, 주변 부동산 가치 상승에도 기여했다.

◎ **응용과 적용: 시민 참여가 만드는 지속 가능한 도시**

1. 지속 가능한 도시 생태계

도시 생태계는 깨끗한 공기, 맑은 물, 푸른 녹지, 다양한 생물종이 함께 공존하여 건강하고 쾌적한 도시 환경을 뜻한다. 정부나 전문가의 노력만으로는 한계가 있어 지역사회 주민들의 주체적인 참여와 협력이 중요하다고 강조한다.

2. 지역사회 참여의 중요성

도시 생태계 조성을 위해 지역사회 주민들이 직접 참여하는 것이 필수적이다. 이를 위해 다음과 같은 방안을 제시한다.

- 다양한 참여 기회 제공: 환경 문제 인식 제고, 캠페인, 환경 개선 프로그램 등을 통해 다양한 연령층의 주민들이 참여할 수 있는 기회를 마련해야 한다.
- 행정/재정 지원: 주민들의 자발성과 창의성을 존중하고 격려하는 분위기를 조성하기 위해 행정적, 재정적 지원이 필요하다. 우수 활동에 대한 포상 등 긍정적 동기 부여 방안도 마련되어야 한다.
- 투명성 확보: 도시 계획 및 환경 정책 수립 과정에 주민 참여를 확대하고, 주민 설명회, 공청회, 주민투표 등 다양한 방식으로 참여 기회를 보장하여 의견이 투명하게 반영될 수 있도록 해야 한다.
- 시민 과학(Citizen Science): 주민들이 직접 주변 환경을 측정하고 데이터를 수집하여 과학 연구 및 환경 정책에 기여하는 활동을 활성화해야 한다.

3. 적용 예시

지역사회 참여는 지속 가능한 도시 생태계 조성을 위한 핵심 동력이자, 주민 한 사람, 한 사람의 실천과 관심이 미래 세대에게 물려줄 소중한 자산을 지켜나갈 수 있게 한다.

1) 시민 주도형 도시 텃밭 조성 및 운영

지역 주민들이 직접 유휴 부지를 활용해 도시 텃밭을 조성하고 공동으로 관리한다. 단순한 경작을 넘어 텃밭에서 나온 퇴비를 이용해 마을 공원 나무를 가꾸거나 텃밭에서 수확한 작물을 이웃과 나누는 활동으로 확대했다. 행정기관은 텃밭 조성 부지 선정과 초기 기반 시설을 지원하고, 우수 참여자를 표창하여 동기를 부여한다.

이를 통해 주민들은 환경 개선에 직접 참여하고, 공동체 의식을 함양하며, 생물 다양성 보전의 중요성을 자연스럽게 체득하게 된다.

2) 마을 단위 '우리 동네 탄소 발자국 줄이기' 캠페인
특정 아파트 단지나 마을 주민들이 '우리 동네 탄소 발자국 줄이기'라는 목표 아래 자발적으로 모임을 구성했다. 이 모임은 에너지 절약, 분리수거 생활화, 장바구니 사용 등 일상생활 속에서 실천 가능한 환경 개선 활동을 정하고, 각 가구별 실천율을 공유하며 독려한다. 행정기관은 모임 활동에 필요한 교육 자료와 컨설팅을 지원하고, 월별 목표 달성률에 따라 소정의 인센티브(예: 종량제 봉투 지급, 지역화폐 지원)를 제공한다. 이 사례는 시민 과학의 일환으로 주민들이 직접 환경 데이터를 측정하고, 그 결과에 따라 행동 변화를 유도하는 성공적인 모델이 된다.

28.4. 지속 가능한 도시 개발의 미래: 스마트 기술과 지역사회 참여

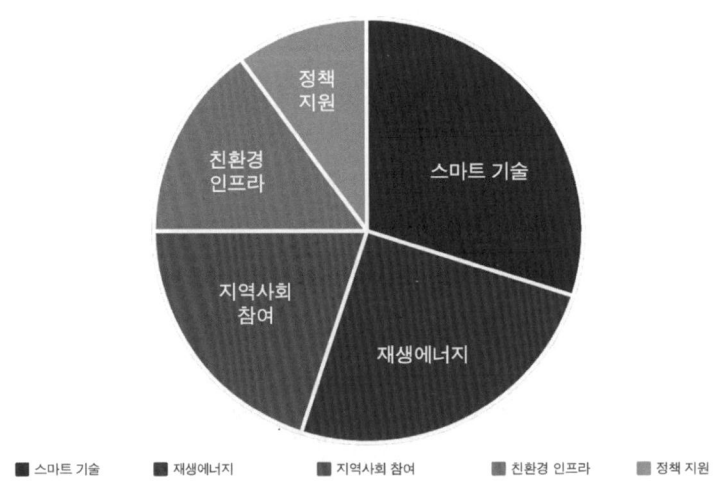

지속 가능한 도시 개발은 환경 보호, 사회 포용, 경제적 번영이라는 세 가지 목표

를 균형 있게 달성하고, 현 세대와 미래 세대 모두에게 살기 좋은 환경을 제공하기 위해 노력한다. 이는 단순한 프로젝트나 정책만으로는 이루어질 수 없으며, 다각적이고 통합적인 실행 전략을 요구한다.

1) 스마트 기술의 활용

미래의 스마트 도시 프로젝트는 인공지능(AI)과 빅데이터 기술 발전을 적극적으로 활용하고 있다. 도시 차원 데이터를 정밀하게 분석하여 최적화하여 효율성을 극대화하며, ESG(환경·사회·지배구조) 원칙과 결합하여 지속 가능한 성장을 추구하고 있다.

2) 재생 에너지의 중요성

글로벌 규제가 강화됨에 따라 재생 에너지는 모든 도시 개발 프로젝트의 필수 요소로 자리 잡고 있다. 재생 에너지를 활용한 인프라와 사물 인터넷(IoT) 기반 데이터 관리 시스템은 도시의 운영 비용을 절감하고 효율성을 높이는 데 기여하고 있다.

3) 지역 사회의 주체적 참여

지역 사회의 주체적 참여와 협력은 도시 개발 성공의 핵심이다. 지역 사회의 요구와 기대를 실시간으로 분석하고 이를 반영한 맞춤형 프로젝트 설계는 지속 가능한 발전을 실현하게 한다. 이러한 참여는 ESG 성과와 함께 글로벌 투자자들의 중요한 평가 기준으로 부상하고 있다.

따라서 미래 도시 개발은 스마트 기술, 재생 에너지, 그리고 지역 사회 참여를 통해 조화롭고 지속 가능한 방향으로 나아가고 있다.

제29장

인재 육성과 조직 문화 혁신

ESG 경영의 핵심 요소
(Key elements of ESG management)

    ESG 경영의 성공적인 도입과 지속 가능한 성장을 위해서는 이를 이해하고 실천할 수 있는 전문 인력 양성과 ESG 가치를 내재화한 혁신적인 조직 문화 구축이 필수적이다. 부동산 산업 또한 예외는 아니며, ESG 전문성을 갖춘 인재 확보와 함께 조직 구성원 전체의 인식 개선 및 역량 강화, 그리고 ESG 중심의 디지털 전환을 위한 체계적인 로드맵 수립이 시급하다. 본 장에서는 조직 차원에서 ESG를 효과적으로 도입하기 위한 전략을 살펴보고, ESG 시대를 이끌어갈 핵심 인재 육성 및 조직 문화 혁신 방안을 모색하며, 디지털 트랜스포메이션을 통해 ESG 경영을 가속화하기 위한 구체적인 로드맵을 제시하고자 한다.

29.1. 조직 차원의 ESG 도입 전략

부동산 기업이 ESG 경영을 성공적으로 도입하고 내재화하기 위해서는 단기적인 성과보다는 장기적인 관점에서 지속 가능한 가치 창출을 목표로 하는 전사적인 전략 수립과 실행이 필요하다. 이는 최고경영진의 확고한 의지와 리더십을 바탕으로 조직 전체의 공감대를 형성하고, 구체적인 목표 설정, 실행 계획 수립, 그리고 성과 평가 및 피드백 시스템을 구축하는 체계적인 접근을 요구한다.

첫 단계는 **ESG 경영 비전 및 목표 설정**이다. 기업의 핵심 사업 영역과 특성을 고려하여, 환경(E), 사회(S), 지배구조(G) 각 부문에서 달성하고자 하는 중장기적인 비전과 구체적이고 측정 가능한 목표를 설정해야 한다. 예를 들어, '2030년까지 사업장 탄소 배출량 50% 감축', '친환경 건축물 인증 비율 70% 달성', '지역사회 투자 연간 10억 원 이상', '이사회 내 여성 임원 비율 30% 확보' 등과 같이 명확한 목표를 제시하고, 이를 달성하기 위한 핵심 성과 지표(KPIs)를 개발해야 한다.

다음으로, **ESG 전담 조직 구성 및 거버넌스 체계 확립**이 중요하다. 최고경영진 직속의 ESG 위원회나 전담 부서를 설치하여 ESG 전략 수립, 실행, 모니터링, 그리고 성과 관리를 총괄하도록 하고, 이사회가 ESG 관련 주요 의사결정에 참여하고 감독하는 역할을 수행하도록 거버넌스 체계를 구축해야 한다. 각 사업 부문별로도 ESG 책임자를 지정하여 현장에서의 실행력을 높여야 한다.

전사적 ESG 교육 및 인식 개선 프로그램 운영 또한 필수적이다. 모든 임직원을 대상으로 ESG의 중요성, 관련 정책 및 규제 동향, 그리고 기업의 ESG 전략 및 목표에 대한 교육을 정기적으로 실시하여 ESG 경영에 대한 이해도를 높이고 공감대를 형성해야 한다. 직급별, 직무별 맞춤형 교육 프로그램을 개발하고, 우수 실천 사례를 공유하며, ESG 관련 아이디어 제안 제도를 운영하는 등 자발적인 참여를 유도하는 노력이 필요하다.

ESG 리스크 관리 시스템 구축 및 공급망 ESG 관리 강화도 중요한 과제이다. 기업 활동 전반에 걸쳐 발생할 수 있는 ESG 관련 리스크(예: 기후변화 리스크, 안전보건 리스크, 평판 리스크, 규제 위반 리스크)를 식별, 평가, 관리하고, 이에 대한 대응 전략을 마련해야 한다. 또한, 협력업체 선정 시 ESG 기준을 적용하고, 이들의 ESG 역량 강화를 지원하며, 공급망 전체의 지속 가능성을 높이기 위한 노력을 기울여야 한다.

이해관계자와의 적극적인 소통 및 정보 공개는 ESG 경영의 투명성과 신뢰성을 높이는 데 핵심적이다. 투자자, 고객, 직원, 지역사회, 정부 등 주요 이해관계자들과 정기적으로 소통하며 ESG 경영 현황과 성과를 투명하게 공개해야 한다. GRI, SASB, TCFD 등 국제적으로 인정받는 ESG 정보 공개 표준에 따라 지속가능경영보고서를 발간하고, 기업 웹사이트나 연례보고서 등을 통해 관련 정보를 적극적으로 제공해야 한다.

ESG 성과 평가 및 보상 체계 연동은 ESG 경영 내재화의 강력한 동기 부여 수단이다. 기업 전체 및 각 사업 부문, 그리고 개인의 성과 평가에 ESG 목표 달성도를 반영하고, 우수한 성과를 보인 조직이나 개인에게는 적절한 보상(인센티브, 승진 등)을 제공함으로써 ESG 실천을 장려해야 한다.

마지막으로, **지속적인 개선 및 혁신 노력**이 필요하다. ESG 경영 환경은 끊임없이 변화하므로, 정기적인 내부 감사 및 외부 평가를 통해 ESG 전략과 실행 과정의 문제점을 진단하고 개선하며, 새로운 기술과 아이디어를 적극적으로 도입하여 ESG 성과를 지속적으로 향상해야 한다.

결론적으로, 조직 차원의 ESG 도입 전략은 최고경영진의 리더십, 명확한 목표 설정, 체계적인 실행 시스템, 전사적인 참여, 그리고 지속적인 개선 노력이 결합될 때 성공적으로 추진될 수 있으며, 이는 기업의 장기적인 경쟁력 강화와 지속 가능한 성장의 토대가 될 것이다.

> **사례 연구: 글로벌 기업의 ESG 도입 성공 사례**
>
> **미국 사례:**
> 미국의 한 글로벌 기술 기업은 탄소 중립 목표를 달성하기 위해 재생 가능 에너지를 활용한 데이터 센터를 구축했다. 이 회사는 AI 기반 플랫폼을 활용해 에너지 소비 데이터를 실시간으로 모니터링하고 최적화했으며, 이를 통해 연간 20% 이상의 에너지 비용 절감과 탄소 배출량 감소를 달성했다.
>
> **유럽 사례:**
> 유럽의 한 다국적 소비재 기업은 공급망 전반에 걸쳐 ESG 원칙을 적용하여 친환경 원자재 사용과 공정 노동 관행 준수를 강화했다. 이 회사는 ESG 데이터를 정기적으로 보고하며 투자자들과 신뢰를 구축했고, 결과적으로 브랜드 가치 상승과 매출 증대 효과를 얻었다.

◎ 응용과 적용: ESG 경영, 지속 가능한 성장

1. 건설 현장 환경 관리

한 건설회사는 ESG 경영을 도입하고, '2030년까지 사업장 탄소 배출량 50% 감축'이라는 목표를 설정했다. 이를 달성하기 위해 현장에서는 공사 폐기물 재활용률을 높이고, 고단가 장비를 도입했다. 에너지 효율이 높은 건축 자재를 우선적으로 사용하고 있으며, 이를 통해 환경 책임을 다하고 장기적인 비용 절감 효과를 얻고 있다.

2. 공급망 관리 투명성 강화

한 제조업체는 ESG 경영의 일환으로 공급망 ESG 리스크 관리를 강화하고 있다. 협력업체 선정 시 ESG 평가 기준을 적용하고, 협력업체에 ESG 관련 교육을 제공하고 있다. 이로써 협력업체의 지속 가능성을 높이기 위해 기술 지원을 하고 있다. 이를 통해 공급망 전체의 리스크를 줄이고, 기업의 투명성과 신뢰도를 향상시켜 투자자와 고객과의 관계를 강화하고 있다.

29.2. 인재 육성과 조직 문화 혁신

ESG 경영의 성공적인 안착과 지속적인 성과 창출을 위해서는 이를 이해하고 주도적으로 실천할 수 있는 핵심 인재를 육성하고, ESG 가치를 조직 전체의 문화로 내재화하는 혁신적인 노력이 필수적이다. 이는 단순히 몇몇 전문가에게 ESG 업무를 맡기는 것을 넘어, 모든 구성원이 ESG의 중요성을 인식하고 일상 업무에서 ESG를 고려하며, 창의적인 아이디어를 통해 ESG 성과 개선에 기여하는 조직 역량을 키우는 것을 의미한다.

ESG 인재 육성의 첫걸음은 **체계적인 교육 및 역량 강화 프로그램 개발**이다. 신입사원부터 경영진에 이르기까지 모든 직급과 직무에 맞는 맞춤형 ESG 교육 콘텐츠를 개발하고, 정기적인 교육 및 워크숍을 통해 ESG 관련 지식, 정책 동향, 그리고 실천 방법론을 습득하도록 지원해야 한다. 특히, 기후변화 대응, 친환경 기술, 사회적 책임, 윤리 경영, ESG 데이터 분석 등 핵심 분야의 전문성을 갖춘 내부 전문가를 양성하거나 외부 전문가를 적극적으로 영입하는 노력이 필요하다.

다음으로, **ESG 관련 직무 경험 확대 및 경력 개발 지원**이 중요하다. 직원들이 실제 ESG 관련 프로젝트에 참여하거나, ESG 전담 부서에서 순환 근무를 경험하며 실무 역량을 쌓을 수 있는 기회를 제공해야 한다. 또한, ESG 성과 창출에 기여한 직원에 대해서는 인사고과 가점, 포상, 승진 기회 부여 등 경력 개발 경로를 지원하여 동기를 부여하고 우수 인재를 확보해야 한다.

다양성과 포용성을 존중하는 조직 문화 구축은 ESG 인재 육성의 중요한 토대이다. 성별, 연령, 학력, 국적 등에 관계없이 모든 구성원이 동등한 기회를 갖고 자신의 역량을 최대한 발휘할 수 있도록 공정하고 포용적인 인사 제도와 근무 환경을 조성해야 한다. 다양한 배경과 관점을 가진 인재들이 자유롭게 의견을 교환하고 협력하며 시너지를 창출할 수 있는 개방적인 조직 문화를 만들어야 한다.

ESG 가치를 내재화하는 조직 문화 혁신을 위해서는 리더십의 역할이 매우 중요하다. 최고경영진은 ESG 경영에 대한 확고한 의지를 지속적으로 표명하고, 이를 기업의 핵심 가치와 경영 철학에 반영하며, 모든 의사결정 과정에서 ESG를 우선적으로 고려하는 모범을 보여야 한다. 또한, 부서 간 칸막이를 허물고 ESG 관련 정보와 지식이 원활하게 공유되고 협력이 이루어질 수 있도록 수평적이고 유연한 조직 구조를 지향해야 한다.

직원들의 자발적인 ESG 실천을 장려하는 제도적 지원도 필요하다. ESG 관련 아이디어 제안 제도, 사내 ESG 동아리 활동 지원, 그리고 우수 실천 사례 포상 등을 통해 직원들이 일상 업무와 생활 속에서 ESG를 자발적으로 실천하고 확산하는 분위기를 조성해야 한다. 직원들의 ESG 활동 참여를 사회공헌 시간으로 인정하거나, 관련 교육 수강 비용을 지원하는 것도 좋은 방법이다.

ESG 성과와 연계된 평가 및 보상 시스템은 조직 문화 혁신을 가속화하는 강력한 수단이다. 개인 및 부서의 핵심 성과 지표(KPI)에 ESG 관련 목표를 포함하고, 그 달성도에 따라 공정한 평가와 보상을 제공함으로써 모든 구성원이 ESG 성과 창출에 적극적으로 기여하도록 유도해야 한다.

결론적으로, ESG 인재 육성과 조직 문화 혁신은 단기적인 처방이 아니라 장기적인 관점에서 지속적으로 추진되어야 할 과제이다. 모든 구성원이 ESG의 중요성을 공감하고 자발적으로 실천하며, 창의적인 아이디어를 통해 지속 가능한 가치를 함께 만들어가는 조직 문화를 구축할 때, 기업은 진정한 의미의 ESG 경영을 실현하고 미래 경쟁력을 확보할 수 있을 것이다.

> **ESG 경영 강화를 위한 전략**
>
> - **ESG 교육 프로그램 도입**: 친환경 기술 도입, 사회적 책임 활동 기획 등 다양한 주제를 다룬 교육 프로그램을 개발하여 직원들의 역량을 강화할 수 있다.
> - **윤리적 행동 강령 제정**: 모든 직원이 준수해야 할 윤리적 행동 강령을 제정하고 이를 통해 조직 내 투명성과 책임성을 강화할 수 있다.
> - **ESG 성과 기반 보상 체계 구축**: 직원 평가와 보상 체계에 ESG 성과를 반영하여 지속 가능한 경영 문화를 촉진할 수 있다.
> - **내부 커뮤니케이션 플랫폼 구축**: 직원들이 ESG 목표와 성과에 대해 논의하고 피드백을 공유할 수 있는 내부 커뮤니케이션 플랫폼을 마련할 수 있다.

◎ 응용과 적용: ESG 경영 내재화와 보상

적용예시 1. 전사적 ESG 내재화 프로그램 운영

ESG는 일부 전문가의 전유물이 아닌, 모든 구성원의 일상 업무에 자연스럽게 녹아들도록 하는 것이다. 신입사원부터 경영진까지 직급별, 직무별 맞춤형 ESG 교육을 의무화한다. 예를 들어, 생산 부서 직원은 에너지 효율을 개선 및 폐기물 감축 관련 교육을 받고, 영업 부서 직원은 친환경 제품 판매 전략 교육을 받는 방식이다.

적용예시 2. 자발적 참여를 유도하는 보상 체계 구축

구성원들이 ESG 활동에 자발적으로 참여하고 혁신적인 아이디어를 제안할 수 있도록 동기를 부여하는 것이다. ESG 관련 아이디어를 제안하거나 우수 실천 사례를 만든 직원에게 인센티브, 포상, 승진 기회 확대 등의 보상을 제공한다. 예를 들어, 자투리 천을 활용한 업사이클링 제품을 제안하여 상용화에 성공한 디자인팀 직원에게 특별 상여금을 지급하거나, 차기 프로젝트 리더로 발탁하는 방안을 고려할 수 있다.

29.3. 디지털 트랜스포메이션 로드맵

디지털 트랜스포메이션(Digital Transformation, DX)은 기업이 디지털 기술(AI, 빅데이터, IoT, 클라우드, 블록체인 등)을 활용하여 비즈니스 모델, 운영 프로세스, 조직 문화, 그리고 고객 경험 전반을 근본적으로 혁신하는 것을 의미한다. ESG 경영의 효과적인 실행과 지속 가능한 가치 창출을 위해서는 이러한 디지털 트랜스포메이션을 전략적으로 추진하고, ESG 목표와 디지털 기술을 유기적으로 결합하는 체계적인 로드맵 수립이 필수적이다.

ESG 중심의 디지털 트랜스포메이션 로드맵 수립은 다음과 같은 단계로 진행될 수 있다. 첫째, **디지털 전환 비전 및 ESG 연계 목표 설정**이다. 기업의 ESG 경영 목표(예: 탄소 배출량 감축, 에너지 효율 증대, 안전 관리 강화, 공급망 투명성 확보)를 달성하는 데 있어 디지털 기술이 어떠한 역할을 수행할 수 있는지 명확히 정의하고, 이를 기반으로 구체적인 디지털 전환 비전과 중장기 목표를 설정해야 한다.

둘째, **현황 진단 및 핵심 과제 도출**이다. 현재 기업의 디지털 기술 활용 수준, 데이터 관리 체계, 그리고 ESG 관련 프로세스의 문제점을 객관적으로 진단하고, 디지털 전환을 통해 개선할 수 있는 핵심 과제를 우선순위에 따라 도출해야 한다. 예를 들어, 수작업으로 이루어지는 ESG 데이터 수집 및 보고 프로세스의 비효율성, 건물 에너지 관리 시스템의 부재, 공급망 ESG 리스크 관리의 어려움 등이 핵심 과제가 될 수 있다.

셋째, **핵심 기술 도입 및 인프라 구축 계획 수립**이다. 도출된 핵심 과제를 해결하고 ESG 목표를 달성하는 데 필요한 핵심 디지털 기술(AI, 빅데이터 분석 플랫폼, IoT 센서 네트워크, 클라우드 기반 ESG 관리 시스템, 블록체인 기반 공급망 추적 시스템 등)을 선정하고, 이를 도입하고 통합하기 위한 구체적인 기술 로드맵과 투자 계획을 수립해야 한다. 기존 IT 시스템과의 연동성, 데이터 보안, 그리고 확장 가능성 등을 종합적으로 고려해야 한다.

넷째, **데이터 거버넌스 체계 확립 및 데이터 활용 역량 강화**이다. ESG 관련 데이터의 수집, 저장, 분석, 활용, 그리고 폐기에 이르는 전 과정에 대한 명확한 정책과 절차를 포함하는 데이터 거버넌스 체계를 구축해야 한다. 데이터 품질 관리, 데이터 보안 및 프라이버시 보호, 그리고 데이터 기반 의사결정 문화 정착을 위한 노력이 필요하다. 또한, 전 직원의 데이터 리터러시(Data Literacy)를 향상시키고, 데이터 분석 전문가를 양성하여 조직 전체의 데이터 활용 역량을 강화해야 한다.

다섯째, **조직 문화 변화 관리 및 디지털 인재 육성**이다. 성공적인 디지털 트랜스포메이션은 기술 도입만으로는 이루어지기 어려우며, 새로운 기술과 변화를 수용하고 적극적으로 활용하려는 조직 문화의 변화가 필수적이다. 최고경영진의 강력한 리더십을 바탕으로 변화의 필요성에 대한 공감대를 형성하고, 실패를 두려워하지 않고 도전하는 혁신적인 문화를 조성해야 한다. 또한, 디지털 기술 활용 능력을 갖춘 핵심 인재를 육성하고, 외부 전문가와의 협력을 통해 새로운 지식과 기술을 습득하는 노력이 필요하다.

여섯째, **단계적 실행 및 성과 측정, 그리고 지속적인 개선**이다. 디지털 트랜스포메이션은 단번에 이루어지는 것이 아니므로, 우선순위가 높은 과제부터 단계적으로 실행하고, 각 단계별 성과(예: 에너지 절감률, ESG 데이터 보고 시간 단축, 공급망 리스크 감소율)를 정량적으로 측정하고 평가해야 한다. 초기 성과를 바탕으로 문제점을 개선하고 성공 요인을 확산하며, 지속적인 학습과 피드백을 통해 로드맵을 유연하게 조정하고 발전시켜 나가야 한다.

결론적으로, ESG 중심의 디지털 트랜스포메이션은 기업이 환경적·사회적 책임을 다하면서 동시에 운영 효율성을 높이고 새로운 가치를 창출하며 지속 가능한 성장을 달성하는 핵심 전략이다. 명확한 비전과 체계적인 로드맵, 그리고 전사적인 참여와 노력을 통해 디지털 기술과 ESG 경영을 성공적으로 융합할 때, 기업은 미래 경쟁 환경에서 선도적인 위치를 확보할 수 있을 것이다.

> **ESG 경영 강화를 위한 디지털 전환 전략**
>
> - **ESG 데이터 통합 플랫폼 구축**: AI와 빅데이터 기술을 활용하여 탄소 배출량, 에너지 소비량 등 주요 ESG 데이터를 통합 관리할 수 있는 플랫폼을 구축할 수 있다.
> - **블록체인 기반 투명성 강화**: 공급망 전반에 걸쳐 블록체인 기술을 적용하여 원자재 조달 과정에서 윤리적 기준 준수를 보장하고 이해관계자들에게 신뢰를 제공할 수 있다.
> - **AI 기반 의사결정 지원 시스템 개발**: AI 알고리즘을 활용하여 ESG 데이터를 분석하고 최적의 의사결정을 내릴 수 있는 시스템을 구축할 수 있다.
> - **디지털 보고 시스템 운영**: ESG 성과를 정기적으로 보고하고 이를 이해관계자들과 공유함으로써 투명성과 신뢰성을 강화할 수 있다.

◎ 응용과 적용: ESG 디지털 전환 전략과 실행

적용예시 1. 스마트 팩토리 구축을 통한 탄소 배출량 감소

제조업 A사는 공장 생산 설비에 IoT 센서를 설치하고 AI 기반의 에너지 관리 시스템을 도입했다. 해당 시스템은 실시간으로 에너지 사용량을 모니터링하고 에너지 효율을 최적화하여 불필요한 에너지 낭비를 줄였다. 그 결과, 공장 운영 효율성이 향상됨과 동시에 탄소 배출량을 감축하여 환경(E) 목표를 달성했다.

적용예시 2. 블록체인 기반 공급망 관리 시스템 도입

식품 제조 B사는 원재료의 생산부터 최종 소비자에게 전달되는 모든 과정을 블록체인 기술로 기록하고 투명하게 관리하는 시스템을 구축했다. 이 시스템을 통해 공급망 전체의 투명성을 확보하여 원재료의 원산지 위조나 불법적인 유통을 방지하고, 소비자에게 안전한 먹거리를 제공하여 사회적 책임(S)을 강화했다. 또한, 문제 발생 시 신속한 원인 파악 및 대응이 가능해져 기업의 신뢰도가 높아졌다.

29.4. ESG 경영과 디지털 전환의 중요성

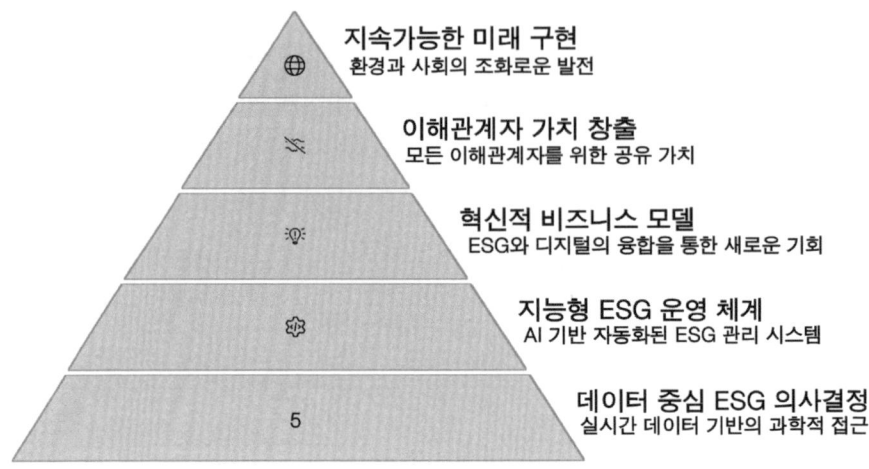

1) 지속 가능한 미래를 구현하고 현재의 ESG 성과를 증명

데이터를 통해 기업의 지속 가능한 미래를 구현하고, 현재의 ESG 성과를 입증하는 과정에서 디지털 기술과 ESG 경영은 중요한 역할을 수행한다. 블록체인 기술은 공급망 관리 및 ESG 성과 인증 및 검증 과정에서 중요한 역할을 담당한다.

2) 데이터 중심 ESG 의사결정으로 기업의 경쟁력을 강화

탄소 중립과 같은 글로벌 의제가 강조되는 상황에서, 친환경 기술과 AI 및 빅데이터 기술의 발전은 ESG 경영의 핵심 요소로 부상하고 있다. 이러한 기술을 구축하여 기업이 ESG 데이터를 실시간으로 분석하고 보고하는 시스템을 지원하는 것이 필요하다.

3) 데이터 분석을 통해 기업의 ESG 성과 개선

기업들은 데이터를 활용하여 ESG 성과를 분석하고 개선할 수 있으며, 이는 단순한 기술 도입을 넘어 기업의 존재 목적과 가치 창출 방식의 근본적인 변화를 지향하게 만든다. 이러한 변화를 통해 기업은 미래 경쟁 환경에서 선도적인 위치를 확보할 수 있다.

ESG 경영과 디지털 전환의 결합은 기업이 지속 가능한 미래를 구현하고 경쟁력을 강화하는 데 필수적이다.
블록체인, AI, 빅데이터와 같은 기술을 활용하여 ESG 성과를 입증하고, 데이터를 기반으로 의사결정을 내리며, 궁극적으로 기업의 가치 창출 방식을 혁신할 수 있다.

제30장

글로벌 트렌드와 미래 전망

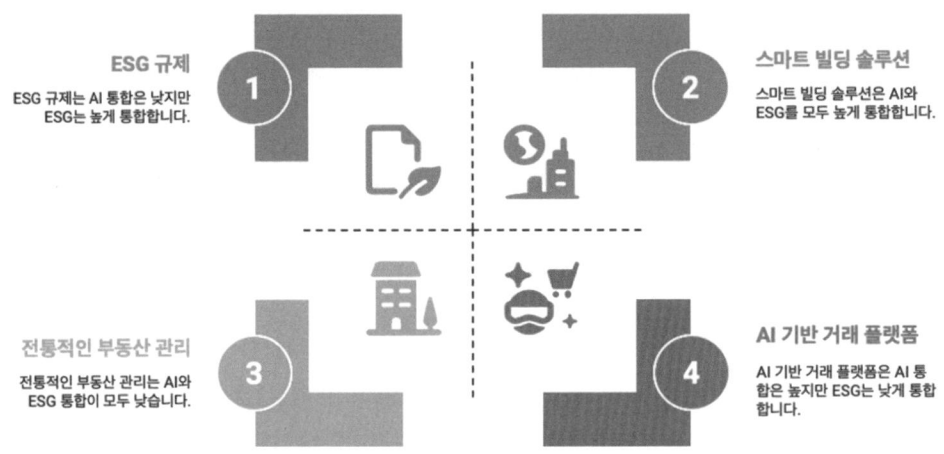

부동산 시장의 AI 및 ESG 트렌드
(AI and ESG Trends in the Real Estate Market)

부동산 산업은 글로벌 경제, 기술 혁신, 사회적 가치관 변화, 그리고 환경 문제 등 다양한 거시적 트렌드의 영향을 받으며 끊임없이 진화하고 있다. 특히 인공지능(AI)과 ESG는 미래 부동산 시장의 패러다임을 근본적으로 변화시킬 핵심 동력으로 주목받고 있으며, 이는 자산 관리 방식, 투자 전략, 그리고 도시 개발의 방향성에 심대한 영향을 미칠 것으로 예상된다. 본 장에서는 주요국의 AI 및 ESG 자산관리 정책 동향을 분석하고, 빠르게 성장하는 글로벌 프롭테크 생태계의 최신 트렌드를 살펴보며, 이러한 변화를 바탕으로 미래 자산경영이 나아갈 진화 방향을 전망하고자 한다.

30.1. 주요국 AI 및 ESG 자산관리 정책 분석

주요 선진국들은 인공지능(AI) 기술의 잠재력과 ESG 경영의 중요성을 인식하고, 이를 자산관리 및 부동산 산업에 효과적으로 통합하기 위한 다양한 정책적 노력을 기울이고 있다. 이러한 정책들은 주로 기술 개발 지원, 데이터 인프라 구축, 표준화 및 규제 마련, 그리고 시장 활성화 인센티브 제공 등에 초점을 맞추고 있다.

미국은 민간 부문의 AI 기술 혁신을 선도하고 있으며, 정부는 국가 AI 이니셔티브를 통해 기초 연구 지원, 인재 양성, 그리고 공공 데이터 개방 등을 추진하고 있다. 부동산 분야에서는 AI 기반 자동가치평가모델(AVM) 활용, 스마트 빌딩 기술 개발, 그리고 ESG 데이터 분석 플랫폼 구축 등에 대한 투자가 활발하게 이루어지고 있다. SEC(증권거래위원회)는 기후변화 관련 정보 공개 의무화를 추진하는 등 ESG 정보 투명성 강화에도 적극적인 모습을 보이고 있다.

유럽연합(EU)은 '유럽 AI 전략'을 통해 신뢰할 수 있는 AI(Trustworthy AI) 개발 및 윤리 기준 확립에 중점을 두고 있으며, 동시에 '유럽 그린딜'의 핵심 과제로 건물 부문의 에너지 효율 향상과 탄소 중립 달성을 위한 강력한 ESG 규제(EU 택소노미, CSRD, EPBD 등)를 시행하고 있다. 이는 AI 기술을 활용한 건물 에너지 관리 최적화, ESG 데이터 보고 자동화, 그리고 친환경 부동산 투자 분석 등에 대한 수요를 촉진하고 있다.

중국은 '차세대 인공지능 발전 계획'을 통해 AI를 국가 전략 기술로 육성하고 있으며, 스마트 시티 건설, 지능형 교통 시스템, 그리고 AI 기반 환경 모니터링 등 도시 관리 및 부동산 분야에 AI 기술을 적극적으로 접목하고 있다. ESG 측면에서는 탄소 배출량 감축 목표를 설정하고 녹색 금융을 확대하는 등 점진적인 개선 노력을 보이고 있으나, 정보 공개의 투명성이나 지배구조 관련 이슈는 여전히 과제로 남아있다.

일본은 'Society 5.0' 비전을 통해 AI, IoT 등 첨단 기술을 활용하여 경제 발전과 사회적 과제 해결을 동시에 추구하고 있으며, 부동산 분야에서는 스마트홈, 고령자 친화 주택, 그리고 재난 예방 및 대응 시스템 개발 등에 AI 기술을 활용하고 있다. ESG 투자에 대한 관심도 높아지고 있으며, 기업지배구조 코드 개정 등을 통해 기업의 ESG 정보 공개를 강화하고 있다.

한국 또한 '디지털 뉴딜'과 '2050 탄소 중립' 전략을 통해 AI 기술 개발 지원 및 산업 전반의 디지털 전환을 촉진하고 있으며, 부동산 분야에서도 프롭테크 육성, 스마트 시티 시범 사업, 그리고 제로에너지빌딩 보급 확대 등을 추진하고 있다. ESG 정보 공시 의무화 로드맵을 발표하고 K-택소노미를 마련하는 등 ESG 자산관리 시장 활성화를 위한 정책적 기반도 강화하고 있다.

이러한 주요국들의 정책 동향은 AI 기술과 ESG 원칙이 미래 자산관리의 핵심적인 요소로 자리매김하고 있음을 명확히 보여준다. 각국 정부는 기술 혁신 지원과 함께 데이터 표준화, 윤리 기준 마련, 그리고 시장의 투명성 제고를 위한 규제 환경 조성을 통해 AI와 ESG가 시너지를 창출하며 지속 가능한 자산관리 생태계를 구축하도록 유도하고 있다.

지속 가능한 도시 개발을 위한 전략

- **스마트 도시 설계**: 정부와 민간 기업은 IoT와 AI 기술을 활용하여 스마트 도시 인프라를 구축하고 지속 가능한 도시 운영을 실현할 수 있다.
- **녹색 금융 활성화**: 투자자는 녹색 채권이나 ESG 펀드와 같은 금융 상품에 투자하여 지속 가능한 프로젝트에 자금을 조달할 수 있다.
- **정책 설계 지원**: 정책 입안자는 데이터를 기반으로 특정 정책이 도시 환경에 미치는 영향을 사전에 분석하고 효과적인 규제를 설계할 수 있다.

◎ 응용과 적용: AI와 ESG를 결합한 지속 가능한 자산 관리

1. 부동산 자산 관리 자동화 및 스마트 도시 개발
동사는 AI 기술을 활용해 부동산의 가치를 평가하고 관리하는 시스템을 구축한다. 예를 들어, 건물의 에너지 효율을 최적화하고 탄소 배출량을 실시간으로 모니터링하여 ESG 목표를 달성할 수 있도록 돕는다. 또한 스마트 센서를 통해 도시 인프라와 부동산 데이터를 통합 관리하여 효율적인 도시 운영과 친환경 부동산 투자가 가능하도록 한다.

2. 금융 및 기업 투명성 강화
동사는 기업의 ESG 관련 데이터를 분석하고, 이를 바탕으로 '녹색 금융' 상품을 확대한다. AI 기반 시스템으로 투자 대상 기업의 탄소 배출량 감축 노력을 평가하여, 투자자들이 신뢰할 수 있는 정보를 제공함으로써 시장의 투명성을 높인다. 이로써 기업의 ESG 경영 참여를 유도하고 지속 가능한 자산 관리 시장을 활성화하는 데 기여한다.

30.2. 글로벌 프롭테크 생태계 동향

프롭테크(PropTech)는 부동산(Property)과 기술(Technology)의 합성어로, AI, 빅데이터, IoT, VR/AR, 블록체인 등 첨단 디지털 기술을 활용하여 부동산 산업의 가치사슬 전반(기획, 개발, 중개, 임대, 관리, 투자, 금융 등)에 걸쳐 혁신적인 서비스와 솔루션을 제공하는 모든 활동을 의미한다. 글로벌 프롭테크 생태계는 최근 몇 년간 급격한 성장세를 보이며, 부동산 산업의 디지털 전환을 가속화하고 ESG 가치 실현을 위한 새로운 가능성을 열어가고 있다.

글로벌 프롭테크 시장의 주요 트렌드 중 하나는 **데이터 기반 의사결정 지원 플랫**

폼의 확산이다. 방대한 양의 부동산 관련 데이터(거래 정보, 임대료 시세, 공실률, 인구 통계, 교통 정보, ESG 데이터 등)를 수집, 분석하여 투자자, 개발업자, 중개인 등에게 시장 동향 예측, 자산 가치평가, 투자 기회 발굴 등에 필요한 통찰력을 제공하는 플랫폼 서비스가 각광받고 있다. 미국의 Zillow, CoStar Group, 영국의 Zoopla 등이 대표적인 예이다.

스마트 빌딩 및 스마트 시티 솔루션의 고도화 또한 중요한 흐름이다. IoT 센서, AI, 디지털 트윈 기술을 활용하여 건물의 에너지 효율을 최적화하고, 운영 비용을 절감하며, 사용자에게 안전하고 편리한 환경을 제공하는 스마트 빌딩 관리 시스템이 보편화되고 있다. 나아가 도시 전체의 교통, 에너지, 환경, 안전 등을 통합적으로 관리하고 시민 중심의 맞춤형 서비스를 제공하는 스마트 시티 플랫폼 개발 경쟁도 치열하게 전개되고 있다.

부동산 거래 및 임대 프로세스의 디지털화 및 자동화도 빠르게 진행되고 있다. 온라인 중개 플랫폼, VR/AR 기반 가상 매물 투어, 전자 계약 시스템, 그리고 AI 기반 임차인 매칭 서비스 등은 거래의 편의성과 효율성을 높이고 중개 비용을 절감하는 데 기여하고 있다. 미국의 Opendoor와 같은 아이바이어(iBuyer) 모델은 주택 매매 과정을 간소화하고 신속한 거래를 가능하게 하여 주목받고 있다.

공유경제 모델의 확산과 공간의 서비스화(Space-as-a-Service, SPaaS)도 중요한 트렌드이다. 코워킹 스페이스(예: WeWork), 코리빙 스페이스, 공유 주방, 단기 임대 플랫폼(예: Airbnb) 등은 물리적 공간을 유연하게 공유하고 사용자에게 맞춤형 서비스를 제공하는 새로운 비즈니스 모델을 제시하며 전통적인 부동산 임대 시장에 변화를 가져오고 있다.

건설테크(ConTech) 분야의 혁신 또한 주목할 만하다. BIM(Building Information Modeling), 3D 프린팅, 드론, 로봇, 모듈러 건축 등 첨단 기술을 건설 현장에 적용하여 생산성을 높이고, 공사 기간을 단축하며, 비용을 절감하고, 안전성을 향상시키려는 노력이 활발하게 이루어지고 있다. 이는 건설 산업의 고질적인 비효율성을 개선하고 지속 가능성을 높이는 데 기여할 것으로 기대된다.

ESG 통합 솔루션의 부상은 최근 프롭테크 생태계의 가장 두드러진 특징 중 하나이다. 건물의 에너지 소비량 및 탄소 배출량 측정·관리 플랫폼, 친환경 자재 정보 제공 서비스, ESG 데이터 분석 및 보고 자동화 솔루션, 그리고 기후변화 리스크 평가 도구 등 ESG 경영을 지원하는 다양한 프롭테크 서비스가 등장하고 있다. 이는 투자자와 기업이 ESG 목표를 효과적으로 달성하고 지속 가능한 가치를 창출하는 데 중요한 역할을 수행한다.

결론적으로, 글로벌 프롭테크 생태계는 기술 혁신을 통해 부동산 산업의 효율성, 투명성, 그리고 지속 가능성을 높이는 방향으로 빠르게 진화하고 있다. 데이터 활용의 고도화, 서비스의 개인화 및 자동화, 그리고 ESG 가치 통합은 미래 프롭테크 산업의 핵심 경쟁력이 될 것이며, 이는 부동산 시장 전체의 디지털 전환과 지속 가능한 발전을 이끌어갈 것이다.

지속 가능한 부동산 개발 및 관리

- **블록체인 기반 거래 플랫폼 활용**: 블록체인 기술을 적용하여 부동산 거래 과정을 간소화하고 투명성과 신뢰성을 강화할 수 있다.
- **ESG 데이터 분석 및 보고**: AI와 빅데이터 기술을 활용하여 ESG 데이터를 분석하고 이를 이해관계자들에게 투명하게 보고할 수 있는 시스템을 구축할 수 있다.
- **친환경 기술 통합**: 태양광 패널 설치나 재생 가능 에너지를 활용한 인프라 개발로 탄소 배출량 감소와 운영 비용 절감을 동시에 달성할 수 있다.

◎ 응용과 적용: 부동산과 기술의 융합, 프롭테크

프롭테크(PropTech)는 부동산(Property)과 기술(Technology)의 합성어로, AI, 빅데이터, IoT, VR/AR, 블록체인 등 첨단 디지털 기술을 활용하여 부동산 산업의 가치

사슬 전반(기획, 개발, 중개, 임대, 관리, 투자, 금융 등)을 혁신하는 것을 의미한다.

적용예시 1. 스마트 건물 관리

빌딩 내 IoT 센서를 설치하여 에너지 소비량, 실내 공기 질 등을 실시간으로 파악하고, AI가 데이터를 분석하여 최적의 에너지 효율을 유지하는 방식이다. 이를 통해 쾌적한 환경을 제공하며, 시설 운영 비용을 절감하는 효과가 있다.

적용예시 2. 데이터 기반 부동산 투자

빅데이터 분석을 통해 특정 지역의 주택 거래 데이터, 임대 시세, 인구 통계 등을 종합적으로 파악하여 투자 가치를 평가하는 방식이다. 투자자는 이를 기반으로 정확한 투자 결정을 내리고, 금융기관은 리스크를 효과적으로 관리할 수 있다.

30.3. 미래 자산경영의 진화 방향

부동산을 포함한 미래 자산경영은 ESG 원칙의 전면적인 통합, 디지털 기술의 심층적인 활용, 그리고 변화하는 사회·경제적 환경에 대한 유연한 적응을 특징으로 하며, 단순한 수익 극대화를 넘어 지속 가능한 가치 창출과 사회적 책임 이행을 핵심 목표로 하는 방향으로 진화할 것이다.

첫째, **ESG는 자산경영의 표준(New Normal)으로 자리매김**할 것이다. 모든 투자 결정과 자산 관리 프로세스에 ESG 요소가 필수적으로 고려되며, 재무적 성과와 함께 환경적·사회적 임팩트를 종합적으로 평가하는 '통합 보고(Integrated Reporting)'가 일반화될 것이다. 투자자들은 ESG 리스크가 낮고 장기적인 지속 가능성이 높은 자산을 선호하게 되며, 기업들은 ESG 경영을 통해 경쟁 우위를 확보하고 기업 가치를 제고하려는 노력을 더욱 강화할 것이다.

둘째, **데이터 기반의 초개인화된 자산 관리 서비스가 확산**될 것이다. AI, 빅데이터, IoT 기술을 통해 수집된 방대한 양의 개인별·자산별 데이터를 분석하여, 투자자의 성향, 목표, 그리고 ESG 가치관에 맞는 최적의 맞춤형 투자 포트폴리오를 구성하고, 실시간으로 자산 상태를 모니터링하며, 선제적인 리스크 관리 및 가치 증대 전략을 제공하는 서비스가 보편화될 것이다. 로보 어드바이저(Robo-Advisor)의 역할이 더욱 확대되고, 인간 자산관리사는 보다 복잡하고 전략적인 컨설팅에 집중하게 될 것이다.

셋째, **자산의 물리적 경계가 허물어지고 서비스 중심의 가치 창출이 중요**해질 것이다. 부동산은 단순한 물리적 공간을 넘어, 다양한 서비스와 경험을 제공하는 플랫폼으로 진화할 것이다(Space-as-a-Service). 코리빙, 코워킹, 리테일 테크, 스마트홈 서비스 등 사용자의 필요에 따라 유연하게 공간을 활용하고 맞춤형 서비스를 제공하는 비즈니스 모델이 더욱 확산될 것이다. 이는 자산의 활용도를 높이고 새로운 수익원을 창출하는 기회가 될 것이다.

넷째, **탈중앙화 금융(DeFi) 및 디지털 자산의 부상**은 자산경영 방식에 새로운 변화를 가져올 수 있다. 블록체인 기술을 기반으로 한 부동산 자산의 토큰화(Tokenization)는 소액 투자자들의 시장 참여를 확대하고 자산 유동성을 높이며, P2P(Peer-to-Peer) 금융 플랫폼은 전통적인 금융기관을 거치지 않는 새로운 자금 조달 및 투자 방식을 가능하게 할 것이다. 이러한 디지털 자산 시장의 성장은 새로운 투자 기회와 함께 규제 및 보안 관련 과제도 제기할 것이다.

다섯째, **기후변화 대응 및 회복탄력성(Resilience) 확보가 자산경영의 핵심 과제**로 부상할 것이다. 물리적 리스크(자연재해 심화)와 전환 리스크(저탄소 경제로의 이행)에 대한 정교한 평가와 대응 전략 수립이 모든 자산 포트폴리오 관리의 필수 요소가 될 것이다. 제로에너지빌딩, 기후변화 적응형 인프라, 그리고 지속 가능한 토지 이용에 대한 투자가 확대되고, 관련 기술 및 금융 상품 개발이 가속화될 것이다.

여섯째, **이해관계자 자본주의(Stakeholder Capitalism)의 확산**에 따라, 자산경영은 주주 이익 극대화를 넘어 직원, 고객, 협력업체, 지역사회, 그리고 환경 등 모든 이해관계자와의 상생을 추구하는 방향으로 나아갈 것이다. 기업의 사회적 책임 이행과 긍정적인 사회적 임팩트 창출이 장기적인 기업 가치와 지속 가능한 성장의 중요한 동력으로 인식될 것이다.

결론적으로, 미래 자산경영은 ESG, 디지털 혁신, 그리고 이해관계자 중심주의라는 세 가지 핵심 축을 중심으로 진화하며, 보다 지속 가능하고 포용적이며 효율적인 가치 창출 시스템을 구축해 나갈 것이다. 이러한 변화의 흐름에 능동적으로 적응하고 혁신을 주도하는 기업과 투자자만이 미래 경쟁 환경에서 성공을 거둘 수 있을 것이다.

AI 기반 ESG 데이터 분석 및 탄소 중립 전략을 통한 지속 가능한 자산 경영

- **AI 기반 ESG 데이터 분석**: AI 플랫폼을 활용하여 탄소 배출량, 에너지 소비량 등 주요 ESG 데이터를 실시간으로 분석하고 이를 기반으로 투자 전략을 설계할 수 있다.
- **탄소 중립 전략 실행**: 태양광 패널 설치나 재생 가능 에너지를 활용한 인프라 개발로 탄소 배출량 감소와 운영 비용 절감을 동시에 달성할 수 있다.
- **미래 자산 경영의 진화 방향**: 미래 자산경영의 진화 방향은 단순히 경제적 성과를 넘어 환경적 지속 가능성과 사회적 책임을 동시에 달성하기 위한 필수적인 접근법이다. 이를 통해 기업과 정부는 장기적인 안정성과 경쟁력을 확보하며 글로벌 시장에서 지속 가능한 미래를 선도할 수 있을 것이다.

◎ **응용과 적용: ESG 디지털 전환을 통한 자산 가치 극대화**

1. ESG 기반의 종합 자산 관리 및 보고 시스템 도입

부동산 자산 관리 회사가 ESG 원칙을 통합하여 '통합 보고서(Integrated Reporting)'를 발행하고 있으며, 이 보고서는 단순히 재무적 성과뿐만 아니라 건물의 에너지 효율 개선, 친환경 건축 자재 사용, 입주사와의 상생 프로그램 운영 등 환경·사회적 임팩트를 종합적으로 평가한다. 투자자들은 이 보고서를 통해 ESG 리스크가 낮은 자산에 투자하고, 회사는 ESG 경영 우위를 확보하여 기업 가치를 높이는 선순환 구조를 구축하고 있다.

2. 디지털 기술을 활용한 개인화된 자산 관리 및 금융 서비스 제공

기존의 물리적 공간을 넘어 디지털 플랫폼을 활용해 'Space-as-a-Service'를 제공하는 사례가 늘고 있으며, 예를 들어, 오피스 빌딩 운영사가 입주사 데이터를 분석하여 맞춤형 사무 공간 관리 솔루션(예: 스마트 조명/온도 제어, 회의실 예약 시스템)을 제공하거나, '토큰화(Tokenization)' 기술을 활용하여 소액 투자자들도 빌딩 자산에 쉽게 투자할 수 있는 P2P(Peer-to-Peer) 금융 플랫폼을 도입하고 있다.

이러한 시스템과 기술은 자산의 활용도를 높이고 새로운 수익원을 창출하는 동시에, 자산의 유동성을 강화하는 효과를 가져온다.

30.4. 지속 가능한 미래를 위한 ESG 부동산 경제학의 발전 방향

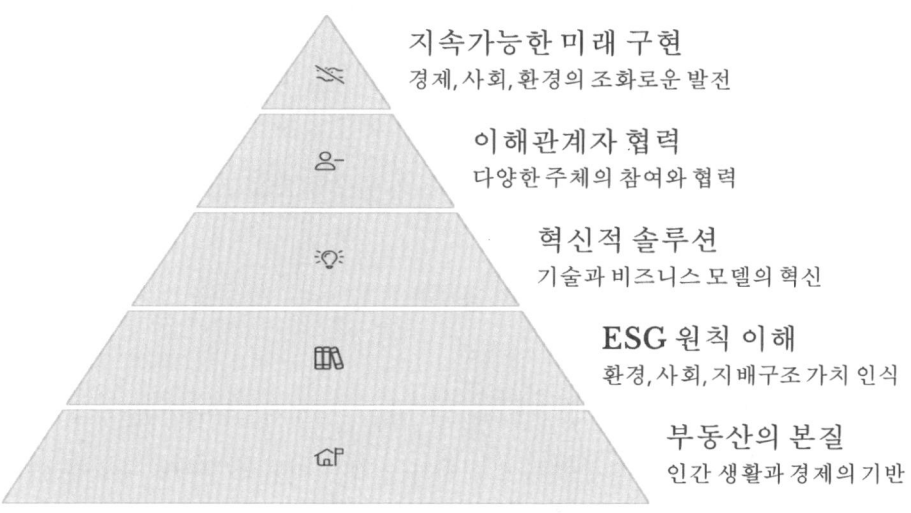

1) ESG와 디지털 혁신 기반 미래 자산 관리

미래 자산 관리는 ESG 원칙과 디지털 혁신을 결합한 형태로 발전하고 있다. AI와 빅데이터 기술을 활용하여 ESG 데이터를 정밀하게 분석하고 실시간으로 보고하는 환경을 조성하고 있다.

탄소 중립 목표와 같은 글로벌 의제가 강화됨에 따라 친환경 건축물과 재생 에너지 활용 인프라는 ESG 기반 자산 관리 전략의 필수 요소가 되고 있다.

2) AI와 ESG 기반 미래 자산 관리 변화

주요 국가들은 AI와 ESG 자산 관리 정책을 더욱 정교하게 만들고 있다. 글로벌 규제 강화에 따라 친환경 건축물 및 재생 가능 에너지를 활용한 인프라가 필수 요소로 자리 잡고 있다. AI와 빅데이터 기술 발전은 ESG 데이터를 실시간으로 분석하여 최적화하는 시스템을 구현하고 있다.

3) 글로벌 프롭테크의 미래

글로벌 프롭테크 생태계는 AI와 빅데이터 기술 발전을 통해 더욱 성장하고, 데이터 중심 의사결정을 보편화하고 있다. 탄소 중립 목표 강화로 인해 친환경 기술 도입과 재생 에너지 활용이 모든 부동산 프로젝트의 필수 요소로 자리 잡고 있다.

4) 지속 가능한 미래를 위한 ESG 부동산 경제학의 의의

부동산은 인간 생활의 가장 기본적인 터전이자 모든 경제활동의 기반이다. 따라서 부동산 산업이 ESG 원칙을 수용하고 실천하는 것은 기업의 경쟁력 강화뿐 아니

라, 사회 전체의 지속 가능성을 높이고 미래 세대에게 더 나은 환경을 물려주는 중요한 역할을 한다.

친환경 건축물 확대로 에너지 소비와 탄소 배출을 줄여 기후변화 완화에 기여하고, 사회적 가치를 고려한 도시 개발로 안전하고 쾌적한 생활공간을 제공하고 있다. 또한 투명하고 윤리적인 경영은 시장의 신뢰를 구축하고 건전한 발전을 이끌고 있다.

5) 지속 가능한 미래 구현을 위한 피라미드 모델

- 최하단 (부동산의 본질): 인간 생활과 경제의 기반이 된다.
- 하단 (ESG 원칙 이해): 환경, 사회, 지배구조 가치 인식이 필요하다.
- 중간 (혁신적 솔루션): 기술과 비즈니스 모델의 혁신이 이루어진다.
- 상단 (이해관계자 협력): 다양한 주체의 참여와 협력이 강조된다.
- 최상단 (지속 가능한 미래 구현): 경제, 사회, 환경의 조화로운 발전이 목표이다.

| 제9부 |

ESG 부동산 경제학 혁신: 연구논문 모델 개발

제31장
ESG 부동산 경제 혁신: 부동산 가치 창출을 위한 이론적 고찰 및 실증적 접근

제32장
ESG 관점에서 본 패시브하우스의 지속 가능성 연구: 친환경 건축기술과 사회적 창출을 중심으로

제33장
ESG 아스인하우스의 철학과 현대 건축 문제에 대한 해결 방안: 지속 가능한 건강 주거의 미래

제34장
박운선 삶의 3축 균형론: 가지(枝) 모델

제31장

ESG 부동산 경제 혁신: 부동산 가치 창출을 위한 이론적 고찰 및 실증적 접근

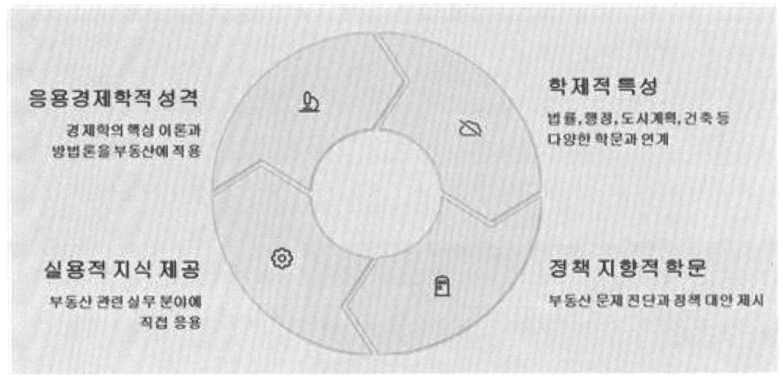

부동산 경제학의 학문적 위상
(Academic status of real estate economics)

부동산 경제학은 미시경제학적 관점에서 개별 경제주체의 부동산 관련 행동을 분석하고, 거시경제학적 관점에서 부동산 시장과 거시경제 변수 간의 상호작용을 연구한다. 정보의 비대칭성, 외부효과의 존재 등으로 인한 '시장 실패'를 해결하기 위한 정책적 노력이 요구되며, 이에 부동산 경제학은 정책 지향적 학문으로서의 성격이 강하다.

31.1. 서론

1) 연구의 배경 및 필요성

현대 사회와 경제는 지속 가능성이라는 핵심 가치를 중심으로 빠르게 재편되고 있으며, 이러한 변화의 중심에는 환경(Environmental), 사회(Social), 지배구조(Governance)를 포괄하는 ESG 원칙이 자리 잡고 있다. ESG는 기업 경영과 투자 결정에 있어 더 이상 선택 사항이 아닌 필수로 인식되고 있으며, 특히 부동산 산업은 전 세계 에너지 소비의 약 40%, 탄소 배출의 약 30%를 차지하는 주요 산업으로서 ESG 원칙 실현에 있어 그 중요성이 지대하다. 기후변화 대응, 자원 효율성 증대, 사회적 책임 이행, 투명한 지배구조 확립 등 ESG가 포괄하는 다양한 이슈는 부동산의 가치평가, 개발, 투자, 운영 전반에 걸쳐 근본적인 변화를 요구하고 있다.

전 세계적으로 지속 가능성과 ESG에 대한 논의가 활발해지면서 산업 전반의 가치 체계가 재편되고 있으며, 부동산 산업은 기후 변화에 대한 많은 책임을 져야 하는 대표적인 산업이자 자산군으로 부상하고 있다. 이러한 맥락에서 ESG는 부동산 경제학에서 일시적 유행이 아닌, 시장의 근본적인 작동 방식과 가치평가 기준을 재정의하는 패러다임 전환을 의미한다. 전통적인 부동산 경제학이 주로 효율적 자원 배분과 가격 결정에 초점을 맞추었다면, ESG 부동산 경제학은 여기에 환경적 지속 가능성, 사회적 책임, 투명한 지배구조라는 새로운 차원을 통합하여 학문의 외연을 확장하고 있다. 이는 부동산 투자자, 개발자, 정책 입안자 모두에게 ESG 요소를 고려한 새로운 의사결정 프레임워크가 필요함을 시사한다.

부동산 산업은 기후 변화에 대한 주요 기여자이면서 동시에 잠재적인 해결책을 제시할 수 있는 이중적인 역할을 수행한다. 건물이 전 세계 에너지 소비와 탄소 배출량의 상당 부분을 차지한다는 점은, 이 분야의 ESG 통합이 광범위한 환경적 영향을 미칠 수 있음을 의미한다. 따라서 부동산 부문의 지속 가능한 전환은 단순히 산업적 변화를 넘어, 더 큰 규모의 지속 가능성 목표를 달성하는 데 핵심적인 동력이 될 수 있다. 이러한 관점에서 부동산 경제학은 순수한 경제적 논리를 넘어선 학제적 접근을 통해 현실의 복합적인 문제 해결에 기여하는 응용과학으로서의 위상을 강화하고 있다.

2) 연구 목적 및 범위

본 연구는 박운선 저 《ESG 부동산 경제학》의 핵심 내용을 심층 재구성하여, ESG가 부동산 경제학의 이론과 실제에 미치는 영향을 분석하고 미래 방향성을 제시하고자 한다. 이는 단순한 요약을 넘어, 원저의 주요 논지와 분석을 학문적 관점에서 재해석하고, 최신 연구 동향과 실제 사례를 통해 그 현재적 의미를 확장하는 것을 목표로 한다.

구체적으로, 본 연구는 다음과 같은 세 가지 주요 목적을 가진다.

첫째, ESG 요인의 정량적 분석을 수행한다. 환경(E), 사회(S), 지배구조(G) 요인이 부동산의 물리적 가치, 임대료, 공실률, 투자 수익률 등 경제적 가치에 미치는 영향을 헤도닉 가격 모형 등 계량경제학적 방법을 통해 정량적으로 분석한다. 이를 통해 ESG 성과와 재무적 성과 간의 관계를 실증적으로 규명하고자 한다.

둘째, 글로벌 우수 사례 연구를 진행한다. LEED, BREEAM, GRESB 등 국제적으로 인정받는 친환경 건축물 인증 및 ESG 평가 시스템을 갖춘 부동산 자산의 시장 성과를 분석하고, 주요 선진국의 ESG 부동산 정책 및 투자 동향을 비교 연구한다. 이를 통해 국내 부동산 시장에 적용 가능한 시사점과 벤치마킹 사례를 도출한다.

셋째, 정책 및 투자자를 위한 실질적 가이드라인 제시를 목표로 한다. 연구 결과를 바탕으로 정부, 지방자치단체, 건설사, 개발사, 금융기관, 개인 투자자 등 다양한 시장 참여자들이 ESG 원칙을 부동산 관련 의사결정에 효과적으로 통합하고 실천할 수 있는 구체적인 정책 제언과 투자 전략 가이드라인을 제공한다.

본 연구는 학술적 엄밀성을 유지하면서도 실무적 적용 가능성을 높이는 데 주력한다. 《ESG 부동산 경제학》의 핵심 논지를 재해석하고 최신 연구 동향 및 실제 사례를 접목함으로써, 이론적 깊이와 현실적 유용성을 동시에 추구한다. 이러한 접근 방식은 학계와 실무 간의 간극을 줄이고, 부동산 시장의 지속 가능한 발전을 위한 구체적인 방향을 제시하는 데 기여할 것이다.

3) 논문의 구성

본 논문은 ESG가 부동산 경제학의 이론과 실제에 미치는 영향을 체계적으로 분석하기 위해 선행 연구의 핵심 내용을 충실히 따르면서도 최신 연구 동향과 실제 사례를 참고하여 현재적 의미와 실질적인 적용 방안을 세 가지로 구성하였다.

첫째, 부동산 경제학의 기초와 ESG 패러다임의 통합에서는 부동산 경제학의 기초 이론을 현대적 관점에서 재조명하고, ESG 패러다임이 부동산 경제학에 통합되는 과정과 그 의의를 탐구한다. 이는 ESG 부동산 경제 혁신의 이론적 토대를 마련하는 부분이다.

둘째, ESG 통합 부동산 가치평가, 투자 전략 및 시장 분석에서는 ESG 요소를 통합한 부동산 가치평가 방법론의 혁신, 지속 가능한 투자 전략 및 포트폴리오 구성, 그리고 글로벌 ESG 부동산 시장의 동향과 경쟁 환경을 심층적으로 분석한다. 이 부분은 ESG가 부동산 시장의 핵심 작동 방식과 가치평가 기준을 어떻게 재정의하는지를 구체적으로 보여준다.

셋째, 기술 혁신, 지속 가능 도시 개발 및 미래 전망에서는 디지털 기술 혁신이 ESG 부동산 관리에 미치는 영향, 미래 도시와 지속 가능한 부동산 생태계 구축 전략, 그리고 ESG 부동산 경제의 미래 진화 방향을 전망한다. 이 부분은 ESG 부동산 경제 혁신의 미래 지향적인 측면과 기술적 가능성을 제시한다.

이러한 단계적 구성은 ESG가 부동산 경제학에 통합되는 초기 과정부터 실제 시장에서의 적용, 그리고 미래의 발전 방향까지 포괄적으로 다루어 부동산 가치 창출을 위한 이론적 고찰 및 실증적으로 접근하여 전반적인 흐름을 심층적으로 연구한다.

31.2. 이론적 배경: ESG와 현대 부동산 경제학

1) 부동산 경제학의 기본 원리 및 시장 특성 재조명

부동산 경제학은 토지, 건물 등 부동산 자산을 둘러싼 경제 현상, 즉 부동산 시장의 구조, 기능, 그리고 자원 배분 원리를 경제학적 관점에서 체계적으로 연구하는 학문 분야이다. 이는 단순히 부동산의 거래와 가치평가를 넘어 도시화, 인구 이동, 정부 정책 변화 등 다양한 사회적·경제적 요인이 부동산 시장에 미치는 영향을 포괄적으로 분석한다. 부동산은 단순한 재화가 아닌, 생산요소, 소비재, 투자 자산으로서의 복합적 특성을 지니며, 국민 경제와 사회 안정에 지대한 영향을 미치는 핵심 요소로 작용한다.

부동산 경제학의 학문적 위상은 경제학을 모태로 하면서도 도시학, 법학, 행정학, 건축학, 환경학 등 다양한 인접 학문과의 융합적 특성에서 비롯된다. 예를 들어, 도시 개발 정책은 토지 이용 규제와 부동산 가격 변동 분석에 필수적이며, 최근에는 ESG 원칙이 지속 가능한 부동산 관리의 핵심 토대로 자리 잡으면서 환경경제학과의 연계성이 더욱 중요해지고 있다. 이러한 학제 간 연구는 부동산 경제학이 단순한 이론 정립을 넘어 실질적인 사회 문제 해결에 기여하는 응용과학으로서의 위상을 강화하고 있음을 보여준다.

부동산 시장은 일반 상품 시장과는 구별되는 몇 가지 독특한 특성을 지닌다. 이러한 특성들은 ESG 요소가 부동산 가치와 리스크에 미치는 영향을 분석할 때 중요한 고려사항이 된다.

첫째, 개별성(비대체성)으로 인해 각 부동산은 고유한 위치와 물리적 특성을 가져대체가 어렵다. 이는 부동산 시장이 국지적으로 형성되고, 표준화된 상품 시장과 다른 양상을 보이는 주요 원인이다.

둘째, 부동성(고정성)은 부동산이 특정 위치에 고정되어 이동할 수 없음을 의미하며, 이는 지역적 시장 형성을 심화시키고 외부 효과에 민감하게 반응하게 만든다.

셋째, 내구성(영속성)은 부동산이 장기간 사용될 수 있음을 의미하며, 이는 재고 조정이 느리고 수급 불균형이 장기화될 수 있는 원인이 된다.

넷째, 고가성으로 인해 부동산 거래에는 상당한 자금이 소요되며, 이는 금융 시장과의 연계성을 높이고 정부의 규제 대상이 되기 쉽다.

다섯째, 거래의 비공개성 및 정보의 비대칭성은 시장 참여자 간 정보 격차를 유발하여 시장의 효율성을 저해하고, 때로는 불합리한 가격 형성을 초래할 수 있다. 이러한 정보 비대칭성은 특히 ESG 성과와 같은 비재무적 정보의 투명성 확보에 있어 중요한 과제를 제기하며, '그린워싱(Greenwashing)'과 같은 문제를 야기할 수 있다.

마지막으로, 부동산 시장은 정부 규제 및 정책의 영향을 크게 받는다. 토지이용계획, 건축 규제, 조세 정책, 금융 정책 등은 부동산의 수요, 공급, 가격에 직접적인 영향을 미친다.

이러한 부동산 시장의 고유한 특성들은 ESG 요소의 영향력을 증폭시키거나 새로운 과제를 야기하는 경향이 있다. 특히, 정보의 비대칭성은 ESG 정보의 투명성 확보를 어렵게 하고 '그린워싱'의 위험을 높인다. 그러나 ESG의 지배구조(G) 원칙은 투명한 정보 공개와 책임 있는 의사결정을 강조함으로써 이러한 시장의 불완전성을 완화하는 메커니즘으로 작용할 수 있다. ESG 원칙이 요구하는 표준화된 정보 공개와 검증 가능한 데이터는 시장 참여자 간의 정보 격차를 해소하고, 부동산 시장의 효율성과 공정성을 높이는 데 기여할 수 있다. 이는 ESG가 단순히 추가적인 고려사항이 아니라, 부동산 시장의 오랜 구조적 문제를 해결하고 시장의 건전성을 향상하는 변혁적인 힘을 가질 수 있음을 의미한다.

또한, 부동산의 내구성과 고가성은 장기적인 관점에서 ESG 리스크(예: 기후변화로 인한 물리적 리스크)를 평가하고 관리하는 것의 중요성을 부각시킨다. 부동산은 수명이 길고 대규모 자본이 투자되는 자산이므로, 기후변화로 인한 해수면 상승, 자연재해 증가, 또는 탄소세 부과와 같은 전환 리스크는 장기적인 자산 가치에 치명적인 영향을 미칠 수 있다. 이러한 위험에 대한 선제적인 ESG 위험 관리는 자산 가치를 보존하고 향상시키기 위한 핵심적인 재무적 필수 사항으로 인식되어야 한다. 이는 ESG가 단순한 규제 준수나 사회적 책임 이행을 넘어, 부동산 투자 및 개발의 장기적인 수익성과 안정성을 확보하는 데 결정적인 역할을 수행함을 강조한다.

2) ESG 개념의 심화 및 부동산 경제학으로의 확장

ESG는 환경(Environmental), 사회(Social), 지배구조(Governance)의 머리글자를 딴 용어로, 기업의 지속 가능한 성장을 위한 비재무적 성과를 측정하는 핵심 지표로 부상했다. 전통적인 재무 성과 중심의 기업 평가 방식에서 벗어나, 장기적인 관점에서 기업 가치와 사회적 책임을 동시에 고려하는 ESG 패러다임은 부동산 경제학 분야에도 새로운 이론적 확장과 실무적 적용의 가능성을 제시하고 있다.

ESG의 세 가지 구성 요소는 각각 다음과 같은 핵심 원칙을 포함한다.

- 환경(Environmental): 기후변화 대응, 탄소 배출량 감축, 에너지 효율성 증대, 재생에너지 사용 확대, 수자원 및 폐기물 관리, 생물다양성 보전 등 기업 활동이 환경에 미치는 영향을 최소화하고 환경적 지속 가능성을 제고하는 것을 목표로 한다. 부동산 부문에서는 건물의 에너지 효율 개선, 친환경 자재 사용, 탄소 중립 건물 설계 등이 주요 과제이다.
- 사회(Social): 인권 존중, 다양성 및 포용성 증진, 공정한 노동 관행 확립, 산업 안전 보건 강화, 공급망 내 사회적 책임 이행, 지역사회 발전 기여, 소비자 보호 등 기업이 다양한 이해관계자와 긍정적인 관계를 구축하고 사회적 가치를 창출

하는 데 중점을 둔다. 부동산 개발 및 운영 과정에서 지역사회와의 상생, 저렴한 주택 공급, 안전하고 건강한 거주 환경 조성 등이 이에 해당한다.
- 지배구조(Governance): 이사회의 독립성 및 다양성 확보, 감사위원회의 전문성 강화, 투명하고 책임 있는 의사결정 구조 확립, 주주 권익 보호, 윤리 경영 및 부패 방지 시스템 구축 등 기업 경영의 투명성과 책임성을 높여 지속 가능한 성장의 토대를 마련하는 것을 목표로 한다. 부동산 투자 및 개발 과정에서의 투명한 정보 공개, 이해상충 방지, 공정한 계약 관행 등이 중요하다.

ESG는 단순히 기업의 사회적 책임을 강조하는 것을 넘어, 장기적인 기업 가치 증대와 투자 위험 감소에 기여하는 핵심 전략으로 인식되고 있다. UN의 책임투자원칙(PRI)에 서명하는 기관 투자자들이 지속적으로 증가하고 있으며, 이들이 운용하는 자산 규모 또한 막대하다는 점은 ESG가 글로벌 투자 시장의 주류로 자리 잡고 있음을 시사한다. 부동산 시장에서도 ESG 요소는 자산의 가치평가, 투자 결정, 리스크 관리, 그리고 장기적인 운영 전략 수립에 있어 혁신적인 변화를 가져올 잠재력을 지니고 있다. 친환경 건물은 에너지 비용 절감과 임차인 유치 용이성으로 운영 수익을 개선하고, 사회적 책임을 다하는 개발 프로젝트는 지역사회의 지지를 통해 사업의 안정성을 높이며, 투명한 지배구조는 투자자의 신뢰를 확보하여 자금 조달 비용을 낮추는 효과를 기대할 수 있다. 부동산 산업은 그 특성상 환경 및 사회에 미치는 영향이 매우 크기 때문에 ESG 통합의 당위성은 더욱 강조된다. 전 세계적으로 건물 부문은 에너지 소비의 약 40%, 탄소 배출의 약 30%를 차지하는 것으로 알려져 있으며, 이는 기후변화 대응에 있어 부동산 산업의 책임과 역할이 막중함을 의미한다. 또한, 도시 개발과 주택 공급은 지역사회의 삶의 질, 사회적 형평성, 경제 활력과 직접적으로 연결되어 사회적(S) 측면의 중요성도 매우 크다. 이러한 배경하에, ESG는 단순한 자선 활동이나 규제 준수 차원을 넘어, 기업의 경쟁력을 직접적으로 강화하고 장기적인 수익성을 확보하는 전략적 도구로 재정의되고 있다. 기업들이 ESG를 비용 증가 요인이 아닌 새로운 시장 수요를 창출하고 기업 이미지를 제고하며 장기적인 경쟁력을 확보하는 기회로 인식하는 것은 ESG 경영의 확산에 결정적인 역할을 한다. 이러한 전략적 인식의 전환은 부동산 산업의 지속 가능한 발전을 위한 핵심 동력이 될 것이다.

3) 이론적 고찰: ESG 요소가 부동산 가치에 미치는 영향

ESG의 각 구성 요소는 부동산 가치에 다층적이고 복합적인 영향을 미친다. 이러한 영향은 정량적인 재무적 가치 변화뿐만 아니라, 정성적인 측면에서의 자산 매력도, 리스크 프로파일, 그리고 장기적인 지속 가능성에도 영향을 준다.

환경(E) 요인의 영향은 가장 직접적으로 관찰되고 정량화되는 경향이 있다. 친환경 건축물 인증(LEED, G-SEED 등)을 획득한 건물은 일반적으로 그렇지 않은 건물에 비해 높은 임대료와 매매가를 형성하며, 공실률은 낮게 나타나는 경향이 있다. 이는 에너지 효율성 증대를 통한 운영비 절감(예: 냉난방비, 전력비 감소), 쾌적한 실내 환경 제공을 통한 임차인 만족도 및 생산성 향상, 그리고 환경 규제 강화에 따른 미래 리스크 감소 등 다양한 요인에 기인한다. Eichholtz et al. (2010)의 연구는 LEED 인증 건물이 일반 건물보다 평균 15% 높은 임대료를 기록한다고 보고한 바 있으며, 이는 선행 연구에서도 주요 근거로 인용되고 있다. 또한, 공원이나 녹지 공간에 대한 접근성, 양호한 대기 질, 낮은 소음 수준과 같은 주변 환경 요인도 부동산 가치에 긍정적인 영향을 미치는 것으로 평가된다. 반대로, 기후변화로 인한 물리적 리스크(예: 해수면 상승, 홍수, 폭염, 이상저온)는 특정 지역 부동산의 가치를 하락시키거나 보험료를 상승시키는 등 부정적인 영향을 미칠 수 있다.

사회(S) 요인은 부동산 프로젝트의 사회적 수용성, 지역사회와의 관계, 그리고 인적 자본 관리 등과 관련하여 가치에 영향을 미친다. 지역사회 공헌 활동(예: 공공 공간 제공, 지역 주민 고용, 저렴한 주택 공급), 입주민 및 근로자를 위한 안전하고 건강한 환경 조성, 다양성 및 포용성을 존중하는 운영 정책 등은 프로젝트에 대한 지역사회의 지지도를 높이고 긍정적인 평판을 형성하여 간접적으로 자산 가치를 증대시킬 수 있다. 예를 들어, 지역사회와의 긴밀한 협력을 통해 개발된 프로젝트는 인허가 과정에서의 마찰을 줄이고 사업 추진 속도를 높일 수 있으며, 이는 결과적으로 사업의 안정성과 수익성 향상으로 이어질 수 있다. 임팩트 투자(Impact Investing)의 개념이 확산되면서, 저렴한 주택 공급이나 지역사회 활성화에 기여하는 부동산 프로젝트는 재무적 수익과 함께 사회적 가치를 동시에 추구하는 투자자들에게 매력적인 투자 대상으로 인식되고 있다.

지배구조(G) 요인은 주로 부동산을 개발, 운영, 관리하는 기업 또는 투자 기관의 투명성, 책임성, 윤리성과 관련된다. 투명한 의사결정 구조, 효과적인 리스크 관리 시스템, 이해관계자와의 공정한 소통 채널, 그리고 ESG 정보의 적극적인 공개는 투자자들의 신뢰를 높여 자금 조달 비용을 절감하고 기업 가치를 제고하는 데 기여한다. 부동산 투자 신탁(REITs)이나 펀드의 경우, 운용사의 지배구조 수준은 투자자 보호 및 장기적인 성과 안정성에 중요한 영향을 미친다. 부패 방지 정책, 공정한 계약 관행, ESG 관련 리스크 및 기회에 대한 이사회의 감독 기능 강화 등은 건전한 지배구조의 핵심 요소로 평가된다.

이처럼 E, S, G 각 요소는 상호 연관되어 부동산 가치에 복합적으로 작용한다. 예를 들어, 친환경 건물(E)은 임차인의 건강과 생산성을 향상시켜 사회적 가치(S)를 높일 수 있으며, 이러한 성과를 투명하게 공개하는 기업(G)은 투자자로부터 더 높은 신뢰를 얻을 수 있다. 따라서 ESG 통합 가치평가는 이러한 다면적인 영향을 종합적으로 고려해야 한다.

ESG 요소는 부동산 시장에서 단순한 질적 특성을 넘어, 명확하게 가격에 반영되는 속성으로 변화하고 있다. 헤도닉 가격 모형을 통해 ESG 관련 속성들이 지니는 암묵적 가치를 정량적으로 측정할 수 있다는 점은, ESG가 부동산의 '좋은 특성'을 넘어 '측정 가능한 가치'로 인식되고 있음을 의미한다. 이는 투자자들이 ESG 이니셔티브에 대한 재무적 수익을 기대할 수 있는 강력한 경제적 근거를 제공하며, ESG가 부동산 가치평가의 핵심 구성 요소로 자리매김하고 있음을 보여준다.

31.3. ESG 부동산 가치평가 및 시장 분석 방법론

1) 헤도닉 가격 모형의 응용과 ESG 변수 통합

헤도닉 가격 모형(Hedonic Pricing Model)은 상품이 지닌 다양한 내재적 특성(attributes)들이 개별적으로 상품 가격에 미치는 영향을 분리하여 추정하는 계량경제학적 방법론이다. 부동산의 경우, 건물의 크기, 방의 개수, 건축 연도, 특정 설비 유무, 그리고 입지적 특성(예: 도심 접근성, 학군, 공원 인접성) 등이 가격 결정에 영향을 미치는 주요 속성으로 간주되어 왔다. 헤도닉 가격 모형은 이러한 다양한 속성들이 시장에서 암묵적으로 어떤 가격(implicit price)으로 평가받는지를 분석함으로써, 이질적인 부동산 자산의 가치를 보다 객관적으로 비교하고 평가하는 데 유용하게 활용된다.

그러나 기존의 헤도닉 가격 모형 연구들은 주로 물리적·입지적 특성에 집중하였으며, ESG와 같은 비재무적 요소를 충분히 반영하지 못하는 한계가 있었다. 최근 ESG의 중요성이 부각됨에 따라, 헤도닉 가격 모형에 ESG 관련 변수들을 통합하여 부동산 가치를 보다 포괄적이고 정교하게 평가하려는 시도가 활발히 이루어지고 있다. 예를 들어, 건물의 에너지 효율 등급, 친환경 건축물 인증(LEED, BREEAM, G-SEED 등) 여부, 재생에너지 설비 설치 유무, 건물 운영 과정에서의 탄소 배출량 등 환경(E) 관련 변수들이 모델에 포함될 수 있다. 또한, 건물 내 안전 및 보건 시설 수준, 장애인 접근성, 지역사회 개방 시설 유무, 입주민 만족도 등 사회(S) 관련 변수나, 건물 관리의 투명성, ESG 정보 공개 수준 등 지배구조(G) 관련 변수도 부동산 가치에 영향을 미치는 요인으로 분석될 수 있다.

실제로 스위스 기업들을 대상으로 한 연구에서는 친환경 건물에 대해 기업들이 일반 건물 대비 1.3%에서 7.9%에 이르는 지불의사 프리미엄(willingness-to-pay premium)을 가지고 있으며, 이러한 프리미엄은 산업 유형이나 기업 특성에 따라 다르게 나타난다는 결과가 Tobit 모델을 통해 분석된 바 있다. 이는 '그린 프리미엄' 또는 'ESG 프리미엄'이 실제 시장에서 관찰될 수 있으며, 헤도닉 가격 모형을 통해 이러한 프리미엄의 크기와 결정 요인을 정량적으로 분석할 수 있음을 시사한다. 선행 연구는 이러한 헤도닉 가격 모형을 ESG 요소가 부동산 가치에 미치는 영향을 분석하는 핵심 도구로 제시하고 있으며, 이를 통해 ESG 성과가 우수한 부동산이 시장에서 어떻게 평가받는지, 그리고 그 경제적 가치가 어느 정도인지를 객관적으로 입증하고자 한다.

헤도닉 가격 모형을 통해 ESG 요인의 가치를 정량화하는 것은 ESG를 단순한 질적인 '선한 가치'에서 벗어나, 시장에서 명확하게 가격이 매겨지는 경제적 속성으로 전환시킨다. 이는 부동산 개발업자와 투자자에게 ESG 이니셔티브에 투자할 명확한 재무적 동기를 부여하며, 궁극적으로 더 높은 자산 가치와 시장 경쟁력으로 이어질 수 있다. 이러한 정량화된 영향은 또한 정부가 친환경 건축물 보조금이나 탄소세와 같은 ESG 관련 정책의 효과를 평가하고, 증거 기반의 정책 결정을 내리는 데 중요한 기초 자료를 제공한다.

가설 1: 친환경 건축물 인증(LEED, G-SEED 등)은 부동산의 임대료 및 매매가에 유의미한 양(+)의 프리미엄을 발생시킬 것이다.

제안 수식

$$\ln(P) = \beta_0 + \beta_1 E + \beta_2 S + \beta_3 G + i = 4\sum_n \beta_i X_i + \epsilon$$

P: 부동산 가격(임대료 또는 매매가)
E: 환경(Environmental) 관련 변수(예: 에너지 효율 등급, 친환경 인증 여부)
S: 사회(Social) 관련 변수(예: 건물 내 편의시설, 지역사회 기여도 지표)
G: 지배구조(Governance) 관련 변수(예: 건물 관리 투명성 지표)
Xi: 기타 전통적인 부동산 특성 변수(예: 면적, 층수, 입지)
ϵ: 오차항

2) 데이터 기반 ESG 평가 지표 개발 및 디지털 기술 활용

ESG 요소를 부동산 가치평가에 효과적으로 통합하기 위해서는 신뢰할 수 있고 객관적인 데이터에 기반한 평가 지표의 개발이 필수적이다. 과거에는 ESG 성과 측정이 정성적인 평가에 머무르거나 표준화된 지표가 부족하여 투자자나 평가자에게 혼란을 주기도 했다. 그러나 최근에는 GRESB(Global Real Estate Sustainability Benchmark), GRI(Global Reporting Initiative), SASB(Sustainability Accounting Standards Board) 등 국제적으로 통용되는 ESG 보고 및 평가 표준이 개발되어 활용되고 있다. 특히 GRESB는 부동산 자산 및 포트폴리오의 ESG 성과를 평가하는 데 특화된 글로벌 벤치마크로, 투자자들이 부동산 투자의 지속 가능성을 평가하고 비교하는 데 중요한 기준으로 활용된다. 이러한 표준들은 에너지 소비량, 온실가스 배출량, 물 사용량, 폐기물 발생량 등 환경(E) 지표, 직원 만족도, 안전사고율, 지역사회 투자액 등 사회(S) 지표, 이사회 구성의 다양성, ESG 관련 정책 유무, 정보공개 수준 등 지배구조(G) 지표를 구체적으로 제시하고, 이에 대한 데이터 수집 및 보고 가이드라인을 제공한다.

디지털 기술의 발전은 이러한 데이터 기반 ESG 평가를 더욱 고도화하고 있다. 특히 인공지능(AI), 빅데이터, 사물인터넷(IoT), 디지털 트윈, 블록체인 기술은 방대한 양의 ESG 관련 데이터를 실시간으로 수집, 분석, 예측하는 것을 가능하게 하여 부동산 가치평가의 정확성과 효율성을 혁신적으로 개선하고 있다.

(1) AI 및 빅데이터

AI 기반 자동가치평가모델(AVM)은 전통적인 평가 변수 외에 ESG 데이터를 통합하여 특정 부동산의 현재 가치를 추정하고 미래 가치 변동을 예측할 수 있다. AI는 건물 에너지 관리 시스템(BEMS)과 연동되어 에너지 소비를 최적화하고, 시설물의 예지 보전을 통해 운영 효율성을 높이며, ESG 관련 규제 변화나 시장 트렌드를 분석하여 선제적인 대응 전략을 수립하는 데 활용될 수 있다.

(2) 사물인터넷(IoT)

IoT 센서는 건물 내외부에 설치된 다양한 센서를 통해 에너지 사용량, 수자원 소비량, 실내 공기 질, 폐기물 발생량, 시설물 상태 등 ESG 관련 데이터를 실시간으로 수집하고 전송한다. 이렇게 수집된 데이터는 스마트 빌딩 관리 시스템과 연동되어 에너지 소비를 최적화하고, 운영 비용을 절감하며, 쾌적하고 안전한 실내 환경을 조성하는 데 기여한다.

(3) 디지털 트윈

현실 세계의 건물이나 도시를 가상공간에 동일하게 복제하여 시뮬레이션, 분석, 예측을 수행하는 기술이다. 부동산 개발 단계에서는 다양한 설계안의 에너지 효율성, 일조량, 통풍 등을 시뮬레이션하여 최적의 친환경 설계를 도출할 수 있으며, 운영 단계에서는 건물 전체의 에너지 흐름을 시각화하고 문제점을 진단하여 개선 방안을 모색할 수 있다.

(4) 블록체인

분산 원장 기술(DLT)을 기반으로 거래 기록의 투명성과 보안성을 획기적으로 높일 수 있는 잠재력을 가지고 있다. 부동산 거래 과정에 블록체인을 적용하면, 소유권 이전 기록, 임대차 계약 정보, 건물 이력 정보 등을 위·변조 불가능한 형태로 안전하게 저장하고 공유할 수 있다. ESG 측면에서는 건물의 에너지 성능 데이터나 친환경 자재 사용 이력 등을 블록체인에 기록하여 ESG 성과의 신뢰성을 높이고, 탄소배출권 거래나 재생에너지 인증서 거래의 투명성을 확보하는 데도 활용될 수 있다.

이처럼 데이터 기반 ESG 평가 지표와 디지털 기술의 결합은 부동산 가치평가 방법론에 근본적인 변화를 가져오고 있다. 과거에는 접근하기 어려웠던 비재무적 ESG 정보가 정량화되고, 실시간 데이터 분석을 통해 시장 변화에 대한 신속한 대응이 가능해짐에 따라, 투자자들은 보다 정보에 기반한(data-driven) 의사결정을 내릴 수 있게 되었다. 이는 ESG 성과가 우수한 부동산 자산이 시장에서 적절히 평가받고, 지속 가능한 부동산 시장으로의 전환을 촉진하는 데 중요한 역할을 할 것으로 기대된다.

디지털화는 ESG의 책임성과 검증 가능성을 높이는 핵심적인 역할을 수행한다. 특히 블록체인 기술의 도입은 '그린워싱'과 같은 문제를 방지하고 ESG 성과에 대한 신뢰도를 높이는 데 기여한다. 이는 단순히 ESG 보고의 효율성을 높이는 것을 넘어, ESG 주장의 진위 여부를 검증하고 시장 참여자 간의 신뢰를 구축하는 데 필수적인 인프라를 제공한다. 결과적으로, 디지털 기술은 ESG를 단순한 보고 의무에서 벗어나, 검증 가능하고 신뢰할 수 있는 성과 지표로 전환시켜 시장의 투명성과 무결성을 강화한다.

또한, 프롭테크와 ESG는 상호 보완적인 관계를 형성한다. 프롭테크는 부동산 산업의 효율성을 높이는 도구일 뿐만 아니라, ESG 원칙을 구현하고 측정하며 최적화하는 데 필수적인 기반 기술이 된다. 데이터 기반 의사결정, 새로운 지속 가능 비즈니스 모델의 개발, 그리고 ESG 이니셔티브의 전반적인 투명성 및 효율성 향상은 프롭테크의 발전 없이는 달성하기 어렵다. 이는 부동산 산업의 성공적인 ESG 전환이 디지털 전환을 전제로 한다는 점을 명확히 하며, 관련 기술 투자와 전문 인력 양성의 시급성을 강조한다.

ESG 요인별 부동산 가치 영향 매트릭스

ESG 구분	세부 요인(예시)	부동산 가치 영향(주거용/상업용)	관련 데이터/근거 예시
환경(E)	에너지 효율 (등급, 설비)	운영비 절감, 임대료/매매가 상승, 공실률 하락	LEED/G-SEED 인증 효과, 에너지 비용 절감
	친환경 건축물 인증	자산 가치 프리미엄, 투자 매력도 증가	Eichholtz et al.(2010), 스위스 기업 지불의사
	재생에너지 사용	운영비 절감, 탄소 배출량 감소, 규제 리스크 완화	
	수자원/폐기물 관리	운영비 절감, 환경 부하 감소	
	기후변화 리스크 (물리적/전환적)	자산 가치 하락 위험, 보험료 상승, 규제 대응 비용	해수면 상승, 자연재해 빈도 증가
	공원/녹지 접근성	주거 쾌적성 증가, 매매가 상승	
사회(S)	지역사회 관계/기여	프로젝트 수용성 증대, 인허가 용이, 브랜드 가치 제고	공공 공간 제공, 지역주민 고용
	저렴한 주택 공급/사회주택	사회적 가치 창출, 정부 지원 연계 가능성	임팩트 투자 사례, HUG 사회임대주택
	건물 안전/보건/웰빙	입주민/근로자 만족도 및 생산성 향상, 공실률 하락	WELL 인증 등
	다양성/포용성 (입주민, 직원)	기업 이미지 제고, 다양한 수요층 확보	
	공급망 관리 (노동인권, 안전)	운영 리스크 감소, 기업 평판 유지	
지배구조(G)	ESG 정보 공개/투명성	투자자 신뢰도 증가, 자금조달 용이성	GRESB, GRI, SASB 보고 기준
	이사회 독립성/전문성	장기적 의사결정 질 향상, 리스크 관리 강화	
	윤리 경영/부패 방지	기업 평판 리스크 감소, 법적 리스크 예방	
	리스크 관리 체계	기후변화, 안전 등 ESG 리스크 대응 능력	
	주주/이해관계자 소통	기업 가치 제고, 갈등 최소화	

3) 글로벌 ESG 부동산 시장 동향 및 정책 프레임워크 비교

ESG 원칙은 전 세계 부동산 시장의 투자, 개발, 운영 방식에 근본적인 변화를 가져오고 있다. 기후변화의 심각성에 대한 인식이 높아지고 지속 가능한 발전에 대한 사회적 요구가 커짐에 따라, 주요국 정부는 ESG 관련 정책 및 규제를 강화하고 있으며, 투자자들은 ESG 성과를 투자 결정의 핵심 기준으로 삼고 있다. 이러한 흐름 속에서 친환경 인증 부동산의 시장 가치가 재평가되고 있으며, 지역별 특성을 반영한 다양한 ESG 적용 사례들이 나타나고 있다.

(1) 친환경 인증 부동산의 시장 가치와 투자 성과

LEED(Leadership in Energy and Environmental Design), BREEAM(Building Research Establishment Environmental Assessment Method), G-SEED(Green Standard for Energy and Environmental Design) 등 국제적으로 인정받는 친환경 건축물 인증 제도는 부동산 자산의 ESG 성과를 객관적으로 측정하고 시장에 알리는 중요한 수단이다. 이러한 인증을 획득한 부동산은 일반적으로 비인증 건물에 비해 다양한 측면에서 우수한 시장 성과를 나타낸다.

가. 임대료 및 매매가 프리미엄

Eichholtz et al. (2010)의 연구는 LEED 인증 상업용 건물이 평균 15% 높은 임대료를 기록했다고 보고했으며, 이는 선행 연구에서도 주요하게 인용되고 있다. 스위스 기업들을 대상으로 한 연구에서도 친환경 건물에 대한 지불의사 프리미엄이 1.3%에서 7.9%에 달하는 것으로 나타나, 시장 참여자들이 친환경 가치를 실질적인 비용으로 인정하고 있음을 보여준다.

나. 운영 효율성 증대 및 비용 절감

친환경 인증 건물은 에너지 효율성, 수자원 관리, 폐기물 감소 등을 고려하므로, 건물 운영 과정에서 에너지 비용, 수도 요금, 폐기물 처리 비용 등을 절감할 수 있다. 이는 건물의 순영업이익(NOI)을 증가시켜 투자 수익률을 높이는 직접적인 요인이 된다.

다. 공실률 감소 및 임차인 유치 용이성

ESG에 대한 인식이 높은 기업 임차인들은 친환경적이고 건강한 업무 환경을 선호하며, 이는 친환경 오피스에 대한 수요 증가로 이어진다. 결과적으로 친환경 인증 건물은 일반 건물보다 낮은 공실률을 유지하고 우량 임차인을 유치하는 데 유리하다.

라. 투자 매력도 증가 및 리스크 감소

ESG 성과가 우수한 부동산 자산은 기후변화 관련 물리적 리스크와 전환 리스크에 상대적으로 덜 취약하다. 투자자들은 ESG를 고려한 투자를 통해 포트폴리오의 장기적인 안정성을 높이고 사회적 책임을 이행하고자 하므로, 친환경 인증 부동산은 매력적인 투자 대상으로 부상하고 있다.

(2) 주요국의 ESG 관련 정책 및 규제 프레임워크 비교 분석

각국 정부는 ESG 목표 달성을 위해 부동산 부문에 대한 정책 및 규제를 강화하고 있으며, 이는 국가별 특성과 우선순위에 따라 다양한 형태로 나타나고 있다.

가. 유럽연합(EU)

'유럽 그린딜'을 통해 2050년 탄소 중립 목표를 설정하고, 건물 에너지 효율 개선을 위한 강력한 정책을 추진하고 있다. 건물의 에너지 성능 인증(EPC)을 의무화하고, 신축 건물에 대한 제로에너지빌딩(ZEB) 기준을 강화하며, 기존 건물의 에너

지 리모델링을 적극 지원하고 있다. EU 택소노미를 통해 지속 가능한 경제활동 분류 체계를 마련하고, 기업의 ESG 정보 공개를 의무화하는 지속 가능성 보고 기준(CSRD)을 도입하는 등 포괄적인 규제 프레임워크를 구축하고 있다.

나. 미국

바이든 행정부 출범 이후 파리협정에 재가입하고, '클린 에너지 혁신 및 인프라 투자 계획'을 통해 재생에너지 확대와 친환경 건축물 개발에 대한 투자를 강화하고 있다. 연방 정부 차원에서는 에너지 스타(Energy Star) 프로그램 등을 통해 건물 에너지 효율 개선을 유도하고 있으며, 주 정부 및 도시 단위에서도 자체적인 친환경 건축 규제와 인센티브 제도를 운영하고 있다. SEC(증권거래위원회)는 상장기업의 기후변화 관련 정보 공개를 의무화하는 방안을 추진하는 등 ESG 정보 공개에 대한 요구도 높아지고 있다.

다. 일본

2050년 탄소 중립 목표를 선언하고, 스마트 시티 프로젝트와 제로 에너지 빌딩(ZEB) 보급 확대를 통해 부동산 부문의 탈탄소화를 추진하고 있다.

라. 한국

'2050 탄소 중립' 목표를 설정하고, '한국판 뉴딜'의 한 축으로 그린 뉴딜을 추진하며 건물 부문의 에너지 효율 향상과 신재생에너지 보급 확대를 강조하고 있다. 녹색건축물인증제도(G-SEED)를 운영하고 있으며, 공공건축물부터 제로에너지빌딩 의무화를 단계적으로 확대하고 있다. 또한, ESG 정보 공시 의무화 로드맵을 발표하고, 녹색 채권 발행 지원 등 녹색 금융 활성화를 위한 정책도 추진 중이다. 이처럼 주요 국들은 ESG 목표 달성을 위해 부동산 부문에 대한 정책적 개입을 강화하고 있으며, 이는 친환경 건축 기술 개발, 관련 시장 성장, 그리고 ESG 투자 확대를 촉진하는 중요한 동인이 되고 있다. 다만, 국가별 규제 수준과 정책 방향에는 차이가 존재하므로, 글로벌 부동산 시장 참여자들은 이러한 정책 환경 변화에 대한 면밀한 분석과 선제적인 대응이 필요하다.

주요국 ESG 부동산 정책 및 프롭테크 현황 비교

구분	유럽연합(EU)	미국	일본	한국
주요 ESG 정책/목표	유럽 그린딜(2050 탄소 중립), EU 택소노미, CSRD, EPC 의무화, ZEB 기준 강화	파리협정 재가입, 클린 에너지 혁신 및 인프라 투자 계획, SEC 기후 공시 규칙 제안	2050 탄소 중립, 스마트 시티, ZEB 보급 확대	2050 탄소 중립, 한국판 뉴딜(그린 뉴딜), G-SEED, ZEB 의무화 확대
친환경 건축 인증	각 회원국별 인증 + BREEAM 등	LEED, Energy Star	CASBEE, ZEB 인증	G-SEED, ZEB 인증
녹색 금융	EU 녹색채권 표준, 지속 가능 금융 공시 규제(SFDR)	녹색채권 시장 성장, IRA 통한 세제 혜택	GX(녹색전환) 채권 발행	K-택소노미, 녹색채권 가이드라인, ESG 펀드
프롭테크 발전 현황	스마트 빌딩, 에너지 관리 솔루션 발달	AVM, AI 기반 투자 플랫폼, 건설테크 강세	스마트홈, 고령화 사회 맞춤형 기술	중개 플랫폼 중심 성장, AI/빅데이터 활용 초기 단계
대표 프롭테크 기업/사례	Schneider Electric, Siemens(스마트빌딩 솔루션)	Zillow, Opendoor(중개/i-Buyer), Procore(건설테크)	Panasonic, Mitsubishi Estate(스마트홈/시티)	직방, 다방(중개 플랫폼), 스페이스워크(AI 건축설계)
정책적 시사점	강력한 규제와 표준화 주도, 시장 전환 가속	시장 자율과 정부 지원 병행, 기술 혁신 중시	정부 주도 기술 개발 및 실증, 사회문제 해결 연계	초기 시장 형성 단계, 정책 지원 및 기술 투자 확대 필요

(3) 주요국의 지역별 ESG 적용 우수 사례 및 시사점

글로벌 ESG 부동산 시장에서는 각 지역의 고유한 환경적, 사회적, 경제적 맥락을 반영한 다양한 ESG 적용 사례들이 나타나고 있다. 이러한 우수 사례들은 다른 지역에 적용 가능한 중요한 시사점을 제공한다.

유럽의 경우, 독일의 프라이부르크(Freiburg)는 '태양의 도시'로 불리며 지속 가능한 도시 개발의 선구적인 모델로 평가받는다. 프라이부르크는 도시 계획 단계부터

자동차 없는 주거 단지(Vauban 지구), 패시브하우스 기준 적용, 태양광 에너지 활용 극대화, 대중교통 및 자전거 중심의 교통 시스템 구축 등 혁신적인 ESG 전략을 추진해왔다. 이는 높은 에너지 자립도, 쾌적한 주거 환경, 그리고 강력한 지역 공동체 형성으로 이어져 도시의 경쟁력을 높이는 데 기여했다. 암스테르담의 경우, 순환경제(Circular Economy) 개념을 도시 개발에 도입하여 건축 자재의 재활용 및 재사용을 촉진하고, 폐기물 발생을 최소화하는 노력을 기울이고 있다.

아시아 지역에서는 싱가포르가 '스마트 네이션(Smart Nation)' 프로젝트를 통해 IoT, AI 등 첨단 기술을 활용하여 지속 가능한 도시 인프라를 구축하고 있다. 스마트 교통 시스템, 지능형 빌딩 관리, 효율적인 에너지 및 수자원 관리 등을 통해 도시 운영의 효율성을 높이고 환경 부하를 줄이고 있다. 일본은 고령화 사회에 대응하여 커뮤니티 케어 기능을 강화한 주거 단지 개발이나 유니버설 디자인을 적용한 건축물 확대 등 사회적(S) 측면의 ESG 가치를 실현하는 데 중점을 두고 있다. 한국에서는 서울시의 역세권 청년주택 공급 사업이나 HUG의 사회임대주택 금융지원 프로그램과 같이 저소득층 및 청년층의 주거 안정을 위한 사회적 책임 프로젝트들이 추진되고 있다.

이러한 지역별 ESG 적용 사례들은 다음과 같은 중요한 시사점을 제공한다.

첫째, 성공적인 ESG 통합은 단일 정책이나 기술 도입만으로는 이루어지기 어려우며, 도시 계획, 건축 설계, 기술 적용, 금융 지원, 시민 참여 등 다각적인 접근이 필요하다.

둘째, 각 지역의 고유한 문제점과 잠재력을 정확히 진단하고, 이에 맞는 맞춤형 ESG 전략을 수립하는 것이 중요하다.

셋째, 정부, 기업, 시민사회 등 다양한 이해관계자 간의 긴밀한 협력과 파트너십 구축이 ESG 목표 달성의 핵심 동력이다.

마지막으로, ESG 성과를 객관적으로 측정하고 투명하게 공개하여 지속적인 개선을 유도하는 시스템 구축이 필요하다.

이러한 시사점들은 국내 부동산 시장의 ESG 전환 과정에서 중요한 지침이 될 수 있다.

31.4. 지속 가능한 ESG 부동산 투자 및 개발 전략

1) ESG 포트폴리오 설계 원칙 및 장기 운영 전략

지속 가능한 ESG 부동산 투자 포트폴리오는 장기적인 가치 창출과 안정적인 수익 확보를 목표로 하며, 환경(E), 사회(S), 지배구조(G)의 세 가지 요소를 균형 있게 고려하여 설계된다. 이는 장기적인 관점에서 재무적 성과와 비재무적 가치를 동시에 최적화하는 것을 목표로 한다.

(1) ESG 포트폴리오 설계 원칙

첫 번째 단계는 투자 목표 및 ESG 원칙 설정이다. 투자자는 자신의 재무적 목표(예: 수익률 극대화, 안정적 현금흐름 확보)와 함께 추구하고자 하는 ESG 가치(예: 탄소 배출 감축 기여, 지역사회 발전, 주거 복지 향상)를 명확히 정의해야 한다.

두 번째 단계는 ESG 스크리닝(Screening)이다. 이는 투자 대상 자산이나 기업을 ESG 기준에 따라 선별하는 과정으로, 크게 네거티브 스크리닝(특정 산업이나 ESG 성과가 낮은 자산 제외), 포지티브 스크리닝(ESG 성과가 우수한 자산 선별), 그리고 규범 기반 스크리닝(국제적으로 합의된 규범 위반 자산 배제)으로 나눌 수 있다.

세 번째 단계는 ESG 통합(Integration)이다. 이는 투자 분석 및 의사결정 과정 전반에 걸쳐 ESG 요소를 체계적으로 고려하는 방식이다. 부동산 자산의 가치평가 시 친환경 인증 여부, 에너지 효율성, 안전 관리 수준, 지역사회 평판 등을 정량적·정성적으로 분석하여 투자 매력도를 평가한다.

네 번째 단계는 테마 투자(Thematic Investing)이다. 이는 특정 ESG 테마(예: 친환경 빌딩, 재생에너지 인프라, 스마트 시티, 사회적 주택, 헬스케어 부동산)에 집중적으로 투자하는 방식이다.

다섯 번째 단계는 임팩트 투자(Impact Investing)이다. 이는 측정 가능한 긍정적인 사회·환경적 임팩트 창출을 주요 목표로 하면서 동시에 재무적 수익도 추구하는 투자 방식이다.

여섯 번째 단계는 적극적 소유권 행사(Active Ownership) 및 주주 관여(Engagement)이다. 이는 투자한 부동산 자산이나 기업의 ESG 성과 개선을 위해 의결권 행사, 경영진과의 대화, 주주 제안 등의 방법을 통해 적극적으로 영향력을 행사하는 방식이다.

포트폴리오 설계 시에는 다양한 지역, 부동산 유형, 그리고 ESG 테마에 분산 투자함으로써 특정 리스크에 대한 노출을 줄이고 포트폴리오 전체의 안정성을 높이는 자산 배분 전략도 중요하다. ESG 포트폴리오의 성과 측정은 전통적인 재무적 수익률과 함께 ESG 성과 지표를 종합적으로 평가해야 한다.

ESG는 단순한 윤리적 고려를 넘어, 부동산 투자 포트폴리오의 위험 조정 수익률을 개선하는 핵심적인 요소로 작용한다. ESG 요소를 체계적으로 통합함으로써 투자자는 장기적인 가치 창출과 안정적인 수익 확보를 동시에 추구할 수 있으며, 이는 투자 위험을 효과적으로 관리하고 포트폴리오의 회복탄력성을 높이는 데 기여한다. 따라서 ESG는 투자의 '새로운 표준(New Normal)'으로 자리매김하고 있으며, 시장의 변화에 능동적으로 대응하는 투자자에게는 필수적인 전략이 된다.

(2) 투자 자산의 ESG 성과 관리 및 장기 운영 전략

ESG 부동산 투자 포트폴리오를 성공적으로 운용하기 위해서는 단순히 ESG 기준에 부합하는 자산을 편입하는 것을 넘어, 투자 기간 동안 해당 자산의 ESG 성과를 지속적으로 관리하고 개선하며 장기적인 가치를 창출하려는 노력이 필수적이다.

첫째, 명확한 ESG 목표 설정 및 성과 측정 시스템 구축이 필요하다. 투자 대상 자

산별로 구체적이고 측정 가능한 ESG 목표를 설정하고, IoT 센서, 건물 관리 시스템(BMS), ESG 데이터 관리 플랫폼 등을 활용하여 관련 성과를 정기적으로 모니터링하고 측정하는 시스템을 구축해야 한다.

둘째, 에너지 효율 개선 및 친환경 설비 투자는 환경(E) 성과 관리의 핵심이다. 노후된 설비 교체, 건물 에너지 관리 시스템(BEMS) 도입, 신재생에너지 설비 설치 등을 통해 에너지 소비를 최적화하고 탄소 배출량을 줄여야 한다.

셋째, 수자원 관리 및 폐기물 저감 노력도 중요하다. 절수형 설비 설치, 빗물 재활용 시스템 도입, 폐기물 분리수거 교육 강화 등을 통해 자원 효율성 증대에 기여한다.

넷째, 입주민 및 이용객의 건강과 복지 증진을 위한 사회(S)적 노력이 필요하다. 실내 공기 질 관리, 자연 채광 극대화, 친환경 마감재 사용, 녹지 공간 확충 등을 통해 쾌적하고 건강한 환경을 제공해야 한다.

다섯째, 임차인 및 공급업체와의 협력 강화가 중요하다. '그린 리스(Green Lease)'와 같이 임대인과 임차인이 지속 가능한 운영 목표를 공유하고 협력하는 계약을 체결할 수 있다.

여섯째, ESG 관련 리스크의 선제적 관리가 필요하다. 기후변화로 인한 물리적 리스크나 전환 리스크에 대비하기 위해 건물 자체의 회복탄력성을 높이는 조치를 취하고, 관련 보험 가입을 검토해야 한다.

일곱째, 투명한 ESG 성과 공개 및 이해관계자 소통이 중요하다. 투자 자산의 ESG 목표, 실행 계획, 그리고 실제 성과를 담은 보고서를 정기적으로 발간하고, 주요 이해관계자들과 적극적으로 소통해야 한다.

여덟째, 기술 혁신의 적극적인 도입이 필요하다. AI, IoT, 빅데이터, 디지털 트윈 등 첨단 기술을 활용하여 건물 운영을 최적화하고, ESG 데이터를 효율적으로 관리하며, 새로운 서비스 모델을 개발함으로써 자산 가치를 지속적으로 향상시켜야 한다.

아홉째, 장기적인 자본 개선 계획(Capital Improvement Plan) 수립 시 ESG 요소를 우선적으로 고려해야 한다.

이러한 장기 운영 전략은 부동산 자산 관리가 단순한 정적 자산 평가에서 벗어나, 실시간 데이터와 능동적인 관리를 통해 ESG 성과를 지속적으로 최적화하는 동적인 과정으로 진화하고 있음을 보여준다. ESG는 자산의 장기적인 가치를 유지하고 향상하는 데 필수적인 요소이며, 변화하는 시장 환경에 대한 회복탄력성을 높이는 핵심적인 전략으로 자리매김하고 있다.

2) 사회적 책임 프로젝트 및 개인 투자자를 위한 ESG 투자 가이드

(1) 사회적 책임 프로젝트

부동산 부문에서 사회적 책임을 실현하는 프로젝트는 지역사회 문제 해결에 기여하고 긍정적인 사회적 임팩트를 창출하는 것을 목표로 한다. 대표적인 예로는 저렴한 주택(Affordable Housing) 공급, 노후 주거지 재생, 지역 커뮤니티 시설 확충, 취약계층을 위한 주거 지원 서비스 제공 등이 있다. 이러한 프로젝트는 공공 부문, 비영리 단체, 사회적 기업, 그리고 민간 투자자 간의 협력을 통해 추진되는 경우가 많다. HUG(주택도시보증공사)의 사회임대주택 금융지원 상품과 같이, 정부 및 공공기관의 정책적 지원은 사회적 책임 프로젝트의 재정적 지속 가능성을 높이는 데 중요한 역할을 한다. 사회적 책임 프로젝트는 단기적인 수익성은 낮을 수 있지만, 장기적으로는 지역사회의 지지를 통해 안정적인 운영이 가능하고, 사회적 가치 창출이라는 비재무적 성과를 달성할 수 있다는 장점이 있다.

(2) 개인 투자자를 위한 ESG 투자 가이드

ESG 투자는 더 이상 대규모 기관 투자자들만의 영역이 아니며, 개인 투자자들 또한 자신의 자산을 통해 지속 가능한 미래에 기여하고 동시에 장기적인 재무 목표를 달성할 수 있는 다양한 기회를 가지고 있다. 과거에는 기관 투자자 중심으로 ESG 투자가 이루어졌지만, 최근에는 개인 투자자들도 ESG 펀드, 리츠(REITs), 크라우드펀

딩 플랫폼 등을 통해 손쉽게 ESG 관련 부동산 자산에 투자할 수 있게 되었다.

개인 투자자를 위한 ESG 투자 전략 수립 시에는 다음 사항을 고려하는 것이 좋다.

가. 투자 목표 및 가치관 설정

자신의 재무적 목표(예: 장기 자산 증식, 안정적 임대 수입)와 ESG 관련 가치관(예: 환경 보호, 사회적 기여)을 명확히 정의한다.

나. ESG 정보 수집 및 분석

투자 대상 기업이나 자산의 ESG 성과 보고서, 제3자 평가기관의 등급, 관련 뉴스 등을 통해 객관적인 정보를 수집하고 분석한다. AI 기반 플랫폼이나 로보 어드바이저 서비스를 활용하는 것도 도움이 될 수 있다.

다. 포트폴리오 다각화

단일 자산이나 섹터에 집중 투자하기보다는, 다양한 ESG 테마(예: 친환경 빌딩, 재생에너지 인프라, 사회적 주택)와 지역에 분산 투자하여 리스크를 관리한다.

라. 소규모 투자자를 위한 접근법

ESG ETF나 뮤추얼 펀드를 활용하면 소액으로도 다양한 ESG 자산에 분산 투자하는 효과를 얻을 수 있다. 부동산 조각 투자 플랫폼을 통해 대형 상업용 부동산이나 친환경 개발 프로젝트에 간접 투자하는 것도 하나의 방법이다.

마. 장기적 관점 유지

ESG 투자는 단기적인 시장 변동보다는 장기적인 지속 가능성과 가치 창출에 초점을 맞추므로, 인내심을 가지고 장기적인 관점에서 투자 성과를 모니터링하고 필요시 전략을 조정하는 것이 중요하다.

ESG 투자는 기관 투자자뿐만 아니라 개인 투자자에게도 자신의 자산을 통해 긍정적인 사회적·환경적 변화에 기여하고 동시에 재무적 성과를 추구할 수 있는 의미 있는 기회를 제공한다. 이는 부동산 시장의 사회적 가치 실현을 위한 중요한 동력이며, 투자 시장의 포용성을 확대하는 데 기여한다.

31.5. 결론 및 정책 제언

1) 연구 요약 및 주요 결론

본 연구는 박운선 저 《ESG 부동산 경제학》을 중심으로 ESG가 부동산 경제학의 이론과 실제에 미치는 다각적인 영향을 심층적으로 분석하고, 지속 가능한 부동산 시장 발전을 위한 미래 방향성을 제시하고자 하였다. 분석 결과, ESG는 더 이상 선택적 고려사항이 아닌 부동산의 본질적 가치와 시장 경쟁력을 결정하는 핵심 동인으로 확고히 자리매김하고 있음이 재확인되었다. 환경적 지속 가능성, 사회적 책임, 그리고 투명한 지배구조는 부동산의 장기적인 가치 안정성과 성장 잠재력에 직접적인 영향을 미치며, 이는 투자자, 개발자, 정책 입안자 등 모든 시장 참여자에게 새로운 인식과 전략적 대응을 요구하고 있다.

특히, 헤도닉 가격 모형을 통한 분석은 친환경 건축물 인증과 같은 ESG 요소가 부동산의 임대료, 매매가, 공실률, 그리고 궁극적으로 투자 수익률에 유의미한 양의 프리미엄을 발생시킨다는 점을 실증적으로 보여준다. 이는 ESG가 단순한 비용 요인이 아니라 자산 가치 창출의 핵심 동력임을 명확히 하며, 재무적 성과와 비재무적 가치가 상호 보완적으로 작용함을 의미한다.

또한, 디지털 기술의 발전은 ESG 부동산 관리 및 가치평가의 효율성과 투명성을 획기적으로 개선하고 있다. AI, 빅데이터, IoT, 디지털 트윈, 블록체인 등의 기술은 ESG 관련 데이터의 수집, 분석, 예측, 그리고 검증을 가능하게 하여, '그린워싱'과 같은 문제를 방지하고 시장의 신뢰를 높이는 데 필수적인 인프라를 제공한다. 이는 프롭테크 산업의 발전이 ESG 통합을 가속화하는 중요한 촉매제가 될 것임을 시사한다.

글로벌 주요국들의 ESG 관련 정책 및 규제 강화 동향은 ESG가 국제 자본 흐름의 중요한 필터로 작용하고 있음을 보여주며, ESG 성과가 우수한 부동산 자산과 국가는 국제 투자 유치에 있어 경쟁 우위를 확보할 수 있음을 강조한다. 이는 국내 부동산 시장 참여자들이 글로벌 ESG 표준에 부합하는 경영 전략을 수립하고, 국제적인 ESG 평가에 적극적으로 대응해야 할 필요성을 제기한다.

마지막으로, 지속 가능한 ESG 부동산 투자 및 개발 전략은 장기적인 관점에서 위험을 관리하고 안정적인 수익을 확보하는 동시에, 긍정적인 사회적·환경적 임팩트를 창출하는 데 중점을 둔다. 이는 ESG 포트폴리오 설계 원칙, 자산의 장기 운영 전략, 사회적 책임 프로젝트, 그리고 개인 투자자를 위한 가이드라인 등을 통해 구체화될 수 있다.

2) 정책적 시사점 및 제언

이러한 분석을 바탕으로 지속 가능한 부동산 시장 발전을 위한 정책적 시사점과 다각적 제언을 다음과 같이 제시한다.

첫째, 정책 입안자는 ESG 통합을 위한 명확하고 일관된 정책 프레임워크를 구축하고, 시장 참여자들이 자발적으로 ESG 원칙을 내재화할 수 있도록 지원하는 역할을 강화해야 한다. 구체적으로, 친환경 건축물 인증제도(G-SEED 등)의 실효성을 높이고 인센티브를 확대하며, 신축 건물뿐만 아니라 기존 노후 건물의 그린 리모델링을 적극 지원해야 한다. 재생에너지 보급 확대를 위한 규제 완화 및 금융 지원 강화, 스마트 시티 기술 개발 및 실증 사업 확대도 중요하다. 또한, 데이터 기반 정책 수립을 위해 공공 부문이 보유한 부동산 및 ESG 관련 데이터의 개방을 확대하고 표준화하여 민간의 활용도를 높여야 한다. 특히, 1기 신도시 재정비 사업이나 3080+ 대도시권 주택공급 확대 방안과 같은 대규모 도시 개발 프로젝트 추진 시 초기 단계부터 ESG 원칙을 핵심 평가 기준으로 적용하고, 지역사회와의 충분한 소통을 통해 사회적 수용성을 확보하는 노력이 필요하다. 더불어, ESG 정보 공시 의무화를 단계적으로 도입하고, 그린워싱 방지를 위한 감독 체계를 강화하여 시장의 투명성과 신뢰성을 제고해야 한다.

둘째, 기업(건설사, 개발사, 자산운용사 등)는 ESG를 경영 전략의 핵심으로 통합하고, 이를 통해 새로운 성장 기회를 창출하며 장기적인 경쟁력을 확보해야 한다. 친환경 설계 및 건설 기술, 스마트 빌딩 솔루션, 재생에너지 시스템 등 혁신 기술을 적극적으로 도입하고, 공급망 전체에 걸쳐 ESG 리스크를 관리하며 협력업체의 ESG 역량 강화를 지원해야 한다. 또한, ESG 전문 인력 양성에 투자하고, 다양성과 포용성을 존중하는 조직 문화를 구축하며, 모든 이해관계자와 투명하고 적극적으로 소통하여 신뢰 관계를 구축하는 것이 중요하다. 특히, GRESB와 같은 글로벌 ESG 평가에 적극적으로 참여하여 객관적인 성과를 검증받고, 이를 투자 유치 및 기업 이미지 제고에 활용해야 한다.

셋째, 투자자(기관 및 개인)는 ESG 요소를 투자 분석 및 의사결정 과정에 적극적으로 통합하여 장기적인 관점에서 지속 가능한 수익을 추구해야 한다. ESG 성과가 우수한 부동산 자산이나 관련 기업에 대한 투자를 확대하고, 포트폴리오의 ESG 리스크 노출을 체계적으로 관리해야 한다. 친환경 건물, 재생에너지 인프라, 사회적 주택, 헬스케어 부동산 등 ESG 테마 관련 투자 기회를 적극 발굴하고, 임팩트 투자와 같이 재무적 수익과 사회적 가치를 동시에 창출하는 투자에도 관심을 기울일 필요가 있다. 개인 투자자들은 ESG 펀드나 관련 ETF, 부동산 조각 투자 플랫폼 등을 활용하여 소액으로도 ESG 투자에 참여할 수 있으며, 자신의 가치관에 부합하는 투자를 통해 지속 가능한 미래에 기여할 수 있다.

3) 연구의 한계 및 향후 연구 방향

본 연구는 박운선 저 《ESG 부동산 경제학》을 핵심 내용을 바탕으로 ESG 부동산 경제 혁신의 이론적, 실증적, 정책적 측면을 종합적으로 고찰하였다. 그러나 연구 과정에서 몇 가지 한계점 또한 존재하며, 이는 향후 연구의 방향성을 제시한다.

첫째, 본 연구는 주로 기존 문헌과 선행 연구의 내용을 재구성하고 심화하는 데 중점을 두었으므로, 새로운 실증 데이터의 직접적인 수집 및 분석을 통한 가설 검증은 제한적이었다. 특히, ESG 요소가 부동산 가치에 미치는 영향을 정량적으로 분석하기 위한 헤도닉 가격 모형의 실제 적용 및 계수 추정은 방대한 데이터와 정교한 계량경제학적 분석을 필요로 한다.

향후 연구에서는 국내 부동산 시장의 ESG 관련 데이터를 직접 수집하고, 이를 바탕으로 가설 1에서 제시된 수식을 포함한 다양한 실증 분석을 수행하여 ESG 프리미엄의 존재와 크기를 보다 명확히 규명할 필요가 있다.

둘째, ESG 요소의 복합적인 상호작용과 시간적 동태성을 모델링하는 데 있어 이론적 논의는 충분히 이루어졌으나, 이를 실제 모델에 반영하고 예측력을 높이는 데는 추가적인 연구가 필요하다. 예를 들어, 기후변화 리스크와 같은 장기적이고 불확실한 요인이 부동산 가치에 미치는 영향을 시나리오 기반으로 분석하거나, 정책 변화가 ESG 성과에 미치는 시간 지연 효과를 고려하는 동태적 모델 개발이 요구된다.

셋째, '그린워싱' 문제와 같이 ESG 정보의 신뢰성을 저해하는 요인에 대한 심층적인 분석과 이를 방지하기 위한 기술적, 제도적 방안 마련에 대한 구체적인 연구가 필요하다. 블록체인 기술의 활용 가능성은 제시되었으나, 실제 적용을 위한 구체적인 프레임워크 설계 및 파일럿 프로젝트를 통한 검증이 이루어져야 할 것이다.

넷째, 개인 투자자를 위한 ESG 투자 가이드라인은 제시되었으나, 소액 투자자들이 직면하는 실제적인 어려움(예: 정보 접근성, 투자 상품의 다양성 부족, 유동성 문제)을 해결하기 위한 보다 실질적이고 혁신적인 금융 상품 및 플랫폼 개발에 대한 연구가 필요하다.

　결론적으로, ESG 부동산 경제학은 환경 보호, 사회적 책임, 그리고 경제적 성과라는 세 마리 토끼를 동시에 잡을 수 있는 혁신적인 접근법을 제시한다. 디지털 기술의 발전과 함께 ESG 원칙은 부동산 시장의 미래를 더욱 지속 가능하고 포용적인 방향으로 이끌어갈 핵심 동력이 될 것이다. 모든 시장 참여자들이 ESG의 중요성을 인식하고 적극적으로 변화를 수용하며 협력해 나갈 때, 우리는 보다 살기 좋고 지속 가능한 도시와 사회를 만들어갈 수 있을 것이다. 본 연구가 이러한 노력에 작은 보탬이 되기를 기대한다. 지속 가능한 미래를 향한 새로운 길은 결코 쉽지 않겠지만, 우리 모두가 ESG라는 나침반을 가지고 함께 협력하고 혁신하며 나아간다면, 경제적 번영과 사회적 포용, 그리고 환경적 책임이 조화롭게 공존하는 풍요롭고 아름다운 세상을 만들어갈 수 있을 것이라 믿는다. 본 연구가 그 여정에 작은 디딤돌이 되기를 소망한다.

제32장

ESG 관점에서 본 패시브하우스의 지속 가능성 연구
: 친환경 건축기술과 사회적 창출을 중심으로

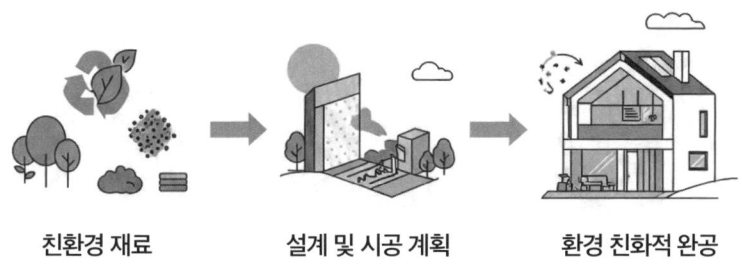

친환경 재료 　 설계 및 시공 계획 　 환경 친화적 완공

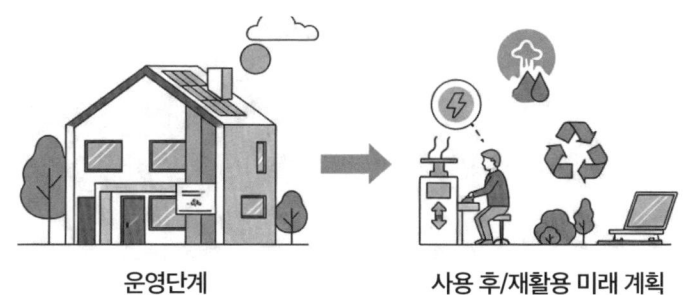

운영단계 　 사용 후/재활용 미래 계획

지속 가능한 수명 주기 패시브하우스
(Sustainable Life Cycle Passive House)

32.1. 서론

1) 연구의 배경 및 필요성

패시브 하우스 기술은 에너지 효율적인 건축물에 대한 요구가 증대됨에 따라 그

중요성이 부각되고 있다. 이 기술은 1988년 볼프강 파이스트(Wolfgang Feist) 교수와 보 아담손(Bo Adamson) 교수가 이론을 최초로 제시하며 연구를 주도하였고, 1991년 독일 다름슈타트에 실제 패시브하우스가 건설되면서 그 실현 가능성을 입증하였다.

국내에서는 패시브하우스 개념 도입 이후 건축 분야에서 지속적인 기술 발전을 이루어 왔다. 특히 홍도영 건축가와 이대철 건축가는 에너지 효율 향상을 위한 연구를 끊임없이 수행하며 국내 패시브하우스 기술 발전에 크게 기여하였다.

기후 변화와 에너지 고갈 문제는 전 세계적으로 당면한 큰 도전 과제 중 하나이다. 특히 건축물은 전체 에너지 소비의 상당 부분을 차지하며, 이에 따라 에너지 효율적인 건축물의 중요성이 점차 커지고 있다. 한국 또한 에너지 수입 의존도가 높아 에너지 절감과 효율 향상은 국가적 과제로 대두되고 있다. 이러한 배경 속에서 패시브하우스는 최소한의 냉난방으로 쾌적한 실내 환경을 유지하며 에너지 소비를 획기적으로 줄이는 건축 개념으로 주목받고 있다.

패시브하우스는 단순히 에너지 절약을 넘어 거주자의 삶의 질 향상에도 기여한다. 외부 소음 차단, 실내 공기 질 개선, 일정한 실내 온도 유지 등은 쾌적하고 건강한 주거 환경을 제공한다. 따라서 패시브하우스는 지속 가능한 사회를 위한 핵심적인 건축 솔루션으로 그 가치가 날로 증대하고 있다.

패시브하우스(Passive House)는 외부 에너지 유입 없이, 건물 자체의 성능만으로 쾌적한 실내 온도를 유지하는 것을 목표로 하는 건축물이다. 독일 패시브하우스연구소(PHI)에서 제시하는 엄격한 기준을 충족해야 하며, 주요 특징은 다음과 같다.

- 고단열: 외피 전체의 높은 단열 성능
- 고기밀: 건물 외피의 빈틈없는 기밀 시공
- 열교 없는 설계: 구조체에 의한 열 손실 최소화
- 고성능 창호: 높은 단열 및 기밀 성능을 가진 창호 사용

- 열회수 환기장치: 실내외 공기를 교환하며 열에너지를 회수
- 열축적: 건물의 구조체가 열을 저장하고 방출하는 능력 활용

국외에서는 독일을 중심으로 유럽 전역에 걸쳐 패시브하우스 인증 건물이 꾸준히 증가하고 있으며, 정책적 지원과 인센티브를 통해 보급이 활발하게 이루어지고 있다. 국내에서도 '제로에너지 건축 의무화' 정책에 따라 패시브하우스 기술 도입 및 적용이 확대되는 추세이다. 공공기관을 중심으로 패시브하우스 시범 사업이 추진되고 있으며, 민간 분야에서도 관심이 증가하고 있으나 아직은 초기 단계에 머물러 있다.

연구의 목적 및 구성은 패시브하우스의 핵심 건축 기술 요소들을 상세히 분석하고, 각 요소가 에너지 효율 및 쾌적한 주거 환경 조성에 미치는 영향을 규명하는 것을 목적으로 한다. 더 나아가 패시브하우스가 가지는 사회적, 환경적, 경제적 가치를 다각도로 조명하며, 한국 건축 환경에 패시브하우스가 성공적으로 안착하기 위한 기술적, 제도적 과제를 제시한다.

32.2. 본론

1) 패시브하우스의 핵심 건축 기술 요소 분석

패시브하우스는 여러 건축 기술 요소들이 유기적으로 결합하여 작동하는 시스템이다. 이 부분에서는 패시브하우스를 구성하는 여섯 가지 핵심 기술 요소를 상세히 분석한다.

(1) 단열(Insulation)
단열은 패시브하우스의 가장 기본적인 요소로, 건물 외피를 통해 열이 외부로 유

출되거나 내부로 유입되는 것을 최소화하는 기술이다.

단열은 겨울철 난방 에너지 손실을 줄이고, 여름철 냉방 부하를 감소시켜 연중 쾌적한 실내 온도를 유지한다. 또한 결로 발생을 억제하고 건물의 내구성을 향상시키는 효과가 있다.

가. 단열재의 종류 및 특성
- **외단열(External Insulation):** 건물 외부에 단열재를 시공하여 열교를 최소화하고 건물의 축열 효과를 극대화한다.
- **내단열(Internal Insulation):** 건물 내부에 단열재를 시공하는 방식으로, 시공이 용이하나 열교에 취약하고 내부 공간을 일부 잠식한다.
- **지혜로운 단열:** 특정 부위에 대한 집중 단열이나 단열재의 복합 사용 등 최적의 단열 성능을 위한 설계적 접근.
- **열전도율 및 열관류율의 이해:** 단열재의 성능을 나타내는 지표로, 열전도율이 낮을수록, 열관류율이 낮을수록 단열 성능이 우수하다. 패시브하우스는 매우 낮은 열관류율 값을 요구한다.

(2) 기밀(Sealing)

기밀은 건물 외피의 틈새를 통해 공기가 새는 것을 막아 에너지 손실을 방지하고, 실내 공기 질을 관리하는 데 필수적인 요소이다.

기밀은 외부 공기의 침투를 막아 불필요한 열 손실을 방지하고, 실내 습기 조절을 용이하게 하며, 소음 차단 효과도 제공한다.

창틀 주변, 문틈, 배관 관통부, 콘센트 박스 등 모든 틈새를 기밀 테이프, 실란트 등으로 꼼꼼하게 처리해야 한다.

블로어 도어 테스트(Blower Door Test) 등을 통해 건물의 기밀 성능을 측정하고 기준치를 충족하는지 확인한다. 이는 패시브하우스 인증의 필수 과정이다.

(3) 열교(Thermal Bridge)

열교는 건물 외피의 단열층이 끊기거나 약해져 열이 집중적으로 이동하는 부위를 말한다.

열교의 개념 및 열 손실 메커니즘은 콘크리트 슬라브, 발코니, 창호 주변 등에서 주로 발생하며, 이 부위를 통해 상당한 열 손실이 일어난다. 이는 결로, 곰팡이 발생의 원인이 되기도 한다.

열교 발생의 건축적 원인 및 문제점은 비효율적인 구조 설계, 부적절한 단열재 시공, 이질 재료의 접합부 등에서 발생하며, 건물 에너지 성능을 크게 저하시킨다.

열교 해결 방안 및 설계적 고려 사항은 외단열을 통한 열교 차단, 열교 차단재 사용, 복잡한 구조 지양 등 설계 단계에서부터 열교를 최소화하는 노력이 필요하다.

(4) 열회수 환기장치(Heat Recovery Ventilation System)

기밀성이 높은 패시브하우스에서 실내 공기 질을 유지하고 에너지를 회수하는 데 필수적인 설비이다.

환기의 중요성 및 기존 환기 방식의 문제점: 현대 건축물의 기밀성 증가는 실내 공기 질 악화를 초래할 수 있다. 단순히 창문을 여는 자연 환기는 에너지 손실을 유발한다.

열회수 환기 시스템의 원리 및 종류(HRV, ERV)는 실내의 더운 오염된 공기에서 열에너지를 회수하여 외부에서 유입되는 신선한 공기에 전달함으로써 에너지 손실 없이 환기를 가능하게 한다.

- HRV(Heat Recovery Ventilator): 현열(온도)만 교환.
- ERV(Energy Recovery Ventilator): 현열과 잠열(습도) 모두 교환.

환기 시스템의 배치 및 유지관리는 급기구와 배기구의 적절한 배치, 정기적인 필터 교체 등 유지관리가 중요하다. 필터의 중요성과 헤파필터의 활용에 대한 고민이 필요하다.

(5) 고성능 창호(System Window)

창호는 건물 외피에서 가장 취약한 열 손실 부위 중 하나이므로, 패시브하우스에서는 높은 단열 및 기밀 성능을 가진 창호가 필수적이다.

다중 유리(삼중 유리 등), 로이 코팅, 아르곤 가스 충진 등으로 열관류율을 최소화한다. 창틀과 유리의 기밀성뿐만 아니라 창틀과 벽체 사이의 기밀 시공이 중요하다. 겨울철 태양열 취득을 최대화하고 여름철 과열을 방지하기 위해 창호의 크기, 위치, 방위를 신중하게 고려한다.

(6) 열축적(Thermal Storage)

건물 자체의 질량을 활용하여 열을 저장하고 방출하는 능력으로, 실내 온도를 안정적으로 유지하는 데 기여한다. 낮 동안 태양열이나 내부 발생열을 저장했다가 밤에 방출하여 일교차를 줄이고 난방 부하를 감소시킨다. 콘크리트 슬라브, 조적 벽체 등 열용량이 큰 재료들을 활용한다. 내부 마감재 또한 열축적 성능을 고려하여 선택할 수 있다.

2) 패시브하우스 설계 및 인허가 과정

패시브하우스는 초기 설계 단계부터 일반 건물과는 다른 접근 방식이 요구된다. 이는 단순히 시공 기술을 넘어선 총체적인 건축 프로세스의 변화를 의미한다.

(1) 부지 구입 및 계획

일조량, 바람의 방향, 주변 환경(차폐 여부) 등을 고려하여 에너지 효율을 극대화할 수 있는 부지를 선택한다. 남향 배치가 유리하며, 외부 소음이 적고 공기 질이 좋은 곳이 선호된다.

설계 단계에서부터 패시브하우스의 6대 요소를 통합적으로 고려하여 건물의 형태, 창호 배치, 단열 계획 등을 수립해야 한다. 초기 설계가 잘못되면 추후 시공 단계에서 문제 해결이 어렵거나 비용이 크게 증가할 수 있다.

(2) 인허가 및 공사 준비

패시브하우스는 일반 건축물과 동일한 건축 인허가 절차를 따르지만, 특정 성능 기준(예: 제로에너지 건축물 인증)을 충족해야 하는 경우 추가적인 검토가 필요할 수 있다. 관련 지자체의 조례 및 국가 에너지 기준을 확인해야 한다.

일반 건물에 비해 초기 공사 비용이 높을 수 있으므로, 정확한 시공 견적과 예산 산출이 중요하다. 장기적인 에너지 절감 효과를 고려한 경제성 분석이 필요하다.

공사 현장 준비, 임시 전기 및 수도 시설 설치, 자재 반입 계획 수립 등 기본적인 공사 준비 사항을 철저히 이행한다.

(3) 건축 도면 및 설계(예시: 상세 도면의 중요성)

패시브하우스의 특성을 반영하여 단열재 두께, 기밀 시공 디테일, 열교 차단 상세, 환기 시스템 덕트 경로 등이 명확하게 표기되어야 한다.

각 부위별 단열층, 기밀층, 마감재의 구성이 상세하게 표현되어야 한다. 특히 열교 발생이 우려되는 부위는 열교 해석을 통해 상세도를 작성한다.

입체적인 시뮬레이션을 통해 에너지 성능을 예측하고, 디자인적 완성도를 높인다.

3) 패시브하우스의 공사 단계별 주요 고려사항

패시브하우스는 일반 건축물보다 정교하고 숙련된 시공 기술을 요구한다. 각 공사 단계에서 핵심 요소를 충실히 적용하는 것이 중요하다.

(1) 토목 공사 및 기초 공사

기초 하부 및 측면 단열을 통해 지면으로부터의 열 손실을 차단한다. 열교가 발생하지 않도록 기초와 벽체의 접합부 단열에 특히 유의해야 한다.

(2) 건축 공사: 골조 및 벽체 공사

콘크리트, 목재 등 재료의 특성을 고려하여 단열재와 기밀층을 일체화하는 방식으로 시공한다. 외단열 시공 시 단열재의 이탈 방지 및 고정 방법이 중요하다.

창호는 공장에서 제작된 고성능 시스템 창호를 사용하며, 벽체와의 접합부는 기밀 테이프와 실란트로 완벽하게 밀폐해야 한다. 창호 주변의 열교를 최소화하는 디테일 시공이 필수적이다.

황토 벽돌과 같은 친환경 재료를 사용할 경우, 재료의 특성과 단열/기밀 성능을 동시에 고려해야 한다.

(3) 지붕 공사 및 단열 시공

지붕은 열 손실이 큰 부위이므로, 충분한 두께의 단열재를 빈틈없이 시공한다. 평지붕, 경사지붕 등 지붕 형태에 따른 적절한 단열 및 방수 시공법을 적용한다.

지붕과 벽체, 지붕 관통부(환기 덕트, 배기구 등)의 기밀을 철저히 확보한다.

(4) 외장 및 내장 마감 공사

외장 마감재는 단열 성능에 영향을 미치지 않으면서 건물의 미관을 완성하는 요소이다. 마감재의 종류(드라이비트, 벽돌, 목재 등)와 시공 방법을 결정한다. 차양 시스템과 같은 외부 요소도 에너지 성능에 큰 영향을 미친다.

내부 마감재(벽체, 바닥, 천장)는 실내 공기 질과 직접적으로 관련되므로 친환경 재료를 사용하는 것이 좋다. 마루재 시공 시 바닥 난방 효율과 연계하여 고려한다.

배관 관통부는 열교 및 기밀 취약 지점이므로, 단열 및 기밀 처리에 각별히 유의한다.

(5) 설비 공사(전기, 조명, 보일러, 급배수 등)

LED 조명 등 고효율 설비를 사용하여 전력 소비를 최소화한다. 콘센트, 스위치 박스 주변의 기밀 시공이 중요하다.

고효율 보일러 또는 신재생에너지 시스템을 적용하고, 급배수관의 단열을 통해 에너지 손실을 줄인다.

(6) 준공 검사 및 사용 승인

모든 공사가 완료된 후 설계 도면 및 기준에 따라 시공되었는지 검사한다. 특히 기밀 테스트 결과는 패시브하우스 성능의 핵심 지표이므로 반드시 확인한다.

관련 법규에 따라 건축물 사용 승인을 받는다. 패시브하우스 인증을 목표로 했다면, 해당 인증 기관의 검사 및 승인 절차를 거쳐야 한다.

4) 패시브하우스의 유지 및 관리

패시브하우스의 성능을 지속적으로 유지하기 위해서는 적절한 유지관리가 필수적이다.

(1) 배수로 관리 및 누수 방지

지붕, 외벽, 창호 주변의 배수로를 정기적으로 점검하고 청소하여 누수를 방지한다. 누수는 단열재 성능 저하 및 건물 손상의 주요 원인이 된다.

(2) 전기 및 설비 관리

고효율 설비의 성능을 유지하기 위해 정기적인 점검과 유지·보수를 시행한다. 보일러, 냉난방 장치 등의 에너지 소비 효율을 주기적으로 확인한다.

(3) 환기 장치 관리 및 필터 교체

열회수 환기장치의 필터는 주기적으로 교체하여 신선한 공기 유입을 보장하고 실내 공기 질을 최적화한다. 덕트 내부 청소도 병행하여 오염을 방지한다.

환기 시스템 작동 여부를 수시로 확인하여 문제가 발생하면 즉시 조치한다.

(4) 창호 관리 및 외장 마감 관리

창호 프레임, 유리, 기밀 패킹 등을 정기적으로 점검하고 손상 시 교체한다.

외장 마감재의 오염, 손상 여부를 확인하고 필요 시 보수하여 건물의 외관과 단열 성능을 유지한다.

(5) 공기 질 및 냄새 관리

실내 공기 질 측정 장치를 활용하여 이산화탄소, 미세먼지 등 유해 물질 농도를 모니터링 한다.

패시브하우스는 기밀성이 높아 냄새가 잘 빠지지 않을 수 있으므로, 주기적인 환기 시스템 가동 외에 필요시 추가적인 환기를 고려한다.

5) 패시브하우스의 사회적, 경제적 가치

패시브하우스는 단순히 에너지 절감 건물을 넘어선 다층적인 가치를 제공한다.

(1) 에너지 절감 효과 및 경제성 분석
- 획기적인 에너지 절감: 일반 주택 대비 냉난방 에너지 소비를 80~90% 이상 절감할 수 있다. 이는 장기적으로 거주자의 에너지 비용 부담을 크게 줄인다.
- 초기 투자 비용 회수: 초기 공사 비용이 높지만, 에너지 절감 효과로 인해 일정 기간 내에 투자 비용을 회수할 수 있다. 장기적인 관점에서 보면 훨씬 경제적이다.

(2) 쾌적한 실내 환경 조성 및 건강 증진 효과

외단열 및 고기밀 설계로 인해 실내 온도가 연중 안정적으로 유지되어 쾌적한 주거 환경을 제공한다.

열회수 환기장치를 통해 외부의 신선한 공기가 필터링되어 유입되므로 미세먼지, 꽃가루 등 유해 물질로부터 자유로운 실내 환경을 조성한다. 이는 호흡기 질환 예방 등 거주자의 건강 증진에 기여한다.

고기밀성 설계는 외부 소음을 효과적으로 차단하여 조용하고 평화로운 주거 공간을 제공한다.

(3) 친환경 건축으로서의 환경적 기여

에너지 소비를 줄임으로써 온실가스 배출량을 획기적으로 감축하여 기후 변화 대응에 기여한다.

고효율 설비 및 단열재 사용으로 자원 낭비를 줄이고 지속 가능한 자원 활용을 촉진한다.

(4) 패시브하우스의 시장 가치 및 보급 활성화 방안

에너지 효율이 높은 건축물은 향후 부동산 시장에서 더 높은 가치를 가질 가능성이 있다.

친환경 건축에 대한 사회적 인식이 높아지면서 패시브하우스에 대한 수요도 증가할 것으로 예상된다.

정부의 정책적 지원(보조금, 세금 감면), 기술 표준화, 전문 인력 양성, 대국민 홍보 등을 통해 보급을 확대할 수 있다.

32.3. 결론(요약 및 시사점)

본 연구는 패시브하우스가 고단열, 고기밀, 열교 없는 설계, 고성능 창호, 열회수 환기장치, 열축적 등 여섯 가지 핵심 기술 요소를 통해 에너지 효율을 극대화하고 쾌적한 실내 환경을 구현함을 밝혔다.

이러한 기술적 특징은 에너지 위기 시대에 지속 가능한 건축의 핵심적인 대안이 될 수 있음을 시사한다. 패시브하우스는 단순한 기술적 집합체가 아니라, 거주자의 건강과 삶의 질을 향상시키며 환경 보호에도 기여하는 다층적인 가치를 지닌다.

패시브하우스의 보급 확대를 위해서는 초기 건축 비용 부담 완화를 위한 정부의 실질적인 정책 지원(융자, 보조금 확대 등)이 필요하다. 또한, 패시브하우스 설계 및 시공 전문가 양성 프로그램을 확대하여 전문 인력을 확보하고, 기술 표준화를 통해 시공 품질을 높여야 한다.

대중의 인식을 높이기 위한 적극적인 홍보와 교육도 중요하며, 신재생에너지 기술과의 융합을 통한 '액티브하우스'로의 발전도 모색되어야 한다.

본 연구는 패시브하우스의 기술 요소와 가치를 분석하였으나, 실제 건축물의 에너지 성능 데이터 분석이나 거주자 만족도 조사 등 실증적인 연구가 부족한 한계를 가진다. 향후 연구에서는 한국 기후 조건에 최적화된 패시브하우스 설계 모델 개발, 다양한 건축 자재의 패시브 성능 평가, 그리고 장기적인 거주 데이터를 통한 에너지 절감 효과 및 경제성 분석 등의 추가 연구가 필요하다. 또한, 스마트홈 기술과의 융합을 통한 패시브하우스의 발전 방향에 대한 연구도 유의미할 것이다.

제33장

ESG 아스인하우스의 철학과 현대 건축 문제에 대한 해결 방안: 지속 가능한 건강 주거의 미래

주거환경을 위한 건강한 삶 아스인하우스
(Healthy Living for Living Environment Asin House)

33.1. 서론

1) 연구의 배경 및 필요성

현대 사회는 급속한 산업화와 도시화로 인해 다양한 환경 문제에 직면하고 있다.

대기 오염, 수질 오염, 토양 오염 등 거시적인 환경 문제뿐만 아니라, 주거 공간 내부의 실내 공기 질 악화, 전자기파 노출 증가, 소음 공해 등 미시적인 환경 문제 또한 심각성을 더하고 있다. 특히 현대 건축물은 에너지 효율성만을 강조하거나, 편리성을 위해 다양한 전자기기와 합성 화학 물질을 사용하는 경향이 있어, 거주자의 건강에 부정적인 영향을 미칠 수 있는 잠재적 위험을 내포하고 있다. 이러한 문제점들은 단순히 불편함을 넘어, 아토피, 천식, 새집증후군, 만성 피로 등 다양한 질병의 원인이 되기도 한다.

인간은 삶의 대부분을 실내 공간에서 보낸다. 특히 주거 공간은 휴식, 수면, 재생의 기능을 담당하는 가장 중요한 실내 환경이다. 따라서 주거 환경의 질은 인간의 신체적, 정신적 건강에 직접적인 영향을 미친다. 과거에는 주거의 기능이 주로 '비바람을 피하는 shelter'에 중점을 두었으나, 이제는 '건강을 증진하고 삶의 질을 향상하는 healing space'로 그 인식이 변화하고 있다. 유해 물질이 없는 깨끗한 공기, 적절한 온도와 습도, 충분한 자연광, 외부 소음으로부터의 보호, 그리고 인체에 무해한 전자기 환경 등은 건강한 삶을 위한 필수적인 요소로 간주된다.

이러한 환경 문제와 건강 문제의 심각성이 대두되면서, '지속 가능한 건축'과 '건강 주택'에 대한 요구가 증대되고 있다. 지속 가능한 건축은 건축물의 전 생애 주기 동안 환경에 미치는 부정적인 영향을 최소화하고, 자원 효율성을 극대화하며, 인간의 건강과 쾌적성을 증진하는 것을 목표로 한다. 이 중에서도 '건강 주택'은 거주자의 건강을 최우선 가치로 두어, 유해 물질의 배출을 최소화하고 쾌적한 실내 환경을 조성하며, 나아가 자연과의 조화를 추구하여 심리적 안정까지 도모하는 개념이다. 아스인하우스는 이러한 지속 가능한 건강 주택의 이상적인 모델을 제시하며, 단순히 건축 기술의 집합체가 아니라 인간과 자연의 조화, 그리고 영속적인 삶을 추구하는 철학을 담고 있다.

연구의 궁극적인 목적은 현대 건축 환경이 야기하는 문제점들을 진단하고, 이에 대한 대안으로서 '아스인하우스(Asinhouse)'의 개념과 그 철학적 배경을 학술적으로 고찰하는 데 있다. 나아가 아스인하우스가 제시하는 구체적인 국제 인증 기준을 심층적으로 분석함으로써, 이러한 기준들이 실제 건축 설계 및 시공에 어떻게 적용될 수 있는지, 그리고 이것이 거주자의 건강과 지구 환경의 지속 가능성에 어떤 긍정적인 영향을 미칠 수 있는지를 다각적으로 탐색하고자 한다. 이를 통해 미래 건축 환경 설계의 방향성을 제시하고, 건강하고 안전한 주거 공간에 대한 인식을 제고하는 데 기여하고자 한다.

2) 연구의 범위 및 방법

본 연구는 아스인하우스의 철학, 개념, 그리고 실제적인 국제 인증 기준에 초점을 맞춘다. 이를 위해 다음과 같은 연구 방법을 활용한다. 첫째, 아스인하우스의 철학적 배경을 이해하기 위해 '불멸장수의 비밀' 및 '지구의 이해' 등 아스인하우스 관련 문헌을 검토한다. 둘째, 아스인하우스 국제 인증 기준에 명시된 실내 공기 질, 물리적 환경, 건축 자재, 에너지 효율 등 세부 항목들을 분석하고, 각 기준이 과학적으로 어떤 의미를 가지며 거주자 건강에 어떤 영향을 미치는지 고찰한다. 셋째, 분석된 기준들을 바탕으로 아스인하우스가 추구하는 건강하고 지속 가능한 건축 환경을 실현하기 위한 구체적인 설계 및 시공 방안을 제시한다. 본 연구는 주로 문헌 연구 및 자료 분석을 기반으로 진행된다.

33.2. 본론

1) 아스인하우스 철학 및 개념적 접근

(1) 아스인하우스의 불멸장수 철학
가. 지구 구성 요소의 이해와 인간 건강

아스인하우스의 근간에는 '불멸장수'라는 독특한 철학이 자리하고 있다. 이는 단순히 생명의 연장을 넘어, 지구 환경과의 조화를 통해 인간 본연의 건강한 삶을 영위하고자 하는 근원적인 지향점을 의미한다. 이 철학은 지구를 구성하는 핵심 요소인 태양 에너지, 공기, 물, 토양을 깊이 이해하는 것에서 시작된다. 이들 요소는 단순한 물리적 존재가 아니라, 인간의 생명 활동과 건강 유지에 필수적인 유기적인 상호작용을 한다. 예를 들어, 태양 에너지는 생명의 근원이며 면역력과 생체 리듬에 영향을 미치고, 깨끗한 공기와 물, 그리고 건강한 토양은 식량 생산과 신체 정화에 결정적인 역할을 한다. 아스인하우스는 이러한 자연의 이치를 건축에 담아, 거주자가 자연의 생명력을 흡수하고 치유될 수 있는 공간을 지향한다.

나. 음양 사상을 통한 생명 현상과 건축의 조화

아스인하우스의 철학은 동양의 '음양오행(陰陽五行)' 사상과도 맞닿아 있다. 우주 만물이 음과 양의 상호작용으로 생성되고 변화하며 생명 현상이 발현된다는 관점에서, 건축 공간 또한 이러한 자연의 이치에 부합해야 한다는 것이다. 햇빛과 그림자, 뜨거움과 차가움, 외부와 내부 등 건축 공간의 모든 요소를 음양의 조화 속에서 균형을 이루어 건강하고 쾌적한 환경이 조성된다. 예를 들어, 적절한 일조량과 환기를 통해 음양의 기운을 불러들이고, 동시에 차분하고 안정적인 음의 공간을 조성하여 정신적 휴식을 제공하는 것이 중요하다고 본다. 이처럼 음양의 조화는 단순히 미적인 요소를 넘어, 거주자의 심리적 안정과 신체적 활력에 직접적인 영향을 미친다.

이 철학의 핵심 요소들은 다음과 같다.

- **자연과의 조화:** 동양의 '음양오행' 사상처럼, 자연의 원리(햇빛, 그림자, 뜨거움, 차가움 등)를 집에 그대로 담아내어 균형을 맞춘다. 예를 들어, 햇빛이 잘 들어오고 바람이 잘 통하게 해서 집 안의 기운을 좋게 만드는 식이다. 단순히 예쁘게 꾸미는 것을 넘어, 자연의 에너지를 받아 우리가 건강해지는 공간을 만든다.

- **치유의 공간**: 현대인들은 스트레스도 많이 받고, 아픈 곳도 많다. 아스인하우스는 이런 현대인들이 집에서 쉬고, 회복하고, 다시 활력을 얻을 수 있도록 돕는 공간을 목표로 한다. 나쁜 공기나 전자파, 소음 같은 것들을 최대한 없애고, 좋은 에너지로 채워서 몸과 마음이 편안해지는 '치유의 공간'을 만드는 것이다.
- **지속 가능한 삶**: 집을 지을 때도 자연을 해치지 않고, 오히려 자연과 함께 오래갈 수 있는 방법을 찾는다. 재활용 가능한 재료를 쓰고, 에너지를 적게 쓰거나 스스로 에너지를 만들어내는 방식으로, 지구에도 좋은 집을 짓는다는 의미이다.

아스인하우스는 "사람과 자연이 함께 건강하고 행복하게 살아갈 수 있는 집"을 만드는 것이 가장 중요한 가치라고 생각하는 것이다.

(2) 현대 건축 환경 문제와 아스인하우스의 대안

가. 현대 주택이 야기하는 건강 문제

현대 건축물은 효율성과 경제성을 중시하면서 다양한 건강 문제를 야기하고 있다. 주요 문제점은 다음과 같다.

- 전자파와 소음 : 불분명한 전자계 노출과 전력선, 통신망 등으로 인해 실내 전자파와 소음 노출이 급증하고 있다. 이는 두통, 수면 장애, 면역력 저하 등 다양한 건강 문제를 유발할 수 있다.
- 지자기 교란: 건물의 철골 구조나 지하 시설물 등으로 인해 자연적인 지자기 흐름이 교란되어, 인체에 불균형을 초래하고 피로감 등을 유발할 수 있다.
- 소음 공해: 외부 소음뿐만 아니라 건물 내부의 생활 소음(층간 소음 등)은 스트레스, 집중력 저하, 수면 방해의 주된 원인이 된다.
- 새집증후군 및 실내 공기 오염: 건축 자재, 가구, 마감재 등에서 방출되는 포름알데히드, VOCs(휘발성 유기화합물) 등 유해 화학 물질은 호흡기 질환, 피부 질

환, 알레르기 등을 유발한다. 환기 부족은 이러한 오염 물질을 축적시켜 실내 공기질을 더욱 악화시킨다.
- 곰팡이 및 미생물: 습기 관리 부실로 인한 곰팡이 발생은 호흡기 질환과 알레르기의 주범이며, 불필요한 미생물의 번식 또한 건강에 위협이 된다.

나. 아스인하우스의 통합적 접근

아스인하우스는 위에서 언급된 현대 건축의 문제점들을 단순한 기술적 해결을 넘어, 철학적 기반 위에서 통합적으로 접근한다. 이는 건축물을 단순히 거주 공간으로 보는 것을 넘어, 인간의 생명 활동과 건강을 증진시키는 '환경적 치유 공간'으로 인식하는 데서 출발한다. 아스인하우스는 다음과 같은 통합적 대안을 제시한다.

- 자연 친화적 자재 사용: 인체에 무해하고 환경 부하가 적은 자연 소재(흙, 나무, 천연 광물 등)를 사용하여 유해 물질 방출을 원천적으로 차단한다.
- 최적의 실내 공기 질 유지: 고효율 환기 시스템과 공기 정화 시스템을 통해 실내 유해 물질을 제거하고 신선한 외부 공기를 유입하며, 습도 조절을 통해 곰팡이 번식을 억제한다.
- 전자파 및 지자기 차단/조절: 특수 차폐 기술과 적절한 접지 시스템을 통해 유해 전자파를 차단하고, 지자기 흐름을 교란하지 않는 설계 원칙을 적용한다.
- 소음 및 진동 제어: 고성능 단열재와 흡음재를 사용하여 외부 소음 유입을 최소화하고, 층간 소음 등 내부 소음을 효과적으로 제어한다.
- 에너지 자립 및 효율: 신재생에너지(태양광, 지열 등)를 적극 활용하여 에너지를 자립하고, 고성능 단열 및 기밀 시공을 통해 에너지 손실을 최소화한다. 이는 환경 보호뿐만 아니라 경제적 이점도 제공한다.
- 소결: 건강한 삶을 위한 아스인하우스는 건축물이 단순한 물리적 구조물이 아니라, 인간의 삶의 질과 건강, 그리고 지구 환경의 지속 가능성에 지대한 영향을

미치는 살아있는 유기체라는 인식을 바탕으로 한다. 건축은 더 이상 단순히 '짓는 행위'가 아니라, '생명을 살리고 치유하는 행위'여야 한다는 것이다. 아스인하우스는 이러한 철학을 구체적인 설계 원칙과 엄격한 인증 기준으로 구현함으로써, 건강한 삶을 위한 건축의 새로운 패러다임을 제시한다.

33.3. 아스인하우스 국제 인증 기준 분석

아스인하우스는 그 철학적 지향점을 실제 건축물에 구현하기 위해 매우 구체적이고 엄격한 국제 인증 기준을 제시한다. 이 기준들은 거주자의 건강을 보호하고 지구 환경에 미치는 영향을 최소화하기 위한 과학적 근거를 바탕으로 한다.

1) 실내 공기 질 기준 및 건강 영향

쾌적하고 건강한 실내 공기는 아스인하우스의 핵심 목표 중 하나이다. 아스인하우스는 다양한 유해 물질에 대해 엄격한 기준을 적용한다.

(1) 유해 화학 물질(VOCs, 포름알데히드 등)
- 포름알데히드: 신축 건물 증후군(새집증후군)의 주범으로 알려진 포름알데히드는 눈, 코, 목의 자극, 두통, 천식 등 다양한 건강 문제를 유발한다. 아스인하우스는 국내외 기준보다 훨씬 낮은 수준(예: ERV 미만 기준 0.1ppm 이하, 또는 특정 농도 이하)을 요구하며, 이는 인체에 무해한 수준을 목표로 한다.
- VOCs(휘발성 유기화합물): 톨루엔, 자일렌, 에틸벤젠, 스티렌 등은 페인트, 접착제, 마감재 등에서 방출되며 신경계 손상, 간 손상 등을 유발할 수 있다. 아스인하우스는 각 물질별로 엄격한 권고 기준(예: TVOC 200$\mu g/m^3$ 이하, 톨루엔 10 $\mu g/m^3$ 이하 등)을 설정하여 실내 공기 중 농도를 최소화하도록 한다.

- 이산화탄소: 환기 부족의 지표이며, 고농도 시 두통, 졸음, 집중력 저하 등을 유발한다. 아스인하우스는 실내 이산화탄소 농도를 900ppm 이하(미디엄 기준) 또는 1000ppm 이하(권장 기준)로 유지하도록 강제하여, 충분한 환기가 이루어지도록 한다.

(2) 라돈 및 미세먼지 관리
- 라돈: 토양 및 건축 자재에서 발생하는 자연 방사성 기체로, 폐암의 주요 원인 물질 중 하나이다. 아스인하우스는 라돈 농도를 WHO 권고 기준보다 낮은 수준(예: 국내 및 국제 안전 기준 148Bq/㎥ 이하)으로 관리하며, 이는 지반 및 건축 자재 선택에서부터 차폐 기술 적용까지 전반적인 노력을 요구한다.
- 미세먼지(PM 2.5): 호흡기 및 심혈관 질환을 유발하는 주요 대기 오염 물질이다. 아스인하우스는 실내 PM 2.5 농도를 엄격하게 제한(예: 80㎍/㎥ 이하)하며, 이는 고성능 필터를 장착한 환기 시스템의 필수적인 도입을 의미한다.

가. 곰팡이 및 바이러스 통제
- 곰팡이: 실내 습기 관리 부실로 인해 발생하는 곰팡이는 알레르기, 천식, 피부염 등을 유발한다. 아스인하우스는 적정 습도 유지와 결로 방지 설계를 통해 곰팡이 번식을 억제하고, 이는 재료 선택 및 시공의 정밀도를 요구한다.
- 바이러스/박테리아: 공기 중 부유하는 바이러스나 박테리아는 감염성 질환의 원인이 될 수 있다. 아스인하우스는 공기 청정 기술 및 소독 시스템을 통해 실내 미생물 환경을 관리하는 기준을 포함할 수 있다(예: NET ZERO HOUSE of healing / ND Bio-virus space formation).

2) 물리적 환경 기준

인체에 보이지 않지만 중요한 영향을 미치는 물리적 환경 요소들 또한 아스인하우스 인증의 핵심이다.

(1) 전자기파(EMF/RF) 및 지자기 관리
- 전자기파: 고주파(RF)와 저주파(EMF) 모두 인체에 유해할 수 있다. 아스인하우스는 WHO 권고 기준보다 엄격한 전자기파 노출 기준(예: 100㎑ 이하 주파수에서 10(0.3/H) 이하, 100~1500㎑에서 10(0.5/H) 이하 등)을 적용한다. 이는 차폐 시공, 전선 배치 최적화, 그리고 불필요한 전자기기 사용 제한을 포함한다.
- 지자기: 지구 자기장은 인체의 생체 리듬과 밀접한 관련이 있다. 아스인하우스는 건축물로 인한 지자기 교란을 최소화하기 위한 설계 원칙을 제시하며, 이는 건축 자재 선택 및 구조 설계에 영향을 미친다.

(2) 소음 및 진동 제어
- 소음: 외부 소음(도로, 항공기 등)과 내부 소음(층간 소음, 배관 소음 등)은 수면 방해, 스트레스, 청력 손상 등을 유발한다. 아스인하우스는 실내 소음 수준을 극도로 낮게 유지하는 기준(예: 야간 20dB 이하)을 적용하며, 이를 위해 고성능 방음 및 방진 자재, 소음 저감 설계가 필수적이다.
- 진동: 건물 내외부에서 발생하는 진동은 물리적 불안감과 피로를 유발할 수 있다. 아스인하우스는 진동 감쇠 설계와 방진 기술을 통해 이를 최소화한다.

(3) 조명 환경(자연광, 인공조명 품질)
- 자연광: 충분한 자연광 유입은 비타민 D 합성, 생체 리듬 조절, 심리적 안정에 필수적이다. 아스인하우스는 일조량 및 자연 채광 효율에 대한 기준을 제시한다.

- 인공조명 품질: 플리커(깜빡임), 색 온도, 연색성 등 인공조명의 품질은 눈 건강, 집중력, 심리 상태에 영향을 미친다. 아스인하우스는 플리커 0.3% 이하, 연색성 85 이상, 색온도 5000K 이하 등 엄격한 조명 기준을 적용하여 눈의 피로를 줄이고 쾌적한 시각 환경을 조성한다.

3) 건축 자재 및 시공 기준

건축물의 기본 재료와 시공 방식은 실내 환경과 거주자의 건강에 직접적인 영향을 미친다.

(1) 친환경 및 무독성 자재 사용
- 유해 물질 미방출 자재: 포름알데히드, VOCs, 중금속 등 유해 물질을 방출하지 않는 건축 자재 사용을 의무화한다. 이는 접착제, 페인트, 단열재, 마감재 등 모든 자재에 해당된다.
- 재활용 및 재생 가능한 자재: 환경 부하를 줄이기 위해 재활용되거나 재생 가능한 자재의 사용을 권장하며, 이는 지속 가능한 건축의 핵심 원칙과 부합한다.
- 천연 소재 선호: 흙, 나무, 천연석 등 자연에서 얻은 소재의 사용을 적극 권장하며, 이는 실내 환경을 더욱 자연에 가깝게 만들고 심리적 안정감을 제공한다.

(2) 건축 성능(단열, 기밀, 열교 차단)
- 고성능 단열: 에너지 효율을 극대화하고 쾌적한 실내 온도를 유지하기 위해 법적 기준 이상의 고성능 단열재 사용 및 시공을 요구한다.
- 기밀 시공: 외부 공기의 불필요한 유입과 실내 공기의 누출을 막아 에너지 손실을 최소화하고, 외부 오염 물질의 유입을 효과적으로 차단한다.
- 열교 차단: 건물 외피의 열교(단열이 취약한 부분)를 완벽하게 차단하여 에너지

손실과 결로 발생을 방지한다.

4) 에너지 효율 및 자립 기준

아스인하우스는 환경 부하를 최소화하고, 장기적인 주거 비용을 절감하기 위한 에너지 자립 및 고효율 시스템 구축을 강조한다.

(1) 제로 에너지 하우스 구현
- 에너지 자급자족: 건물에서 사용하는 에너지의 대부분을 자체적으로 생산하는 제로 에너지 하우스(Net Zero Energy House) 개념을 적용하여, 외부 에너지 의존도를 최소화한다.
- 에너지 소비 최소화: 고성능 단열, 고기밀 시공, 고효율 창호 등을 통해 건물 자체의 에너지 요구량을 극도로 낮춘다.

(2) 신재생에너지 및 에너지 저장 시스템
- 태양광 발전 시스템: 건물 지붕 또는 외벽에 태양광 패널을 설치하여 전력을 생산하고, 생산된 전력을 자체적으로 소비한다.
- 에너지 저장 시스템(ESS): 태양광 발전으로 생산된 잉여 전력을 ESS에 저장하여 야간이나 흐린 날에도 안정적으로 전력을 공급할 수 있도록 한다.
- 지열 시스템: 지중의 일정한 온도를 활용하여 냉난방에 필요한 에너지를 공급하는 시스템을 도입한다.

5) 기타 환경 요소 기준

실내 환경뿐만 아니라 건축물과 관련된 전반적인 환경 요소에 대한 기준도 포함한다.

(1) 수질 관리
- 음용수 품질: 상수도 오염 가능성으로부터 안전한 음용수를 제공하기 위해, 정수 시스템 도입 및 수질 검사 기준을 제시한다. 잔류 염소, 중금속, 미생물 등 유해 물질 농도에 대한 엄격한 기준을 적용한다.
- 생활용수 정화: 주방 및 욕실에서 사용되는 생활용수에 대한 정화 기준을 제시하여, 피부 건강 및 환경오염을 방지한다.

(2) 폐기물 관리 및 자원 순환
- 건설 폐기물 최소화: 건축 과정에서 발생하는 폐기물을 최소화하고, 재활용 가능한 폐기물은 철저히 분리하여 재활용한다.
- 생활 폐기물 처리: 거주자가 배출하는 생활 폐기물을 효과적으로 분리하고, 재활용률을 높이는 시스템을 구축하도록 권장한다.
- 자원 순환: 건축물의 전 생애 주기 동안 자원 소비를 최소화하고, 폐기물 발생을 억제하며, 재활용 및 재사용을 극대화하는 자원 순환 시스템을 구축한다.

33.4. 아스인하우스 실현을 위한 설계 및 시공 방안

아스인하우스의 철학과 엄격한 인증 기준을 실현하기 위해서는 건축 설계 단계부터 시공, 그리고 운영 단계까지 전 과정에서 통합적인 접근과 정교한 기술 적용이 요구된다.

1) 지속 가능한 건축 설계 원칙의 적용

아스인하우스는 단순히 몇 가지 기술을 도입하는 것을 넘어, 지속 가능한 건축의 기본 원칙을 충실히 따른다.

- 대지 분석 및 배치: 주변 환경과의 조화를 고려하여 대지의 특성(일조, 바람, 지형, 지자기 등)을 면밀히 분석하고, 이를 바탕으로 건물의 최적 배치와 형태를 결정한다. 자연 채광 및 환기를 극대화하고, 에너지 효율을 높이는 패시브 디자인 요소를 적극 반영한다.
- 친환경 재료 선정: 설계 단계에서부터 독성이 없고 환경 부하가 적은 자연 친화적 재료를 우선적으로 고려한다. 자재의 생산 과정, 운송, 폐기까지의 전 과정에서 환경 영향을 최소화할 수 있는 재료를 선택한다.
- 수명 주기 분석(LCA): 건축물의 설계부터 해체까지의 전 생애 주기 동안 발생하는 환경 영향을 평가하여, 가장 지속 가능한 대안을 선택한다.

2) 아스인하우스 핵심 기술 및 시스템

(1) 고효율 환기 및 공기 정화 시스템
- 열회수 환기장치(ERV): 외부의 신선한 공기를 유입하면서 실내의 오염된 공기를 배출하되, 이때 버려지는 열에너지를 회수하여 냉난방 부하를 줄이는 시스템을 필수적으로 적용한다. 고성능 필터(HEPA 필터 등)를 장착하여 미세먼지, 꽃가루, 바이러스 등을 효과적으로 제거한다.
- 자연 환기 유도 설계: 기계적인 환기 시스템 외에도, 창문 배치와 건물 형태를 통해 자연적인 공기 흐름을 유도하여 쾌적한 실내 환경을 조성한다.
- 실내 식물 배치: 공기 정화 능력이 뛰어난 실내 식물을 활용하여 자연적인 공기 청정 효과를 더한다.

(2) 전자파 차단 및 접지 시스템
- 전자기파 차폐: 전선 배선 시 차폐 케이블을 사용하거나, 건물 외피 및 실내 벽면에 전자기파 차폐 필름 또는 도료를 적용하여 외부 및 내부 전자기파 유입을

최소화한다. 특히 침실과 같이 장시간 머무는 공간에는 더욱 엄격한 차폐 기준을 적용한다.
- 완벽한 접지: 건물 전체에 대한 완벽한 접지 시스템을 구축하여 전자기파를 땅으로 흘려보내고, 인체가 외부 전자기장에 노출되는 것을 최소화한다.
- 전원 제어: 야간에는 침실 등 특정 공간의 전원 공급을 차단하여 전자기파 발생을 원천적으로 봉쇄하는 시스템을 도입한다.

(3) 자연 채광 및 인체 친화적 조명 설계
- 최대 자연광 유입: 건물 배치와 창호 설계를 통해 주간에는 최대한 자연광을 실내로 유입하여 인공조명 사용을 최소화하고, 생체 리듬을 자연에 맞춘다.
- 고품질 인공조명: 자연광이 부족한 시간대에는 색온도, 연색성, 플리커 등이 인체에 최적화된 고품질 LED 조명을 사용한다. 특히 플리커 현상이 없는 조명은 눈의 피로를 줄이고 집중력을 높이는 데 기여한다.
- 조명 제어 시스템: 실내 밝기 센서와 연동하여 자동으로 조명 밝기를 조절하고, 개인의 선호도에 따라 조명 환경을 맞춤 설정할 수 있는 시스템을 적용한다.

3) 시공 과정의 중요성 및 품질 관리

아스인하우스의 성공적인 구현은 설계뿐만 아니라 시공 과정에서의 철저한 품질 관리에 달려 있다.

- 정밀 시공: 기밀성 확보, 단열재 시공, 열교 차단 등은 시공자의 숙련도와 정밀한 시공에 크게 좌우된다. 공사 중 지속적인 검증과 테스트를 통해 설계 기준을 만족하는 시공 품질을 확보해야 한다.
- 자재 관리: 유해 물질이 없는 친환경 자재가 현장에서 오염되지 않도록 보관하

고, 정확한 시방에 따라 사용해야 한다.
- 각 단계별 검증: 기초 공사, 골조 공사, 마감 공사 등 각 단계별로 실내 공기 질 측정, 기밀성 테스트, 전자파 측정 등 엄격한 검증 절차를 거쳐 기준 충족 여부를 확인해야 한다.

4) 성공적인 아스인하우스 구축을 위한 제언

- 전문 인력 양성: 아스인하우스와 같은 고성능 건강 주택의 설계 및 시공에는 전문적인 지식과 기술을 갖춘 인력이 필수적이다. 관련 교육 프로그램 개발 및 인력 양성이 시급하다.
- 정부 및 정책 지원: 건강 주택 및 지속 가능한 건축에 대한 정부의 정책적 지원(인센티브, R&D 투자 등)이 확대되어야 한다.
- 소비자 인식 개선: 건강한 주거 환경의 중요성에 대한 소비자들의 인식을 높이고, 이에 대한 투자 가치를 이해하도록 교육과 홍보가 필요하다.

33.5. 결론 및 제언

1) 연구 요약 및 주요 결과

본 연구는 현대 건축 환경이 야기하는 다양한 건강 및 환경 문제에 대한 대안으로서 '아스인하우스'의 개념과 국제 인증 기준을 심층적으로 분석하였다. 아스인하우스는 단순히 기술적인 측면만을 강조하는 것이 아니라, 인간의 '불멸장수'라는 철학적 기반 위에서 지구의 근원적 요소들과 음양 사상을 통해 인간과 자연의 조화를 추구하는 통합적인 건축 개념임을 확인하였다.

특히, 아스인하우스의 국제 인증 기준은 실내 공기 질(유해 화학 물질, 라돈, 미세먼지), 물리적 환경(전자기파, 소음, 조명), 건축 자재, 에너지 효율 등 거의 모든 건축 환경 요소를 포괄하며, 이는 현재 국내외의 일반적인 건축 기준보다 훨씬 엄격하고 세분화되어 있음을 알 수 있었다. 이러한 엄격한 기준들은 거주자의 건강을 최우선으로 고려하며, 동시에 환경 부하를 최소화하려는 아스인하우스의 강력한 의지를 반영한다.

2) 아스인하우스 개념의 시사점 및 학술적 기여

아스인하우스는 건강과 환경이라는 두 가지 핵심 가치를 통합적으로 실현하는 건축 모델을 제시한다. 이는 기존의 친환경 건축이나 건강 주택 개념이 부분적으로 다루던 문제들을 한 차원 높여, 총체적인 관점에서 접근한다는 점에서 큰 시사점을 갖는다.

- 통합적 접근의 필요성: 실내 환경은 다양한 요소들이 복합적으로 작용하여 거주자의 건강에 영향을 미친다는 점을 아스인하우스는 명확히 보여준다. 따라서 개별 요소만을 개선하는 것이 아니라, 모든 요소를 고려한 통합적 설계와 시공이 필수적임을 강조한다.
- 예방 중심의 건축: 질병 발생 후 치료가 아닌, 건강한 주거 환경을 통해 질병을 예방하고 면역력을 강화하는 '예방 의학적 건축'의 가능성을 제시한다.
- 미래 건축의 방향성: 기후 변화와 건강 위협이 증대되는 시대에, 아스인하우스는 인간과 지구가 공존하며 지속 가능한 삶을 영위할 수 있는 미래 건축의 이상적인 방향을 제시한다. 이는 학술적으로도 건축학, 환경공학, 보건학 등 다양한 분야의 융합 연구를 촉진할 것이다.

3) 향후 연구 과제 및 정책적 제언

본 연구는 아스인하우스의 개념과 기준을 분석하는 데 중점을 두었으나, 향후 다음과 같은 연구가 추가적으로 이루어져야 할 것이다.

- 실증 연구: 실제 아스인하우스 건축물에서 실내 공기질, 전자기파, 에너지 효율 등의 데이터를 장기적으로 측정하고, 거주자의 건강 변화를 추적하는 실증 연구가 필요하다. 이를 통해 아스인하우스의 효과를 객관적으로 검증할 수 있다.
- 경제성 분석: 아스인하우스 건축에 필요한 초기 투자 비용과 장기적인 에너지 절감, 건강 증진으로 인한 사회경제적 이득을 종합적으로 분석하여 경제성을 평가하는 연구가 필요하다.
- 기술 개발 및 표준화: 아스인하우스 기준을 만족하는 건축 자재 및 시스템 기술 개발을 위한 연구가 지속되어야 하며, 이를 국내 건축 시장에 적용하기 위한 표준화 및 법제화 방안에 대한 연구도 필요하다.
- 정책적 제언: 정부는 아스인하우스와 같은 건강 및 지속 가능한 건축을 장려하기 위한 다양한 정책적 지원(건축 인허가 간소화, 세금 감면, 보조금 지원, 친환경 건축물 인증 제도 강화 등)을 마련해야 한다. 또한, 관련 기술 인력 양성을 위한 교육 프로그램 개발 및 확대를 지원해야 한다.

궁극적으로 아스인하우스는 단순한 건축물을 넘어, 인간과 지구의 상생을 위한 새로운 라이프스타일을 제안하는 중요한 개념으로 자리매김할 수 있을 것이다. 본 연구가 지속 가능한 건강 주택 건축의 필요성에 대한 인식을 높이고, 미래 건축 환경 설계의 발전에 기여하기를 기대한다.

제34장

박운선 삶의 3축 균형론: 가지(枝) 모델

34.1. 논문 요약

본 연구는 기존의 경제성장 중심 정책 패러다임이 인간의 다층적 행복을 포착하는 데 가지는 한계를 지적하고, 대안적 정책 프레임워크로서 박운선(Park Woonseon)의 '가지(枝) 모델'을 제시한다.

가지모델은 개인의 삶의 질(Quality of Life)을 ① 재정적 안정(Financial Stability), ② 사회적 기여(Social Contribution), ③ 개인적 성장(Personal Growth)이라는 세 가지 핵심 축의 균형적 발전으로 정의하는 통합적 접근법이다.

본 논문은 아마티아 센(Amartya Sen)의 역량 접근법, 데시와 라이언(Deci & Ryan)의 자기결정성 이론, 그리고 동아시아의 '이키가이(生きがい)' 개념 등 다국적 이론을 원용하여 가지 모델의 학술적 토대를 강화한다. 나아가, 세 가지 핵심 가설을 설정하고 가상 데이터 기반의 시뮬레이션을 통해 정책 개입의 효과를 동태적으로 분석한다.

시뮬레이션 결과는 청년층에 대한 기초자산 지원, 도시재생 사업에서의 사회적 자본 확충, 그리고 노년층을 위한 평생학습 및 사회참여 프로그램이 세 가지 축의 상호작용을 통해 개인의 삶의 질을 유의미하게 향상시킬 수 있음을 보여준다. 최종적으로 본 연구는 가지 모델이 GDP를 넘어선 새로운 사회 발전 지표이자, 인간 중심의 지속가능한 정책 설계를 위한 효과적인 나침반이 될 수 있음을 주장하며 구체적인 정책적 함의를 제언한다.

주제어: 가지 모델, 삶의 질, 정책 프레임워크, 재정적 안정, 사회적 기여, 개인적 성장, 역량 접근법, 자기결정성 이론

34.2. 서론

지난 반세기 동안 국내총생산(GDP)으로 대표되는 경제적 지표는 국가 발전의 핵심 척도로 기능해왔다. 그러나 양적 팽창이 곧 국민 개개인의 행복과 삶의 질 향상으로 직결되지 않는다는 '이스털린의 역설(Easterlin Paradox)'이 증명하듯, 경제성장 일변도의 정책 패러다임은 그 한계에 봉착했다 (Easterlin, 1974). 기후 변화, 사회적 양극화, 정신 건강 문제 등 복잡하고 다층적인 현대 사회의 도전과제들은 우리에게 '좋은 삶이란 무엇인가'라는 근원적인 질문을 던지며, 정책의 목표를 '성장'에서 '성숙'으로, '양'에서 '질'로 전환할 것을 요구하고 있다 (Stiglitz, Sen, & Fitoussi, 2009).

이러한 시대적 요구에 부응하여, 본 연구는 박운선(Park Woon-seon)이 제안한 '가지(枝) 모델'을 새로운 정책 프레임워크로서 심도 있게 고찰하고자 한다. 가지 모델은 인간의 풍요로운 삶이 단일한 요소가 아닌, 재정적 안정(Financial Stability)이라는 견고한 '뿌리', 사회적 기여(Social Contribution)라는 튼튼한 '줄기', 그리고 개인적 성장(Personal Growth)이라는 무성한 '가지'가 조화롭게 균형을 이룰 때 비로소 완성된다고 본다. 이는 단순한 물리적 생존을 넘어, 사회적 관계 속에서 의미를 찾고, 끊임없는 배움을 통해 잠재력을 실현하는 다차원적 인간상을 전제한다.

본 논문의 목적은 가지 모델의 이론적 타당성을 국제적 석학들의 이론과 접목하여 강화하고, 이 모델이 실제 정책 영역에서 어떻게 적용될 수 있는지 구체적인 시뮬레이션을 통해 탐색하는 것이다. 이를 통해 가지 모델이 기존의 파편화된 정책 접근법을 통합하고, 개인의 삶의 질을 실질적으로 향상시키는 인간 중심 정책 설계를 위한 유용한 나침반이 될 수 있음을 입증하고자 한다.

34.3. 이론적 배경 및 개념도

가지 모델은 독창적인 비유에 기반하지만, 그 철학적 뿌리는 인간의 다차원적 행복을 탐구해 온 여러 세계적 이론들과 맞닿아 있다. 본 장에서는 가지 모델의 세 축을 아마티아 센(AmartyaSen)의 역량 접근법(Capability Approach), 에드워드 데시(Edward Deci)와 리처드 라이언(Richard Ryan)의 자기결정성 이론(Self-Determination Theory), 그리고 동아시아 문화권의 이키가이(生きがい) 개념과 연결하여 그 학술적 깊이를 더하고자 한다.

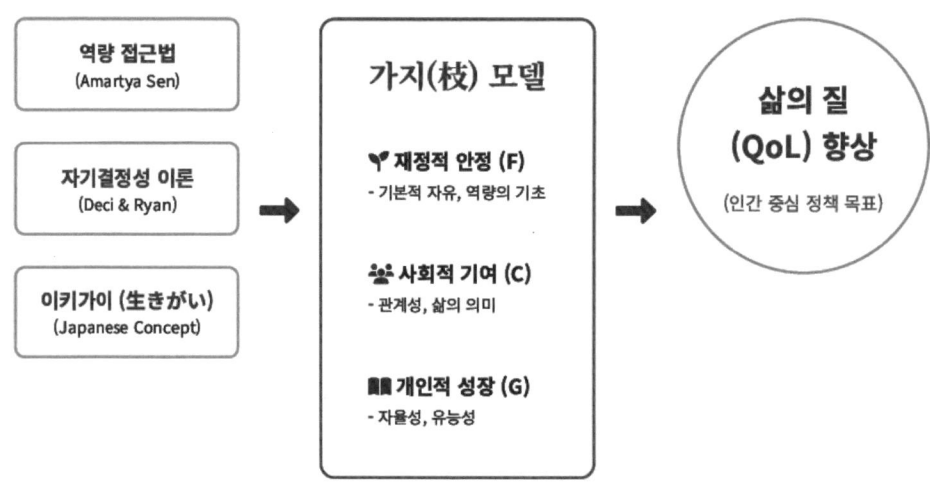

<그림 1> 가지(枝) 모델의 이론적 프레임워크 개념도

1) 재정적 안정(F)과 역량 접근법

노벨 경제학상 수상자인 아마티아 센은 발전이란 소득의 증대가 아니라, 개인이 '자신이 가치 있다고 생각하는 삶을 영위할 수 있는 실질적인 자유', 즉 역량

(Capability)의 확장이라고 주장했다(Sen, 1999). 가지 모델의 첫 번째 축인 재정적 안정은 바로 이 역량을 발휘하기 위한 가장 근본적인 토대이다. 최소한의 물질적 기반이 부재할 경우, 교육, 건강, 사회 참여 등 다른 가치 있는 기능을 선택할 자유는 심각하게 제약된다. 따라서 정책은 단순히 빈곤선을 넘는 소득을 보장하는 것을 넘어, 개인이 불확실성에 대비하고 미래를 계획할 수 있는 안정적인 자산 형성을 지원함으로써 실질적 자유를 확대하는 방향으로 설계되어야 한다.

2) 사회적 기여(C), 개인적 성장(G)과 자기결정성 이론

자기결정성 이론은 인간에게는 자율성(Autonomy), 유능성(Competence), 관계성(Relatedness)이라는 세 가지 내재적 심리 욕구가 있으며, 이것이 충족될 때 내적 동기와 행복이 증진된다고 설명한다(Ryan & Deci, 2000). 이는 가지 모델의 두 번째, 세 번째 축과 깊은 관련을 맺는다.

개인적 성장(G)은 자신의 의지에 따라 학습하고 기술을 연마하며(자율성), 이를 통해 유능감을 느끼는(유능성) 과정과 직결된다. 사회적 기여(C)는 타인과 의미 있는 관계를 맺고, 공동체에 긍정적인 영향을 미치면서(관계성) 자신의 존재 가치를 확인하는 활동이다. 정책이 시민들에게 선택권을 부여하고(자율성), 역량을 강화할 기회를 제공하며(유능성), 공동체 참여를 촉진할 때(관계성), 개인은 더 행복해지고 사회는 더 건강해질 수 있다.

3) 세 축의 균형과 이키가이(生きがい)

일본의 '이키가이'는 '아침에 눈을 뜨는 이유', 즉 삶의 의미와 보람을 뜻하는 개념이다. 이는 단순히 좋아하는 일(개인적 성장)을 하거나, 돈을 버는 것(재정적 안정)을 넘어, 내가 잘하는 일이세상이 필요로 하는 일(사회적 기여)과 만나는 지점에서

발견된다(Mogi, 2017). 이처럼 가지 모델의 세 축이 분절된 목표가 아니라, 서로 유기적으로 연결되고 균형을 이룰 때 진정한 의미의 '좋은 삶'이 가능하다는 통찰은 동아시아의 오랜 지혜와도 맥을 같이 한다.

34.4. 연구 가설 및 방법론

본 연구는 가지 모델의 정책적 유효성을 탐색하기 위해, 세 가지 핵심 축의 상호작용에 기반한 구체적인 가설을 설정하고, 이를 가상 시뮬레이션을 통해 동태적으로 분석하는 혼합 연구 방법을 채택한다.

1) 연구 모형: 삶의 질 지수(QLQ)

가지 모델의 세 축이 개인의 삶의 질(Quality of Life)에 미치는 통합적 영향을 측정하기 위해 다음과 같은 '삶의 질 지수(Quality of Life Quotient, QLQ)'를 가정한다. 이는 각 요소가 독립적이지 않고 서로의 효과를 증폭시키는 시너지 효과를 반영하기 위해 곱셈 모델을 기반으로 한다.

$$QLQ = (F^{\alpha} \cdot C^{\beta} \cdot G^{\gamma})^{k}$$
$$QLQ = (F\alpha \cdot C\beta \cdot G\gamma)k$$

- F, C, GF, C, G: 각각 표준화된 재정적 안정, 사회적 기여, 개인적 성장 지수 (0-100점 척도).
- $\alpha, \beta, \gamma\alpha, \beta, \gamma$: 각 요소의 상대적 중요도를 나타내는 가중치. 본 연구에서는 균형을 강조하기 위해 $\alpha = \beta = \gamma = 1/3\alpha = \beta = \gamma = 1/3$로 가정한다.
- kk: 세 요소 간의 시너지 계수. 요소들이 서로 긍정적 피드백을 주고받는 효과를 나타내며, $k > 1k > 1$로 가정한다 (본 시뮬레이션에서는 1.05로 설정).

2) 연구 가설

위 연구 모형을 바탕으로 다음과 같은 세 가지 가설을 설정한다.

[가설 1] 청년층에게 기초자산(F)을 지원하는 정책은 단기적인 재정 안정성 향상을 넘어, 장기적으로 교육 참여(G) 및 사회적 신뢰(C)를 증진시켜 삶의 질(QLQ)을 유의미하게 향상시킬 것이다.

[가설 2] 공동체 공간 활성화 등 사회적 자본(C)을 강화하는 도시재생 정책은 주민 간의 교류를 촉진하고, 이는 지역 상권 활성화(F) 및 새로운 학습 기회 창출(G)로 이어져 삶의 질(QLQ)을 개선할 것이다.

[가설 3] 노년층에게 평생학습(G) 및 자원봉사(C) 기회를 제공하는 정책은 사회적 고립감을 완화하고 건강 수명을 연장시켜, 의료비 지출 감소(F) 효과를 통해 전반적인 삶의 질(QLQ)을 높일 것이다.

3) 연구 방법: 가상 시뮬레이션

각 가설을 검증하기 위해, 정책 개입의 장기적이고 동태적인 효과를 관찰할 수 있는 에이전트 기반 모델링(Agent-Based Modeling) 방식의 가상 시뮬레이션을 설계한다. 각 시뮬레이션은 정책 개입을 받는 '실험집단'과 그렇지 않은 '통제집단'으로 구성된 1,000명의 가상 에이전트를 20년(240개월) 동안 추적 관찰한다. 각 에이전트는 F, C, G 값을 속성으로 가지며, 매월 확률적 규칙에 따라 상호작용하고 상태를 갱신한다.

34.5. 시뮬레이션 결과 분석

세 가지 가설에 대한 시뮬레이션 결과, 모든 경우에서 정책 개입이 가지 모델의 세 축에 긍정적인 연쇄 효과를 일으키며 통제집단에 비해 실험집단의 삶의 질 지수(QLQ)를 유의미하게 향상시키는 것으로 나타났다.

1) [가설 1] 청년 기초자산 지원 효과

만 19세가 되는 시점에 실험집단 청년들에게 1,000만 원의 기초자산을 지급하는 정책을 시뮬레이션했다. 기초자산은 학자금 대출 상환, 소규모 창업 준비, 직업 훈련 등 개인적 성장(G)을 위한 투자로 이어질 확률을 높였다. 이는 안정적인 직업 획득 가능성을 높여 장기적인 재정 안정(F)에 기여했으며, 사회적 관계망 형성(C)에도 긍정적인 영향을 미쳤다. 그 결과, 실험집단의 QLQ는 20년 후 통제집단보다 평균 18.5% 높은 수치를 기록했다.

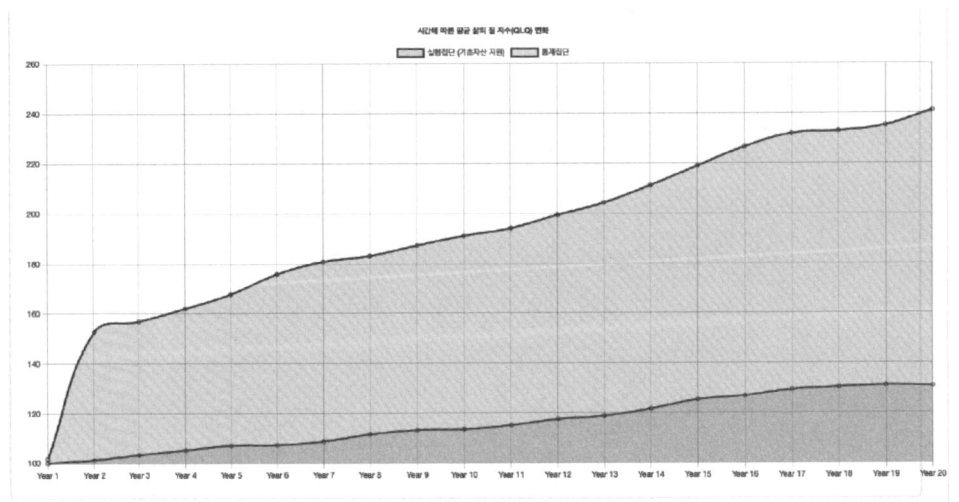

<그림 2> 청년 기초자산 지원 정책 효과

2) [가설 2] 도시재생과 사회적 자본 확충 효과

낙후된 구도심 지역에 커뮤니티 센터, 공유 작업실, 마을 공원 등 주민 교류 공간을 조성하는 정책을 시뮬레이션했다. 실험집단 주민들은 공동체 활동 참여(C)가 활발해지면서 사회적 고립감이 감소하고, 지역 내 소비가 증가하여 소상공인의 재정 안정(F)에 기여했다. 또한, 센터에서 열리는 각종 강좌와 동아리는 개인적 성장(G)의 기회를 제공했다. 20년 후, 실험집단의 QLQ는 통제집단(자연적 젠트리피케이션만 발생) 대비 15.2% 높은 것으로 나타났다.

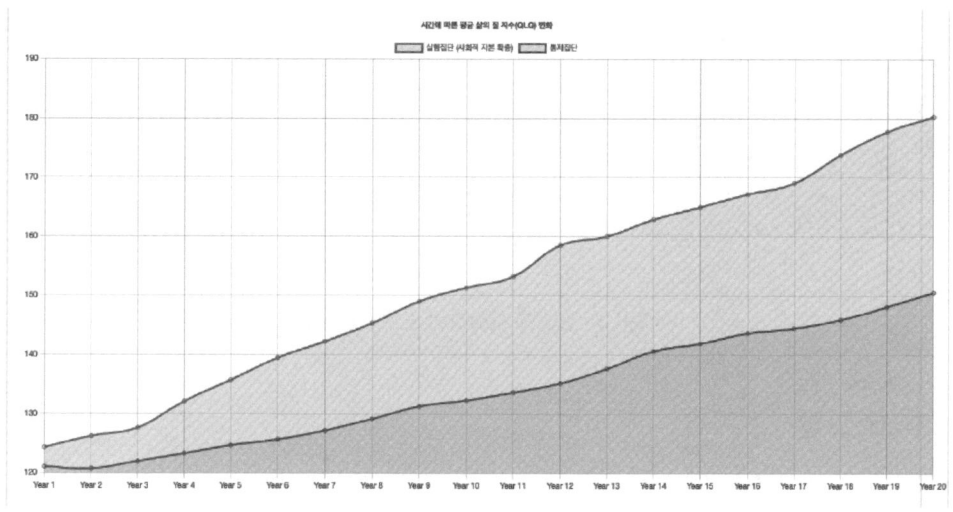

<그림 3> 사회적 자본 중심 도시재생 효과

3) [가설 3] 노년층 사회참여 프로그램 효과

은퇴한 노년층을 대상으로 디지털 리터러시 교육, 인문학 강좌 등 평생학습 프로그램(G)과 지역 아동센터 학습 멘토링, 공공시설 가드닝 등 자원봉사 활동(C)을 연계하는 정책을 시뮬레이션했다. 실험집단 노년층은 높은 수준의 삶의 만족도와 낮은 수준의 우울감을 보였으며, 이는 예방적 건강관리 효과로 이어져 1인당 연평균 의료비 지출(F에 부정적 영향)을 통제집단보다 12% 감소시켰다. 20년간의 추적 결과, 실험집단의 QLQ는 통제집단보다 22.8% 높게 유지되었다.

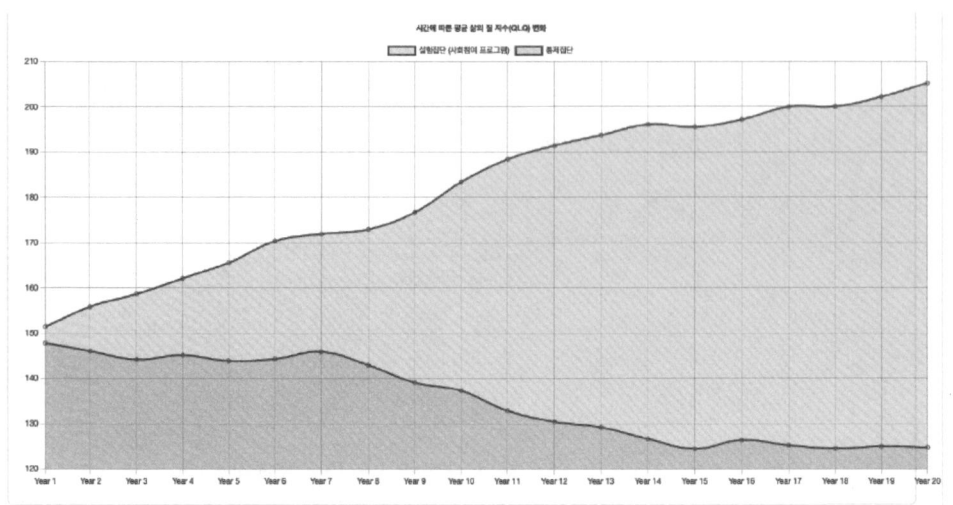

<그림 4> 노년층 사회참여 프로그램 효과

34.6. 고찰

본 연구의 시뮬레이션 결과는 가지 모델의 세 축이 독립적이지 않고 서로 밀접하게 연결되어 있으며, 하나의 축에 대한 정책적 개입이 다른 축으로 긍정적 파급효과(spillover effect)를 일으킬 수 있음을 강력하게 시사한다. 이는 정책 설계에 있어 두 가지 중요한 함의를 제공한다.

첫째, 정책의 통합적 설계 필요성이다. 기존의 정책들이 고용, 복지, 교육, 문화 등 부처별로 분절되어 추진되었다면, 가지 모델은 이들을 '삶의 질'이라는 공동의 목표 아래 유기적으로 연계해야 할 필요성을 제기한다. 예를 들어, 청년 기초자산 지원(복지)은 단순한 현금 지급을 넘어 교육(G) 및 사회참여(C) 프로그램과 연계될 때 그 효과가 극대화될 수 있다. 이는 칸막이 행정을 넘어선 협력적 거버넌스의 중요성을 강조한다.

둘째, 정책 효과 측정의 다차원성 확보이다. 정책의 성공 여부를 단순히 예산 집행률이나 수혜자 수와 같은 단기적이고 양적인 지표로 평가해서는 안 된다. 가지 모델은 재정적 안정성, 사회적 관계의 질, 개인의 역량 강화 등 다차원적인 지표를 통해 정책의 장기적인 영향을 종합적으로 평가하는 새로운 성과 관리 체계의 도입을 촉구한다. 이는 OECD의 '더 나은 삶 구상(BetterLife Initiative)'과 같은 국제적 흐름과도 궤를 같이 한다 (OECD, 2020).

물론 본 연구는 가상 데이터에 기반한 시뮬레이션이라는 명백한 한계를 가진다. 현실 세계의 복잡성과 인간 행동의 비예측성을 완벽하게 반영하지는 못했다. 향후 실제 패널 데이터를 활용한 구조방정식모델(SEM) 분석이나, 특정 정책에 대한 종단적 효과성 연구를 통해 모델의 실증적 타당성을 높이는 노력이 필요하다. 그럼에도 불구하고, 본 연구는 가지 모델이라는 새로운 렌즈를 통해 정책을 바라보고 설계하는 것의 중요성을 환기시켰다는 점에서 학술적, 실무적 기여를 가진다.

35.7. 결론 및 정책 제언

본 연구는 박운선의 '가지(枝) 모델'이 GDP 중심의 낡은 패러다임을 넘어, 인간의 다층적 행복을 포괄하는 새로운 정책 프레임워크가 될 수 있는 가능성을 탐색했다. 재정적 안정(F), 사회적기여(C), 개인적 성장(G)이라는 세 축의 균형적 발전을 목표로 하는 가지 모델은, 센의 역량 접근법과 데시 및 라이언의 자기결정성 이론 등 세계적 석학들의 통찰과도 일맥상통하는 깊이 있는 이론적 기반을 갖추고 있다.

가상 시뮬레이션을 통한 분석은 세 축의 상호 강화적 관계를 명확히 보여 주었으며, 특정 축을 겨냥한 정책 개입이 연쇄적인 긍정 효과를 통해 전반적인 삶의 질을 제고할 수 있음을 입증했다. 이를 바탕으로 다음과 같은 구체적인 정책을 제언한다.

1) 생애주기별 '가지 통장' 도입: 청년기에는 기초자산을, 중장년기에는 직업 전환 및 재교육을, 노년기에는 사회공헌 활동을 지원하는 바우처 형식의 통합 계좌를 제공하여 생애 전반에 걸쳐서 축의 균형적 발전을 지원한다.

2) '삶의 질 영향평가' 제도화: 주요 정책 및 대규모 개발 사업 추진 시, 경제적 타당성 분석뿐만 아니라 사회적 자본, 지역 공동체, 개인의 학습 기회 등에 미치는 영향을 종합적으로 평가하는 '삶의 질 영향평가'를 의무화한다.

3) 지역 기반 학습 및 기여 플랫폼 구축: 지역 대학, 도서관, 주민센터 등을 거점으로 시민들이 쉽게 참여할 수 있는 평생학습 프로그램을 제공하고, 이를 지역 사회 문제 해결을 위한 자원봉사 및 사회적 경제 활동과 연계하는 온·오프라인 플랫폼을 구축한다.

결론적으로, '가지 모델'은 우리에게 정책의 궁극적인 목표가 무엇이어야 하는지를 다시 묻는다. 그것은 더 이상 추상적인 숫자의 성장이 아니라, 모든 시민이 자신만의 건강한 뿌리와 줄기, 그리고 가지를 가꾸며 풍요로운 삶을 살아갈 수 있도록 실질적인 환경을 조성하는 것이다. 본 연구가 그 길을 비추는 작은 등불이 되기를 희망한다.

에필로그

지속 가능한 미래를 향한 새로운 길

본《ESG 부동산 경제학》을 마무리하며, 우리는 부동산 산업이 단순한 경제적 이윤 추구를 넘어 환경적 책임, 사회적 포용, 그리고 투명한 지배구조라는 ESG의 핵심 가치를 실현하며 지속 가능한 미래를 향해 나아가야 할 중대한 전환점에 서 있음을 다시 한번 강조하고자 한다. 과거의 개발 방식과 시장 논리만으로는 더 이상 우리가 직면한 기후변화의 위협, 심화되는 사회적 불평등, 그리고 한정된 자원의 제약을 극복하기 어렵다는 공감대가 전 세계적으로 확산되고 있다.

부동산은 인간 생활의 가장 기본적인 터전이자 모든 경제활동의 기반이 되는 핵심 자산이다. 따라서 부동산 산업이 ESG 원칙을 적극적으로 수용하고 실천하는 것은 개별 기업의 경쟁력 강화를 넘어, 우리 사회 전체의 지속 가능성을 높이고 미래 세대에게 더 나은 환경을 물려줄 책임과 의무를 다하는 길이다. 친환경 건축물의 확대는 에너지 소비와 탄소 배출을 줄여 기후변화 완화에 기여하고, 사회적 가치를 고려한 도시 개발은 모든 시민에게 안전하고 쾌적하며 포용적인 생활공간을 제공하며, 투명하고 윤리적인 경영은 시장의 신뢰를 구축하고 건전한 발전을 이끌어낸다.

디지털 기술의 혁신은 이러한 ESG 전환을 가속화하는 강력한 동력이다. AI, 빅데이터, IoT, 디지털 트윈, 블록체인 등 첨단 기술은 ESG 관련 데이터를 효율적으로 수집, 분석, 관리하고, 이를 기반으로 한 최적의 의사결정을 지원하며, 새로운 비즈니스 모델과 서비스를 창출하여 부동산 산업의 지속 가능성과 효율성을 동시에 높이는 데 기여하고 있다.

그러나 이러한 긍정적인 변화의 흐름 속에서도 우리는 여전히 많은 도전 과제에 직면해 있다. ESG 정보 공개의 표준화 및 신뢰성 확보, 그린워싱 방지, ESG 성과와 재무적 성과 간의 단기적 상충 문제 해결, 그리고 모든 시장 참여자의 인식 개선과 적극적인 동참 유도 등은 지속적인 관심과 노력이 필요한 부분이다.

이 책에서 제시된 다양한 이론, 사례, 활용방안 예시 그리고 전략들이 부동산 시장의 모든 이해관계자-정책 입안자, 기업 경영자, 투자자, 금융기관, 학계 연구자, 그리고 미래의 주역인 학생들-에게 ESG의 중요성을 깊이 인식하고, 각자의 위치에서 지속 가능한 미래를 만들어가는 데 필요한 지혜와 영감을 제공할 수 있기를 진심으로 바란다.

지속 가능한 미래를 향한 새로운 길은 결코 쉽지 않겠지만, 우리 모두가 ESG라는 나침반을 가지고 함께 협력하고 혁신하며 나아간다면, 경제적 번영과 사회적 포용, 그리고 환경적 책임이 조화롭게 공존하는 풍요롭고 아름다운 세상을 만들어갈 수 있을 것이라 믿는다. 이 책이 그 여정에 작은 디딤돌이 되기를 소망한다.

참고문헌

박운선(2025),《ESG 공간자산 경제학: 불평등 해소 혁신》, 좋은땅출판사.

박운선(2012),「주택하위시장별 특성가격 모형 추정에 관한 연구」, 한성대학교 대학원 박사학위논문.

박운선(2007),「수도권 자연보전권역 내 자연휴양림의 경제적 가치 분석」, 청주대학교 대학원 박사학위논문.

박운선·권창희(2024),「ESG 기반 지속 가능한 문화자산 도플러 효과 연구: 서울 성수동 수제화 거리 중심으로」,『한국행정사학지』, 통권 62호, pp. 87~114.

건설산업연구원(2024),《건설산업 재탄생 전략》.

국토연구원(2018),《행위자 기반 모형을 활용한 공간변화 시뮬레이션 연구》.

국토연구원(2019),《국토환경 생활지표 개발 연구》.

국토연구원(2024),《국가공간정보 기반 디지털 트윈 구축 전략 연구》.

김도희·이중섭(2021),《국토정책 분야 인권영향평가 도입 방안 연구》, 국토연구원, pp. 5~28.

김영평·박순애·이광희(2017),《정책옹호연합모형의 한국적 적용: 이론과 실제》, 박영사.

김철수(2023),《지구 환경과 인간 건강의 역학적 관계》, 건강과건축연구소.

박영희(2022),「실내 공기질이 거주자 건강에 미치는 영향에 대한 연구」,『대한건축학회논문집』, 38(4), pp. 112~125.

서울시50플러스재단(2019),《50+세대의 자산형성 지원 방안 연구》.

성지은·송위진·이민형(2016),《리빙랩의 이해와 적용: 사회문제 해결을 위한 새로운 접근》, 한국과학기술기획평가원.

어스인하우스연구소(2025),〈국제인증기준, 실내 공기질 기준〉.

이성원·김태환·김동현(2015),《부동산 시장의 구조적 문제와 정책 방향》, 한국개발연구원.

이원무(2025),《(지혜로운 전원주택) 예술인이 지은 패시브하우스》, 업스테이지.

이진우(2021),「제로 에너지 건축물의 국내외 동향 및 정책 분석」,『한국태양에너지학회 논문집』, 41(3), pp. 56~67.

최병두(2016),《공간정의와 도시의 권리》, 한울아카데미.

최병두(2019),《도시의 재구성: 공간정의를 향한 비판적 도시론》, 한울아카데미.

한국보건사회연구원(2020), 《지역 간 건강 격차 해소를 위한 정책 방안 연구》.

한국환경공단(2024), 〈실내 라돈 관리 지침〉.

De Nadai, M.&Lepri, B. (2018), "The spatial capital of cities", *Scientific Reports*, 8(1), pp. 1~10.

Eichholtz, P. Kok, N.&Quigley, J. M. (2010), "Doing well by doing good? Green office buildings", *American Economic Review*, 100(5), pp. 2492~2509.

Harvey, D. (1973), *Social Justice and the City*, Edward Arnold.

Rogers, E. M. (1962), *Diffusion of Innovations*, Free Press.

Soja, E. W. (2010), *Seeking Spatial Justice*, University of Minnesota Press.

HUG(주택도시보증공사) 사회임대주택 금융지원 상품.

UN 책임투자원칙(PRI).

GRESB(Global Real Estate Sustainability Benchmark).

GRI(Global Reporting Initiative).

SASB(Sustainability Accounting Standards Board).

NGFS(Network for Greening the Financial System).

Daishin Research Center(2022), Investing the New Cycle: ESG와 테크 시티(Tech City)에 주목하라.

Darko DACHEVSKI · Barry ACKERS Antonella Maria TIMIȘ · Aurelia ȘTEFĂNESCU Dragoș Ovidiu TOFAN · Dinu AIRINEI Daniel BOTEZ, Oana(2025), "Revista Audit Financiar", [https://auditfinanciar.cafr.ro].

"Finance, Economics, and Industry for Sustainable Development: Proceedings of the 3rd International Scientific Conference on Sustainable Development" (ESG 2022), St. Petersburg 2022. (2023), DOKUMEN. PUB, [https://dokumen.pub].

「오피스·주거 투자는 옛말, 이제 이 산업에 몰린다」, UNIVERSE 월간, 24호, [https:// www.rsquare.co.kr].

"Effects of Building Material Costs on Housing Development in Nigeria", (n.d.), [https://worldscientificnews.com].

MTX GROUP MAGAZINE 2023 eng - Issuu. (n.d.), [https://issuu.com].

Andreea Larisa Olteanu (Burcă), Alina Elena Ionașcu. "The Importance of ESG in Real Estate

Investments." Ovidius University Annals, Economic Sciences Series, Volume XXIII, Issue 2, 2023.

Avramov, D., Cheng, S., et al. "A Review on ESG Investing: Investors' Expectations, Beliefs and Perceptions." Journal of Economic Studies, 2024.

Dalton, Ben, Franz Fuerst. "The 'Green Value' Proposition in Real Estate: A Meta-Analysis." Routledge HandBook of Sustainable Real Estate, 2023.

Eng, M. "Sustainability in Real Estate Investments: Aligning with Global Environmental Goals." European Scientific Journal, 2023.

Ioannou, Ioannis, Serafeim, George. "Corporate Sustainability: A Strategy?" Corporate Governance Journal, 2019.

Newell, G., Marzuki, M.J. "Social Responsibility and Governance in Real Estate." Journal of Property Investment & Finance, 2022.

Pedersen, Lasse Heje et al. "ESG Investment in Commercial Real Estate: A Structured Literature Review." SSRN Electronic Journal, February 2024.

Pastor, L., Stambaugh, R.F., Taylor, L.A. "Sustainable Investing and the Cross-Section of Returns." Journal of Financial Economics, 2021.

World Health Organization(WHO)(2020), *WHO guidelines for indoor air quality: Selected pollutants*.

Wilkinson, Sara et al., eds. Routledge HandBook of Sustainable Real Estate. Routledge, 2023.

Pearce, David W., eds. Economic Policy Towards the Environment. Oxford: Blackwell Publishers, 1991.

NYU Stern School of Business Research Team. "ESG and Financial Performance: A Meta-Meta-Analysis." NYU Stern Report, 2021.

Deutsche Bank Group Research Team (Fulton, Mark; Kahn, Bruce; Sharples, Camilla). "Sustainable Investing: Evidence and Insights." Deutsche Bank Report, 2012.

Loomis, J., Walsh R.G., "Future Economic Value of Wilderness," USDA Forest Service General Technical Report SE-78, 1991.

World Economic Forum (WEF). "Digital Assets Regulation and ESG Integration in Real Estate." WEF

Annual Report, October 2024.

Propy Inc., "Blockchain Technology in Real Estate Transactions." Propy White Paper Series, 2023.

참고 자료

1기 신도시 재정비 사업.

3080+ 대도시권 주택공급 확대 방안.

스페이스워크의 '랜드북' 서비스.

그린 리스(Green Lease).

그린론(Green Loans).

임팩트 투자(Impact Investing).

ESG 경영이 소비자에게 미치는 영향 - 넥스온컨설팅, (n.d.).

유통·소비재 기업이 '가치소비' 눈여겨보는 이유, (n.d.), 더팩트. [https://news.tf.co.kr].

서울 부동산 시장 전망 2024-2025: 권역별 심층 분석. (n.d.). 0-space.tistory.com., [https://0-space.tistory.com].

부동산트렌드_본보고서(2024), (n.d.), [r2korea.co.kr].

120대 국정과제-국정과제-정부업무평가포털, 5월 30, 2025에 액세스, [https://www.evaluation.go.kr].

1기 신도시 재정비 사업 - 대한민국 정책브리핑, 5월 30, 2025에 액세스, [https://www.korea.kr].

1기 신도시 재정비 마스터플랜' 수립, 지자체·주민과 함께 만들겠습니다, 5월 30, 2025에 액세스, [https://m.korea.kr].

2023년 부동산을 위한 AI: 이점, 사용 사례 및 예시 - Cody, 5월 30, 2025에 액세스, [https://meetcody.ai].

건설동향브리핑 988호, (n.d.), [cerik.re.kr].

건설산업 재탄생 전략, 5월 30, 2025에 액세스, [https://cerik.re.kr].

공공주도 3080+ 대도시권 주택공급 확대방안(2.4 부동산대책)〉공지사항, 5월 30, 2025에 액세스, [https://www.iurc.or.kr].

기후변화에 부동산 800조 증발 우려…AIGCC 전환 전략 필요 매거진한경, 5월 30, 2025에 액세스, [https://magazine.hankyung.com].

단순 부동산 중개를 넘어 인공지능과 데이터로 무장하고 있는 프롭테크, 5월 30, 2025에 액세스,

[https://blog.hectodata.co.kr].

부동산 산업을 재정의하는 '프롭테크' - 한국벤처투자, 5월 30, 2025에 액세스, [https://kvicnewsletter.co.kr].

서울 부동산 시장 전망 2024-2025: 권역별 심층 분석, 5월 30, 2025에 액세스, [https://0-space.tistory.com].

손 안에 펼쳐진 부동산, 프롭테크(Proptech) - 블로그, 5월 30, 2025에 액세스, [https://blog.naver.com].

신개념 부동산, 프롭테크(Proptech) 구체적인 사례는? - 네이버블로그, 5월 30, 2025에 액세스, [https://blog.naver.com].

주택건설인허가실적 - 지표누리, 5월 30, 2025에 액세스, [https://www.index.go.kr].

주택건설인허가실적 - 지표누리. (n.d.), [index.go.kr].

최근 부동산시장 동향 및 리스크 요인과 정책과제, (n.d.), [nars.go.kr].

프롭테크 - 사례편 | e경제정보리뷰, 5월 30, 2025에 액세스, [https://eiec.kdi.re.kr].

프롭테크 기업, 부동산 산업의 새로운 미래, 5월 30, 2025에 액세스, [https://cerik.re.kr].

프롭테크(Prop+Tech) 4.0시대: 부동산 산업, 새 옷을 입다, 5월 30, 2025에 액세스, [http://money2.daishin.com].

프롭테크(PropTech): 네이버 블로그, 5월 30, 2025에 액세스, [https://blog.naver.com].

프롭테크(Prop-Tech) 미래 부동산 플랫폼의 진화 - 하나은행 블로그, 5월 30, 2025에 액세스, [https://blog.hanabank.com].

프롭테크가 부동산산업에 미친 영향 - 딜북뉴스, 5월 30, 2025에 액세스, [https://dealbook.co.kr].

현대건설 지속가능경영보고서(2024) - 상장공시시스템(KIND), 5월 30, 2025에 액세스, [https://kind.krx.co.kr].

현실로 다가온, 프롭테크를 통한 부동산 혁신: 네이버 블로그, 5월 30, 2025에 액세스, [https://blog.naver.com].

[ESG가 미래다⑥] 유통·소비재 기업이 '가치소비' 눈여겨보는 이유…, 5월 30, 2025에 액세스, [https://news.tf.co.kr].

2023 - GRESB Documents, 5월 30, 2025에 액세스, [https://documents.gresb.com].

AI 기반 AVM, 정보의 비대칭성 해소로 전세 사기 막는다 - MIT…, 5월 30, 2025에 액세스, [https://www.technologyreview.kr].

AI 부동산평가시스템, 'AVM' … 법의 허들 앞에 섰다, 하우징포스트, 5월 30, 2025에 액세스, [https://

housing-post.com].

Co-living Market Report | Global Forecast From 2025 To 2033, 5월 30, 2025에 액세스, [https://dataintelo.com].

Darko DACHEVSKI, Barry ACKERS Antonella Maria TIMIȘ, Aurelia ȘTEFĂNESCU Dragoș Ovidiu TOFAN, Dinu AIRINEI Daniel BOTEZ, Oana - Revista Audit Financiar, 5월 30, 2025에 액세스, [https://auditfinanciar.cafr.ro].

Effects of Building Material Costs on Housing Development in…, 5월 30, 2025에 액세스, [https://worldscientificnews.com].

ESG 경영이 소비자에게 미치는 영향 - 넥스온컨설팅, ESG, 중대재해…, 5월 30, 2025에 액세스, [https://esgconsulting.co.kr].

ESG코리아뉴스, 5월 30, 2025에 액세스, [https://esgkoreanews.com].

Finance, Economics, and Industry for Sustainable Development: Proceedings of the 3rd International Scientific Conference on Sustainable Development (ESG 2022), St. Petersburg 2022 3031304977, 9783031304972 - DOKUMEN.PUB, 5월 30, 2025에 액세스, [https://dokumen.pub].

Global Co-Living Industry Research Report, Competitive Landscape, Market Size, Regional Status and Prospect, 5월 30, 2025에 액세스, [https://marketpublishers.com].

IFC Study on Green Buildings | PPT - SlideShare, 5월 30, 2025에 액세스, [https://www.slideshare.net].

INTEGRATED REPORT 2022 - NAVER Corp., 5월 30, 2025에 액세스, [https://www.navercorp.com].

KOSIS, 5월 30, 2025에 액세스, [https://kosis.kr].

KOSIS, (n.d.), kosis.kr.

MTX GROUP MAGAZINE 2023 eng - Issuu, 5월 30, 2025에 액세스, [https://issuu.com].

Real Estate Impact Investing - RECAP, 5월 30, 2025에 액세스, [https://www.recapeg.com].

Real Estate Reference Guide 2025 - GRESB Documents, 5월 30, 2025에 액세스, [https://documents.gresb.com].

Singapore - Giving Our Buildings A Greener Lease Of Life…, 5월 30, 2025에 액세스, [https://conventuslaw.com].

Spacewalk - 스페이스워크, 5월 30, 2025에 액세스, [https://spacewalk.tech/19].

The Circular Economy: Innovative Solutions for Sustainable and Affordable Housing, 6월 11, 2025

에 액세스, [https://kogod.american.edu].

UNIVERSE 월간, 24호 | 오피스·주거 투자는 옛말, 이제 이 산업에 몰린다: 미디어룸 - 알스퀘어, 5월 30, 2025에 액세스, [https://www.rsquare.co.kr].

Willingness to Pay for Green Buildings - Empirical Evidence from 5월 30, 2025에 액세스, [https://www.researchgate.net].

blog.naver.com, 5월 30, 2025에 액세스.

dspace.alquds.edu, 5월 30, 2025에 액세스.

https://cerik.re.kr, 5월 30, 2025에 액세스.

money2.daishin.com.

www.bok.or.kr, 5월 30, 2025에 액세스.

www.codil.or.kr, 5월 30, 2025에 액세스.

www.kahps.org, 5월 30, 2025에 액세스.

www.nars.go.kr, 5월 30, 2025에 액세스.

www.r2korea.co.kr, 5월 30, 2025에 액세스.

www.urban.org, 5월 30, 2025에 액세스.

부록

어스인하우스 국제 인증 기준		
햇빛	창 크기	남(50% 이상), 동서(25% 이내), 북(5% 이내) 조망권이 좋은 방향은 사이즈 기준 비 적용
	조명	색온도 5000K 이하, 거실 밝기 2단 조절 (1단은 100LUX 이하) 이외 탈락 10점(CRI값 95 이상), 8점(CRI값 90 이상), 6점(CRI값 85 이상), 이하 탈락
	습도	표준 습도 55%와의 편차, 10점(5% 이내), 8점(10% 이내), 6점(15% 이내) 이외 탈락
산소	실내유해물질	별도 표 참조
	기밀	10점(0.3/h), 9점(0.6/h), 8점(0.8/h), 7점(1/h) 이하 탈락 완공 후 1개소 블로어테스트 기준 (@50Pa 적용)
	ERV 필터	10점(HEPA 14)), 8점(HEPA 11~13), 5점(MERV13~15), 이하 탈락
	주방배기필터	10점(MERV12 이상), 8점(MERV 9~11), 6점(MERV 5~8), 5점(MERV 1~4) 미 적용 시 탈락
	산소	10점(0.3% 이하), 8점(0.3~0.5% 이하), 0.5% 이상 탈락 ERV 외부 급기부와의 편차
	주방급기	10점(급배기량 동조), 5점(급배기량 미 동조) – 급기부 미 적용 시 탈락 배기부와의 직선 거리 1m 이내,
	피톤치드 ppm	10점(1~1.5), 8점(8~10이하), 6점(6~8 이하), 4점(4~6 이하) 4이하 탈락 실내 각 공간 기준
지자기	위도 별 표준 지자기와 편차	10점(0~50) , 8점(51~100), 6점(101~200), 4점(201~300) 이상 탈락
	측정장소	침대, 거실 쇼파, 책상, 서재 등 1시간 이상 머무는 곳
	측정방법	방사성 전자파 측정 후 전원 및 WIFI OFF (방사성 전자파 有 – 차폐 후 측정)
음이온	실내 음이온	10점(5000이상), 9점(1000~4999) ,8점(600~999), 7점(200~599), 6점(100~199), 5점(1~99 이하) 광물 및 전기분해 방식 탈락
	측정장소	침대, 거실 쇼파, 책상, 서재 등 1시간 이상 머무는 곳

어스인하우스 국제 인증 기준		
공명	전도성 교류 전자파	WHO 권고기준(2KHz~100KHz) 및 국제 전자파 보호기준(150KHz~30MHz) 중 100KHz ~150KHz 대역 차단율 10점(95%이상), 8점(85~94%), 6점(65~84%) 이하 탈락
	방사성 교류 전기장(v/m)	10점(0.3이하), 9점(1.5이하), 8점(10이하) 이하 탈락
	방사성 교류 자계장(mG)	10점(0.2이하), 9점(0.5이하), 8점(1 이하) 이하 탈락
	측정방법	전원 및 WIFI OFF
	측정 위치	침대, 거실 쇼파, 책상 등 1시간 이상 머무는 곳
음전하	접지선 전압m(V)	10점 (50 이하) 이상 탈락
	3원 접지	10점 (시공), 미 시공 시 탈락
	접지선의 전자이동도 (cm²/V)	10점(5000 이상), 8점(1000 이상), 6점(51~999), 5점(50) 이하 탈락
	바닥 및 내벽 표면저항(ohm/sq)	10점(10^4 이하), 7점(10^9 이하), 5점(10^{10}~12 이하) 이하 탈락 연속 면이 아닌 모든 공간 별 측정
	침구 표면저항	10점(10^4 이하), 7점(10^5 이하), 5점(10^9) 이하 탈락 단락의 소지가 있는 소재일 경우 탈락 (ex: 코팅사, 구리사, 은사 등)
기타	생물다양성	10점(90% 이상), 8점(70% 이상), 6점(50% 이상), 4점(30% 이상) 이외 탈락 마감소재: 소성하지 않은 해당 국가의 흙(농약 검사 필) 기준: 내벽 전체 면적 두께가 15mm 이상일 경우 10점 합산
	SPD	- 각 국 표준(예:한국 KS)에 따른 SPD 설치, - 잔류전압 50mV 이하 - 누설전류방지(감전예방) 기능이 있는 SPD는 10점 합산
	비상전원	공조기에 ESS 등 비상 전원(5시간 이상 가동 기준)이 있으면 10점 합산

어스인하우스 실내 공기질 기준

이산화탄소 900ppm(ERV 미디엄 기준)	환경부 다중이용시설 권고기준치 1000ppm 이하
포름알데히드 20μg /m² 이하	환경부 신축공동주택 권고기준 210μg /m² 이하
톨루엔 40μg /m² 이하	환경부 신축공동주택 권고기준 1000μg /m² 이하
벤젠 10μg /m² 이하	환경부 신축공동주택 권고기준 30μg /m² 이하
에틸벤젠 10μg /m² 이하	환경부 신축공동주택 권고기준 360μg /m² 이하
스타렌 10μg /m² 이하	환경부 신축공동주택 권고기준 300μg /m² 이하
자일렌 10μg /m² 이하	환경부 신축공동주택 권고기준 700μg /m² 이하
TVOC 200μg /m² 이하	환경부 의료시설 권고기준 400μg /m² 이하
총 부유세균 400CFU / m² 이하	환경부 의료시설 권고기준 400CFU / m² 이하
조 미세먼지 PM 2.5 기준 80μg /m² 이하	환경부 PM 10 기준 80μg /m² 이하
라돈 70 Bq/m³	국내 및 국제 안전 기준 148 Bq/m³

정량적 정의

- 난방에너지요구량 : 15kWh/m²·a 이하
- 1차에너지소요량 : 120kWh/m²·a 이하 (냉방,난방,조명,급탕,환기,콘센트)

정량적 요구 조건

외벽	외벽 열관류율	0.15 W/m²K 이하
	지붕 열관류율	0.15 W/m²K 이하
창호	유리 열관류율	0.8 W/m²K 이하
	창틀 열관류율	0.8 W/m²K 이하
	창호 설치 후 열관류율	0.85 W/m²K 이하
	유리 g값(SHGC)	0.5 이상(대한민국 0.4 이상)
문	문 열관류율	0.8 W/m²K 이하
	문 기밀성능	0.45 m³/m²h 이하
열교환환기장치	효율	75% 이상 (난방, 전열)
	소비전력	0.45 W/m²h 이하
	급배기 비율	10% 이하 (용도에 따라 음압과 양압 적용)
열교	점형 및 선형	0.01 W/m²K 이하

외국어 용어 정의

ABM(Agent-Based Model): 행위자 기반 모형

ABP(Algemene Pensioen Groep): 네덜란드 공적연금, ESG 투자 원칙을 따르는 글로벌 연금 펀드

ACF(Advocacy Coalition Framework): 정책옹호연합모형

AI(Artificial Intelligence): 인공지능

AIIB(Asian Infrastructure Investment Bank): 아시아인프라투자은행, 지속 가능한 개발 프로젝트에 자금을 지원하는 국제 금융기관

Augustenborg: 아우구스텐보리

AUM(Assets Under Management): 운용 자산 규모, 금융 기관이 관리하는 총 자산 가치

AVM(Automated Valuation Model): 자동가치평가모델

B2B(Business to Business): 기업 간 거래를 의미하는 비즈니스 모델

B2C(Business to Consumer): 기업과 소비자 간 거래를 의미하는 비즈니스 모델

BEMS(Building Energy Management System): 건물 에너지 관리 시스템

BIM(Building Information Modeling): 빌딩 정보 모델링

BIPV(Building Integrated Photovoltaic System): 건물 일체형 태양광 시스템

BMS(Building Management System): 건물 관리 시스템

BREEAM(Building Research Establishment Environmental Assessment Method): 영국 친환경 건축물 인증 제도

Brownfield Redevelopment Program: 미국의 브라운필드 재개발 프로그램

CAGR(Compound Annual Growth Rate): 연평균 성장률, 일정 기간 동안의 연간 성장률을 계산하는 방식

CASBEE(Comprehensive Assessment System for Built Environment Efficiency): 일본 친환경 건축물 평가 시스템

CDP(Carbon Disclosure Project): 기업의 탄소 배출량 및 환경적 성과를 공개하도록 유도하는 국제 비영리 단체

CPTED(Crime Prevention Through Environmental Design): 범죄 예방 환경 설계

CSR(Corporate Social Responsibility): 기업의 사회적 책임, 윤리적 경영과 사회적 기여 활동을 포함한 개념

CSRD(Corporate Sustainability Reporting Directive): EU 기업 지속가능성 보고 지침

CVM(Contingent Valuation Method): 조건부가치측정법

DCF(Discounted Cash Flow): 현금흐름할인법

DEI(Diversity, Equity, Inclusion): 다양성, 형평성 및 포용성을 강조하는 조직 관리 원칙

Digital Twin: 디지털 트윈

DLT(Distributed Ledger Technology): 분산 원장 기술

DSR(Debt Service Ratio): 총부채원리금상환비율

DTI(Debt-to-Income Ratio): 총부채상환비율

EIA(Environmental Impact Assessment): 환경영향평가

EPC(Energy Performance Certificate): 건물 에너지 성능 인증서

ESG(Environmental, Social, and Governance): 환경, 사회, 지배구조

ESS(Energy Storage System): 에너지 저장 시스템

ETF(Exchange Traded Fund): 상장지수펀드

EU(European Union): 유럽연합

FDI(Foreign Direct Investment): 해외 직접투자

FIT(Feed-in Tariff): 발전차액지원제도

FSC(Forest Stewardship Council): 국제산림관리협의회

GBP(Green Bond Principles): 녹색채권원칙

GDP(Gross Domestic Product): 국내총생산

GHG(Greenhouse Gas): 온실가스

GIS(Geographic Information System): 지리정보시스템

Green Lease: 그린 리스

Green Mortgage: 그린 모기지

Greenwashing: 그린워싱

GRESB(Global Real Estate Sustainability Benchmark): 글로벌 부동산 지속 가능성 벤치마크

GRI(Global Reporting Initiative): 글로벌 보고 이니셔티브

G-SEED(Green Standard for Energy and Environmental Design): 대한민국 녹색건축인증제도

GX(Green Transformation): 녹색전환

Hedonic Pricing Model: 헤도닉 가격 모형

HUG(Housing & Urban Guarantee Corporation): 주택도시보증공사

HVAC(Heating, Ventilation and Air Conditioning): 난방, 환기 및 공조 시스템

IAQ(Indoor Air Quality): 실내 공기 질

ICMA(International Capital Market Association): 국제자본시장협회

ICT(Information and Communication Technology): 정보통신기술

Impact Investing: 임팩트 투자

IoT(Internet of Things): 사물인터넷

IRA(Inflation Reduction Act): 인플레이션 감축법

KfW(Kreditanstalt für Wiederaufbau): 독일 재건축은행

King's Cross Central: 킹스크로스 센트럴

KOSIS(Korean Statistical Information Service): 국가통계포털

KPI(Key Performance Indicator): 핵심 성과 지표, 조직의 목표 달성 여부를 측정하기 위한 지표

KPIs(Key Performance Indicators): 핵심 성과 지표

K-Taxonomy: 한국형 녹색분류체계

LandBook: 랜드북

LCA(Life Cycle Assessment): 전 과정 평가

LCCA(Life Cycle Cost Analysis): 생애주기비용분석

LEED(Leadership in Energy and Environmental Design): 미국 친환경 건축물 인증 제도

LH(Korea Land & Housing Corporation): 한국토지주택공사

LTV(Loan-to-Value Ratio): 주택담보대출비율

MBS(Mortgage-Backed Securities): 주택저당증권

MCDA(Multi-Criteria Decision Analysis): 다기준 의사결정 분석

Measurabl, Deepki, Metry: 메저러블, 딥키, 메트리

MiCA(Markets in Crypto-Assets): 유럽연합의 암호화폐 및 디지털 자산 규제 프레임워크 이름

NABERS(National Australian Built Environment Rating System): 호주 건물 환경 등급 시스템

Net Zero: 순탄소 배출 제로, 탄소 중립

NFT(Non-Fungible Token): 대체 불가능한 고유한 디지털 자산을 블록체인 기술로 증명하는 토큰

NGFS(Network for Greening the Financial System): 녹색금융협의체

NLP(Natural Language Processing): 자연어 처리

NOI(Net Operating Income): 순영업이익

NPV(Net Present Value): 순현재가치

OECD(Organisation for Economic Co-operation and Development): 경제협력개발기구

P2P(Peer-to-Peer) Lending: P2P 대출

PC(Precast Concrete): 프리캐스트 콘크리트

PEB(Plus Energy Building): 플러스에너지빌딩

PEFC(Programme for the Endorsement of Forest Certification): 국제산림인증연합체

PES(Payment for Ecosystem Services): 생태계 서비스 지불제

PF(Project Financing): 프로젝트 파이낸싱

PIR(Price to Income Ratio): 소득 대비 주택가격 비율

PPP(Public-Private Partnership): 공공민간 협력

PRI(Principles for Responsible Investment): 유엔 책임투자원칙

Procore: 프로코어

PropTech(Property Technology): 프롭테크, 부동산 기술

REC(Renewable Energy Certificate): 신재생에너지 공급 인증서

REITs(Real Estate Investment Trusts): 부동산 투자 신탁

ROI(Return on Investment): 투자수익률

RPS(Renewable Portfolio Standard): 신재생에너지 공급 의무화 제도

Ruhr Industrial Complex Redevelopment: 루르 산업단지 재개발

SASB(Sustainability Accounting Standards Board): 지속가능성 회계 기준 위원회

SDGs(Sustainable Development Goals): 유엔에서 2030년까지 달성하고자 하는 지속가능발전목표

SEMS(Smart Energy Management System): 스마트 에너지 관리 시스템

SFDR(Sustainable Finance Disclosure Regulation): EU 지속가능 금융 공시 규제

SIB(Social Impact Bond): 사회성과연계채권

SLL(Sustainability-Linked Loan): 지속 가능성 연계 대출

SPaaS(Space-as-a-Service): 공간의 서비스화

SRI(Socially Responsible Investing): 사회적 책임 투자를 의미하며 ESG 요소를 고려한 투자 방식

SROI(Social Return on Investment): 사회적 투자수익률

TCFD(Task Force on Climate-related Financial Disclosures): 기후 관련 재무 정보 공개 태스크포스

TCM(Travel Cost Method): 여행비용법

TEEB(The Economics of Ecosystems and Biodiversity): 생태계 및 생물다양성 경제학

The Edge: 디 엣지

TOD(Transit-Oriented Development): 대중교통 중심 개발

UN(United Nations): 국제연합

UNFCCC(United Nations Framework Convention on Climate Change): 유엔 기후변화협약

USGBC(U.S. Green Building Council): 미국 그린빌딩위원회

VAR(Vector Autoregression): 벡터 자기회귀 모형

Vauban: 보봉

VCS(Verified Carbon Standard): 자발적 탄소시장 표준

VOCs(Volatile Organic Compounds): 휘발성 유기화합물

VR(Virtual Reality): 가상현실, 컴퓨터로 생성된 3차원 시뮬레이션 환경에서의 몰입형 경험 기술

VR/AR(Virtual Reality / Augmented Reality): 가상현실/증강현실

WACC(Weighted Average Cost of Capital): 가중평균자본비용

Web 3.0: 탈중앙화, 개인화, 상호운용성을 강조하는 차세대 인터넷 기술 패러다임

WELL Building Standard: 건강 건축물 인증 제도

WTO(World Trade Organization): 세계무역기구

XAI(Explainable AI): 설명 가능한 인공지능

ZEB(Zero Energy Building): 제로에너지빌딩

Zillow, Opendoor: 질로우, 오픈도어

ESG 부동산 경제학

ⓒ 박운선, 2025

초판 1쇄 발행 2025년 10월 1일

지은이	박운선
펴낸이	이기봉
편집	좋은땅 편집팀
펴낸곳	도서출판 좋은땅
주소	서울특별시 마포구 양화로12길 26 지월드빌딩 (서교동 395-7)
전화	02)374-8616~7
팩스	02)374-8614
이메일	gworldbook@naver.com
홈페이지	www.g-world.co.kr

ISBN 979-11-388-4772-8 (03320)

- 가격은 뒤표지에 있습니다.
- 이 책은 저작권법에 의하여 보호를 받는 저작물이므로 무단 전재와 복제를 금합니다.
- 파본은 구입하신 서점에서 교환해 드립니다.